Schriften des Betriebs-Beraters
Band 48

Besteuerung bei Insolvenz

von

Dr. Gerrit Frotscher

ord. Professor an der Universität Hamburg

Rechtsanwalt, Fachanwalt für Steuerrecht

6., neubearbeitete Auflage 2005

Verlag Recht und Wirtschaft GmbH

Frankfurt am Main

1. Auflage 1974 – ISBN 3-8005-6222-7
2. Auflage 1983 – ISBN 3-8005-6261-8
3. Auflage 1990 – ISBN 3-8005-6289-8
4. Auflage 1997 – ISBN 3-8005-2027-3
(bis 4. Auflage u.d. Titel „Steuern im Konkurs“)
5. Auflage 1999 – ISBN 3-8005-2039-7
6. Auflage 2005 – ISBN 3-8005-2069-9

Bibliografische Information Der Deutschen Bibliothek

Die Deutsche Bibliothek verzeichnet diese Publikation in der Deutschen Nationalbibliografie; detaillierte bibliografische Daten sind im Internet über http://dnb.ddb.de abrufbar.

ISBN 3-8005-2069-9

Druckvorstufe: H&S Team für Fotosatz GmbH, 68775 Ketsch

Druck und Verarbeitung: Druckerei Lokay e. K., 64354 Reinheim

∞ Gedruckt auf säurefreiem, alterungsbeständigem Papier, hergestellt aus chlorfrei gebleichtem Zellstoff (TCF-Norm)

Printed in Germany

Vorwort

Nach der Reform des Insolvenzrechts durch die Insolvenzrechtsreform zum 1. 1. 1999 hatte die Vorauflage noch im gleichen Jahr eine Darstellung des „Insolvenzsteuerrechts" auf der Grundlage des neuen Rechts geboten. In den darauf folgenden 5 Jahren hatte die Rechtsprechung Gelegenheit, sich mit den durch das neue Recht aufgeworfenen Fragen zu beschäftigen und zu prüfen, inwieweit die zur Konkursordnung gefundenen Lösungen auch im Rahmen des neuen Insolvenzrechts anwendbar sind. So ist es jetzt an der Zeit, für das Insolvenzsteuerrecht eine erste Zwischenbilanz zu ziehen und damit der Praxis für die Insolvenzverfahren eine sichere Arbeits- und Argumentationshilfe zur Lösung insolvenzsteuerrechtlicher Fragen an die Hand zu geben.

Die 6. Auflage des bewährten Standardwerks zur „Besteuerung bei Insolvenz" behält die Darstellungsmethode der Vorauflagen bei, durch die systematische Grundlagen ermittelt werden und hieraus die Lösung von Einzelfragen abgeleitet wird. Das Werk konzentriert sich, wie schon seine Vorgänger, auf die Darstellung der „insolvenzsteuerlichen" Fragen. Reine insolvenzrechtliche Fragestellungen sind soweit wie möglich ausgeklammert worden. Das vorliegende Werk kann und soll die insolvenzrechtliche Literatur nicht ersetzen. Soweit es für die Entwicklung von Lösungen zu Fragen der Behandlung von Steuerforderungen im Insolvenzverfahren erforderlich ist, wird die insolvenzrechtliche Rechtslage kurz dargestellt; auf rein insolvenzrechtliche Institute und Fragestellungen wird aber nicht eingegangen.

Das Werk wendet sich an alle, die mit insolvenzsteuerrechtlichen Fragestellungen befasst sind, also an Insolvenzverwalter, Steuerberater, Insolvenz- und Finanzrichter und nicht zuletzt an die Wissenschaft.

Es wird wohl kaum ein Insolvenzverfahren geben, in dem die vielfältigen und schwierigen Fragen des Insolvenzsteuerrechts nicht eine erhebliche und wichtige Rolle spielen. Das vorliegende Werk will daran mitwirken, Klarheit bei diesen Fragen zu schaffen und zu interessegerechten Lösungen zu führen.

Hamburg, im September 2005

Gerrit Frotscher

Inhaltsverzeichnis

Abkürzungsverzeichnis

a. A.	anderer Ansicht
a. a. O.	am angegebenen Orte
Abs.	Absatz
Abschn.	Abschnitt
a. E.	am Ende
AG	Aktiengesellschaft
AktG	Aktiengesetz
Anm.	Anmerkung
AO	Abgabenordnung
AP	Arbeitsrechtliche Praxis (Zeitschrift)
BAG	Bundesarbeitsgericht
BB	Betriebs-Berater (Zeitschrift)
Bd.	Band
BdF	Bundesminister der Finanzen
Beschl.	Beschluß
Bespr.	Besprechung
BFH	Bundesfinanzhof
BFHE	Entscheidungssammlung des BFH
BFH/NV	Sammlung der amtlich nicht veröffentlichten Entscheidungen des BFH (Zeitschrift)
BGB	Bürgerliches Gesetzbuch
BGH	Bundesgerichtshof
BGHZ	Entscheidungssammlung des Bundesgerichtshofs in Zivilsachen
Bl.	Blatt
BMF	Bundesminister für Finanzen
BSG	Bundessozialgericht
BStBl.	Bundessteuerblatt
d.	des
DB	Der Betrieb (Zeitschrift)
ders.	derselbe
d. h.	das heißt
dies.	dieselbe, dieselben
Diss.	Dissertation
DStR	Deutsches Steuerrecht (Zeitschrift)
DStRds.	Deutsche Steuerrundschau (Zeitschrift)
DStZ (A)	Deutsche Steuerzeitung, Teil A (Zeitschrift)
DStZ (B)	Deutsche Steuerzeitung, Teil B (Zeitschrift)

EFG	Entscheidungen der Finanzgerichte (Zeitschrift)
Einf.	Einkommensteuergesetz
EStR	Einkommensteuer-Richtlinien
EWiR	Entscheidungen zum Wirtschaftsrecht
ff.	folgende
FG	Finanzgericht
FR	Finanzrundschau (Zeitschrift)
Fußn.	Fußnote
G	Gesetz
GesO	Gesamtvollstreckungsordnung
GewStDV	Gewerbesteuer-Durchführungsverordnung
GewStG	Gewerbesteuergesetz
GFRG	Gemeindefinanzreformgesetz
GG	Grundgesetz
GrEStG	Grunderwerbsteuergesetz
GrStG	Grundsteuergesetz
HFR	Höchstrichterliche Finanzrechtsprechung (Zeitschrift)
h. M.	herrschende Meinung
i. d. R.	in der Regel
Inf.	Die Information (Zeitschrift)
InsO	Insolvenzordnung
InvZulG	Investitionszulagengesetz
i. S. d.	im Sinne des
i. V. m.	in Verbindung mit
KG	Kommanditgesellschaft
KO	Konkursordnung
KraftStG	Kraftfahrzeugsteuergesetz
KStG	Körperschaftsteuergesetz
KTS	Zeitschrift für Konkurs-, Treuhand- und Schiedsgerichtswesen (Zeitschrift)
LAG	Lastenausgleichsgesetz, Landesarbeitsgericht
LG	Landgericht
LM	Lindenmaier/Möhring
LStDV	Lohnsteuer-Durchführungsverordnung
m.	mit
m. E.	meines Erachtens
nds.	niedersächsisch
NJW	Neue Juristische Wochenschrift (Zeitschrift)
nordd.	norddeutsch
Nr.	Nummer
NSt.	Neues Steuerrecht von A-Z (Zeitschrift)

NWB	Neue Wirtschaftsbriefe (Zeitschrift)
NZA	Neue Zeitschrift für Arbeitsrecht
NZI	Neue Zeitschrift für Insolvenzrecht
OFD	Oberfinanzdirektion
OLG	Oberlandesgericht
RAO	Reichsabgabenordnung
RFH	Reichsfinanzhof
RFHE	Entscheidungssammlung des RFH
RGRK-BGB	Kommentar der Reichsgerichtsräte zum Bürgerlichen Gesetzbuch
RGZ	Entscheidungen des Reichsgerichts in Zivilsachen
RStBl.	Reichssteuerblatt
Rz.	Randziffer
S.	Satz; Seite
SGG	Sozialgerichtsgesetz
StAnpG	Steueranpassungsgesetz
StBerJB	Steuerberaterjahrbuch
Stbg.	Steuerberatung (Zeitschrift)
StBp	Steuerliche Betriebsprüfung (Zeitschrift)
StRK	Steuerrechtsprechung in Karteiform
StRspr.	Ständige Rechtsprechung
StSäumnG	Steuersäumnisgesetz
StuW	Steuer und Wirtschaft (Zeitschrift)
StWa.	Steuerwarte (Zeitschrift)
Tz.	Textziffer
Urt.	Urteil
UStG	Umsatzsteuergesetz (Mehrwertsteuer)
UR	Umsatzsteuerrundschau (Zeitschrift)
UVR	Umsatzsteuer- und Verkehrssteuerrundschau (Zeitschrift)
v.	vom
Verf.	Verfasser
VG	Verwaltungsgericht
vgl.	vergleiche
VwGO	Verwaltungsgerichtsordnung
z.	zum
z. B.	zum Beispiel
ZinsO	Zeitschrift für die Insolvenzordnung
ZIP	Zeitschrift für Wirtschaftsrecht
ZPO	Zivilprozeßordnung
zust.	zustimmend
z. Zt.	zur Zeit

1.Teil: Allgemeines Insolvenzsteuerrecht

I. Verhältnis von Insolvenzordnung und Steuerrecht

Das Verhältnis des Insolvenzrechts zum Steuerrecht ist nur unvollkommen geregelt; die Insolvenzordnung hat insoweit kaum wesentliche Verbesserungen gebracht.

Weder im Insolvenzrecht noch im allgemeinen oder besonderen Steuerrecht sind ausführliche Regeln darüber enthalten, wie die Eröffnung des Insolvenzverfahrens über das Vermögen eines Steuerpflichtigen auf die materielle Besteuerung und das Besteuerungsverfahren einwirkt. In Steuergesetzen ist das Insolvenzverfahren nur in den §§ 75 Abs. 2, 171 Abs. 13, 251 Abs. 2 und 3, 282 AO, §§ 4, 16 GewStDV erwähnt. Von den steuerlichen Vorschriften ist für das Verhältnis zwischen Insolvenzrecht und Steuerrecht § 251 Abs. 2 AO besonders wichtig. Nach dieser Vorschrift bleiben die Regelungen der Insolvenzordnung unberührt. Über diesen Grundsatz hinaus enthält aber auch § 251 Abs. 2 AO keine umfassende Regelung der Behandlung der Steuerforderungen im Insolvenzverfahren.

In der Insolvenzordnung werden ebenfalls nur einzelne Probleme angesprochen, die bei der Teilnahme von Steuerforderungen am Insolvenzverfahren entstehen. Zu nennen sind die Regelung der Zuständigkeit für den Streit über die angemeldete Insolvenzforderung, § 185 InsO, oder die umsatzsteuerliche Behandlung bei der abgesonderten Verwertung, §§ 170, 171 InsO. Die Insolvenzrechtsreform hat damit eine Reform des „Insolvenzsteuerrechts" ausgespart und lediglich einige rechtspolitisch umstrittene Fragen geklärt, wie den Wegfall der Vorrechte der Steuerforderungen und Einzelfragen der Behandlung der Umsatzsteuer bei abgesonderter Befriedigung[1].

Diese mangelhafte Regelung des Insolvenzsteuerrechts geht zurück bis auf die Reichsabgabenordnung. Von Anfang an standen Rechtswissenschaft und Rechtsprechung daher vor der Aufgabe, sachliche Abgrenzungs- und Regelungskriterien aus einer sehr lückenhaften gesetzlichen Regelung abzuleiten.

Den Beginn der Versuche zur systematischen Klärung des Verhältnisses des Konkursrechts zum Steuerrecht bildete die Erkenntnis, dass die

1 Vgl. unten 2. Teil Abschn. B V 6.

Reichsabgabenordnung das Konkursverfahren als gegeben hingenommen habe, und der daraus entwickelte Grundsatz „Konkursrecht geht vor Steuerrecht“[2]. § 251 Abs. 2 AO, wonach die Insolvenzordnung „unberührt“ bleibe, scheint diesen Grundsatz gesetzlich verankert zu haben. Bei der praktischen Rechtsanwendung hat sich dieses Prinzip aber nicht als besonders hilfreich erwiesen, es hat daher schon sehr bald Kritik erfahren und ist sogar in sein Gegenteil verkehrt worden („Steuerrecht geht vor Konkurs-/Insolvenzrecht“)[3]. Dieser Grundsatz hat daher wohl letztlich mehr Verwirrung gestiftet als Klarheit gebracht[4]. Eine Abgrenzung von Insolvenzrecht und Steuerrecht kann nämlich nicht nach abstrakten Grundsätzen, sondern nur nach dem Regelungsbereich des jeweiligen Rechtsgebiets erfolgen.

Ausgangspunkt für eine Bestimmung des Verhältnisses von Insolvenzrecht und Steuerrecht muss § 1 InsO sein. Nach dieser Vorschrift dient das Insolvenzverfahren der gemeinsamen Befriedigung der persönlichen Gläubiger, die einen zur Zeit der Eröffnung des Insolvenzverfahrens begründeten Vermögensanspruch gegen den Schuldner haben, dem Erhalt des Unternehmens des Schuldners und der Befreiung des redlichen Schuldners von seinen Verbindlichkeiten. Dieser Zweck des Insolvenzverfahrens erfordert es, alle persönlichen Gläubiger des Schuldners in einem einheitlichen Verfahren zusammenzufassen und sie bestimmten Beschränkungen zu unterwerfen[5]. Ohne diese Beschränkungen wären sowohl die gemeinschaftliche und gleichmäßige Befriedigung der Gläubiger als auch der Erhalt des Unternehmens und die Restschuldbefreiung nicht durchführbar.

Diese Zwecke des Insolvenzrechts erfordern eine Einbeziehung aller ihrem Wesen nach schuldrechtlichen Forderungen, ohne Rücksicht darauf, ob ihr Rechtsgrund im privaten oder öffentlichen Recht liegt. § 38 InsO, der die Abgrenzung der Insolvenzforderungen von den Masseverbindlichkeiten enthält, macht demgemäß auch keinen Unterschied nach dem Rechtsgrund der Forderung. Maßgebend für die Teilnahme am Insolvenzverfahren ist daher nicht, ob die Forderung ihren Rechtsgrund im privaten oder öffentlichen Recht hat, sondern nur, ob es sich um eine „persönliche“, d. h. schuldrechtliche Forderung handelt, und wann sie begründet worden ist.

Auch die Forderungen, die aus dem Steuerschuldverhältnis nach §§ 37 ff. AO fließen, sind in diesem Sinne schuldrechtliche, wenn auch öffentlich-

---

2 *RFH*, 25. 10. 1926, RFHE 19 S. 355; *Liebisch*, Vierteljahresschrift für Steuer- und Finanzrecht, 1929, S. 212.

3 So etwa *Bühler*, Steuerrecht, 1950, Bd. 1 S. 365.

4 Vgl. z. B. *Becker*, RAO 1931, 7. Aufl. S. 610.

5 Vgl. *Uhlenbruck*, InsO, zu § 1 Rz. 1, 3, 4.

rechtliche Forderungen. Dies ist die Bedeutung des § 251 Abs. 2 AO; der unpräzise Ausdruck, die Vorschriften der Insolvenzordnung blieben „unberührt", bedeutet, dass auch die Steuerforderungen in das Insolvenzverfahren einzubeziehen sind[6], um den Insolvenzzweck nicht zu gefährden. Der Insolvenzzweck der gleichmäßigen Befriedigung der Gläubiger, des Erhalts des Unternehmens und der Restschuldbefreiung des Schuldners verbietet einen „Wettlauf" der Gläubiger, mit den Mitteln der Individualvollstreckung die individuell beste Befriedigung zu suchen. Daraus folgt die in § 87 InsO enthaltene Regelung, dass Insolvenzgläubiger ihre Forderungen nur nach den Vorschriften über das Insolvenzverfahren verfolgen können, sowie das in § 89 Abs.1 InsO ausgesprochene Verbot der Individualvollstreckung.

Da das Insolvenzrecht nicht nach dem Rechtsgrund der Forderung differenziert, gilt diese Regelung auch für Steuerforderungen. Ein „Wettlauf" der Gläubiger um die individuell beste Befriedigung stört den Insolvenzzweck nicht nur, wenn es sich um privatrechtliche Forderungen handelt, sondern auch, wenn die Forderungen im öffentlichen Recht wurzeln. Dementsprechend muss sich auch der Steuergläubiger mit seinen vor Eröffnung des Insolvenzverfahrens begründeten Forderungen nach § 87 InsO am Insolvenzverfahren beteiligen. Auch dem Steuergläubiger muss die Einzelvollstreckung untersagt sein, da er sonst den Insolvenzzweck stören würde. Soweit ihm kein dingliches Zugriffsrecht zusteht, ist also auch der Steuergläubiger „persönlicher" Gläubiger i. S. d. § 38 InsO[7]. Weiter folgt hieraus, dass auch Steuerforderungen, ebenso wie privatrechtliche Ansprüche, nach den §§ 174 ff. InsO zur Insolvenztabelle anzumelden sind, da die einheitliche Verteilung der Masse auf der Zusammenfassung aller berücksichtigungsfähigen Forderungen in der Tabelle beruht. Die Teilnahme einer Steuerforderung am Insolvenzverfahren richtet sich daher grundsätzlich nach der Insolvenzordnung[8]. Der Grundsatz, dass der Steuergläubiger allen Regelungen und Beschränkungen des Insolvenzverfahrens unterworfen sein muss, ist systematisch und rechstpolitisch zutreffend. Würde der Steuergläubiger mit seinen persönlichen Forderungen nicht den Beschränkungen des Insolvenzverfahrens unterliegen, würden die von ihm ergriffe-

6 Vgl. *Frotscher*, Umsatzsteuer im Konkurs, in: Woerner, Umsatzsteuer in nationaler und europäischer Sicht, 1990, S. 213 ff.

7 *RFH*, 25. 10. 1926, RFHE 19 S. 355.

8 Seit *RFH*, 25. 10. 1926, RFHE 19 S. 355, h. M.; *BFH*, 22. 1. 1965, BStBl. III 1965 S. 298, BB 1965 S. 938; *Beermann*, in: Hübschmann/Hepp/Spitaler, AO zu § 251 Rz. 373; *Dißars*, in: Schwarz, AO, zu § 251 Rz. 12; *Tipke/Kruse*, AO zu § 251 Rz. 15; *Neumann*, in: Beermann, Steuerliches Verfahrensrecht, zu § 251 AO, Rz. 7.

nen Einzelvollstreckungsmaßnahmen ein geordnetes Insolvenzverfahren und damit die gemeinsame und gleichmäßige Befriedigung der Gläubiger, den Erhalt des Unternehmens und die Restschuldbefreiung des Schuldners unmöglich machen. Andererseits kann die Insolvenzordnung die Teilnahme von Steuerforderungen am Insolvenzverfahren nicht lückenlos regeln. Insolvenzrecht und Steuerrecht haben jeweils verschiedene Regelungsbereiche. Das Steuerrecht bestimmt, auf Grund welchen Sachverhaltes und in welcher Höhe ein Steueranspruch entsteht; das Insolvenzrecht regelt dagegen nicht das Entstehen der privatrechtlichen oder öffentlich-rechtlichen Ansprüche, sondern lediglich, in welcher Form und in welchem Umfang sie im Insolvenzverfahren geltend gemacht werden können[9]. Somit haben Insolvenzrecht und Steuerrecht, trotz vieler Überschneidungen im einzelnen, im Kern unterschiedliche Regelungsbereiche. Das Steuerrecht regelt die Folgen der Tatbestandsverwirklichung, also Grund und Höhe des Steueranspruchs; das Insolvenzrecht regelt Form und Umfang, in dem diese nach den steuerrechtlichen Vorschriften entstandenen Forderungen im Insolvenzverfahren geltend gemacht werden können. Daraus ergibt sich, dass das Insolvenzrecht das materielle Steuerrecht nicht generell ersetzt, sondern hierauf nur dann einwirkt, wenn und soweit eine unveränderte Geltung der steuerrechtlichen Vorschriften dem Zweck des Insolvenzverfahrens widersprechende Wirkungen hätte. Es gibt also keinen generellen Vorrang des einen Rechtsgebiets vor dem anderen, sondern nur jeweils unterschiedliche Regelungsbereiche der beiden Rechtsgebiete.

9 *BFH*, 14. 2. 1978, BStBl. II 1978 S. 356, BB 1979, S. 509; Dißars, in: Schwarz, AO, zu § 251 Rz. 12; *Bringewat/Waza/Grawe*, Insolvenzen und Steuern, Rz. 144.

II. Die steuerrechtliche Stellung des Schuldners

1. Verlust des Verwaltungs- und Verfügungsrechts

Die rechtliche Stellung des Schuldners im Insolvenzverfahren bestimmt sich nach § 80 Abs. 1 InsO. Danach verliert der Schuldner mit der Eröffnung des Insolvenzverfahrens die Befugnis, sein zur Insolvenzmasse gehöriges Vermögen zu verwalten und hierüber zu verfügen. Ab diesem Zeitpunkt kann der Schuldner wirksame Verwaltungs- und Verfügungshandlungen über die Masse nicht mehr vornehmen. Das Verfügungsverbot verhindert alle Maßnahmen des Schuldners, die als Rechtshandlungen materielle Wirkungen entfalten. Hierunter fällt auch die Abtretung eines Steuererstattungsanspruchs sowie die Erteilung der Abtretungsanzeige nach § 46 Abs. 2 AO. Die Abtretungsanzeige ist materielle Wirksamkeitsvoraussetzung für die Abtretung und damit eine Verfügung mit materieller Wirkung[1]. Die Abtretungsanzeige fällt damit in den Bereich des Verwaltungs- und Verfügungsrechts des Insolvenzverwalters[2].

Die Wirkungen der Eröffnung des Insolvenzverfahrens beschränken sich aber für den Schuldner auf diesen Verlust des Verwaltungs- und Verfügungsrechts. Der Schuldner verliert weder die Rechts- noch die Geschäftsfähigkeit; er bleibt Eigentümer der zur Insolvenzmasse gehörenden Gegenstände, Gläubiger der zur Insolvenzmasse gehörenden Forderungen und Schuldner der gegen die Insolvenzmasse gerichteten Forderungen. Die Rechtshandlungen des Insolvenzverwalters berechtigen und verpflichten den Schuldner persönlich, und zwar auch für die Zeit nach Beendigung des Insolvenzverfahrens[3]. Auch die Entscheidungen in Aktiv- und Passivprozessen, die der Insolvenzverwalter führt, wirken für und gegen ihn[4]. Die Eröffnung des Insolvenzverfahrens bewirkt nur den Verlust des Verwaltungs- und Verfügungsrechts (einschließlich des Prozessführungsrechts) an der Insolvenzmasse; der Schuldner ist weiterhin materiell berechtigt.

Nach § 270 InsO kann die Verwaltung der Insolvenzmasse und die Verfügung über die zur Insolvenzmasse gehörenden Vermögensgegenstände

1 *BFH*, 6. 2. 1996, BStBl. II 1996, S. 557, BB 1996, S. 899.

2 Die Abtretungsanzeige muss daher von dem Insolvenzverwalter erstattet werden bzw. es muss aus der Abtretungsanzeige hervorgehen, dass der Schuldner die Anzeige mit Zustimmung des Insolvenzverwalters erstattet; *BFH*, 6. 2. 1996, BStBl. II 1996, S. 557, BB 1996, S. 889.

3 *RG*, 15. 11. 1912, RGZ 80 S. 418.

4 Vgl. zu dieser insolvenzrechtlichen Stellung des Schuldners *Uhlenbruck*, InsO, zu § 80 Rz. 5 ff.; *Breutigam/Blersch/Goetsch*, Insolvenzrecht, zu § 80 Rz. 8; *Nerlich/Römermann*, Insolvenzordnung, zu § 80 Rz. 12, 22.

dem Schuldner übertragen werden („Eigenverwaltung"). In diesem Fall wird nach § 270 Abs. 3 InsO ein Sachwalter bestellt. Im Falle der Eigenverwaltung steht das Verwaltungs- und Verfügungsrecht weiterhin dem Schuldner zu; er benötigt zwar für bestimmte Geschäfte die Zustimmung des Sachwalters, doch ändert dies nichts daran, dass er verwaltungs- und verfügungsberechtigt, für gewöhnliche Geschäfte sogar allein verwaltungs- und verfügungsberechtigt ist.

Ist der Schuldner eine natürliche Person, die keine wirtschaftliche Tätigkeit unterhält oder nur eine solche, die nach Art und Umfang einen eingerichteten kaufmännischen Geschäftsbetrieb nicht erfordert, folgt das Insolvenzverfahren nach §§304 ff. InsO den Regelungen der Verbraucherinsolvenz[5]. Kommt es dabei nicht zur Annahme des Schuldenbereinigungsplans nach § 305 Abs. 1 Nr. 4 InsO, schließt sich nach § 311 InsO ein vereinfachtes Insolvenzverfahren an. An Stelle eines Insolvenzverwalters wird nach § 313 InsO ein Treuhänder ernannt. Diesem steht das Verwaltungs- und Verfügungsrecht über die Vermögensgegenstände des Schuldners zu[6]. Die Stellung des Schuldners in der Verbraucherinsolvenz ist also die gleiche wie im gewöhnlichen Insolvenzverfahren.

Im Insolvenzverfahren über das Vermögen einer juristischen Person (§ 11 Abs. 1 S. 1 InsO) und einer Personengesellschaft (§ 11 Abs. 2 Nr. 1 InsO) endet die Geschäftsführungs- und Vertretungsbefugnis der vertretungsberechtigten Organe bzw. der Geschäftsführer sowie die Organstellung der nichtvertretungsberechtigten Organe (Aufsichtsrat, Gesellschaftsversammlung).

2. Auswirkungen auf das materielle Steuerrecht

a) Steuerrechtliche Stellung des Schuldners

Aus der rechtlichen Stellung des Schuldners als Rechtsträger der Insolvenzmasse und als rechtlich Berechtigter und Verpflichteter aus den Handlungen des Insolvenzverwalters folgt, dass der Schuldner auch steuerrechtlich Steuersubjekt der Insolvenzmasse ist und die aus der Insolvenzmasse fließenden Besteuerungsgrundlagen ihm zuzurechnen sind. Er ist regelmäßig nicht nur der rechtliche, sondern auch der wirtschaftliche Eigentümer der zur Insolvenzmasse gehörenden Vermögensgegenstände; diese sind ihm

5 Vgl. hierzu 4. Teil Abschn. III. § 304 Abs. 1 S. 2 InsO stellt auf die „Überschaubarkeit" der Vermögensverhältnisse ab

6 Arg. § 312 Abs. 3 InsO, wonach die Regelungen über die Eigenverwaltung, §§ 270 ff., nicht anzuwenden sind; *Breutigam/Blersch/Goetsch*, Insolvenzrecht, zu § 312 Rz. 5.

somit nach § 39 AO zuzurechnen. Somit treten die steuerlichen Folgen aus den zur Insolvenzmasse gehörenden Besteuerungsgrundlagen in der Person des Schuldners ein; dieser ist insoweit Steuerschuldner nach § 43 AO und Steuerpflichtiger nach § 33 AO. Die Eröffnung des Insolvenzverfahrens über das Vermögen des Schuldners hat nach § 80 Abs. 1 InsO nur zur Folge, dass er hinsichtlich der Masse das Verwaltungs- und Verfügungsrecht verloren hat; die steuerliche Zurechnung von Besteuerungsgrundlagen und die Stellung als Steuerschuldner und Steuerpflichtiger sind aber nicht davon abhängig, dass dem Steuerpflichtigen bzw. Steuerschuldner auch die Verwaltungs- und Verfügungsbefugnis hinsichtlich der Besteuerungsgrundlagen bzw. des Vermögens, in dessen Bereich die steuerpflichtigen Tatbestände verwirklicht werden, zustehen[7]. Die Eröffnung des Insolvenzverfahrens über das Vermögen des Steuerpflichtigen und die damit verbundene Einschränkung der Verwaltungs- und Verfügungsbefugnis ändern daher an der materiellen steuerrechtlichen Stellung des Schuldners nichts. So wie der Schuldner zivilrechtlich Träger der zur Insolvenzmasse gehörenden Vermögensgegenstände und Verbindlichkeiten bleibt, sind ihm diese auch steuerrechtlich zuzurechnen. Ebenso wie der Schuldner aus den Handlungen des Insolvenzverwalters zivilrechtlich berechtigt und verpflichtet wird, und zwar auch für die Zeit nach Beendigung des Insolvenzverfahrens, treffen die steuerrechtlichen Wirkungen der von dem Insolvenzverwalter erfüllten Steuerrechtstatbestände materiellrechtlich den Schuldner als Steuerpflichtigen und Steuerschuldner.

b) Besonderheiten der einkommensteuerlichen Stellung

Der Einkommensteuer unterliegen nach § 2 Abs. 1 S. 1 EStG die Einkünfte aus den sieben Einkunftsarten, die der Steuerpflichtige erzielt. Die steuerlichen Folgen der Einnahmen- und Einkünfteerzielung treten bei derjenigen Person ein, der die Erfüllung des Tatbestandes der Einnahmen- und Einkunftserzielung zuzurechnen ist. Für diese Zurechnung ist nicht die Verfügungsmacht über die Gegenstände der Einkunftserzielung (Wirtschaftsgüter) maßgebend, sondern nur, auf wessen Rechnung und Gefahr der Tatbestand der Einnahme- und Einkünfteerzielung verwirklicht wird[8]. Wie oben ausgeführt, ist dies auch hinsichtlich der Insolvenzmasse der Schuldner. Positive und negative Einkünfte aus der Insolvenzmasse sind also bei ihm zu erfassen.

---

7 Vgl. *Dumke*, in: Schwarz, AO, zu § 33 Rz. 29 ff.; *Bringewat/Waza/Grawe*, Insolvenzen und Steuern, Rz. 151.

8 Vgl. hierzu *Lindberg*, in: Frotscher, EStG, zu § 2 Rz. 12 ff.

Soweit das Einkommensteuerrecht Rechtswirkungen davon abhängig macht, dass der Steuerpflichtige Verfügungsmacht über gewisse Vermögensgegenstände hat, enden diese steuerlichen Wirkungen. Das ist z.B. der Fall bei der Betriebsaufspaltung, wenn über Betriebs- und Besitzunternehmen unterschiedliche Insolvenzverfahren eröffnet werden, da dann die persönliche Verflechtung entfällt[9]. Ebenso endet bei Insolvenz der Organgesellschaft die Organschaft, da die finanzielle (Körperschaftsteuer und Gewerbesteuer) bzw. die organisatorische (Umsatzsteuer) Eingliederung entfällt[10].

Nach § 2 Abs. 7 EStG ist die Einkommensteuer eine Jahressteuer. Das bedeutet, dass die einkommensteuerrechtlich relevanten Besteuerungsgrundlagen, die dem Steuerpflichtigen zuzurechnen sind und die das gleiche Kalenderjahr betreffen, zusammenzufassen sind und als zusammengefasster Betrag die (Bemessungs-)Grundlage der Einkommensteuer bilden. Grundlage der Einkommensteuer ist also ein einheitlicher, wenn auch aus verschiedenen Quellen fließender Betrag („Einkommen“). Das gilt auch für Zeiträume, für die das Insolvenzverfahren über das Vermögen des Steuerpflichtigen eröffnet worden ist[11]. Dem Steuerpflichtigen sind daher, jeweils für den entsprechenden Veranlagungszeitraum, die aus dem Vermögen vor Eröffnung des Insolvenzverfahrens fließenden Besteuerungsgrundlagen und die von dem Insolvenzverwalter verwirklichten Besteuerungsgrundlagen zur Versteuerung zugeordnet und bei ihm steuerlich zu erfassen.

c) Besonderheiten der umsatzsteuerlichen Stellung

Der Umsatzsteuer unterliegen nach § 1 Abs. 1 UStG Umsätze (Lieferung, sonstige Leistung, Eigenverbrauch) von Unternehmern. Unternehmer ist nach § 2 Abs. 1 UStG, wer eine gewerbliche oder berufliche Tätigkeit selbstständig ausübt.

Mit Eröffnung des Insolvenzverfahrens über sein Vermögen ist der Schuldner nicht mehr in der Lage, Umsätze für die Insolvenzmasse auszuführen, da ihm die Verfügungsbefugnis fehlt. Hieraus ist gefolgert worden, dass mit Eröffnung des Insolvenzverfahrens der Schuldner die Stellung als Unternehmer verliere; an seine Stelle als Unternehmer i. S. d. Umsatzsteuer-

9 Vgl. *BFH* v. 6. 3. 1997, BStBl. II 1997, S. 460, BB 1997, S. 1291 mit Anm. *Frotscher* in: EWiR § 16 EStG, 1/97; *Fichtelmann*, DStZ 1991 S. 257.

10 Vgl. hierzu 2. Teil, B. II. und V. 7. sowie *Frotscher/Maas*, KStG, UmwStG, zu § 14 KStG Rz. 213 d.

11 Näher hierzu 2. Teil Abschn. B I 1.

rechts trete der Insolvenzverwalter[12] oder die Insolvenzmasse[13]. Die herrschende Lehre folgt dem jedoch zu Recht nicht[14]. Das Tatbestandsmerkmal der „Ausübung" der gewerblichen oder beruflichen Tätigkeit, dessen Vorliegen zur Unternehmereigenschaft führt, bedeutet nicht, dass diese Tätigkeit eigenhändig ausgeübt werden muss. Unternehmer ist vielmehr jeder, dem umsatzsteuerlich die gewerbliche oder selbstständige Tätigkeit zuzurechnen ist. Die von dem Insolvenzverwalter im Rahmen seines Amts ausgeübte Tätigkeit für die Masse ist zivilrechtlich dem Schuldner zuzurechnen[15]. Die Wirkungen der Verfügungsgeschäfte des Insolvenzverwalters treffen zivilrechtlich den Schuldner; er wird hieraus berechtigt und verpflichtet. Es gibt keinen Grund, umsatzsteuerlich hiervon abzuweichen. Der Insolvenzverwalter tritt nach außen nicht als auf eigene Rechnung tätiger Unternehmer oder für eine selbstständige Vermögensmasse („Insolvenzmasse") auf, sondern als Verfügungsberechtigter über fremdes Vermögen, nämlich das Vermögen des Schuldners. Auch nach außen ist damit klargestellt, dass die Wirkungen der Handlungen des Insolvenzverwalters den Schuldner treffen sollen. Somit ist nicht nur nach der rechtlichen, sondern auch nach der wirtschaftlichen Betrachtungsweise der Schuldner derjenige, der im Geschäftsverkehr Leistungen erbringt, und zwar durch den Insolvenzverwalter. Die durch den Insolvenzverwalter bewirkten Umsätze sind daher auch umsatzsteuerlich dem Schuldner zuzurechnen; er ist für die Umsätze der Insolvenzmasse der Unternehmer[16], nicht der Insolvenzverwalter[17].

War der Schuldner bis zur Eröffnung des Insolvenzverfahrens nicht unternehmerisch tätig, stellt sich die Frage, ob er allein durch Verwertungs-

12 *RFH*, 7. 1. 1922, RFHE 10 S. 348.

13 So die Organtheorie, vgl. 1. Teil Abschn. III 1.

14 Eingehend zu dieser Frage *Onusseit*,Umsatzsteuer im Konkurs, S. 10 ff., mit weiteren Nachweisen; ebenso *BFH*, 23. 7. 1988, BStBl. II 1988 S. 920, BB 1988 S. 2092 für durch den Zwangsverwalter erzielte Umsätze, sowie *BFH*, 18. 5. 1988, BStBl. II 1988 S. 716, BB 1988 S. 1660; *BFH*, 15. 6. 1999, BStBl. II 2000, S. 46, BB 1999, S. 1960; *Widmann*, Stbg. 1998, S. 537.

15 Vgl. 1. Teil Abschn. II 1.

16 *RFH*, 7. 11. 1922, RFHE 10 S. 348; *BFH*, 17. 10. 1957, BStBl. III 1957 S. 453, BB 1958 S. 24; *BFH*, 15. 6. 1999, BStBl. II 2000, S. 46, BB 1999, S. 1966; *Scharpenberg*, in: Hartmann/Metzenmacher, UStG, zu § 2 Rz. 130; *Frotscher*, ZIP 1983 S. 1307; *Dißars*, in: Schwarz, AO, zu § 251 Rz. 17; *Onusseit*, Umsatzsteuer im Konkurs, S. 17, 18. Zur Organtheorie, nach der die Insolvenzmasse Unternehmer wäre, vgl. 1. Teil Abschn. III 1.

17 Das gilt selbstverständlich nur hinsichtlich des zur Insolvenzmasse gehörenden Gewerbe- oder sonstigen Betriebs des Schuldners. Hinsichtlich seiner Insolvenzverwaltertätigkeit unterhält der Insolvenzverwalter ein eigenes Insolvenzverwalterunternehmen und ist insoweit Unternehmer.

handlungen des Insolvenzverwalters die Unternehmereigenschaft erwirbt; die Folge wäre dann, dass die Umsätze durch den Insolvenzverwalter umsatzsteuerbar würden.

Der BFH[18] hat entschieden, dass die Veräußerung von Gegenständen der privaten Lebensführung nur dann zur Unternehmereigenschaft führt, wenn die veräußernde Person sich wie ein Händler verhält. Das sei der Fall, wenn An- und Verkäufe mit auf Güterumschlag gerichteter Absicht getätigt würden. Selbst die Veräußerung einer ganzen Briefmarkensammlung wurde danach nicht als unternehmerisch, sondern als letzter Akt der privaten Betätigung angesehen. Danach begründet der Insolvenzverwalter für einen Schuldner nicht allein dadurch die umsatzsteuerliche Unternehmereigenschaft, dass er dessen Vermögensgegenstände des Privatvermögens versilbert. Diese Tätigkeit ist als letzter Akt der privaten Tätigkeit, in der die Vermögensgegenstände angesammelt wurden, anzusehen. Der Schuldner wird bei der bloßen Liquidierung seines Vermögens durch den Insolvenzverwalter nicht wie ein Händler tätig, der durch An- und Verkäufe im Güterumschlag tätig werden will; er wird durch diese Tätigkeit also nicht Unternehmer im umsatzsteuerlichen Sinne[19].

3. Die Stellung des Schuldners im formellen Steuerrecht

Der Schuldner bleibt auch nach Eröffnung des Insolvenzverfahrens Subjekt des Verwaltungsverfahrens; er ist daher Beteiligter i. S. d. § 78 AO. Da er jedoch nach § 80 Abs. 1 InsO das Recht verliert, sein zur Insolvenzmasse gehörendes Vermögen zu verwalten, fehlt ihm auch steuerrechtlich diese Verwaltungsbefugnis. Er ist daher hinsichtlich der Insolvenzmasse nach § 79 AO nicht mehr in der Lage, Verfahrenshandlungen vorzunehmen, soweit sein Verwaltungsrecht insolvenzrechtlich eingeschränkt ist; er ist insoweit nicht handlungsfähig.

Für den Steuerpflichtigen handelt der Insolvenzverwalter; dieser hat nach § 34 AO alle steuerrechtlichen Pflichten des Schuldners zu erfüllen, soweit sie sich auf die Insolvenzmasse beziehen[20].

---

18 *BFH*, 29. 6. 1987, BStBl. II 1987 S. 744, BB 1987 S. 2083; *BFH*, 16. 2. 1987, BStBl. II 1987 S. 752, BB 1987 S. 2086.

19 *Dißars*, in: Schwarz, AO, zu § 251 Rz. 18. A. A. *Onusseit*, Umsatzsteuer im Konkurs, S. 18, 22, der bei sukzessiver Veräußerung eines umfangreichen Privatvermögens die Unternehmereigenschaft des Schuldners für gegeben hält.

20 Vgl. 1. Teil Abschn. III 2 c.

Daraus folgt jedoch nicht, dass der steuerpflichtige Schuldner seinerseits von allen steuerrechtlichen Pflichten befreit ist, die der Insolvenzverwalter zu erfüllen hat. Die Steuergesetze erlegen dem Steuerpflichtigen i. S. d. § 33 AO vielfältige Pflichten auf. Die Erfüllung dieser Pflichten wird dem Steuerpflichtigen auch dann nicht erlassen, wenn (auch) ein anderer sie für ihn zu erfüllen hat. Die §§ 34, 35 AO bestimmen nicht, dass die steuerrechtlichen Pflichten in der Weise auf die dort genannten Personen übergehen, dass die Steuerpflichtigen selbst von diesen Pflichten befreit würden; grundsätzlich bleiben auch sie mit diesen Pflichten belastet. Allerdings ist insoweit der insolvenzrechtlichen Situation Rechnung zu tragen[21]. Der allgemeinen steuerrechtlichen Regelung, die für so verschieden gelagerte steuerliche Sachverhalte wie gesetzliche Vertreter natürlicher und juristischer Personen, Insolvenzverwalter und Testamentsvollstrecker gilt, muss die spezifisch insolvenzrechtliche Regelung vorgehen. Das Verwaltungsrecht an der Masse geht nach § 80 Abs. 1 InsO auf den Insolvenzverwalter über. Der Insolvenzverwalter hat die Insolvenzmasse nach § 148 Abs. 1 InsO in Besitz zu nehmen; dazu gehören nach § 36 Abs. 2 Nr. 1 InsO auch die Geschäftsbücher. Der Schuldner wird daher häufig nicht mehr in der Lage sein, die Buchführung abzuschließen und auf ihrer Grundlage Bilanz und Steuererklärung zu erstellen. Die steuerrechtlichen Pflichten können den Steuerpflichtigen insoweit nicht treffen, als er aus rechtlichen oder tatsächlichen Gründen nicht in der Lage ist, sie zu erfüllen. Daraus folgt, dass der Schuldner nur insoweit zur Erfüllung der steuerrechtlichen Pflichten verpflichtet bleibt, als er an ihrer Erfüllung nicht durch das Verwaltungsrecht des Insolvenzverwalters gehindert ist. Soweit der Steuerpflichtige jedoch zur Erfüllung dieser Pflichten in der Lage ist, etwa weil es sich um tatsächliche Wissenserklärungen handelt oder der Insolvenzverwalter ihm den Zugang zu der Buchführung, ihren Abschluss und die Erstellung der Bilanz gestattet, bleibt der Schuldner zur Erfüllung der steuerrechtlichen Pflichten auch hinsichtlich der Insolvenzmasse verpflichtet.

Den Schuldner treffen in diesem Rahmen die Mitwirkungspflichten des Beteiligten nach § 90 AO. Er hat nach § 93 AO Auskünfte zu erteilen. Diese Pflicht ist praktisch bedeutsam, da er i. d. R. besser als der Insolvenzverwalter über Einzelheiten seiner steuerlich bedeutsamen Verhältnisse informiert ist und die Auskunftserteilung als Wissenserklärung durch die Verwaltungsbefugnis des Insolvenzverwalters nicht beeinträchtigt werden wird. Die Verpflichtung, zur Auskunftserteilung nach § 93 Abs. 3 S. 2 AO die Geschäftsbücher heranzuziehen, trifft ihn nur, wenn der Insolvenzver-

21 *Dißars*, in: Schwarz, AO, zu § 251 Rz. 15; *Tipke/Kruse*, AO, zu § 251 Rz. 37 ff.

walter ihm den Zutritt zu der Buchführung gestattet[22]. Entsprechend hat der Schuldner die Verpflichtung zur Vorlage von Urkunden, § 97 AO, und von Wertsachen, § 100 AO, nur dann zu erfüllen, wenn er diese in Besitz hat oder der Insolvenzverwalter sie ihm überlässt. Die Gestattung zum Betreten von zur Insolvenzmasse gehörenden Grundstücken und Räumen nach § 99 AO ist allein Sache des Insolvenzverwalters. Die Buchführungs- und Aufzeichnungspflichten nach §§ 140 ff. AO für die Insolvenzmasse wird der Schuldner i. d. R. nicht erfüllen können; dies ist regelmäßig Sache des Insolvenzverwalters.

Steuererklärungen für die zur Insolvenzmasse gehörenden Besteuerungsgrundlagen kann der Steuerpflichtige i. d. R. nicht abgeben, er ist hierzu also auch nicht verpflichtet. Stellt ihm der Insolvenzverwalter jedoch die erforderlichen Daten zur Verfügung, hat der Schuldner auch insoweit Steuererklärungen abzugeben; tut er dies nicht, können gegen ihn Verspätungszuschläge und Zwangsmittel festgesetzt werden. Dies gilt auch für sonstige steuerrechtliche Anzeigen.

Der Schuldner ist auch verpflichtet, nach § 153 AO eine Erklärung zu berichtigen, wenn er nachträglich ihre Unrichtigkeit oder Unvollständigkeit erkennt. Die Berichtigungspflicht tritt nur ein, wenn der Schuldner die Unrichtigkeit oder Unvollständigkeit positiv kennt; Kennenmüssen genügt nicht.

Die Berichtigungspflicht bezieht sich auf eine Wissenserklärung, nicht eine Willenserklärung. Daher ist der Schuldner zur Berichtigung verpflichtet, auch wenn ihm nicht das Verwaltungs- und Verfügungsrecht über die Masse zusteht. Die Berichtigung von Steuererklärungen gehört als Wissenserklärung nicht zu dem Bereich der Verwaltung und Verfügung, von dem der Schuldner durch den Insolvenzverwalter ausgeschlossen ist.

Der Schuldner hat auch eine von dem Insolvenzverwalter abgegebene Erklärung zu berichtigen, wenn er deren Unrichtigkeit oder Unvollständigkeit erkennt. Der Insolvenzverwalter gibt die Erklärung „für" den Schuldner ab, so dass diesen die Berichtigungspflicht nach § 153 Abs. 1 Nr. 1 AO trifft. Da es sich bei der Berichtigung um eine Wissenserklärung handelt, greift der Schuldner damit nicht in das Verwaltungs- und Verfügungsrecht des Insolvenzverwalters ein.

22 Vgl. *BFH*, 23. 8. 1994, BFH/NV 1995 S. 570. Der Schuldner braucht danach grundsätzlich Bücher und Unterlagen nicht heranzuziehen, die sich nicht in seinem Besitz, sondern in dem des Insolvenzverwalters befinden. Das gilt auch für die Zeit nach Beendigung des Insolvenzverfahrens; *BFH*, 14. 10. 1998, BFH/NV 1999, S. 447.

Soweit der Schuldner in der geschilderten Weise zur Erfüllung von steuerlichen Pflichten verpflichtet ist, die die Insolvenzmasse betreffen, hat i. d. R. auch der Insolvenzverwalter diese Pflichten zu erfüllen. Es steht im Ermessen der Finanzbehörde, an welchen der Verpflichteten sie sich halten will; es ist in der Regel ermessensfehlerfrei, wenn sie sich an den Verpflichteten hält, dessen Inanspruchnahme am erfolgversprechendsten ist. Erklärt sich aber einer der Verpflichteten (z. B. der Schuldner) bereit, die Verpflichtung in geeigneter Weise zu erfüllen, wäre es ermessensfehlerhaft, wenn die Finanzbehörde auf der Erfüllung durch den anderen Verpflichteten bestehen würde.

Im vorläufigen Insolvenzverfahren verliert der Schuldner das Verwaltungs- und Verfügungsrecht, wenn ein „starker" vorläufiger Insolvenzverwalter bestellt ist (§ 22 Abs. 1 InsO). In diesem Fall gelten für die steuerrechtliche Stellung des Schuldners die für das Insolvenzverfahren geltenden Regeln. Ist dagegen nur ein „schwacher" Insolvenzverwalter bestellt, bleibt der Schuldner auch dann verfügungsberechtigt, wenn der vorläufige Insolvenzverwalter seinen Verfügungen zustimmen muss. Der Schuldner hat dann uneingeschränkt die steuerlichen Pflichten zu erfüllen[23].

---

23 *BFH*, 30. 12. 2004, BFH/NV 2005, 665.

III. Die steuerrechtliche Stellung des Insolvenzverwalters

1. Der Insolvenzverwalter als über die Masse Verwaltungs- und Verfügungsberechtigter

Es gehört zu den grundlegenden Folgen der Eröffnung des Insolvenzverfahrens, dass mit diesem Zeitpunkt der Schuldner das Recht verliert, die Masse zu verwalten und hierüber zu verfügen (§ 80 Abs. 1 InsO); beides übt der Insolvenzverwalter aus (§ 80 Abs. 1 InsO). Das Verwaltungs- und Verfügungsrecht des Insolvenzverwalters endet mit der Einstellung des Insolvenzverfahrens[1].

Steuerlich hat der Übergang des Verwaltungs- und Verfügungsrechts auf den Insolvenzverwalter i. d. R. zur Folge, dass mit Eröffnung des Insolvenzverfahrens über das Vermögen der Organgesellschaft die körperschaft-, gewerbe- und umsatzsteuerliche Organschaft endet[2].

Die Stellungen von Schuldner und Insolvenzverwalter sind bezüglich der Insolvenzmasse insofern miteinander gekoppelt, als der Insolvenzverwalter gerade die und ebenso viele Verwaltungs- und Verfügungsrechte erwirbt, wie der Schuldner verliert. Auf den Insolvenzverwalter gehen daher alle Verwaltungs- und Verfügungsrechte sowie alle Pflichten bezüglich der Insolvenzmasse über, die ohne Eröffnung des Insolvenzverfahrens in der Person des Schuldners entstanden wären. Dieser Übergang der Rechte und Pflichten auf den Insolvenzverwalter erfolgt in dem Umfang und mit dem Inhalt, in denen der Schuldner ohne Eröffnung des Insolvenzverfahrens die Rechte hätte wahrnehmen können und die Pflichten hätte erfüllen müssen.

Die steuerlichen Folgen, die der Übergang des Verwaltungs- und Verfügungsrechts vom Schuldner auf den Insolvenzverwalter haben, hängen von dem Verständnis der Stellung des Insolvenzverwalters ab. Zur systematischen Einordnung der Stellung des Insolvenzverwalters werden im Wesentlichen drei Theorien vertreten:

---

1 *BFH*, 23. 8. 1993, BFH/NV 1994 S. 186.

2 Vgl. *BFH*, 28. 1. 1999, BStBl. II 1999, S. 258, BB 1999, S. 670; *FG Nürnberg*, 22. 2. 1990, EFG 1990 S. 543 m. Anm. *Onusseit*, EWiR, § 2 UStG, 2190; *FG Münster*, 10. 9. 1991, EFG 1992 S. 228; *Frotscher/Maas*, KStG, zu § 14 Rz. 213 d. Zur körperschaftsteuerlichen Organschaft vgl. Teil 2 Abschn. B. II, zur umsatzsteuerlichen Organschaft vgl. 2. Teil Abschn. B V 7.

Nach der *Vertretertheorie* handelt der Insolvenzverwalter als gesetzlicher Vertreter des Schuldners[3]. Der Insolvenzverwalter hat danach die gegenständlich auf die Insolvenzmasse beschränkte Vertretungsmacht, für den Schuldner zu handeln; dieser wird, ebenfalls gegenständlich beschränkt auf die Masse, als Geschäftsunfähiger behandelt. Der Insolvenzverwalter verfügt im Namen des Schuldners über die zur Insolvenzmasse gehörenden Gegenstände; er geht ebenso im Namen des Schuldners Verpflichtungen ein. Die Haftung des Schuldners mit der Insolvenzmasse für Handlungen des Insolvenzverwalters ergibt sich aus § 278 BGB. Der Schuldner ist im Prozess Partei; der Insolvenzverwalter wird als sein Vertreter tätig.

Nach der *Amtstheorie* handelt der Insolvenzverwalter als Träger eines Amtes im eigenen Namen[4]. Dieses Handeln in eigenem Namen bringt Rechtswirkungen nicht für den Insolvenzverwalter persönlich hervor, sondern für den Schuldner als Träger der Insolvenzmasse. In den Wirkungen unterscheidet sich die Amtstheorie nicht wesentlich von der Vertretertheorie. Die Haftung des Schuldners, gegenständlich beschränkt auf die Masse, wird aus analoger Anwendung des § 278 BGB oder aus § 31 BGB abgeleitet. Im Prozess ist der Insolvenzverwalter Partei kraft Amtes. Der wesentliche Unterschied der Amtstheorie im Vergleich zur Vertretertheorie besteht darin, dass die Amtstheorie besser als die Vertretertheorie zum Ausdruck bringt, dass der Insolvenzverwalter nicht im Interesse des Schuldners tätig wird (was er als dessen Vertreter tun müsste), sondern unabhängig zwischen Schuldner und Gläubigern steht.

Zu anderen Ergebnissen kommt die *Organtheorie*[5]. Danach ist die Insolvenzmasse materiell selbstständiger Rechtsträger, der Parteifähigkeit besitzt. Der Insolvenzverwalter wird als Organ des Rechtsträgers „Insolvenzmasse" tätig. Da die Insolvenzmasse ein von dem Schuldner getrenntes Rechtssubjekt ist, treffen die Wirkungen der Handlungen des Insolvenzverwalters nur die Insolvenzmasse, nicht den Schuldner.

Zur Beurteilung der steuerlichen Wirkungen der Eröffnung des Insolvenzverfahrens ist eine Entscheidung zwischen der Vertretertheorie und der Amtstheorie nicht erforderlich. Nach beiden Theorien treten die Wirkungen des Handelns des Insolvenzverwalters in der Person des Schuldners

3 Näheres zur Vertretertheorie vgl. *Uhlenbruck*, InsO, zu § 56 Rz. 68 mit weiteren Nachweisen.

4 Vgl. *RG*, 30. 3. 1892, RGZ 29 S. 29; *BGH*, 30. 10. 1967, BGHZ 49 S. 11, 16; *Uhlenbruck*, InsO, zu § 66 Rz. 72.

5 *Bötticher*, ZZP 71, S. 318; ZZP 77, S. 55; *Uhlenbruck*, InsO, zu § 56 Rz. 69, mit weiteren Nachweisen.

ein. Das genügt, um steuerrechtlich die zur Insolvenzmasse gehörenden Besteuerungsgrundlagen dem Schuldner zuzuordnen[6]. Unterschiedliche materielle oder formalrechtliche Auswirkungen auf das Steuerrecht haben diese Theorien daher nicht.

Steuerrechtlich zu anderen Ergebnissen kommt jedoch die Organtheorie. Da danach die Insolvenzmasse selbstständiger Rechtsträger ist, wäre sie ertragsteuerlich körperschaftsteuerpflichtiges Steuersubjekt[7] und umsatzsteuerlich Unternehmer; die ertragsteuerlichen und umsatzsteuerlichen Besteuerungsgrundlagen wären der Insolvenzmasse, nicht dem Schuldner, zuzurechnen.

Die Organtheorie hat sich im Zivilrecht bisher nicht durchsetzen können; die herrschende Meinung in Rechtsprechung und Lehre sowie die Praxis folgen einer der anderen Theorien[8]. Dem hat das Steuerrecht zu folgen. Eine so grundlegende zivilrechtliche Frage wie die nach der Stellung des Insolvenzverwalters lässt sich nicht vom Steuerrecht her beantworten; das Steuerrecht hat das Ergebnis der insolvenzrechtlichen Diskussion zu übernehmen. Daher kann das Steuerrecht bei der Zuordnung der Besteuerungsgrundlagen nicht von der Organtheorie ausgehen[9].

2. Die Stellung des Insolvenzverwalters im formellen Steuerrecht

a) Allgemeine Rechte und Pflichten

Nach den obigen Ausführungen treffen den Insolvenzverwalter in seiner Eigenschaft als Verwalter des Vermögens des Schuldners auch die steuerlichen Pflichten; er kann die steuerlichen Rechte geltend machen, soweit sie zu dem Verwaltungsbereich der Insolvenzmasse gehören. Dementsprechend bestimmt § 34 Abs. 3 AO ausdrücklich, dass er diejenigen Pflichten zu erfüllen hat, die ohne die Eröffnung des Insolvenzverfahrens dem steuerpflichtigen Schuldner obliegen würden[10].

---

6 Vgl. oben Abschn. II 2.

7 Zur Körperschaftsteuerpflicht der Insolvenzmasse vgl. unten Abschn. IV, 1 sowie 2. Teil Abschn. B II.

8 Herrschend, vor allem in der Praxis, dürfte die Amtstheorie sein.

9 *Onusseit*, Umsatzsteuer im Konkurs, S. 17; *Frotscher*, ZIP 1983 S. 1307. M. E. bedeutet die Organtheorie einen so einschneidenden Eingriff in die zivilrechtliche Güterzuordnung (Zuordnung des Vermögens zu einem Rechtsträger Insolvenzmasse anstelle des Rechtsträgers Schuldner), dass sie einer ausdrücklichen gesetzlichen Grundlage bedürfte.

10 *Schwarz*, AO, zu § 34 Rz. 18; *Tipke/Kruse*, AO, zu § 251 Rz. 72.

Nicht zu dem Verwaltungsbereich des Insolvenzverwalters gehört ein gegen den Insolvenzschuldner gerichtetes Strafverfahren. Wird ein Außenprüfungsverfahren in ein steuerstrafrechtliches Ermittlungsverfahren übergeleitet, richtet sich dieses gegen den Insolvenzschuldner, nicht gegen den Insolvenzverwalter. Unterlagen können in diesem Strafverfahren auch bei dem Insolvenzverwalter nach §§ 94 ff. StPO beschlagnahmt werden. Es gibt keinen allgemeinen Vorrang des Insolvenzrechts gegenüber dem Straftrecht; im Gegenteil, das öffentliche Interesse an der Strafverfolgung überwiegt das private Interesse der Gläubiger[11].

Die steuerlichen Pflichten, die sich insbesondere aus den §§ 90, 93 ff., 137 ff., 140 ff., 149 ff. AO, aber auch z. B. aus § 22 UStG ergeben, müssen somit auch im Insolvenzverfahren, und zwar bezüglich der Insolvenzmasse durch den Insolvenzverwalter, erfüllt werden. Diese Pflichten umfassen die Steuererklärungspflicht, Buchführungs- und Aufzeichnungspflichten (dies spricht § 155 Abs. 1 S. 2 InsO ausdrücklich aus) sowie Auskunfts-, Anzeige- und Nachweispflichten[12]. Ebenfalls erfüllen muss der Insolvenzverwalter die handelsrechtlichen und steuerrechtlichen Aufbewahrungspflichten nach § 36 Abs. 1 Nr. 1 InsO.

Erfüllt der Insolvenzverwalter seine ihn gemäß § 34 AO treffenden steuerlichen Verpflichtungen nicht, so können gegen ihn persönlich Zwangsmittel festgesetzt werden[13]. Für diese haftet der Schuldner nicht (arg. § 70 AO).

Zum Verhältnis dieser Pflichten des Insolvenzverwalters zu den Pflichten des Schuldners vgl. 1. Teil Abschn. II.

Andererseits kann der Insolvenzverwalter alle steuerlichen Rechte geltend machen, die dem Insolvenzschuldner zustehen. Der Insolvenzverwalter kann daher nach § 9 UStG zur Umsatzsteuer optieren[14], und er kann steuerliche Freistellungsbescheinigungen beantragen[15].

Dem Insolvenzverwalter ist seitens der Finanzbehörde Auskunft über die steuerlichen Verhältnisse des Insolvenzschuldners zu erteilen. Das Steuergeheimnis nach § 30 AO steht dem nicht entgegen. Dies gilt auch für das Finanzgericht hinsichtlich der Akteneinsicht in einem nach § 240 ZPO unterbrochenen gerichtlichen Verfahren, und zwar auch, bevor der Rechtsstreit von dem Insolvenzverwalter aufgenommen wurde. Gleiches

---

11 A.A. *Nerlich/Römermann*, § 148 InsO, Rdn. 27.
12 Vgl. *BFH*, 16. 6. 61, HFR 1961 S. 277.
13 *Schwarz*, AO, zu § 34 Rz. 2.
14 *BFH* v. 28.11.2002, BStBl. II 2003 S. 337, BB 2003 S. 718.
15 *BFH*, 13.11.2002, BStBl. II 2003 S. 716, BB 2003, S. 718.

gilt, soweit dadurch dem Insolvenzverwalter Verhältnisse des nicht von der Insovenz betroffenen zusammen veranlagten Ehegatten des Insolvenzschuldners bekannt werden[16]. Bei Zusammenveranlagung erstreckt sich das Informationsrecht des Insolvenzverwalters auf alle Merkmale, die in die gemeinsame Steuer eingehen, also auch die von dem Ehegatten verwirklichten. Dies ist durch § 30 Abs. 4 Nr. 1, Abs. 2 Nr. 1 Buchst. a AO gedeckt.

Der Treuhänder nach § 313 InsO im Verbraucherinsolvenzverfahren hat eine dem Insolvenzverwalter vergleichbare Stellung, so dass er auch die steuerlichen Pflichten des Schuldners zu erfüllen hat. Das gilt jedoch nicht für den Sachwalter bei der Eigenverwaltung nach § 270 Abs. 3 InsO; seine Stellung ist der des Insolvenzverwalters nicht vergleichbar.

b) Handelsrechtliche und steuerrechtliche Buchführungspflichten

§ 155 Abs. 1 InsO regelt das Verhältnis der handels- und steuerrechtlichen Buchführungs- und Aufzeichnungspflichten zu den entsprechenden insolvenzrechtlichen Verpflichtungen. Nach § 153 Abs. 1 InsO hat der Insolvenzverwalter auf den Zeitpunkt der Eröffnung des Insolvenzverfahrens eine Vermögensübersicht („Insolvenzeröffnungsbilanz``) aufzustellen, in der die tatsächlichen, erzielbaren Werte der Vermögensgegenstände anzugeben sind[17]; außerdem hat er nach § 66 InsO Schlussrechnung zu legen.

Durch diese insolvenzrechtlichen Pflichten können die steuerrechtlichen Pflichten jedoch nicht erfüllt werden[18]; die insolvenzrechtlichen Pflichten zur Rechnungslegung sind zu unterscheiden von den handelsrechtlichen und steuerrechtlichen Buchführungs- und Aufzeichnungspflichten. Insolvenzbilanzen sind Vermögensbilanzen und dienen daher nicht dem Zweck der handelsrechtlichen oder steuerrechtlichen Gewinnermittlung, sondern sollen den Zeitwert des vorhandenen Vermögens darstellen. Die insolvenzrechtlichen Vorschriften treten daher neben die steuerrechtliche Buchführungs- und Bilanzierungspflicht. Wie § 155 Abs. 1 S.1 InsO ausdrücklich

16 *BFH*, 15. 6. 2000, BStBl. II 2000 S. 431, BB 2000, S. 1665 m. Anm. *Onusseit*, EWiR § 78 FGO 1/01, S. 69; *BFH*, 13. 11. 2003, BFH/NV 2004 S. 642; vgl. *OFD Frankfurt*, 15.3.2001, DStZ 2001 S. 561.

17 *Breutigam/Blersch/Goetsch*, Insolvenzrecht, zu § 153 Rz. 6. Allgemein zur insolvenzrechtlichen Rechnungslegung vgl. *Fischer-Böhnlein/Körner*, BB 2001 S. 191

18 So zur Konkursordnung *BFH*, 8. 6. 1972, BStBl. II 1972 S. 784; BB 1972 S. 1258; *BGH*, 4. 5. 1979, BB 1979 S. 1007. Allgemein zur Rechnungslegungspflicht im Insolvenzverfahren *Kunz/Mundt*, DStR 1997, S. 620, 664.

bestimmt, bleiben die handelsrechtlichen und steuerrechtlichen Buchführungspflichten auch in der Insolvenz bestehen.

Der Schuldner bzw. die Personengesellschaft, über deren Vermögen das Insolvenzverfahren eröffnet worden ist, behält die Eigenschaft als Kaufmann nach § 1 HGB und bleibt steuerlich Gewerbetreibender nach § 15 EStG. Bestehende Buchführungspflichten bleiben durch die Eröffnung des Insolvenzverfahrens unberührt[19]. Handelsrechtlich sind auch für diese Zeit Bücher nach § 238 HGB zu führen, wobei die Grundsätze ordnungsgemäßer Buchführung und Bilanzierung zu beachten sind. Dabei sind, je nach dem Ziel des Insolvenzverfahrens, Liquidationswerte anzusetzen oder die fortgeführten Buchwerte, wenn das Insolvenzverfahren auf Fortführung und Erhaltung des Unternehmens auf Dauer gerichtet ist[20]. Steuerlich sind auf jeden Fall die Buchwerte fortzuführen, da die Eröffnung des Insolvenzverfahrens allein keine Gewinn- oder Verlustrealisierung rechtfertigt.

Diese handels- und steuerrechtlichen Buchführungs- und Bilanzierungspflichten sind von dem Insolvenzverwalter zu erfüllen[21], und zwar auch insoweit, als diese Pflichten den Zeitraum vor Eröffnung des Insolvenzverfahrens betreffen.

Für den handelsrechtlichen Bilanzstichtag bestimmt § 155 Abs. 2 S. 1 InsO, dass mit der Eröffnung des Insolvenzverfahrens ein neues Geschäftsjahr beginnt. Bei Eröffnung des Insolvenzverfahrens entsteht also regelmäßig ein Rumpfgeschäftsjahr. M. E. wird aber damit die Bestimmung des gewöhnlichen Geschäftsjahres, die sich bei der Personengesellschaft in dem Gesellschaftsvertrag, bei der Kapitalgesellschaft in der Satzung befindet, nicht außer Kraft gesetzt. Nach dem durch die Eröffnung des Insolvenzverfahrens begründeten Rumpfgeschäftsjahr ist daher wieder auf das gewöhnliche Geschäftsjahr, i. d. R. das Kalenderjahr, oder ein abweichendes Geschäftsjahr überzugehen. Ist das gewöhnliche Geschäftsjahr das Kalenderjahr, entstehen dadurch im Jahr der Eröffnung des Insolvenzverfahrens zwei Rumpfgeschäftsjahre, nämlich vom Jahresanfang bis zur Eröffnung des Insolvenzverfahrens und von diesem Zeitpunkt bis zum Jahresende. Danach entstehen wieder Geschäftsjahre, die 12 Monate betragen und dem Kalenderjahr entsprechen[22].

---

19 *BFH*, 19. 1. 1993, BStBl. II 1993, S. 594, BB 1993, S. 1926.

20 *Breutigam/Blersch/Goetsch*, Insolvenzrecht, zu § 155 Rz. 7. Dagegen nehmen *Nerlich/Römermann*, InsO, zu § 155 Rz. 19 ff. zwingend Buchwertansatz an.

21 *KG Berlin*, 3. 6. 1997, BB 1997, S. 1681.

22 Ebenso *Nerlich/Römermann*, InsO, zu § 155 Rz. 41. A. A.*Weisang*, BB 1998, S. 1149, wonach das mit Insolvenzeröffnung beginnende Geschäftsjahr eine Dauer von 12 Monaten haben soll.

Hinsichtlich des Bilanzstichtages gilt der Grundsatz der Maßgeblichkeit der Handelsbilanz für die Steuerbilanz. Der steuerliche Bilanzstichtag ist daher mit dem handelsrechtlichen Bilanzstichtag identisch. Das gilt auch für den nach § 155 Abs. 2 S. 1 InsO entstehenden Bilanzstichtag der Eröffnung des Insolvenzverfahrens; dem handelsrechtlichen Rumpfgeschäftsjahr entspricht ein steuerliches Rumpfwirtschaftsjahr.

Dieser Umstellung des Wirtschaftsjahres kann die Finanzbehörde nicht nach § 4a Abs. 1 Nr. 2 EStG widersprechen. Das Zustimmungserfordernis dient der Verhinderung von Missbräuchen auf Grund des Rechts des Steuerpflichtigen, sein Geschäftsjahr/Wirtschaftsjahr zu wählen. Erfolgt die Umstellung auf Grund einer zwingenden gesetzlichen Vorschrift, wie im Fall des § 155 Abs. 2 S. 1 InsO, kann keine Missbrauchsabsicht des Steuerpflichtigen bestehen; es besteht also kein Grund, der gesetzlich angeordneten Folge die steuerrechtliche Wirkung zu versagen[23].

Steuerrechtlich hat der Insolvenzverwalter nach § 34 Abs. 3 AO, § 155 Abs. 1 InsO auf das Ende des jeweiligen Wirtschaftsjahres eine Steuerbilanz aufzustellen, die den steuerlichen Ansatz- und Bewertungsvorschriften, §§ 5 ff. EStG, entspricht.

c) Steuererklärungspflichten

aa) Steuererklärungen für die Zeit des Insolvenzverfahrens

Zu den steuerlichen Pflichten, die der Insolvenzverwalter zu erfüllen hat, gehören auch die Steuererklärungspflichten[24].

Ist der Steuerpflichtige eine natürliche Person, die betrieblich tätig ist, hat der Insolvenzverwalter für die Insolvenzmasse die Umsatz- und Gewerbesteuererklärung abzugeben. Hinsichtlich der Ertragsteuern hat der Insolvenzverwalter eine Erklärung über die einkommensteuerlichen Bemessungsgrundlagen abzugeben, soweit diese Besteuerungsgrundlagen ihre Wurzeln in der Insolvenzmasse haben (z. B. Einkünfte, die der Insolvenzverwalter erzielt hat; Sonderausgaben und außergewöhnliche Belastungen, wenn die Zahlungen aus der Insolvenzmasse geleistet werden).

---

23 *Frotscher/Maas*, KStG, UmwStG, zu § 7 KStG, Rz. 43; a. A. *Weisang*, BB 1998, S. 1149.

24 Der Insolvenzverwalter kann sich dieser Verpflichtung nicht mit dem Argument entziehen, die Kosten für die Erstellung der Steuererklärungen könnten nicht aus der Masse gedeckt werden, *BFH*, 23. 8. 1994, BStBl. II 1995 S. 194, BB 1995, S. 394; *BFH*, 8. 8. 1995, BFH/NV 1996 S. 13 für Massearmut.

Hat der Schuldner außerhalb des Insolvenzverfahrens Ausgaben geleistet, die steuerlich zu berücksichtigen sind (Sonderausgaben, außergewöhnliche Belastungen), hat der Insolvenzverwalter diese Besteuerungsgrundlagen nicht in die von ihm abzugebenden Steuererklärungen einzubeziehen, da diese Ausgaben nicht seiner Verwaltung unterliegen. Hierüber hat der Schuldner selbst eine Steuererklärung abzugeben. Gleiches gilt für Besteuerungsgrundlagen (Einkünfte, Ausgaben) des Schuldners, soweit diese nicht zur Insolvenzmasse gehören (z. B. pfändungsfreies Arbeitseinkommen) und Besteuerungsgrundlagen der Ehefrau des Schuldners, wenn Zusammenveranlagung erfolgt.

Hat für den Schuldner eine gesonderte Feststellung der Einkünfte nach § 180 Abs. 1 Nr. 2 b AO zu erfolgen, gilt das Gleiche für diese Feststellungserklärung, soweit diese Einkünfte zur Insolvenzmasse gehören.

Ist der Schuldner eine juristische Person, sind alle von ihr geschuldeten Steuererklärungen von dem Insolvenzverwalter abzugeben (Körperschaft-, Gewerbe- und Umsatzsteuererklärung). Da die Körperschaft keinen Bereich haben kann, der außerhalb des Insolvenzverfahrens liegt, umfasst die Verwaltung durch den Insolvenzverwalter die gesamte steuerliche Sphäre.

Der Insolvenzverwalter im Insolvenzverfahren über das Vermögen einer Personengesellschaft hat die Umsatzsteuer- und die Gewerbesteuererklärung[25] abzugeben.

Nicht zu den Steuererklärungen, die der Insolvenzverwalter abzugeben hat, gehört die Erklärung zur einheitlichen und gesonderten Feststellung des Gewinns der Personengesellschaft. Der Insolvenzverwalter hat alle Pflichten des Schuldners zu erfüllen, die diesen ohne Eröffnung des Insolvenzverfahrens träfen, soweit sich diese Pflichten auf das von dem Insolvenzverfahren ergriffene Vermögen beziehen. Dazu gehören die Steuererklärungspflichten, soweit die Steuern aus dem vom Insolvenzverfahren ergriffenen Vermögen (als Masseverbindlichkeiten oder Insolvenzforderung) zu entrichten sind. Ist über das Vermögen einer Personengesellschaft das Insolvenzverfahren eröffnet worden, richtet sich die an das Vermögen der Personengesellschaft anknüpfende Einkommensteuer der Gesellschafter aus keinem möglichen Rechtsgrund gegen die Insolvenzmasse; Schuldner sind vielmehr die Gesellschafter. Die Durchführung der einheitlichen Ge-

---

25 Der Insolvenzverwalter muss also den Gewinn aus Gewerbebetrieb und den Gewerbeertrag ermitteln. Diese Daten können dann von den Gesellschaftern zur Erstellung der Erklärung zur Gewinnfeststellung verwendet werden, *BFH,* 23. 8. 1994, BStBl. II 1995 S. 194, BB 1995, S. 394; siehe hierzu die folgenden Ausführungen.

winnfeststellung gehört daher zu den insolvenzfreien Angelegenheiten, sie betrifft die Gesellschafter persönlich, nicht die Insolvenzmasse. Der Insolvenzverwalter ist daher nicht zur Abgabe der Erklärung zur einheitlichen und gesonderten Gewinnfeststellung verpflichtet[26]. Praktische Schwierigkeiten, die dadurch entstehen können, dass der Insolvenzverwalter den Gesellschaftern die Buchführung nicht aushändigen darf, können dadurch überwunden werden, dass zur Erstellung der Feststellungserklärung Einblick in die Buchführung gewährt wird.

bb) Steuererklärung für die Zeit vor Insolvenzeröffnung

Nach § 34 AO hat der Insolvenzverwalter die den steuerpflichtigen Schuldner treffenden Pflichten, und damit auch die Steuererklärungspflicht, nur zu erfüllen, „soweit die Verwaltung reicht". Soweit für die Zeit vor Eröffnung des Insolvenzverfahrens noch keine Steuererklärungen abgegeben wurden, hat diese der Insolvenzverwalter abzugeben, obwohl seine Verwaltung diese Zeitspanne nicht umfasst. Die Gegenmeinung würde jedoch bedeuten, dass für diese Zeit überhaupt keine ordnungsgemäßen Steuererklärungen abgegeben werden könnten. Gemäß §§ 36 Abs. 2 Nr. 1, 148 Abs. 1 InsO hat der Insolvenzverwalter die Geschäftsbücher in Besitz zu nehmen; aus insolvenzrechtlichen Gründen kann nicht zugelassen werden, dem Schuldner Zugang zu den Geschäftsbüchern zu gewähren, etwa um die Abschlussarbeiten vorzunehmen[27]. Der Schuldner kann daher ab Insolvenzeröffnung auch für die vor Insolvenzeröffnung liegende Zeit keine Steuererklärungen abgeben. Da aber der Insolvenzverwalter die Verwaltungsaufgaben so weit wahrzunehmen hat, wie der Schuldner durch die Insolvenzeröffnung hieran gehindert ist, trifft die Steuererklärungspflicht insoweit den Insolvenzverwalter[28].

Der Insolvenzverwalter hat also alle steuerlichen Pflichten zu erfüllen, die während der Zeit der Verwaltung zu erfüllen sind, auch wenn sie die Zeit vor seiner Verwaltung betreffen.

---

26 *BFH*, 21. 6. 1979, BStBl. II 1979 S. 780, BB 1979 S. 1756; *BFH*, 23. 8. 1994, BStBl. II 1995 S. 194, BB 1995, S. 394; *BGH*, 2. 4. 1998, DStR 1998, S. 947; *FG Schleswig-Holstein*, 24. 4. 1991, EFG 1991 S. 578 m. Anm. *Frotscher*, EWiR § 181 AO 1/92. Vgl. auch *BFH*, 12. 11. 1992, BStBl. II 1993 S. 265. A. A. *Lohkemper*, BB 1998, S. 2030.

27 Vgl. *BGH*, 29. 5. 1979, BB 1979 S. 1006.

28 *BFH*, 10. 10. 1951, BStBl. III 1951 S. 212, BB 1951 S. 885; *FG Hamburg*, EFG 1963 S. 218; *BGH*, 4. 5. 1979, BB 1979 S. 1007.

cc) Berichtigung von Steuererklärungen nach § 153 AO

Nach § 153 AO hat der Steuerpflichtige seine Steuererklärungen zu berichtigen, wenn er, ohne dass er sich hierdurch strafbar gemacht hätte, eine unrichtige oder unvollständige Steuererklärung abgegeben hat.

Soweit der Insolvenzverwalter selbst eine unrichtige oder unvollständige Steuererklärung abgibt, ist er in diesem Rahmen gemäß § 153 AO zur Berichtigung verpflichtet.

Auf Grund der ausdrücklichen Regelung des § 153 Abs. 1 S. 2 AO hat der Insolvenzverwalter auch eine vor Eröffnung des Insolvenzverfahrens von dem Schuldner abgegebene unrichtige oder unvollständige Steuererklärung zu berichtigen, wenn er, der Verwalter, während seiner Verwaltung die Unrichtigkeit oder Unvollständigkeit erkennt.

Die Berichtigungspflicht nach § 153 AO trifft den Steuerpflichtigen dann nicht, wenn er sich durch die Berichtigung der Gefahr strafrechtlicher Verfolgung aussetzen würde. Dies würde mit dem rechtsstaatlichen Grundsatz in Widerspruch stehen, dass niemand gezwungen sein kann, sich selbst anzuzeigen.

An sich trifft dieser Gedanke auf den Insolvenzverwalter, der eine Steuererklärung des Schuldners nach § 153 AO zu berichtigen hat, nicht zu. Wenn er eine Steuerhinterziehung des Schuldners aufdeckte, käme er selbst nicht in die Gefahr strafrechtlicher Verfolgung. Die Pflicht des Insolvenzverwalters aus § 153 AO leitet sich jedoch nur von der gleichen Pflicht des steuerpflichtigen Schuldners ab; soweit der Schuldner im Einzelfall diese Pflicht nicht zu erfüllen brauchte, kann sie auch den Insolvenzverwalter nicht treffen. Wenn also der Schuldner wegen der unrichtigen oder unvollständigen Erklärung in der Gefahr strafrechtlicher Verfolgung schwebt, braucht der Insolvenzverwalter die Erklärung des Schuldners nicht zu berichtigen.

dd) Steuererklärungspflichten nach Insolvenzbeendigung

Die Frage stellt sich, ob der Insolvenzverwalter die steuerlichen Pflichten, insbesondere die Steuererklärungspflichten, auch noch nach Beendigung des Insolvenzverfahrens erfüllen muss.

Nicht in Betracht kommen kann eine Steuererklärungspflicht für die Zeit nach Beendigung des Insolvenzverfahrens. Für diese Zeit hat der Insolvenzverwalter weder Rechte und Kompetenzen noch Pflichten; er kann für diese Zeit daher auch nicht Vermögensverwalter nach § 34 AO sein.

Anders ist es jedoch für diejenigen Pflichten, die die Zeit der Verwaltung betreffen, die aber bei Beendigung des Insolvenzverfahrens noch nicht erfüllt sind. Die Beendigung des Amtes als Insolvenzverwalter befreit ihn nach § 36 AO von der Erfüllung dieser Pflichten nicht[29]. Grundsätzlich muss der Insolvenzverwalter daher dafür Sorge tragen, dass alle steuerlichen Pflichten, die die Zeit seiner Verwaltung treffen, erledigt werden. Eine Ausnahme besteht nur, wenn der Insolvenzverwalter aus tatsächlichen oder rechtlichen Gründen nicht in der Lage ist, diese Pflichten zu erfüllen.

ee) Kosten der Erfüllung der steuerlichen Verpflichtungen

Die Verpflichtung des Insolvenzverwalters zur Abgabe von Steuererklärungen für den Insolvenzschuldner hängt nicht davon ab, ob die dafür erforderlichen Kosten durch die Insolvenzmasse gedeckt sind.

Der Insolvenzverwalter hat die ihm auferlegten Pflichten gegenüber der Finanzbehörde, ebenso wie der Steuerpflichtige vor Eröffnung des Insolvenzverfahrens, im übergeordneten öffentlichen Interesse zu erfüllen. Es kann deshalb nicht darauf abgestellt werden, ob die Insolvenzmasse mit Kosten belastet wird, denen keine vermögensmäßigen Vorteile gegenüberstehen. Können die Kosten aus der Insolvenzmasse nicht gedeckt werden, greifen die Vorschriften über die Masseunzulänglichkeit, §§ 208 ff. InsO, ein, die eine angemessene Regelung der Ansprüche der verschiedenen Massegläubiger (und damit auch eines Steuerberaters, der mit der Erstellung der Erklärungen beauftragt wurde) enthalten. Der Insolvenzverwalter kann sich aber nicht von vornherein der Finanzbehörde gegenüber auf Masseunzulänglichkeit berufen, die Abgabe der Steuererklärung ablehnen und die Finanzbehörde auf die Möglichkeit zur Schätzung der Besteuerungsgrundlagen verweisen[30].

---

29 Vgl. *OFD Hannover* v. 7. 2. 2001, UR 2001, 364, Tz. 13.

30 *BFH* v. 23. 8. 1994, BStBl II 1995, S. 194, BB 1995, S. 394; *BFH*, 8. 8. 1995, BFH/NV 1996, S. 13. Das vom BFH außerdem angeführte Argument, der Insolvenzverwalter sei üblicherweise Rechtsanwalt oder Steuerberater und könne daher die Steuererklärungen selbst erstellen, ist aber m.E. nicht stichhaltig, da der Umfang der Pflichten des Insolvenzverwalters nicht von seinen persönlichen Kenntnissen und Erfahrungen abhängen kann. Rechtspolitisch ist die Ansicht des BFH sehr problematisch, da sie den Insolvenzverwalter im Ergebnis dazu zwingt, die Kosten der Erstellung der Steuererklärung aus eigenen Mitteln aufzubringen, um die Auferlegung von Zwangsgeldern, § 328 AO, zu vermeiden. Vgl. *AG Duisburg* m. Anm. *Beck/Hölzle*, EWiR 63 InsO, 1/03, S. 643, wo in solchen Fällen eine Pflicht zur Abgabe der Steuererklärung abgelehnt wird.

3. Haftung des Insolvenzverwalters

Für die Haftung des Insolvenzverwalters bestehen zwei verschiedene Rechtsgrundlagen. Nach § 60 InsO haftet er allen Beteiligten für die Erfüllung der ihm nach der Insolvenzordnung obliegenden Verpflichtungen (insolvenzrechtliche Haftung). Nach § 69 AO haften die in § 34 AO genannten Personen, also auch der Insolvenzverwalter, für die Erfüllung der ihnen auferlegten steuerrechtlichen Pflichten (steuerrechtliche Haftung)[31].

Während § 60 InsO den Insolvenzverwalter in umfassender Weise unbegrenzt haften lässt, ist die Haftung nach § 69 AO an engere Voraussetzungen gebunden.

Für die Bestimmung des Verhältnisses beider Vorschriften zueinander ist von dem Gesetzeswortlaut des § 60 Abs. 1 InsO auszugehen. Danach greift die insolvenzrechtliche Haftung ein, wenn der Insolvenzverwalter Pflichten verletzt, die ihm durch die Insolvenzordnung (arg. „nach diesem Gesetz") auferlegt worden sind[32]. Daher kann § 60 InsO nicht eingreifen, wenn es sich um Pflichten nach anderen Gesetzen, etwa den Steuergesetzen, handelt. § 69 AO regelt die Sanktionen bei der Verletzung gerade der steuerrechtlichen Pflichten zum Zweck der Sicherung einer ordnungsmäßigen Besteuerung, während § 60 InsO für alle nur denkbaren Pflichten des Insolvenzverwalters gilt und einen geordneten, den gesetzlichen Bestimmungen entsprechenden Ablauf des Insolvenzverfahrens zum Ziel hat. § 69 AO ist daher die speziellere Norm für den Fall der Nichterfüllung steuerrechtlicher Pflichten durch den Insolvenzverwalter und geht insoweit der insolvenzrechtlichen Haftung nach § 60 InsO vor[33]. Die Haftung nach § 60 InsO greift ein, wenn die Verletzung speziell insolvenzrechtlicher Pflichten gegenüber dem Steuergläubiger in Frage steht, z. B. Pflichtverletzungen bei der Verteilung der Masse. In diesem Fall hat der Steuergläubiger keine andere Stellung als der privatrechtliche Gläubiger,

---

31 Vgl. *BFH*, 21. 6. 1994, BStBl. II 1995 S. 230, BB 1994, S. 263. Im Bereich des Umsatzsteuerrechts haftet der Insolvenzverwalter nach §§ 69, 34 AO, wenn er (für den Schuldner) eine Rechnung mit unberechtigtem Vorsteuerausweis ausstellt und damit eine Verpflichtung des Schuldners nach § 14 Abs. 3 UStG zum Entstehen bringt und wusste oder pflichtwidrig nicht wusste, dass dem Schuldner die Mittel zur Bezahlung dieser Verbindlichkeit nicht zur Verfügung stehen.

32 *Breutigam/Blersch/Goetsch*, Insolvenzrecht, zu § 60 Rz. 5; *Nerlich/Römermann*, InsO, zu § 80 Rz. 50.

33 *Uhlenbruck*, InsO, zu § 60 Rz. 47; *Dißars*, in: Schwarz, AO, zu § 251 Rz. 27; *LG Darmstadt*, 13. 6. 1985, DStR 1985 S. 674 für die Nichtabführung einbehaltener Lohn- und Umsatzsteuer.

so dass § 69 AO nicht eingreifen kann; dann ist die Anwendung des § 60 InsO gerechtfertigt[34].

Richtet sich danach die Haftung nach § 60 InsO, kann sie nicht durch Haftungsbescheid nach § 191 AO geltend gemacht werden, sondern nur durch Klage im Zivilrechtsweg. § 191 AO gilt nur, wenn der Haftende für fremde Steuerschulden eintreten muss (Haftung für fremde Schuld), nicht, wenn er selbst der primär Verpflichtete ist. Der Insolvenzverwalter ist bei Anwendung des § 60 InsO zum Schadensersatz auf Grund eigenen Verhaltens verpflichtet, er steht nicht für fremde Verbindlichkeiten ein. Er ist daher nicht „Haftender" im Sprachgebrauch der AO[35].

Der Insolvenzverwalter muss aus steuerlicher Sicht dafür Sorge tragen, dass die Steueransprüche entsprechend den gesetzlichen Vorschriften erfüllt werden. Dies bezieht sich aber nicht auf das Entstehen der Steueransprüche, sondern nur auf die Erfüllung dieser Ansprüche. Der Insolvenzverwalter ist daher nicht gehindert, Maßnahmen vorzunehmen, die zur Entstehung von Steueransprüchen als Masseverbindlichkeiten führen. Der Insolvenzverwalter haftet nicht nach § 61 InsO für Steueransprüche, die Masseverbindlichkeiten sind, aber nicht beglichen werden können. Steuerforderungen sind, auch wenn sie Masseverbindlichkeiten sind, nicht durch eine „Rechtshandlung" begründet worden, wie es eine Haftung nach § 61 InsO voraussetzen würde[36].

Der Insolvenzverwalter kann daher z.B. umsatzsteuerpflichtige Geschäfte vornehmen, die zu Masseverbindlichkeiten führen, und zwar auch dann, wenn nicht feststeht, dass er die Umsatzsteuer aus der Masse wird entrichten können. Das gilt auch für eine Option nach § 9 UStG. Er kann daher für die Umsatzsteuer optieren, auch wenn er nicht sicher ist, die dadurch entstehenden Masseverbindlichkeiten aus der Masse bezahlen zu können. Ein solches Verhalten des Insolvenzverwalters ist nicht rechtsmissbräuchlich i.S.d. § 42 AO. Der Insolvenzverwalter kann vielmehr seine Entscheidung über die Option allein danach treffen, ob dies für die Masse günstiger ist. Er muss dann aber dafür sorgen, dass die Steuer aus den vorhandenen Mitteln bezahlt wird. Eine zur Haftung nach §§ 69, 34 AO führende Pflichtverletzung des Insolvenzverwalters liegt daher dann vor, wenn er über den aus dem Geschäft erzielten Bruttoerlös (d. h. einschließlich Um-

---

34 Ähnlich *Neeb*, DStZ 1989 S. 407. Die teilweise abweichende Ansicht von *BGH*, 1. 12. 1988, NJW 1989 S. 303, BB 1989 S. 521 ist durch § 61 InsO überholt.

35 *BGH*, 1. 12. 1988, NJW 1989 S. 303, BB 1989 S. 521; *Neeb*, DStZ 1989 S. 407.

36 Vgl. *Frotscher*, in: Gottwald, Insolvenzrechtshandbuch, § 22 Rz. 89.

satzsteuer) in einer Weise verfügt, dass die Umsatzsteuer nicht mehr aus der Masse bezahlt werden kann[37].

Hat der Insolvenzverwalter steuerrechtliche Pflichten verletzt, z. B. indem er Steueranmeldungen (wie die Umsatzsteuervoranmeldung) nicht abgegeben hat, setzt die Haftung nach § 69 AO voraus, dass diese Pflichtverletzung ursächlich dafür gewesen ist, dass die Finanzbehörde mit ihrer Forderung ausfällt. Es ist also zu prüfen, wie hoch die Befriedigung für die Finanzverwaltung ausgefallen wäre, wenn der Insolvenzverwalter die als Pflichtverletzung eingestufte Handlung nicht vorgenommen hätte bzw. die Handlung vorgenommen hätte, deren Unterlassen die Pflichtverletzung darstellt. Ist, unabhängig von der Pflichtverletzung des Insolvenzverwalters, nicht genügend Masse für die Erfüllung des Anspruchs der Finanzbehörde vorhanden, fehlt es an dieser Ursächlichkeit, so dass die Haftung entfällt[38].

4. Stellung des vorläufigen Insolvenzverwalters

Nach § 21 Abs. 2 Nr. 1 InsO kann das Gericht einen vorläufigen Insolvenzverwalter bestellen. Die Bestellung des vorläufigen Insolvenzverwalters kann nach § 21 Abs. 2 Nr. 2 InsO mit einem allgemeinen Verfügungsverbot für den Schuldner verbunden sein; es sind auch weniger weitreichende Maßnahmen, wie ein Zustimmungserfordernis des vorläufigen Insolvenzverwalters zu Verfügungen des Schuldners, möglich. Nach § 21 Abs. 2 S. 3 InsO kann die Einzelzwangsvollstreckung in das bewegliche Vermögen des Schuldners untersagt oder einstweilen eingestellt werden. Ist die Bestellung eines vorläufigen Insolvenzverwalters mit einem allgemeinen Verfügungsverbot gegen den Schuldner und mit einer Einstellung der Zwangsvollstreckung in das bewegliche Vermögen des Schuldners verbunden, ähnelt die Stellung des vorläufigen Insolvenzverwalters derjenigen des endgültigen Insolvenzverwalters.

---

37 Vgl. *BFH*, 24. 2. 1994, BStBl. II 1994, S. 487, BB 1994, S. 2062; *BFH*, 28. 11. 2002, BStBl. II 2003, 337, BB 2003, S. 718; einen Missbrauch nimmt *FG Münster*, 24. 5. 1996, EFG 1997, S. 193, an; zur Problematik vgl. *Valentin*, DStR 1997, S. 1794. Ein Missbrauch kann nur bei kollusiven Zusammenwirken von Veräußerer und Erwerber bestehen; vgl. *Widmann*, Stbg. 1998, S. 537. Das Problem kann auftreten bei Option für den Verkauf eines mit einem Grundpfandrecht belasteten Grundstücks. Zur umsatzsteuerlichen Behandlung vgl. 2. Teil Abschn. B V 6.

38 *BFH*, 19. 12. 1995, BFH/NV 1996 S. 522; *BFH*, 28.11.2002, BStBl. II 2003, 337, BB 2003, S. 718.

Die steuerrechtliche Stellung des vorläufigen Insolvenzverwalters hängt von dem Umfang seiner insolvenzrechtlichen Befugnisse ab. Der weitestgehende Umfang der Befugnisse des vorläufigen Insolvenzverwalters ergibt sich, wenn seine Bestellung nach § 21 Abs. 2 Nr. 2 InsO mit einem allgemeinen Veräußerungsverbot an den Schuldner verbunden wird („starker" vorläufiger Insolvenzverwalter). Grundsätzlich gelten für den vorläufigen Insolvenzverwalter die für den (endgültigen) Insolvenzverwalter geltenden Regelungen der §§ 56, 58–66 InsO entsprechend. Ist gleichzeitig dem Schuldner ein allgemeines Verfügungsverbot auferlegt, entspricht die Stellung des vorläufigen Insolvenzverwalters der eines endgültigen Insolvenzverwalters. Nach § 22 Abs. 1 InsO geht in diesem Fall die Verwaltungs- und Verfügungsbefugnis über das Vermögen des Schuldners auf den Verwalter über. Der Unterschied zu der Stellung des endgültigen Insolvenzverwalters besteht lediglich darin, dass er das Vermögen des Schuldners zu sichern und zu erhalten, nicht zu versilbern hat. Entsprechend hat er ein Unternehmen des Schuldners grundsätzlich fortzuführen; er darf es nur mit Zustimmung des Insolvenzgerichts und nur, um eine erhebliche Verminderung des Vermögens zu vermeiden, stilllegen.

Soweit ein solcher („starker") vorläufiger Insolvenzverwalter vor Eröffnung des Insolvenzverfahrens Verbindlichkeiten begründet, werden diese nach § 55 Abs. 2 InsO als Masseverbindlichkeiten eingeordnet, also den durch den endgültigen Insolvenzverwalter nach Eröffnung des Insolvenzverfahrens begründeten Verbindlichkeiten gleichgestellt. Die Vorschrift ist nicht nur auf vertragliche, sondern auch auf kraft Gesetzes entstehende Ansprüche anwendbar[39]. Sie gilt daher auch für Steuerverbindlichkeiten. Soweit also Steuerforderungen bei Begründung durch den endgültigen Insolvenzverwalter Masseverbindlichkeiten wären[40], sind sie auch bei Begründung durch den vorläufigen Insolvenzverwalter Masseverbindlichkeiten, naturgemäß aber nur, wenn das Insolvenzverfahren tatsächlich eröffnet wird. Das betrifft insbesondere die Umsatzsteuer aus Umsätzen, die der vorläufige Insolvenzverwalter durchgeführt hat, und die Einkommensteuer, die dem Zeitraum der Verwaltung durch den vorläufigen Insolvenzverwalter zuzuordnen ist.

Die Einordnung als Masseverbindlichkeit nach § 55 Abs. 2 InsO gilt auch, wenn der vorläufige Insolvenzverwalter tatsächlich seine Befugnisse überschreitet, d. h. sich nicht auf die Sicherung der Masse beschränkt, sondern sie versilbert. Die Regelung des § 55 Abs. 2 InsO ist nicht auf rechtmäßi-

39 *Breutigam/Blersch/Goetsch*, Insolvenzrecht, zu § 55 Rz. 58.
40 Hierzu 2. Teil Abschn. A II.

ges Verhalten des vorläufigen Insolvenzverwalters eingeschränkt, sondern greift bei jedem Handeln des vorläufigen Insolvenzverwalters, das er in dieser Eigenschaft ausführt, ein; jede durch den vorläufigen Insolvenzverwalter für die Masse begründete Forderung ist danach Masseverbindlichkeit, auch wenn er den Kreis seiner Befugnisse überschritten hat.

Auch im Übrigen treten die gleichen materiellen steuerrechtlichen Wirkungen ein wie bei der Bestellung eines endgültigen Insolvenzverwalters[41].

Die Gleichstellung von vorläufigem und endgültigem Insolvenzverwalter nach § 22 Abs. 1 InsO gilt auch für das formelle Steuerrecht. Der vorläufige Insolvenzverwalter hat daher in dem gleichen Umfang Steuererklärungen abzugeben, in dem diese Verpflichtung auch den endgültigen Insolvenzverwalter trifft[42].

Die Erfüllung der steuerlichen Pflichten durch den vorläufigen Insolvenzverwalter beruht auf seiner Stellung als Vermögensverwalter und damit auf § 34 Abs. 3 AO[43]. Die Grundlage der rechtlichen Regelung besteht darin, dass der vorläufige Insolvenzverwalter, soweit seine Verwaltung reicht, den Schuldner von der Verwaltung des Vermögens verdrängt. Somit kann der Schuldner insoweit die Verpflichtungen nicht mehr erfüllen, also auch nicht die steuerlichen Pflichten. Da der Schuldner von der Erfüllung der steuerlichen Pflichten durch den vorläufigen Insolvenzverwalter ausgeschlossen ist, hat dieser diese Pflichten zu erfüllen. Es besteht somit, soweit die Rechtsmacht des vorläufigen Insolvenzverwalters reicht, die gleiche Rechtslage wie bei einem endgültigen Insolvenzverwalter.

§ 34 Abs. 3 AO lässt grundsätzlich alle steuerlichen Pflichten auf den vorläufigen Insolvenzverwalter übergehen. Es lässt sich kein Unterschied danach machen, ob diese steuerlichen Pflichten der Erhaltung und Sicherung der Masse dienen. Diese Einschränkung wird vertreten im Hinblick auf den Zweck der vorläufigen Insolvenzverwaltung; der vorläufige Insolvenzverwalter habe nur diejenigen steuerlichen Pflichten zu erfüllen, die dieser

41 Zum Ende der körperschaftsteurlichen Organschaft vgl. 2. Teil, Abschn. B. II., der umsatzsteuerlichen Organschaft 2. Teil Abschn. B. V. 7. Vgl. auch BFH, 13. 3. 1997, BStBl. II 1997, 580, BB 1997, S. 1724 zur Sequestration nach der KO. Vgl. 1. Teil Abschn. III 1. Veräußert der vorläufige Insolvenzverwalter den Betrieb, greift zu Gunsten des Betriebsübernehmers die Haftungsbeschränkung nach § 75 Abs. 2 AO ein; vgl. hierzu *BFH*, 23. 7. 1998, BStBl. II 1998, S. 765, BB 1998, S. 2150 zur Sequestration nach der KO; *Schwarz*, AO, zu § 75 Rz. 37.

42 Vgl. hierzu 1. Teil Abschn. III 2 c.

43 *Schwarz*, AO, zu § 34 Rz. 9; *Braun*, Steuerrechtliche Aspekte der Konkurseröffnung, S. 84. Der vorläufige Insolvenzverwalter fällt daher nicht als Verfügungsberechtigter unter § 35 AO, da § 34 AO begrifflich vorrangig ist; vgl. *Braun*, a. a. O.

vorläufige Verwaltungszweck erforderlich mache[44]. M. E. beruht diese Ansicht auf einer Fehlinterpretation. Der Zweck der vorläufigen Insolvenzverwaltung wird durch die Insolvenzordnung bestimmt, ihr Umfang durch die Anordnung des Insolvenzgerichts. Davon unberührt bleiben jedoch die steuerlichen Folgen, die das Gesetz an die vorläufige Insolvenzverwaltung knüpft. Die Anordnung der vorläufigen Insolvenzverwaltung kann bestehende steuerliche Rechte und Pflichten nicht verändern; ohne ausdrückliche gesetzliche Regelung fehlt dem Insolvenzgericht hierzu die Rechtsmacht. Das Insolvenzgericht kann durch die Anordnung der vorläufigen Insolvenzverwaltung das Verwaltungsrecht von dem Schuldner auf den vorläufigen Insolvenzverwalter übertragen; es kann aber nicht den Inhalt des Verwaltungsrechts in der Weise verändern, dass der Schuldner wegen der vorläufigen Insolvenzverwaltung die Verwaltungspflichten nicht mehr erfüllen kann, der vorläufige Insolvenzverwalter sie aber nicht zu erfüllen braucht. Eine Veränderung des Inhalts der steuerrechtlichen Pflichten, die mit dem von dem Schuldner auf den vorläufigen Insolvenzverwalter übergehenden Verwaltungsrechts verbunden sind, bedürfte einer ausdrücklichen Rechtsgrundlage, die nicht vorhanden ist.

Steuerlich hat somit der vorläufige Insolvenzverwalter, soweit er danach Vermögensverwalter i. S. d. § 34 Abs. 3 AO ist, nach § 34 Abs. 3 i. V. m. Abs. 1 AO die steuerlichen Pflichten des Schuldners zu erfüllen. Gegenständlich besteht diese Verpflichtung nur, „soweit die Verwaltung reicht"; das bedeutet, dass auch der Umfang der zu erfüllenden steuerlichen Pflichten von dem Inhalt des Beschlusses über die vorläufige Insolvenzverwaltung abhängt. Nur soweit das Vermögen des Schuldners von der vorläufigen Insolvenzverwaltung erfasst wird, hat der vorläufige Insolvenzverwalter die steuerlichen Pflichten zu erfüllen.

Daraus folgt, dass der „starke" vorläufige Insolvenzverwalter, ebenso wie der endgültige Insolvenzverwalter, alle steuerlichen Pflichten zu erfüllen hat, die sich auf den Bereich seiner Verwaltung beziehen, wenn diese Pflichten während der Zeit seiner Verwaltung fällig werden. Ist das der Fall, muss der vorläufige Insolvenzverwalter diese Verpflichtungen auch dann erfüllen, wenn sie die Zeit vor der vorläufigen Insolvenzverwaltung betreffen, wenn und soweit der Schuldner von der Erfüllung dieser Verpflichtungen durch die vorläufige Insolvenzverwaltung ausgeschlossen ist.

---

44 *Onusseit*, Umsatzsteuer im Konkurs, S. 66 ff.; im Ergebnis wie hier *Braun*, Steuerrechtliche Aspekte der Konkurseröffnung, S. 80, 88; *Weiß*, Insolvenz und Steuern, S. 30; jeweils zur Sequestration nach der KO.

Der vorläufige Insolvenzverwalter hat daher für das seiner Verwaltung unterliegende Vermögen ebenso wie der endgültige Insolvenzverwalter die Buchführungspflichten zu erfüllen, Auskünfte zu erteilen, Voranmeldungen und Jahressteuererklärungen[45] abzugeben. Ihn trifft insoweit grundsätzlich auch die Pflicht zur Berichtigung der Steuererklärungen, die der Schuldner abgegeben hat.

Dieser Pflichtenkreis des vorläufigen Insolvenzverwalters kann nur auf gesetzlicher Grundlage eingeschränkt werden. Eine solche Einschränkung kann sich aus § 5 AO ergeben. Soweit die Inanspruchnahme des Verpflichteten oder der Zeitpunkt der Erfüllung der Verpflichtung im Ermessen der Finanzbehörde liegt, muss diese bei ihrer Ermessensausübung den Zweck der vorläufigen Insolvenzverwaltung berücksichtigen, der auf eine Sicherung der Masse gerichtet ist. Die Finanzbehörde muss daher abwägen, ob es angemessen ist, den vorläufigen Insolvenzverwalter trotz des vorläufigen Charakters seiner Tätigkeit auf Erfüllung der Verpflichtungen in Anspruch zu nehmen, oder ob dies dem endgültien Insolvenzverwalter überlassen bleiben kann. Es wird hier auf die Umstände des Einzelfalls ankommen, insbesondere auch auf die Dauer der vorläufigen Insolvenzverwaltung. Je kürzer die erwartete Dauer ist, desto eher muss die Finanzbehörde ihr Ermessen dahin ausüben, nicht den vorläufigen, sondern den endgültigen Insolvenzverwalter oder, bei Ablehnung des Insolvenzantrags, den Steuerpflichtigen selbst in Anspruch zu nehmen[46].

Danach wird der vorläufige Insolvenzverwalter regelmäßig die Voranmeldungen abgeben müssen, wenn der Termin in die Zeit seiner Verwaltungstätigkeit fällt[47]. Die Voranmeldungen sind regelmäßig zu einem gesetzlich

45 Für Jahreserklärungen des Sequesters nach der KO a. A. *Braun*, Steuerrechtliche Aspekte der Konkurseröffnung, S. 106 ff., der überwiegend praktische Schwierigkeiten geltend macht. M. E. ist aber allein § 34 Abs. 3 AO heranzuziehen; danach treffen den Vermögensverwalter auch alle Steuererklärungspflichten, wenn sie zeitlich während seiner Verwaltung zu erfüllen sind und sachlich das seiner Verwaltung unterliegende Vermögen betreffen. Einschränkungen ergeben sich nur, wie im Folgenden ausgeführt, aus § 5 AO.

46 Im Ergebnis a. A. *Braun*, Steuerrechtliche Aspekte der Konkurseröffnung, S. 103, 104, zum Sequester nach der KO, der übersieht, dass insbesondere bei länger dauernden Sequestrationen ein Bedürfnis für die Abgabe der fälligen Steuererklärungen noch während der vorläufigen Insolvenzverwaltung besteht.

47 So im Ergebnis auch *BFH*, 20. 4. 1986, BStBl. II 1986 S. 586, BB 1986 S. 1634 für die Abgabe der Umsatzsteuervoranmeldung durch den Sequester nach der KO; *Braun*, Steuerrechtliche Aspekte der Konkurseröffnung, S. 99 ff., allerdings mit der Einschränkung, dass dies nur dann gelte, wenn die Sequestration den gesamten unternehmerischen Bereich erfasse; sei das nicht der Fall, habe der vorläufige Insolvenzverwalter (Sequester) keine Umsatzsteuer-Voranmeldung abzugeben, sondern dem Finanzamt

bestimmten Termin abzugeben; ein Ermessensspielraum der Finanzbehörde besteht nicht. Anders ist es bei den Jahreserklärungen und der Berichtigung nach § 153 AO. Hier steht der Finanzbehörde im Rahmen von Fristverlängerungen ein Ermessensspielraum zu; in diesem Rahmen darf die Finanzbehörde den vorläufigen Insolvenzverwalter nicht, insbesondere nicht bei nur kurze Zeit dauernden Verwaltungen, in Anspruch nehmen[48].

Zu den Pflichten, die der vorläufige Insolvenzverwalter zu erfüllen hat, gehören auch die Steuerzahlungspflichten. Soweit es sich bei den Steueransprüchen jedoch um Insolvenzforderungen handelt, wäre ihre Begleichung durch den vorläufigen Insolvenzverwalter jedoch nach § 130 Abs. 1 Nr. 2 InsO anfechtbar; die Voraussetzungen dieser Vorschtrift dürften regelmäßig vorliegen. Da der vorläufige Insolvenzverwalter anfechtbare Handlungen nicht vornehmen darf, darf er die Steuerforderungen nicht erfüllen[49].

Soweit die Steuerforderung auf Handlungen des vorläufigen Insolvenzverwalters beruht und damit Masseverbindlichkeit ist, gilt dies nicht. Da das Finanzamt dann kein Insolvenzgläubiger ist, wäre die Befriedigung nach §§ 129 ff InsO nicht anfechtbar, sondern wirksam. Damit trifft den vorläufigen Insolvenzverwalter insoweit eine uneingeschränkte Steuerzahlungspflicht[50].

Für den vorläufigen Insolvenzverwalter gilt nach § 21 Abs. 2 Nr. 1 InsO auch die Regelung des § 60 InsO über die Haftung des Insolvenzverwalters. Der vorläufige Insolvenzverwalter haftet daher nach den gleichen Grundsätzen wie ein endgültiger Insolvenzverwalter. Das gilt auch für die Haftung für die Verletzung steuerrechtlicher Pflichten[51]. Er ist „gesetz-

---

nur Auskunft über die Umsätze aus dem Bereich seiner Verwaltung zu erteilen; ebenso S. 112 ff. für die Umsatzsteuer-Jahreserklärung. Das ist insoweit richtig, als sich die Verpflichtung des vorläufigen Insolvenzverwalters nur auf den seiner Verwaltung unterliegenden Vermögensteil erstreckt; für diesen Bereich muss er aber die Steuererklärungen, und damit auch die Umsatzsteuer-Voranmeldung, abgeben, die das Finanzamt dann ggf. mit anderen Teilerklärungen zu einer einheitlichen Steuererklärung zusammenfügen muss. Wichtig ist, dass auf die (Teil-)Steuererklärung des vorläufigen Insolvenzverwalter §§ 149 ff. AO anwendbar sind.

48 Teilweise a. A. *Braun*, Steuerrechtliche Aspekte der Konkurseröffnung, S. 129, wo eine Verpflichtung aus § 153 AO grundsätzlich abgelehnt wird.

49 *BFH* v. 29. 4. 1986, BStBl. II 1986 S. 586, BB 1986 S. 1634; vgl. *BGH* v. 29. 9. 1988, BB 1988 S. 2134; *BGH*, 22. 1. 2004, NJW 2004, 1444.

50 *Maus*, ZInsO 1999, S. 683, 685; *Maus*, ZIP 2000, S. 339; a.A. *Onusseit*, ZInsO 2000, S. 363, 367.

51 Vgl. hierzu 1. Teil Abschn. III 3.

licher Vertreter“ i.S.d. § 34 AO und haftet daher für Verletzung der steuerlichen Pflichten nach § 69 AO.

Der vorläufige (starke) Insolvenzverwalter haftet für Masseansprüche, die er begründet hat und die aus der (späteren) Masse nicht beglichen werden können, nach § 21 Abs. 2 Nr. 1, § 61 InsO. Für Steueransprüche greift diese Haftung aber, ebenso wie bei dem Insolvenzverwalter (vgl. oben Ziff. 3), nicht ein, da die Steueransprüche nicht auf „Rechtshandlungen“ des vorläufigen Insolvenzverwalters beruhen.

Verliert der Schuldner nach dem Inhalt des Beschlusses über die Anordnung der vorläufigen Insolvenzverwaltung die Verwaltungs- und Verfügungsbefugnis nicht, hat der vorläufige Insolvenzverwalter mehr eine aufsichtsführende Stellung *(„schwacher“ vorläufiger Insolvenzverwalter)*[52]. Das gilt selbst dann, wenn der Schuldner nur mit Zustimmung des vorläufigen Insolvenzverwalters über seine Vermögensgegenstände verfügen darf; das Zustimmungserfordernis überträgt das Verwaltungs- und Verfügungsrecht nicht auf den vorläufigen Insolvenzverwalter. Gleiches gilt, wenn dem vorläufigen Insolvenzverwalter einzelne Verwaltungs- und Verfügungsrechte übertragen werden. Er ist dann nicht Vermögensverwalter, ihn treffen die steuerrechtlichen Pflichten nicht. Steueransprüche können nur durch den Schuldner, nicht durch den vorläufigen Insolvenzverwalter begründet werden; diese sind bei Eröffnung des Insolvenzverfahrens Insolvenzforderungen, keine Masseverbindlichkeiten[53].

Der „schwache“ vorläufige Insolvenzverwalter kann aber Verfügungsberechtigter nach § 35 AO sein, wenn er als solcher auftritt. Er hat dann die Pflichten nach § 34 AO zu erfüllen.

Wird ein „schwacher“ vorläufiger Insolvenzverwalter bestellt, bleibt der Schuldner verfügungsberechtigt und hat daher die steuerlichen Pflichten zu erfüllen. Entsprechendes gilt für den Geschäftsführer, wenn der Schuldner eine Gesellschaft ist. Erfüllt der Geschäftsführer in diesem Fall die steuerlichen Pflichten nicht, entrichtet er etwa pflichtwidrig die Steuern nicht, trifft ihn die Haftung nach §§ 69, 34 AO[54]. Dies gilt jedoch nicht, wenn die Pflichtverletzung des Vertreters nicht ursächlich für den Ausfall

52 *BFH*, 30. 12. 2004, BFH/NV 2005, 665. Vgl. *Onusseit*, ZIP 1990, S. 345; weitergehend *Weiß*, Insolvenz und Steuern, S. 10, 25, wonach der Sequester (vorläufige Insolvenzverwalter) regelmäßig Vermögensverwalter nach § 34 Abs. 3 AO ist.

53 Vgl. *FG Saarland* v. 4. 2. 2003, EFG 2003, 594 für einen Fall, in dem der vorläufige Insolvenzverwalter, ohne dass ein Verwaltungs- oder Verfügungsverbot für den Schuldner bestand, das Unternehmen des Schuldners fortführen sollte.

54 Vgl. *Schlesw.-Holst. FG*, 4. 3. 2004, EFG 2004, 1023.

des Finanzamts war. Nicht ursächlich ist die Pflichtverletzung dann, wenn die Zahlung der Steuer anfechtbar gewesen wäre, da anzunehmen ist, dass der (endgültige) Insolvenzverwalter anfechtbare Rechtshandlungen auch tatsächlich anfechten würde[55].

5. Stellung des Treuhänders und des Sachwalters

Eine dem Insolvenzverwalter entsprechende Stellung hat der Treuhänder nach § 313 InsO im vereinfachten Insolvenzverfahren in der Verbraucherinsolvenz. Er übernimmt die Aufgaben des Insolvenzverwalters. Er hat daher, ebenso wie der Insolvenzverwalter, die steuerlichen Pflichten zu erfüllen, die während der Zeit seiner Treuhandstellung fällig werden und das von ihm treuhänderisch verwaltete Vermögen des Schuldners betreffen[56].

Der Sachwalter nach § 270 Abs. 3 InsO bei der Eigenverwaltung hat dagegen lediglich Prüfungs- und Überwachungsaufgaben; auf ihn geht das Verwaltungs- und Verfügungsrecht des Schuldners nicht über. Nach § 270 Abs. 1 InsO bleibt der Schuldner verwaltungs- und verfügungsberechtigt. Auch, soweit Verfügungen des Schuldners nach § 275 Abs. 1 InsO der Zustimmung des Sachwalters bedürfen, wird er dadurch nicht verfügungsberechtigt. Er hat daher keine dem Insolvenzverwalter vergleichbare Stellung und ist daher nicht Vermögensverwalter nach § 34 AO. Die steuerlichen Pflichten des Schuldners treffen ihn daher nicht.

Soweit der Sachwalter jedoch nach § 275 Abs. 2 InsO allein berechtigt ist, Zahlungen zu leisten, ist er Verfügungsberechtigter nach § 35 AO; insoweit verdrängt er die Verfügungsberechtigung des Schuldners. Er hat daher, soweit seine Verfügungsberechtigung reicht, die Verpflichtungen des Schuldners zu erfüllen. Da seine Verfügungsberechtigung sich auf die Leistung von Zahlungen beschränkt, hat er die Pflichten des Schuldners nur hinsichtlich der Steuerzahlungen zu erfüllen; die anderen steuerlichen Pflichten treffen ihn nicht.

Der Treuhänder bei der Restschuldbefreiung nach § 292 InsO hat eine dem Sachwalter entsprechende Stellung; ihn treffen daher die steuerlichen Pflichten nach § 34 AO nicht.

---

55 Zur Anfechtung vgl. 2. Teil, Abschn. A. IV.

56 Praktisch dürften steuerrechtliche Pflichten bei Verbraucherinsolvenz aber keine erhebliche Bedeutung gewinnen.

IV. Die steuerrechtliche Stellung der Insolvenzmasse

1. Die Insolvenzmasse als dem Schuldner zuzurechnendes Vermögen

Die Eröffnung des Insolvenzverfahrens über das Vermögen des Schuldners führt zu der Beschlagnahme dieses Vermögens und dessen Zuweisung zu der Insolvenzmasse als Haftungsmasse zur Befriedigung der Insolvenzgläubiger[1]. Die Insolvenzmasse umfasst nach § 35 InsO das gesamte Vermögen, das dem Schuldner zur Zeit der Eröffnung des Insolvenzverfahrens gehört, sowie dasjenige Vermögen, das er während des Verfahrens erlangt. Im Gegensatz zur KO erfasst das Insolvenzverfahren in der Insolvenzmasse auch den Neuerwerb; einen „insolvenzfreien Neuerwerb" gibt es grundsätzlich nicht. Nicht zur Insolvenzmasse gehören nach § 36 Abs. 1 InsO unpfändbare Gegenstände, und zwar sowohl solche unpfändbaren Gegenstände, die dem Schuldner zur Zeit der Eröffnung des Insolvenzverfahrens gehören, als auch solche, die er während des Insolvenzverfahrens erwirbt. Insolvenzfreier Neuerwerb kann somit nur aus nicht der Zwangsvollstreckung unterliegenden Gegenständen (Sachen und Rechte) bestehen, die der Schuldner nach Eröffnung des Insolvenzverfahrens erwirbt, z. B. Lohnansprüche innerhalb der Pfändungsfreigrenzen.

Soweit der Neuerwerb zur Insolvenzmasse gezogen wird, gelten für ihn die insolvenzrechtlichen Bestimmungen; insbesondere gilt das Vollstreckungsverbot des § 89 InsO[2].

Diese Beschlagnahme des Vermögens des Schuldners und Zuweisung zu der Insolvenzmasse ändert nichts daran, dass das Vermögen, das die Insolvenzmasse bildet, weiterhin zivilrechtlich dem Schuldner zuzurechnen ist[3]. Soweit hiervon abweichend die Ansicht vertreten worden ist, die Insolvenzmasse sei als rechtlich verselbstständigtes Zweckvermögen zu behandeln[4], hat sich diese Ansicht zu Recht nicht durchgesetzt. Sollte die Eröffnung des Insolvenzverfahrens eine Änderung der zivilrechtlichen Rechtszuständigkeit zur Folge haben, müssten die Eigentums- und Forderungsrechte sowie die Verbindlichkeiten von dem Schuldner auf den neuen Rechtsträger übergehen. Ein solcher Tatbestand des Eigentumsübergangs bedürfte einer gesetzlichen Grundlage, die nicht vorhanden ist;

---

1 *Breutigam/Blersch/Goetsch*, Insolvenzrecht, zu § 80 Rz. 1
2 Zur Behandlung der an den Neuerwerb anknüpfenden Steueransprüche vgl. 2. Teil, Abschn. A II.
3 Vgl. 1. Teil Abschn. II 2.
4 Organtheorie, vgl. 1. Teil Abschn. III 1; *RFH*, 17. 12. 1930, RFHE 27 S. 355.

ohne ausdrückliche gesetzliche Grundlage können solche weitreichenden, in die Güterzuordnung stark eingreifenden Folgen aber nicht eintreten.

Daraus folgt, dass alle Besteuerungsgrundlagen, die aus der Masse fließen, dem Schuldner zuzurechnen sind. Für das Insolvenzverfahren über einen Nachlass bedeutet dies, dass ab dem Zeitpunkt der Eröffnung des Insolvenzverfahrens Steuerschuldner für die Einkommensteuer, die an die Einkünfte des Nachlasses anknüpft, der Erbe ist. Der Erblasser kann nicht mehr Steuerschuldner sein, weil er im Zeitpunkt des Entstehens der Steuerschuld kein Steuerrechtssubjekt mehr ist. Der Nachlass kann nicht Steuerschuldner sein, weil er überhaupt kein Steuerrechtssubjekt ist[5].

Für das Steuerrecht folgt hieraus, dass Steuerpflichtiger für die zur Insolvenzmasse gehörenden Besteuerungsgrundlagen auch weiterhin der Schuldner ist[6]; die Insolvenzmasse kann de lege lata nicht als körperschaftsteuerpflichtiges Zweckvermögen angesehen werden.

2. Zugehörigkeit von Steuererstattungsansprüchen zur Insolvenzmasse

Nach § 35 InsO wird die Insolvenzmasse aus dem dem Schuldner zum Zeitpunkt der Eröffnung des Insolvenzverfahrens gehörenden Vermögen und dem Vermögen gebildet, das er während des Verfahrens erlangt. Einen „insolvenzfreien Neuerwerb" gibt es also, anders als nach der Konkursordnung, regelmäßig nicht mehr. Daher kann es keinem Zweifel unterliegen, dass Steuererstattungsansprüche des Schuldners, die nach Eröffnung des Insolvenzverfahrens entstehen, zu der Insolvenzmasse gehören. Damit gehören auch Ansprüche auf die Erstattung einbehaltener Abzugsteuern (Kapitalertragsteuer) und der Körperschaftsteuervergütung nach § 37 KStG zur Insolvenzmasse[7] sowie Ansprüche auf Erstattung von Vorsteuern, die dem Schuldner vor Eröffnung des Insolvenzverfahrens in Rechnung gestellt worden sind. Für Erstattungsansprüche der Masse gegen die Finanzbehörde gelten die allgemeinen steuerlichen Verfahrensregelungen. Die Einschränkung des § 87 InsO gilt nur für Insolvenzforderungen, also für Forderungen gegen die Masse, nicht für Forderungen der Masse[8].

---

5 Vgl. *BFH*, 5. 6. 1991, BStBl. II 1991, S. 820, BB 1991 S. 2971 zur Nachlassverwaltung; *BFH*, 11. 8. 1998, BStBl. II 1998, 705, BB 1998 S. 2195 zum Nachlasskonkurs. Zu den Folgerungen hieraus vgl. 2. Teil Abschn. B I 2 d.

6 Vgl. 1. Teil Abschn. II 2.

7 Vgl. *BFH*, 6. 2. 1996, BStBl. II 1996, S. 557, BB 1996 S. 889 zur Konkursordnung.

8 Vgl. *BFH*, 14. 5. 1998, BStBl. II 1998, S. 634, BB 1998, S. 1833. Zu einkommensteuerrechtlichen Abrechnungsbescheiden vgl. 3. Teil Abschn. IV.

2. Teil: Materielles Insolvenzsteuerrecht (Insolvenzsteuerschuldrecht)[1]

A. Allgemeine Bestimmungen

I. Die Steuerforderung als Insolvenzforderung nach § 38 InsO

1. Einordnung der Steuerforderung als Insolvenzforderung

Während § 35 InsO bestimmt, welche Vermögensgegenstände zu der Insolvenzmasse gehören, und damit den Umfang der Aktivmasse festlegt, enthält § 38 InsO die korrespondierende Bestimmung für den Umfang der am Insolvenzverfahren teilnehmenden Forderungen gegen den Schuldner. Diese Forderungen, die Insolvenzforderungen, werden im Insolvenzverfahren grundsätzlich gleichmäßig behandelt, d.h. anteilig befriedigt. Vorrechte einzelner Gruppen von Forderungen gibt es in der InsO, anders als in der KO, nicht; auch Steuerforderungen steht kein Insolvenzvorrecht zu. Eine Ausnahme bilden nur bestimmte Nebenansprüche, die nach § 39 InsO nachrangig sein können.

Für Insolvenzforderungen gelten bestimmte Einschränkungen. Insolvenzforderungen können nach § 87 InsO nur nach den Vorschriften der Insolvenzordnung geltend gemacht werden. Für sie gilt nach § 89 InsO während der Dauer des Insolvenzverfahrens ein Vollstreckungsverbot, und zwar sowohl hinsichtlich der Insolvenzmasse als auch hinsichtlich eines etwaigen nicht von dem Insolvenzverfahren erfassten Vermögens des Schuldners. Stattdessen sind Insolvenzforderungen nach §§ 174 ff. InsO zur Insolvenztabelle anzumelden und werden nach § 187 ff. InsO gleichmäßig befriedigt.

Nach § 38 InsO unterliegen alle Forderungen den Beschränkungen des Insolvenzrechts, die im Zeitpunkt der Eröffnung des Insolvenzverfahrens „begründet" sind. Die Einordnung als Insolvenzforderung hat, unabhängig von dem Zeitpunkt des steuerrechtlichen Entstehens der Forderung, nach insolvenzrechtlichen Kriterien zu erfolgen; das „Begründetsein" i. S. d. § 38 InsO ist ein insolvenzrechtlicher, kein steuerrechtlicher Begriff.

---

1 Allgemein zur Teilnahme von Steuerforderungen am Insolvenzverfahren *BMF*, 17. 12. 1998, BStBl. I 1998 S. 1500.

Das Begründetsein setzt das Entstandensein der Forderung nicht voraus. Das Gesetz nimmt damit die Einordnung der einzelnen Forderung als Insolvenzforderung oder Masseverbindlichkeit nicht nach dem Zeitpunkt des Entstehens der Forderung, und damit auch der Steuerforderung, vor; dieser Zeitpunkt und damit auch die steuerlichen Bestimmungen über das Entstehen der Steuerforderung sind für diese insolvenzrechtliche Einordnung ohne Bedeutung[2].

Ansprüche, die durch einen vorläufigen Insolvenzverwalter begründet worden sind, auf den die Verfügungsbefugnis über das Vermögen des Schuldners übergegangen ist, sind nach der ausdrücklichen Vorschrift des § 55 Abs. 2 InsO Masseverbindlichkeiten[3], nicht Insolvenzforderungen, obwohl sie vor Eröffnung des Insolvenzverfahrens begründet sind.

Zweck des § 38 InsO ist es, alle Forderungen den Beschränkungen des Insolvenzverfahrens zu unterwerfen, die auf vorinsolvenzliche Handlungen des Schuldners zurückgehen. Demgegenüber werden Forderungen, die auf Handlungen des Insolvenzverwalters beruhen, als Masseverbindlichkeiten eingeordnet.

Soweit der spätere Schuldner vor Eröffnung des Insolvenzverfahrens eine Rechtshandlung vornimmt, bildet sein ihm bis zum Zeitpunkt der Insolvenzeröffnung zustehendes Vermögen die Haftungsgrundlage; der Gläubiger kann darauf vertrauen, dass er sich aus diesem Vermögen, aber auch nur aus diesem Vermögen, befriedigen kann. Das Insolvenzverfahren erfasst nach § 35 InsO diese Haftungsmasse, d. h. die pfändbaren Vermögensgegenstände, die dem Schuldner im Zeitpunkt der Insolvenzeröffnung gehören; § 35 InsO erweitert die Insolvenzmasse zusätzlich um den Neuerwerb des Schuldners. Entsprechend grenzt § 38 InsO die aus dieser Haftungsmasse im Insolvenzverfahren zu befriedigenden Forderungen danach ein, ob die Forderung auf Handlungen des Schuldners vor Eröffnung des Insolvenzverfahrens zurückgeht. Ist dies der Fall, handelt es sich um eine im Zeitpunkt der Insolvenzeröffnung begründete Forderung, die als Insolvenzforderung geltend zu machen ist, auch wenn die Forderung erst nach Insolvenzeröffnung entsteht. Geht die Forderung dagegen nicht auf vorinsolvenzliches Verhalten des Schuldners zurück, handelt es sich jedenfalls nicht um eine Insolvenzforderung.

---

2 H. M; *Uhlenbruck*, InsO, zu § 38 Rz. 27; *BFH*, 27. 8. 1975, BStBl. II 1976 S. 77, BB 1976 S. 71; *BFH* , 22. 5. 1979, BStBl. II 1979 S. 639, BB 1979 S. 1442; *BFH*, 5. 10. 2004, BStBl. II 2005, 195; *BFH*, 16. 11. 2004, BB 2005, 1321; *Dißars*, in: Schwarz, AO, zu § 251 Rz. 51.; *Bringewat/Waza/Grawe*, Insolvenzen und Steuern, Rz. 238; vgl. *BMF* v. 17. 12. 1998, Tz. 4.2, BStBl. I 1998, S. 1501; ohne Begründung a.A. *Kling*, DStR 1998, 1813.

3 Vgl. hierzu 2. Teil Abschn. A II 1.

Begründet i. S. d. § 38 InsO ist ein Anspruch dann, wenn im Zeitpunkt der Eröffnung des Insolvenzverfahrens das Schuldverhältnis bereits besteht und der schuldrechtliche Grund bereits geschaffen ist; dann geht die später entstehende Forderung auf das vorinsolvenzliche Verhalten des Schuldners zurück, sie ist als Insolvenzforderung einzuordnen. Nur der Schuldrechtsorganismus, der die Grundlage der Forderung bildet, muss also vor Insolvenzeröffnung geschaffen sein[4].

Hieraus folgt, dass es nicht richtig ist, einen Anspruch schon dann als Masseverbindlichkeit einzuordnen, wenn seine *Entstehung* auf Handlungen des Insolvenzverwalters zurückgeht. Greift der Insolvenzverwalter in eine noch von dem Schuldner vor Eröffnung des Insolvenzverfahrens geschaffene schuldrechtliche Beziehung ein, sind die aus dieser Eingriffshandlung des Insolvenzverwalters resultierenden Forderungen Insolvenzforderungen, nicht Masseansprüche, obwohl der einzelne Anspruch auf Grund einer (Eingriffs-)Handlung des Insolvenzverwalters nach Eröffnung des Insolvenzverfahrens entsteht. Besonders deutlich wird dies bei den gesetzlich geregelten Fällen der §§ 109, 113 InsO. In beiden Fällen hat der Insolvenzverwalter das Recht, in ein von dem Schuldner geschaffenes Schuldverhältnis (Miet- oder Pachtverhältnis bei § 109 InsO, Dienstverhältnis bei § 113 InsO) durch Kündigung einzugreifen. Der durch diese Kündigung entstehende Schadensersatzanspruch des Vertragspartners ist nach Eröffnung des Insolvenzverfahrens und durch eine Handlung des Insolvenzverwalters entstanden. Trotzdem ist dieser Schadensersatzanspruch als Insolvenzforderung einzuordnen[5]. Diese Einordnung ist berechtigt, da der Schadensersatzanspruch zwar durch die Kündigungshandlung des Insolvenzverwalters entsteht, seine schuldrechtliche Grundlage aber in dem von dem Schuldner vor Eröffnung des Insolvenzverfahrens geschaffenen Schuldrechtsorganismus hat. Der Insolvenzverwalter wird in diesen Fällen nicht in Erfüllung seiner Aufgabe, die Masse zu erfassen, zu verwalten und zu verteilen, tätig, sondern er wickelt nur Verpflichtungen ab, indem er als Liquidator in die von dem Schuldner geschaffenen Rechtsbeziehungen zu den Gläubigern eingreift[6]. Die hieraus resultierenden Ansprüche können daher, ungeachtet ihres Entstehungszeitpunktes, nur Insolvenzforderung i. S. d. § 38 InsO sein.

---

4 *Uhlenbruck*, InsO, zu § 38 Rz. 6; *Dißars*, in: Schwarz, AO, zu § 251 Rz. 51; *Tipke/Kruse*, AO, zu § 251 Rz. 54; im Ergebnis ebenso *BFH*, 21. 9. 1983, BStBl. 1984 II S. 83.

5 *Uhlenbruck*, InsO, zu § 109 Rz. 13; zu § 113 Rz. 107. Zur Unterscheidung der Eingriffsakte des Insolvenzverwalters, die keine Masseansprüche begründen, von den Verwaltungs- und Verwertungshandlungen vgl. *Bötticher*, BB 1975 S. 977, 980.

6 Vgl. *BAG*, Großer Senat, 13. 12. 1978, BB 1979 S. 267.

Für die Behandlung von Steueransprüchen ergibt sich aus diesen Grundsätzen, dass die Steuerforderung immer dann Insolvenzforderung nach § 38 InsO ist, wenn der zugrunde liegende zivilrechtliche Sachverhalt, der zu der Entstehung der Steueransprüche führt, von dem Schuldner vor Eröffnung des Insolvenzverfahrens verwirklicht worden ist. Ohne Bedeutung ist, zu welchem Zeitpunkt hieraus Steueransprüche entstehen.

Ist dieser Sachverhalt vor Eröffnung des Insolvenzverfahrens verwirklicht worden, besteht eine vermögensmäßige Beziehung zu der vorinsolvenzlichen Masse, nicht zu dem Handeln des Insolvenzverwalters. Der nach § 35 InsO abgegrenzten Insolvenzmasse ist die Schuldenmasse nach § 38 InsO in der Weise zugeordnet, dass diese Masse die Haftungsgrundlage für diese Schulden bildet. § 38 InsO nimmt die Zuordnung einzelner Ansprüche zu dieser Schuldenmasse in der Weise vor, dass auf Grund wertender Betrachtung zu entscheiden ist, ob der Anspruch eine solche Beziehung zu dem vorinsolvenzlichen Vermögen aufweist, dass es gerechtfertigt ist, diesen Anspruch (nur) aus diesem Vermögen als Haftungsmasse zu befriedigen. Das ist der Fall, wenn vor Eröffnung des Insolvenzverfahrens ein Sachverhalt eingetreten ist, der eine sachliche und vermögensmäßige Verbindung zwischen dem (später entstehenden) Anspruch und der vorinsolvenzlichen Vermögensmasse herstellt. Die vorinsolvenzliche Vermögensmasse muss (untechnisch gesprochen) wirtschaftlich schon mit dem später entstehenden Anspruch „belastet“ sein. Es kommt nur auf diese wertende, sachlich-vermögensmäßige Beziehung zu der vorinsolvenzlichen Vermögensmasse an, nicht aber darauf, wie, wann und auf Grund welcher Tatbestandsverwirklichung Steueransprüche entstehen.

Diese Regelung, nach der es nur auf das Begründetsein der Forderung, nicht auf ihr Entstehen ankommt, gilt auch für Steuerforderungen. Würde dagegen auf den Zeitpunkt der Erfüllung des steuerlichen Tatbestandes abgestellt, würde gegen den Vorrang des Insolvenzrechts verstoßen. Bei der Frage[7] des „Begründetseins“ nach § 38 InsO geht es um eine insolvenzrechtliche Vermögenszuordnung, die nach insolvenzrechtlichen Kriterien zu entscheiden ist. Die Erfüllung des steuerlichen Tatbestandes ist aber kein insolvenzrechtliches, sondern ein steuerliches Kriterium, kann also zur Interpretation des § 38 InsO nicht herangezogen werden. Steuerrechtlich entscheidet sich nur die Frage nach dem Entstehen der Steuerschuld;

7 Wie es die zur Umsatzsteuer ergangenen Urteile des *BFH*, 13. 11. 1986, BStBl. II 1987 S. 226, BB 1987 S. 320; 9. 4. 87, BStBl. II 1987 S. 527, BB 1987 S. 1305; 4. 6. 1987, BStBl. II 1987 S. 741, BB 1987 S. 2010 tun; ebenso *Onusseit*, Umsatzsteuer im Konkurs, S. 85.

dafür ist die Erfüllung des steuerlichen Tatbestandes nach § 38 AO der zutreffende Maßstab. Bei der Einordnung der Steuerforderung nach § 38 InsO geht es stattdessen aber um die Art des Geltendmachens im Insolvenzverfahren; diese Frage darf nicht nach der steuertechnischen Ausgestaltung des jeweiligen Steuertatbestandes entschieden werden.

Andererseits ist die maßgebende sachliche Beziehung zu dem vorinsolvenzlichen Vermögen in der Regel spätestens in dem Zeitpunkt geschaffen, in dem der steuerliche Tatbestand verwirklicht worden ist. Daraus folgt, dass ein nach § 38 AO vor Eröffnung des Insolvenzverfahrens entstandener Steueranspruch regelmäßig auch i. S. d. § 38 InsO begründet ist[8].

Eine Ausnahme von dem Grundsatz, dass vor Eröffnung des Insolvenzverfahrens begründete Forderungen Insolvenzforderungen sind, macht § 55 Abs. 2 InsO für Forderungen, die durch den vorläufigen Insolvenzverwalter begründet wurden. Obwohl hier die Begründung der Forderungen vor der Eröffnung des Insolvenzverfahrens liegt, werden sie als Masseverbindlichkeiten eingeordnet[9].

Ist der Schuldner Haftender nach den Steuergesetzen, kommt es für die insolvenzrechtliche Einordnung auf das Begründetsein der Haftungsschuld an, nicht auf das Begründetsein der zugrunde liegenden Steuerschuld. Begründet ist eine Haftungsschuld dann, wenn der Haftende die Handlung oder Unterlassung begangen hat, an die der steuerliche Haftungsanspruch anknüpft. Ist diese Handlung oder Unterlassung von dem Schuldner vor Eröffnung des Insolvenzverfahrens begangen worden, ist die Haftungsschuld Insolvenzforderung.

Der Haftungsanspruch bei der Haftung für eine Gesellschaftsschuld nach §§ 128, 161 HGB ist mit Entstehen des Anspruchs gegen die Gesellschaft begründet[10].

Anders als nach § 63 KO gibt es nach § 39 Abs. 1 InsO keine zur Zeit der Eröffnung des Insolvenzverfahrens begründeten Forderungen, die von der Geltendmachung im Insolvenzverfahren ausgeschlossen sind. Bestimmte Forderungen, die ihrem Wesen nach Insolvenzforderungen sind, erhalten jedoch den Rang nach allen anderen Insolvenzgläubigern. Dazu gehören, neben den seit Eröffnung des Insolvenzverfahrens laufenden Zinsen

8 Es gibt jedoch auch Fälle, in denen die Steuerforderung vor der insolvenzrechtlichen Begründung entsteht, so bei Vorauszahlungen der Grundsteuer und der Kraftfahrzeugsteuer.

9 Vgl. hierzu 2. Teil Abschn. A II 1.

10 Vgl. *BFH*, 14. 3. 1989, BFHE 156 S. 73, BB 1989 S. 1815; *Frotscher*, StRK, KO § 61 R. 20.

auf Insolvenzforderungen, insbesondere Geldstrafen und -bußen sowie Zwangsgelder.

Die Stellung als nachrangige Insolvenzforderung hat damit insbesondere das Zwangsgeld nach § 329 AO.

Nicht von dieser Regelung erfasst werden demgegenüber Säumnis- und Verspätungszuschläge. Verspätungszuschläge nach § 152 AO sind keine Zwangsgelder[11], sondern Druckmittel eigener Art. Sie verfolgen auch den Zweck, denjenigen Vorteil abzuschöpfen, der dem Steuerpflichtigen durch die verspätete Abgabe der Steuererklärung und die dadurch veranlasste verspätete Steuerfestsetzung erwächst[12]. Da es sich somit nicht um ein Zwangsgeld handelt und eine ausdrückliche Bestimmung in der Insolvenzordnung fehlt, kann der Verspätungszuschlag im Insolvenzverfahren als gewöhnliche Insolvenzforderung geltend gemacht werden.

Steuerzinsen (§§ 233 ff. AO), die bis zur Eröffnung des Insolvenzverfahrens auf die Insolvenzforderung angefallen sind, werden als gleichrangige Insolvenzforderungen geltend gemacht. Steuerzinsen, die ab Eröffnung des Insolvenzverfahrens auf Insolvenzforderungen entstehen, sind nach § 39 Abs. 1 Nr. 1 InsO nachrangige Insolvenzforderungen.

Säumniszuschläge nach § 240 AO sind zwar keine Zinsen und kein Zwangsgeld, sondern ein Druckmittel eigener Art[13]. Sie enthalten aber ein Zinselement und werden daher in der Insolvenz den Zinsen gleichgestellt[14].

Kosten für die Verfolgung der (späteren) Insolvenzforderungen, die vor Eröffnung des Insolvenzverfahrens angefallen sind (z. B. Vollstreckungskosten nach §§ 337 ff. AO), können, wie sich aus § 39 Abs. 1 Nr. 2 InsO ergibt, als gleichrangige Insolvenzforderungen geltend gemacht werden. Kosten der Teilnahme der Finanzbehörde am Insolvenzverfahren (die also nach Eröffnung des Insolvenzverfahrens entstanden sind), sind nach § 39 Abs. 1 Nr. 2 InsO nachrangig nach den Insolvenzforderungen geltend zu machen.

Geldstrafen und Geldbußen sind nach § 39 Abs. 1 Nr. 3 InsO auch dann nachrangige Insolvenzforderungen, wenn sie in einem Steuerstraf- oder Steuerordnungswidrigkeitenverfahren verhängt worden sind.

---

11 Bei Nichtabgabe der Steuererklärung kann die Erfüllung der Steuererklärungspflicht neben der Auferlegung von Verspätungszuschlägen durch Zwangsgelder erzwungen werden; vgl. *Dumke*, in: Schwarz, AO, vor § 149 Rz. 19. *BFH*, 19. 1. 2005, BFH/NV 2005, 1001.

12 *Dumke*, in: Schwarz, AO, zu § 152 Rz. 2; *Hess*, InsO, zu § 55 Rz. 234.

13 *Schwarz*, AO, zu § 240 Rz. 1.

14 *BFH*, 9. 7. 2003, BStBl. II 2003, 901, BB 2003, 2442; *BMF*, 17.12. 1998, BStBl. I 1998, 1500, unter 4.4.

Die Steuerforderung nach § 14c UStG wegen unrichtigen bzw. unberechtigten Steuerausweises ist keine Strafe, sondern hat den Charakter einer Haftung wegen Gefährdung des Steueraufkommens; der Anspruch ist daher nicht durch § 39 InsO nachrangig, sondern ist gleichrangige Insolvenzforderung[15].

Nicht ausdrücklich geregelt sind die Zuschläge nach § 162 Abs. 4 AO. Sie sind keine Zwangsgelder und auch keine Nebenfolgen einer Straftat oder Ordnungswidrigkeit i.S.d § 39 Abs. 1 Nr. 3 InsO. Sie sind auch keine Zinsen. Sie sind daher als Insolvenzforderung geltend zu machen. Sie sind begründet in dem Zeitpunkt, in dem die Handlung unterlassen wird, deren Vornahme die Zuschläge erzwingen sollen, also in dem Zeitpunkt, in dem der Steuerpflichtige die Aufzeichnungen nicht vorlegt, obwohl er sie vorlegen müsste, bzw. bei der verspäteten Vorlage in dem Zeitraum der Verspätung.

2. Nicht fällige und nicht entstandene Steuerforderungen

a) Nicht fällige Steuerforderungen

Ist die Steuerforderung nach § 38 AO vor Eröffnung des Insolvenzverfahrens bereits entstanden und nach § 220 AO auch fällig, so gelten für die Geltendmachung im Insolvenzverfahren keine Besonderheiten. Da eine steuerrechtlich vor Eröffnung des Insolvenzverfahrens entstandene Forderung regelmäßig auch insolvenzrechtlich nach § 38 InsO vor Eröffnung des Insolvenzverfahrens begründet ist, ist die fällige Forderung nach § 174 InsO zur Tabelle anzumelden; die Anmeldung hat nach § 174 Abs. 2 InsO Grund und Höhe der Forderung zu enthalten.

Ist eine Steuerforderung im Zeitpunkt der Eröffnung des Insolvenzverfahrens bereits nach § 38 AO entstanden, aber noch nicht fällig, richtet sich die Behandlung nach § 41 InsO. Die Forderung gilt danach als fällig, ist also als fällige Forderung zur Tabelle anzumelden[16]; der Betrag ist allerdings nach § 41 InsO abzuzinsen.

Eine Steuerforderung ist nach § 38 AO entstanden, wenn der Tatbestand verwirklicht worden ist, an den das Gesetz die Leistungspflicht knüpft. Eine Haftungsschuld ist entstanden, wenn der Haftende die Handlung oder

15 Vgl. *BFH*, 10. 12. 1981, BStBl. II 1982 S. 229, BB 1982 S. 415; bestätigt durch *BVerfG*, 7. 1. 1983, UR 1983 S. 51; *Onusseit*, Umsatzsteuer im Konkurs, S. 100 f.

16 Die Fälligkeit tritt kraft Gesetzes mit Eröffnung des Insolvenzverfahrens ein; abweichend *BFH*, 12. 6. 1975, BStBl. II 1975 S. 755, BB 1975 S. 1050, wonach die Forderung erst mit Anmeldung zur Insolvenztabelle, dann aber rückwirkend zum Zeitpunkt der Eröffnung des Insolvenzverfahrens fällig wird.

Unterlassung begangen hat, an die der Haftungstatbestand anknüpft. Bei der Haftung für Gesellschaftsschulden nach §§ 128, 162 HGB entsteht der Haftungsanspruch in dem Zeitpunkt, in dem die Forderung gegen die Gesellschaft entsteht, für die der Gesellschafter haftet[17].

Festsetzung des Steuer- oder Haftungsanspruchs ist nicht Voraussetzung für das Entstehen der Steuer- oder Haftungsschuld.

Eine entstandene Steuerforderung ist noch nicht fällig, wenn die gesetzliche oder durch Steuerbescheid eingeräumte Zahlungsfrist noch nicht abgelaufen ist (§ 220 AO). Steuern werden regelmäßig einen Monat nach Bekanntgabe der Steuerfestsetzung fällig. Möglich ist aber auch, je nach der Ausgestaltung in dem einzelnen Steuergesetz, eine Fälligkeit zu festen Terminen, so bei den Vorauszahlungen und bei den regelmäßig (monatlich, vierteljährlich) anzumeldenden Steuern.

Für die Fälligkeit von festzusetzenden Steuern gilt eine Besonderheit. Dies betrifft im Insolvenzverfahren insbesondere die sog. Anmeldungssteuern, wie die Umsatzsteuer auf Grund der Umsatzsteuer-Voranmeldungen. Wird eine solche Steuer von dem Insolvenzschuldner vor Eröffnung des Insolvenzverfahrens nicht angemeldet, ist sie zwar entstanden, aber noch nicht festgesetzt. Eine Festsetzung der Steuer kann aber nach Eröffnung des Insolvenzverfahrens nicht mehr erfolgen, da das Steuerfestsetzungsverfahren unterbrochen wird[18]. Damit könnte die Steuerforderung nicht mehr fällig werden. Daher sind solche Steuern nicht mehr solche, bei denen sich der Anspruch aus einer Steuerfestsetzung ergibt; eine solche kann ja nicht mehr ergehen. Daraus folgt, dass § 220 Abs. 2 S. 2 AO, der die Fälligkeit der Steuer von der Festsetzung abhängig macht, für diese Steuern nicht mehr Anwendung findet. Dann folgt die Fälligkeit aber aus § 220 Abs. 2 S. 1 AO, d.h. die Forderung wird in dem Zeitpunkt fällig, ab dem eine Steuerfestsetzung nicht mehr ergehen kann, d.h. mit Eröffnung des Insolvenzverfahrens[19]. Daher kann die Finanzbehörde insoweit die Aufrechnung erklären.

Steuern sind auch dann nicht fällig, wenn eine Stundung, § 222 AO, gewährt worden ist.

Die Fälligkeit eines Haftungsanspruchs richtet sich nach § 220 AO, da eine besondere gesetzliche Fälligkeitsbestimmung fehlt. Da die Haftungsschuld nach § 191 AO durch Haftungsbescheid festzusetzen ist, ist § 220

---

17 *BFH*, 14. 3. 1989, BStBl. II 1990 S. 363, BB 1989 S. 1191; *Frotscher*, StRK KO § 61 R. 20.

18 Vgl. hierzu 3. Teil Abschn. II 1.

19 *BFH*, 4. 5. 2004, BB 2004, S. 1546

Abs. 2 S. 2 AO anzuwenden. Fälligkeit tritt damit mit der Bekanntgabe des Haftungsbescheids ein, wenn nicht in dem Leistungsgebot durch Einräumung einer Zahlungsfrist ein späterer Fälligkeitstag bestimmt ist.

Aussetzung der Vollziehung, § 361 AO, beseitigt an sich die Fälligkeit nicht, der Steueranspruch bleibt also fällig. Allerdings hat die Aussetzung der Vollziehung eine stundungsgleiche Wirkung[20], so dass es gerechtfertigt ist, die insolvenzrechtliche Vorschrift des § 41 InsO über nicht fällige Forderungen auch auf eine Steuerforderung anzuwenden, deren Vollziehung ausgesetzt worden ist.

Der Vorteil, der für den Gläubiger darin liegt, dass eine nicht fällige Forderung als fällig behandelt wird, ist dadurch auszugleichen, dass die Forderung nach § 41 Abs. 2 InsO nur mit einem abgezinsten Betrag angesetzt werden darf, wenn sie unverzinslich ist. Diese Regelung setzt voraus, dass der Fälligkeitszeitpunkt bestimmt oder bestimmbar ist. Ist dies nicht der Fall, lässt sich also zum Zeitpunkt der Insolvenzeröffnung nicht sicher feststellen, wann die Forderung ohne die Eröffnung des Insolvenzverfahrens fällig geworden wäre, ist die Forderung zwar ebenfalls als fällig anzumelden, die Minderung des Wertes der Forderung auf Grund der Unverzinslichkeit ist aber nach § 45 InsO zu schätzen.

Diese Regelung gilt grundsätzlich auch für Steueransprüche[21]. Noch nicht fällige Steueransprüche sind daher nach § 41 InsO als fällig zur Insolvenztabelle anzumelden und abzuzinsen, wenn sie unverzinslich sind.

Steueransprüche sind nur dann verzinslich, wenn dies im Gesetz ausdrücklich bestimmt ist (vgl. § 233 Satz 1 AO). In Frage kommen in erster Linie Stundungs- und Hinterziehungszinsen (§§ 234, 235 AO) sowie Aussetzungszinsen (§ 237 AO). Soweit also gestundete, ausgesetzte oder nicht fällige hinterzogene Steuern als fällig zur Insolvenztabelle anzumelden sind, hat keine Abzinsung zu erfolgen.

Außerdem werden Steueransprüche nach § 233 a AO in der Zeitspanne von 15 Monaten nach Ablauf des Kalenderjahres, in dem sie entstanden sind, bis zur Festsetzung der Steuer verzinst. Bemessungsgrundlage ist nach § 233a Abs. 3 AO die festgesetzte Steuer abzüglich anzurechnender Beträge wie Steuerabzugsbeträge und Vorauszahlungen. Betroffen sind

---

20 Hierzu *Dumke*, in: Schwarz, AO, zu § 361 Rz. 24; *Tipke/Kruse*, AO, zu § 69 FGO Rz. 1; vgl. auch *BFH*, 17. 9. 1987, BStBl. II 1988, 366, 369, wonach Aussetzung der Vollziehung keinen Einfluss auf die Fälligkeit haben soll.

21 Vgl. *BFH*, 6. 5. 1975, BStBl. II 1975 S. 590, BB 1975 S. 771.

Steuernachforderungen und Steuererstattungen bei der Einkommen-, Körperschaft-, Umsatz- und Gewerbesteuer[22].

Im Übrigen sind Steuern nach geltendem Recht regelmäßig unverzinslich.

Säumniszuschläge sind keine Zinsen in diesem Sinne. Sie sind ein Druckmittel eigener Art und stehen den Zwangsmitteln näher als den Zinsen[23]. Die Möglichkeit, dass bei Nichtzahlung fälliger Steuern Säumniszuschläge entstehen, macht die Steuerforderung daher nicht zu einer verzinslichen Forderung.

Ist die Steuerforderung danach unverzinslich, hat die Abzinsung mit dem gesetzlichen Zinsfuß zu erfolgen. Dieser gesetzliche Zinsfuß ist, mangels einer anderweitigen gesetzlichen Bestimmung, der Zinssatz von 4% nach § 246 BGB[24]. Es wäre zwar auch denkbar, den im Steuerrecht regelmäßig vorkommenden Zinsfuß von 6% anzuwenden; es gibt aber im Steuerrecht keine allgemeine Regelung, der Zinssatz sei 6%, sondern nur eine Bestimmung des Zinssatzes in Einzelfällen. Es ist daher richtiger, auf den gesetzlichen Zinssatz von 4% nach § 246 BGB zurückzugreifen.

Zum Zeitpunkt des Fälligkeitseintritts wird bei den einzelnen Steuerarten Stellung genommen.

In einer Vielzahl von Fällen hängt die Fälligkeit von der Festsetzung der Steuerforderung ab. Fälligkeit tritt regelmäßig einen Monat nach Bekanntgabe des Steuerbescheides ein. Ist die Steuer bei Eröffnung des Insolvenzverfahrens zwar entstanden, aber noch nicht festgesetzt worden, ist der Fälligkeitszeitpunkt unbestimmt, da er von der Bekanntgabe des Steuerbescheides abhängt. Wegen der Eröffnung des Insolvenzverfahrens kann eine Steuerfestsetzung, mit der Folge der Fälligkeit, auch nicht mehr erfolgen. Der Abzinsungsbetrag der unverzinslichen Steuerforderung ist dann nach § 45 InsO, ebenfalls unter Zugrundelegung eines Zinssatzes von 4%, zu schätzen. Maßgebend ist, zu welchem Zeitpunkt eine Festsetzung der Steuer, und damit die Fälligkeit, ohne Eröffnung des Insolvenzverfahrens nach dem gewöhnlichen Lauf der Dinge und dem Fortgang der Veranlagungsarbeiten in dem zuständigen Finanzamt erwartet werden durfte.

b) Noch nicht entstandene Steuerforderungen

Wird ein Insolvenzverfahren über das Vermögen des Steuerpflichtigen eröffnet, wird in der Regel ein für die Entstehung der Steuerschuld maßge-

22 Zu § 233 a AO vgl. *Schwarz*, AO, zu § 233 a, Rz. 1 ff.
23 Vgl. *BFH*, 6. 5. 1975, BStBl. II 1975 S. 590, BB 1975 S. 771.
24 Ebenso *Hess*, InsO, zu § 55 Rz. 290.

bender Zeitraum (Besteuerungszeitraum) zerschnitten. Die Steuer für diesen Zeitraum entsteht mit Ablauf dieses Zeitraums (vgl. z. B. § 36 Abs. 1 EStG für die Einkommensteuer, § 18 GewStG für die Gewerbesteuer, § 30 Nr. 3 KStG für die Körperschaftsteuer, § 13 Abs. 1 UStG für die Umsatzsteuer). Andererseits richtet sich die insolvenzrechtliche Einordnung der Steuerforderung nicht nach dem Entstehen der Steuerforderung, sondern gemäß § 38 InsO nach dem Begründetsein. Es tritt daher regelmäßig die Konstellation ein, dass ein Teil der erst nach Eröffnung des Insolvenzverfahrens entstandenen Steuerforderung als Insolvenzforderung geltend zu machen ist, da sie bis zum Zeitpunkt der Eröffnung des Insolvenzverfahrens begründet im insolvenzrechtlichen Sinne ist. Diese Insolvenzforderung ist aber im Zeitpunkt der Eröffnung des Insolvenzverfahrens noch nicht entstanden, da der steuerlich maßgebende Entstehungszeitpunkt, der Ablauf des Besteuerungszeitraums, noch nicht eingetreten ist.

Bei diesen insolvenzrechtlich bereits begründeten, steuerrechtlich aber noch nicht entstandenen Steueransprüchen handelt es sich um befristete Forderungen. Im bürgerlichen Recht (vgl. § 163 BGB) liegt eine Befristung (d. h. eine Zeitbestimmung) vor, wenn der Eintritt der Wirkung von einem zukünftigen gewissen Ereignis abhängt[25]. Im Falle der Steueransprüche ist die Wirkung, nämlich das Entstehen der Steuerforderung, von einem zukünftigen gewissen Ereignis, dem Ablauf des steuerlich maßgebenden, kalendermäßig bestimmten Besteuerungszeitraums, abhängig; es liegt daher eine Zeitbestimmung i. S. d. § 163 BGB vor[26].

Da das Entstehen der Steuerforderung, also der Anfangstermin der Wirkung, von der Zeitbestimmung abhängt, ist die befristete Steuerforderung wie eine aufschiebend bedingte Steuerforderung zu behandeln (entsprechend § 163 BGB). Das bedeutet, dass die Steuerforderung nach § 191 InsO im Insolvenzverfahren zwar berücksichtigt wird, der auf sie entfallende Betrag aber bei Abschlags- und Schlussverteilung zurückbehalten wird. Sie wird erst befriedigt, wenn sie entstanden ist[27].

---

25 Vgl. *Palandt/Heinrichs*, BGB, Einf. vor § 158 Rz. 1.

26 § 163 BGB regelt zwar nur die rechtsgeschäftliche Befristung, nicht die gesetzliche; es erscheint aber unproblematisch, die Definition und die Rechtsfolge der rechtsgeschäftlichen Befristung in das öffentliche Recht (Steuerrecht) zu übertragen. Vgl. auch *Uhlenbruck*, InsO, zu § 191 Rz. 4; *Onusseit*, Umsatzsteuer im Konkurs, S. 123.

27 Vgl. *Uhlenbruck*, InsO, zu § 191 Rz. 4. Unrichtig *BMF*, 17. 12. 1998, Tz. 4.2, BStBl. I 1998, S. 1500, wo angenommen wird, dass die *nicht entstandene* Steuerforderung als *fällig* gilt.

II. Masseverbindlichkeiten und Absonderungsrechte[1]

1. Steuerforderungen als Masseverbindlichkeiten

Sonstige Masseverbindlichkeiten nach § 55 InsO werden durch den Insolvenzverwalter innerhalb seines gesetzlichen Wirkungskreises durch Rechtsgeschäft oder Rechtshandlung zu Lasten der Masse begründet. Diese Forderungen werden vorweg aus der Masse befriedigt.

Steueransprüche können sonstige Masseverbindlichkeiten nach § 55 Abs. 1 Nr. 1 InsO sein, soweit der Steueranspruch an die Masse anknüpft oder der Insolvenzverwalter den Steuertatbestand erfüllt.

Masseverbindlichkeiten liegen z. B. vor, wenn die Steuerschuld an einen Vermögensgegenstand der Masse geknüpft ist, wie die Grundsteuer für ein zur Masse gehörendes Grundstück[2] oder die Kraftfahrzeugsteuer für ein zur Masse gehörendes Kraftfahrzeug[3].

Diese Steuerforderungen sind „durch die Verwaltung, Verwertung oder Verteilung der Insolvenzmasse" begründet. Dagegen können Steuerforderungen nicht „durch die Handlungen des Insolvenzverwalters" begründet werden. Der Insolvenzverwalter kann durch sein Handeln unmittelbar keine Steuerforderungen begründen; diese knüpfen vielmehr kraft Gesetzes an die Tatbestandsverwirklichung durch den Insolvenzverwalter an. Steueransprüche sind daher Masseverbindlichkeiten nach § 55 Abs. 1 Nr. 1 Alternative 2 InsO[4].

Die Zugehörigkeit von Steuerforderungen zu § 55 Abs. 1 Nr. 2 InsO[5] scheidet schon deshalb aus, weil ein Steueranspruch wohl an einen Vertrag anknüpfen kann, niemals aber ein Anspruch *aus* einem Vertrag ist.

Sonstige Masseverbindlichkeiten entstehen auch, wenn der Insolvenzverwalter den Steuertatbestand erfüllt, z. B. bei der Gewerbe- und Umsatzsteuer für die Zeit nach Insolvenzeröffnung, wenn und soweit der Insol-

---

1 Die Aussonderung, §§ 47 ff. InsO, wird nicht behandelt, da bei ihr keine steuerlichen Probleme entstehen; vgl. *Onusseit*, Umsatzsteuer im Konkurs, S. 150. Ein Aussonderungsrecht kann nur entstehen, soweit eine Sache zu Gunsten der öffentlichen Hand, etwa bei Steuerhinterziehung, eingezogen worden ist; *Tipke/Kruse*, AO, zu § 251 Rz. 97.

2 *RG*, 9. 2. 1927, RGZ 116 S. 111; jedoch nur, soweit es nicht zur abgesonderten Befriedigung kommt.

3 *BFH*, 18. 12. 1953, BStBl. III 1954 S. 49, BB 1954 S. 187.

4 Vgl. *Uhlenbruck*, InsO, zu § 55 Rz. 37.

5 Zu Unrecht nimmt *Kling*, DStR 1998, 1813, Masseforderungen nach § 55 Abs. 1 Nr. 2 InsO an.

venzverwalter den Betrieb des Gemeinschuldners weiterführt[6], und die Grunderwerbsteuer, wenn der Insolvenzverwalter ein Grundstück erwirbt oder veräußert.

Erfüllt der Insolvenzverwalter Steuerschulden, die sonstige Masseverbindlichkeiten sind, nicht, gehören die entstehenden Säumniszuschläge ebenfalls zu den sonstigen Masseverbindlichkeiten nach § 55 Abs. 1 Nr. 1 InsO[7]. Säumniszuschläge sind ein Druckmittel eigener Art, die zur rechtzeitigen Steuerzahlung anhalten sollen. Das gilt auch gegenüber dem Insolvenzverwalter für die Begleichung von Masseverbindlichkeiten sowie für den Fall, dass der Insolvenzverwalter deshalb verspätet zahlt, weil nicht feststand, ob die Mittel zur Begleichung vorrangiger Schulden ausreichten. Stehen der Masse jedoch eindeutig nicht genügend flüssige Mittel zur Begleichung der Masseverbindlichkeiten zur Verfügung, können die Säumniszuschläge ihren Zweck als Druckmittel nicht erfüllen; sie sind dann aus sachlicher Billigkeit, § 227 AO, zur Hälfte zu erlassen. Die Aufrechterhaltung der anderen Hälfte ist aus dem Gesichtspunkt des Ausgleichs des Zinsnachteils des Steuergläubigers gerechtfertigt[8].

Zu den Masseverbindlichkeiten gehören auch Verspätungszuschläge, wenn der Insolvenzverwalter eine Verpflichtung zur Abgabe einer Steuererklärung nicht erfüllt.

Die persönlichen Steuern des Schuldners gehören zu den sonstigen Masseverbindlichkeiten, wenn und soweit die für das Entstehen der Steuerschuld maßgeblichen Tatbestandsmerkmale im Verwaltungsbereich des Insolvenzverwalters erfüllt sind, also die Einkommensteuer, soweit die Masse (der Schuldner) durch den Insolvenzverwalter Einkünfte erzielt[9].

Kraft ausdrücklicher gesetzlicher Regelung in § 55 Abs. 2 InsO sind auch Forderungen, die durch den vorläufigen Insolvenzverwalter begründet werden, auf den die Verfügungsbefugnis über das Vermögen des Schuldners übergegangen ist, sonstige Masseverbindlichkeiten. Das gilt auch für Steuerforderungen, die durch das Verhalten des vorläufigen Insolvenzverwalters begründet worden sind. Steuerforderungen, die während der Zeit der vorläufigen Insolvenzverwaltung begründet werden, sind jedoch Insolvenzforderungen, wenn das Verwaltungs- und Verfügungsrecht nicht auf den vorläufigen Insolvenzverwalter übergegangen ist.

---

6 *Uhlenbruck*, InsO, zu § 55 Rz. 37.

7 Vgl. *BFH* , 18. 4. 1996, BStBl. II 1996, 561, BB 1996 S. 2609.

8 *BFH*, 18. 4. 1996, BStBl. II 1996, S. 561, BB 1996, S. 2609.

9 Näheres zur Abgrenzung zur Insolvenzforderung vgl. 2. Teil Abschn. B I–VI.

Steuerforderungen können auch Masseverbindlichkeiten nach § 55 Abs. 1 Nr. 3 InsO sein. Das ist der Fall, wenn nach Eröffnung des Insolvenzverfahrens eine unberechtigte Steuererstattung in die Insolvenzmasse gelangt[10].

Problematisch ist die Einordnung von Steuerforderungen, die an den Neuerwerb des Insolvenzschuldners während des Insolvenzverfahrens anknüpfen. Der Neuerwerb gehört nach § 35 InsO zur Insolvenzmasse. Daraus kann jedoch nicht geschlossen werden, dass an den Neuerwerb anknüpfende Steueransprüche (Umsatzsteuer, Einkommensteuer) Masseverbindlichkeiten sind. Diese Steueransprüche beruhen auf den Handlungen des Insolvenzschuldners, nicht auf einem Handeln des Insolvenzverwalters. Sie beruhen auch nicht auf der Verwaltung, Verwertung oder Verteilung der Insolvenzmasse. Der Tatbestand des § 55 Abs. 1 Nr. 1, 2 InsO ist daher nicht erfüllt[11].

Fraglich könnte allenfalls sein, ob der Zugang des Neuerwerbs zu der Masse, ohne dass dadurch veranlasste Steueransprüche abgezogen werden, zu einer ungerechtfertigten Bereicherung der Masse i.S.d. § 55 Abs. 1 Nr. 3 InsO führt. Das ist jedoch nicht der Fall, da § 35 InsO einen rechtlichen Grund für die Zugehörigkeit des Neuerwerbs zur Masse darstellt. Die Insolvenzmasse ist daher nicht ungerechtfertigt bereichert.

Es stellt sich damit lediglich die Frage, wie der „Neuerwerb" i. S. d. § 35 InsO zu definieren ist, ob es sich also um den „Bruttoerwerb" (d. h. ohne Abzug der damit zusammenhängenden Verbindlichkeiten) oder um den „Nettoerwerb" (nach Abzug der Verbindlichkeiten, und damit der Steueransprüche) handelt. M.E. ist aus dem Gesetzeswortlaut zu schließen, dass der Bruttoerwerb in die Insolvenzmasse fällt. § 36 Abs. 1 InsO bestimmt, dass nur unpfändbare Gegenstände nicht zur Insolvenzmasse gehören. Damit fällt der gesamte Neuerwerb, mit Ausnahme der unpfändbaren Gegenstände, in die Insolvenzmasse. Die Unpfändbarkeit nach §§ 850 ff. ZPO berücksichtigt aber die Frage, ob der Erwerb des Gegenstandes Verbindlichkeiten hervorgerufen hat, nicht. Das Gesetz stellt also bei der Definition der Unpfändbarkeit nicht auf einen „Nettowert" des Gegendstandes ab, sondern allein auf den Gegenstand ohne Berücksichtigung etwaiger Verbindlichkeiten (einschließlich der Steuerverbindlichkeiten). Damit richten sich die mit dem Neuerwerb verbundenen Verpflichtungen, einschließlich der Steuerforderungen, gegen das insolvenzfreie Vermögen des Insolvenz-

10 *FG Berlin*, 14. 7. 2003, EFG 2003, S. 1520.
11 *Thür. FG*, 11. 9. 2003, EFG 2004, S. 1171.

schuldners[12], das aber, da der Neuerwerb selbst zur Insolvenzmasse gehört, nur aus pfändungsfreien Gegenständen besteht. Die Regelung des § 35 InsO benachteiligt also die Gläubiger des Neuerwerbs zugunsten der Masse- und Insolvenzgläubiger. Die mögliche Alternative, nur den Nettobetrag des Neuerwerbs zur Masse zu gehen, hat das Gesetz nicht verwirklicht; der „Neuerwerb" ist gegenständlich definiert (als neu erworbener Gegenstand), nicht als eine Saldogröße[13].

Eine Lösung (die aber wohl mehr zufällig entstanden ist) besteht nur für die Lohnsteuer, wenn der Insolvenzschuldner während des Laufes des Insolvenzverfahrens einer nichtselbstständigen Arbeit nachgeht. Der Lohnanspruch gehört auch in diesem Fall als Neuerwerb zur Insolvenzmasse, und zwar grundsätzlich der Bruttolohn. Allerdings bestimmt § 36 Abs. 1 InsO, dass dies nur gilt, soweit der Bruttolohn nicht unpfändbar ist; für die Definition der Unpfändbarkeit wird auf §§ 850 ff. ZPO verwiesen und dabei auch § 850e ZPO in Bezug genommen. Nach § 850e Nr. 1 ZPO ist der Lohnanspruch nur in Höhe des um die Lohnsteuer verminderten Bruttolohnes pfändbar. Damit fällt der Lohn als Neuerwerb nur in Höhe des Nettolohnes in die Insolvenzmasse; der als Lohnsteuer an das Finanzamt abgeführte Betrag gehört zu dem unpfändbaren Teil des Lohnes. Die Lohnsteuer ist also vorab vor Abführung des Neuerwerbs an die Insolvenzmasse zu entrichten; für die übrigen Steuerarten (insbesondere die Umsatzsteuer) gibt es keine entsprechenden Regelungen.

Massegläubiger sind keine Insolvenzgläubiger, sondern können nach § 53 InsO ihre Befriedigung unabhängig vom Gang des Insolvenzverfahrens suchen[14]. Steuerforderungen, die sonstige Masseverbindlichkeiten sind, werden daher im gewöhnlichen Steuerfestsetzungsverfahren festgesetzt[15].

Sonstige Masseverbindlichkeiten können nur für die Zeit ab der Eröffnung des Insolvenzverfahrens bzw. der Bestellung eines vorläufigen Insolvenzverwalters entstehen. Sie sind daher nur für diesen Zeitraum festzusetzen, und zwar auch dann, wenn dadurch Steuern, die ihrer Natur nach Jahressteuern sind, für einen kürzeren Zeitraum als einen vollen Veranlagungszeitraum festzusetzen sind. Es handelt sich dabei um eine zulässige (und

---

12 *BFH*, 7. 4. 2005, BB 2005, 1669; *LG Erfurt* m. Anm. *Eckardt*, EWiR § 96 InsO 1/03 S. 69; *Maus*, ZInsO 2001 S. 493.

13 Vgl. zur Problematik *Uhlenbruck*, InsO, zu § 35 Rz. 39; *K. Schmidt*, Festschrift für Kruse, S. 671 ff.

14 *Uhlenbruck*, InsO, zu § 53 Rz. 4.

15 Einzelheiten vgl. 3. Teil Abschn. III.

notwendige) Beschränkung der Steuerfestsetzung, nicht um die Besteuerung für einen im Gesetz nicht vorgesehenen Besteuerungszeitraum[16].

Steuerforderungen als Masseverbindlichkeiten sind durch Leistungsbescheid von dem Insolvenzverwalter in seiner Eigenschaft als Verwalter der Masse anzufordern; dem Insolvenzverwalter stehen die gewöhnlichen Rechtsbehelfe der Abgabenordnung und der Finanzgerichtsordnung zu. Nach § 90 Abs. 1 InsO besteht jedoch für Steuerforderungen als Masseverbindlichkeiten für die Dauer von 6 Monaten seit der Eröffnung des Insolvenzverfahrens ein Verbot der Zwangsvollstreckung; dies ist die Folge daraus, dass Steuerforderungen nicht unmittelbar durch Handlungen des Insolvenzverwalters hervorgebracht werden, sondern unter die 2. Alternative des § 55 Abs. 1 Nr. 1 InsO fallen.

Die Vollstreckung gegen den Insolvenzverwalter nach Ablauf der 6 Monate richtet sich nach den §§ 249 ff. AO[17].

Stellt sich die Masseunzulänglichkeit nach § 208 InsO heraus („Insolvenz in der Insolvenz“), verlieren die Masseverbindlichkeiten nach § 210 InsO ihre Durchsetzbarkeit; sie sind wie Insolvenzforderungen durch Feststellungsbescheid geltend zu machen[18]. Nach der Feststellung der Masseunzulänglichkeit begründete Masseverbindlichkeiten können aber nach § 210 i.V. m. § 209 Abs. 1 Nr. 2 InsO weiterhin ohne Einschränkung als Masseverbindlichkeiten geltend gemacht werden („Masseverbindlichkeiten der Insolvenz in der Insolvenz“)[19].

2. Absonderung

Nach § 49 InsO können Gläubiger die abgesonderte Befriedigung aus einem Grundstück in Anspruch nehmen, wenn sie an einer Zwangsvollstreckung in das unbewegliche Vermögen des Gemeinschuldners teilnehmen würden.

Nach § 12 GrStG ruht die Grundsteuer auf dem Steuergegenstand (Grundstück) als öffentliche Last. Eine öffentliche Last ist eine auf öffentlichem Recht beruhende Geldzahlungspflicht, die nicht nur die persönliche

---

16 *BFH*, 16. 7. 1987, BStBl. 1988 II S. 190, BB 1987 S. 1726.

17 Zur Durchsetzung gegenüber dem Schuldner persönlich vgl. 3. Teil, Abschn. VI.

18 Vgl. *BFH*, 23. 7. 1996, BStBl. 1996 II S. 511, BB 1996, S. 2027. Zur Unterbrechung des Vollstreckungsverfahrens vgl. daher 3. Teil Abschn. II, 1.

19 Zur Abwicklung massearmer Insolvenzen *Uhlenbruck*, InsO, zu § 209 Rz. 9 ff; *FG Münster*, 12. 1. 1988, EFG 1988 S. 427. Vgl. auch *Nds. FG*, 13. 12. 1993, EFG 1994 S. 554. Zur Aufrechnung bei Masseunzulänglichkeit vgl. Abschn. III.

Verpflichtung des Schuldners, sondern auch die dingliche Haftung des Grundstücks vorsieht[20]. Nach § 77 Abs. 2 AO kann wegen einer auf einem Grundstück ruhenden öffentlich-rechtlichen Last die Zwangsversteigerung in das betreffende Grundvermögen betrieben werden; für die Durchführung der Zwangsversteigerung gilt das Zwangsversteigerungsgesetz. Dem öffentlich-rechtlichen Gläubiger der Grundsteuer steht daher im Insolvenzverfahren ein Absonderungsrecht nach § 49 InsO zu.

Keine auf dem Grundstück ruhende öffentliche Last ist die Grunderwerbsteuer; für sie steht daher dem Steuergläubiger kein Absonderungsrecht zu.

Nach § 76 AO haften zoll- und verbrauchsteuerpflichtige Waren und Erzeugnisse für die auf ihnen ruhenden Zölle und Verbrauchsteuern dinglich, ohne dass es einer Inbesitznahme oder Beschlagnahmung durch die Zollbehörden bedürfte. Die Haftung entsteht bei verbrauchsteuerpflichtigen Erzeugnissen mit dem Beginn der Herstellung, bei zollpflichtigen Waren mit dem Überschreiten der Zollgrenze[21]. Nach § 51 Nr. 4 InsO begründet dies für den Fiskus ein Absonderungsrecht an diesen zoll- und verbrauchsteuerpflichtigen Sachen. Die Verwertung erfolgt nach § 166 InsO durch den Insolvenzverwalter. Dabei sind auch die Regelungen über die Kostenbeiträge nach §§ 170, 171 InsO anzuwenden[22].

Eine Haftung, die innerhalb eines Monats vor Stellung des Antrags auf Eröffnung des Insolvenzverfahrens oder später entstanden ist, wird nicht durch die „Rückschlagsperre" des § 88 InsO beseitigt. Die Haftung entsteht nach § 76 AO kraft Gesetzes, nicht durch eine Zwangsvollstreckungsmaßnahme, wie es § 88 InsO voraussetzt; die Beschlagnahme nach § 76 Abs. 3 InsO ist nicht Grundlage des Absonderungsrechts. Das Entstehen der Haftung ist auch nicht nach §§ 129 ff. InsO anfechtbar, da sie nicht auf einer „Rechtshandlung" beruht.

Das Absonderungsrecht des § 76 AO geht nach seinem gesetzlichen Wortlaut anderen (privatrechtlich entstandenen) Absonderungsrechten vor.

---

20 Vgl. *BGH*, 30. 6. 1988, BB 1988, S. 1629 zu kommunalen Grundstücksabgaben.

21 Vgl. hier *Wöhner*, in: Schwarz, AO, zu § 76 Rz. 4 ff.

21 Näheres zu den Kostenbeiträgen vgl. 3. Teil Abschn. III.

III. Aufrechnung

Die Aufrechnung von privatrechtlichen mit öffentlich-rechtlichen Forderungen ist grundsätzlich zulässig. Nach § 226 AO gelten für die Aufrechnung die §§ 387 ff. BGB[1].

Nach § 226 Abs. 4 AO ist für die Frage der Gegenseitigkeit der aufzurechnenden Forderungen neben der Ertragshoheit auch die Verwaltungshoheit maßgebend; dies gilt auch für Aufrechnungen im Rahmen eines Insolvenzverfahrens[2].

Die Insolvenzeröffnung lässt eine bestehende Aufrechnungslage unberührt. Nach § 94 InsO ist eine Aufrechnung uneingeschränkt zulässig, wenn im Zeitpunkt der Eröffnung des Insolvenzverfahrens eine Aufrechnungslage bestand.

Aufrechnung im Insolvenzverfahren bedeutet für den Insolvenzgläubiger, dass er seine Insolvenzforderung außerhalb des Insolvenzverfahrens befriedigt. Soweit dem Gläubiger des Schuldners die Aufrechnung möglich ist, nimmt er nicht am Insolvenzverfahren teil. Er braucht seine Forderung nicht anzumelden, sondern kann die Aufrechnung erklären. Entsprechend ist die Aufrechung nicht von einer vorherigen Feststellung oder Anmeldung der Forderung abhängig[3].

Befugt zur Entgegennahme der Aufrechnungserklärung ist der Insolvenzverwalter, da der Schuldner hinsichtlich der Masse keine Verwaltungs- und Verfügungsbefugnis mehr besitzt.

Die Aufrechnung ist nicht auf den Betrag beschränkt, den der Gläubiger erhalten würde, wenn er seine Forderung zur Tabelle anzumelden hätte. Die Forderung erlischt vielmehr in voller Höhe, soweit die Gegenforderung eine entsprechende Höhe aufweist. Durch die Aufrechnung wird also der Gläubiger des Schuldners in Höhe der Gegenforderung voll befriedigt, er ist daher nicht auf die Insolvenzquote angewiesen. Der aufrechnende Insolvenzgläubiger befindet sich daher in einer gegenüber den anderen Insolvenzgläubigern bevorzugten Lage. Die Aufrechnung ähnelt im Ergebnis einem Absonderungsrecht[4].

---

1 Zur Aufrechnung von Steueransprüchen vgl. *Frotscher*, in: Schwarz, AO, zu § 226 Rz. 1 ff.

2 *Gosch*, DStZ 1992 S. 173.

3 *BFH*, 4. 5. 2003, BB 2004, S. 1546

4 *Uhlenbruck*, InsO, zu § 94 Rz. 1.

Tritt die Aufrechnungslage erst während des Insolvenzverfahrens ein, ist die Aufrechnung nicht ausgeschlossen, es gelten jedoch einige Besonderheiten, die in den §§ 95, 96 InsO geregelt sind.

Nach § 95 Abs. 1 InsO kann die Aufrechnung (noch) nicht erfolgen, wenn eine der aufzurechnenden Forderungen aufschiebend bedingt ist. Die Aufrechnung kann dann erst erfolgen, wenn die Voraussetzungen eingetreten sind, die Forderung also unbedingt geworden ist.

Für die Finanzbehörde als Gläubiger bedeutet diese Regelung, dass sie mit ihrer befristeten (aufschiebend bedingten) Forderung gegen den Schuldner nicht aufrechnen kann. Damit wird für Steuerforderungen die Aufrechnung ausgeschlossen, die im Zeitpunkt der Eröffnung des Insolvenzverfahrens und der Aufrechnungserklärung noch nicht entstanden, wohl aber vor diesem Zeitpunkt begründet sind i. S. d. § 38 InsO. Die Aufrechnung mit Steuerforderungen setzt daher deren Entstehen voraus.

Außerdem muss die Forderung bei der Aufrechnung fällig sein. Bedeutsam ist, dass für die Fälligkeit bei der Aufrechnung § 41 InsO nicht gilt, da die Anwendung dieser Vorschrift in § 95 Abs. 1 S. 2 InsO ausdrücklich ausgeschlossen ist. Die Forderung gilt also (für die Aufrechnung) nicht mit der Eröffnung des Insolvenzverfahrens als fällig. Diese Regelung gilt sowohl für eine Aufrechnung durch den Gläubiger als auch für eine Aufrechnung durch den Insolvenzverwalter.

Allerdings hat der BFH[5] für die Aufrechnung entschieden, dass bei Eröffnung des Insolvenzverfahrens eine an sich festzusetzende Steuer fällig wird, auch wenn noch keine Steuerfestsetzung erfolgt ist. Dies soll nicht auf § 41 InsO beruhen, sondern auf § 220 Abs. 2 S. 1 AO. Nach § 220 Abs. 2 S. 2 AO wird eine Steuerforderung, die durch Steuerbescheid festzusetzen ist, nicht vor der Bekanntgabe der Steuerfestsetzung (üblicherweise einen Monat nach Bekanntgabe) fällig. Ist das Insolvenzverfahren eröffnet, kann eine Steuerfestsetzung nicht ergehen; damit könnte eine Fälligkeit der Steuerforderung nach § 220 Abs. 2 S. 2 AO nicht mehr eintreten; an deren Stelle tritt § 41 InsO. BFH a. a. O. behandelt eine solche Steuerforderung aber als Steuerforderung ohne Steuerfestsetzung und wendet § 220 Abs. 2 S. 1 AO an. Danach würde die Steuerforderung mit der Entstehung fällig (nach BFH aaO: mit Eröffnung des Insolvenzverfahrens). Damit wäre eine Aufrechnung zulässig.

---

5 *BFH*, 4. 5. 2004, BStBl. II 2004, 815, BB 2004, S. 1546; *BFH*, 4. 2. 2005, BB 2005, 1148.

M.E. ist der Ansicht des BFH nicht zu folgen. Die Frage der Fälligkeit der Insolvenzforderung ist in § 41 InsO abschließend geregelt; diese Vorschrift verdrängt die steuerrechtliche Vorschrift des § 220 Abs. 2 S. 1 AO. § 41 InsO gilt für die Aufrechnung also gerade nicht. § 95 Abs. 1 S. 2 InsO bestimmt, dass die Rechtslage für den Gläubiger hinsichtlich der Aufrechnung durch Eröffnung des Insolvenzverfahrens nicht verbessert wird. Damit ist ausgeschlossen, dass eine Steuerforderung auf Grund steuerrechtlicher Vorschriften nur wegen der Eröffnung des Insolvenzverfahrens fällig wird und dadurch eine Aufrechnungslage geschaffen wird, die ohne die Eröffnung des Insolvenzverfahrens nicht bestehen würde. Auch formal ist die Entscheidung des BFH nicht überzeugend. § 220 Abs. 2 S. 1 AO bildet keine Rechtsgrundlage für eine Fälligkeit gerade im Zeitpunkt der Eröffnung des Insolvenzverfahrens. Es müsste angenommen werden, dass dann die Forderung im Zeitpunkt des Entstehens fällig wird (der lange vor Eröffnung des Insolvenzverfahrens liegen kann), mit daraus resultierenden Folgen für z. B. Säumniszuschläge. Vielmehr bestimmt sich Aufrechenbarkeit (und damit die Fälligkeit für die Aufrechung) nach den Regeln des Insolvenzrechts. Da ein Steuerbescheid nicht mehr ergehen kann, tritt die Aufrechnungslage erst mit der an die Stelle des Steuerbescheids tretende insolvenzrechtliche Verfahrenshandlung ein. Das ist die Anmeldung zur Insolvenztabelle. Feststellung oder unbestrittene Feststellung ist nicht erforderlich, da die Fälligkeit nicht von der bestandskräftigen Festsetzung abhängt[6].

Bei der Aufrechnung muss auch die Voraussetzung der Gegenseitigkeit erfüllt sein; die Finanzbehörde kann daher, wenn eine Personengesellschaft in Insolvenz gefallen ist, eine Forderung, die ihr gegen die Gesellschaft zusteht, nicht durch Aufrechnung gegen eine Verbindlichkeit (Steuererstattungsanspruch) gegenüber einem Gesellschafter tilgen[7].

Bei der Aufrechnung im Insolvenzverfahren sind einige Aufrechnungsverbote zu beachten.

Nach § 95 Abs. 1 S. 3 InsO ist die Aufrechnung ausgeschlossen, wenn die Forderung des Schuldners, gegen die aufgerechnet werden soll, fällig wird, bevor die Aufrechnung erfolgen kann, d. h. bevor die aufrechnende Forderung fällig wird. Die Aufrechnung wird durch diese Regelung nicht nur verschoben auf den Zeitpunkt, in dem sich beide Forderungen aufrechenbar gegenüberstehen; vielmehr ist die Aufrechnung schlechthin

6 Insoweit a.A. *FG Berlin*, 12. 6. 2003, EFG 2003, 1454, wonach die Aufrechnungslage nur eintreten soll, wenn die Anmeldung unbestritten ist.
7 *BFH*, 24. 7. 1984, BStBl. II 1984 S. 795, BB 1984 S. 2117.

ausgeschlossen. Der Grund für diese Regelung liegt darin, dass sich dann der Gläubiger nicht darauf verlassen konnte, sich von seiner Verpflichtung durch Aufrechnung befreien zu können; er musste damit rechnen, die Forderung, die der Schuldner gegen ihn hat, befriedigen zu müssen, da seine eigene Forderung in dem Zeitpunkt, in dem der Schuldner seinerseits Zahlung verlangen kann, noch nicht fällig, d. h. noch nicht aufrechenbar ist. Andererseits kann der Gläubiger der Forderung, die zuerst fällig wird, bei Eintritt der Aufrechnungslage aufrechnen; das Aufrechnungsverbot gilt nur für den Gläubiger derjenigen Forderung, die später fällig wird.

§ 96 InsO enthält Einschränkungen hinsichtlich des Zeitpunktes, zu dem die Aufrechnungslage entsteht. An sich genügt es, wenn die Aufrechnungslage spätestens im Zeitpunkt des Wirksamwerdens der Aufrechnungserklärung besteht; § 96 InsO schränkt diesen Grundsatz jedoch im Interesse des Schutzes der Insolvenzmasse ein. § 96 InsO enthält in den Nrn. 1 und 4 zwei für Steuerforderungen relevante Einschränkungen. Danach ist die Aufrechnung ausgeschlossen:

- Nr. 1: Die Forderung des Steuergläubigers ist *vor* Insolvenzeröffnung erworben (und damit Insolvenzforderung) und der Steuergläubiger ist *nach* Insolvenzeröffnung etwas *zur Insolvenzmasse* schuldig geworden (der Gegenanspruch gehört also zur Insolvenzmasse, z. B. ein Steuererstattungsanspruch). Mit diesem Aufrechnungsverbot soll verhindert werden, dass eine Insolvenzforderung (die grundsätzlich nicht vollständig, sondern nur mit der Insolvenzquote zu befriedigen ist) durch Aufrechnung vollständig befriedigt wird, obwohl im Zeitpunkt der Insolvenzeröffnung die Aufrechnungsanlage noch nicht bestand, weil die Gegenforderung gegen die Finanzbehörde noch nicht begründet war.
- Nr. 4: Die Forderung des Steuergläubigers ist *nach* Insolvenzeröffnung gegen den Schuldner erworben und richtet sich gegen das insolvenzfreie Vermögen, während die Gegenforderung, gegen die der Steuergläubiger aufrechnen möchte, zur Insolvenzmasse gehört; dabei ist es gleichgültig, ob der Anspruch der Insolvenzmasse gegen den Steuergläubiger vor oder nach der Eröffnung des Insolvenzverfahrens entstanden ist. Dieses Aufrechnungsverbot verhindert also die Begleichung einer gegen das insolvenzfreie Vermögen des Schuldners gerichtete Forderung durch Aufrechnung mit einer zur Insolvenzmasse gehörenden Gegenforderung.

Im Insolvenzeröffnungsverfahren gelten die Aufrechnungsverbote des § 96 InsO noch nicht, doch kann die Erlangung der Aufrechnungslage nach § 96 Abs. 1 Nr. 3 InsO anfechtbar erlangt sein, vgl. hierzu S. 78 f.

Nicht ausgeschlossen ist daher die Aufrechnung, wenn zur Zeit der Eröffnung des Insolvenzverfahrens die Aufrechnungslage, unter Berücksichtigung des § 95 InsO, schon bestand, weil sich Forderung und Gegenforderung zu diesem Zeitpunkt aufrechenbar gegenüberstanden. Ebenfalls nicht ausgeschlossen ist die Aufrechnung, wenn der Anspruch des Steuergläubigers aus der Masse vorweg zu befriedigen ist, weil er zu den Masseverbindlichkeiten nach § 55 InsO gehört.

Für die Frage, zu welcher Vermögensmasse Forderung und Gegenforderung insolvenzrechtlich gehören, ist nicht der Zeitpunkt des Entstehens der Forderung, sondern nur der Zeitpunkt des Begründetseins von Forderung und Gegenforderung maßgebend. Ob Forderung und Gegenforderung vor oder nach Eröffnung des Insolvenzverfahrens begründet sind, richtet sich allein nach insolvenzrechtlichen Grundsätzen. Das Begründetsein der Forderung des gegen die Masse aufrechnenden Gläubigers ergibt sich dabei aus § 38 InsO, das der gegen ihn gerichteten Gegenforderung der Masse aus § 35 InsO. Auch wenn die Forderung im Zeitpunkt der Insolvenzeröffnung noch nicht entstanden, wohl aber insolvenzrechtlich begründet i. S. d. § 38 InsO war (befristete, aufschiebend bedingte Forderung), handelt es sich um Insolvenzforderungen, für die die geschilderten Einschränkungen bei der Aufrechnung gelten[8]. Der Aufrechnende ist entsprechend dann nach der Eröffnung des Insolvenzverfahrens „etwas zur Insolvenzmasse schuldig geworden“, wenn die Gegenforderung nach diesem Zeitpunkt begründet worden ist. War sie dagegen vor Eröffnung des Insolvenzverfahrens begründet, ist der Aufrechnende vorher „etwas zur Insolvenzmasse schuldig geworden“, so dass die Aufrechnung mit einer Insolvenzforderung zulässig ist[9].

Die geschilderten Grundsätze gelten auch für Steuerforderungen. Wenn eine Steuerforderung nach insolvenzrechtlichen Prinzipien vor Eröffnung des Insolvenzverfahrens begründet war und sie daher nach § 38 InsO als Insolvenzforderung einzuordnen ist, ist die Aufrechnung mit einem zur Masse gehörenden Anspruch (Steuererstattungsanspruch) ausgeschlossen, der, nach den gleichen Grundsätzen, nach Insolvenzeröffnung begründet ist, nicht jedoch, wenn dieser Anspruch der Masse vor Eröffnung des Insolvenzverfahrens begründet war. Der steuerschuldrechtliche Zeitpunkt des

8 *BFH*, 5. 10. 2004, BStBl. II 2005, 195; *BFH*, 16. 11. 2004, BB 2005, 1321. Zum Begründetsein von Steuerforderungen vgl. 2. Teil Abschn. A I.

9 Ein Aufrechnungsverbot für eine erst während der vorläufigen Insolvenzverwaltung entstandene Aufrechnungslage entsprechend dem § 96 Abs. 1 Nr. 1 InsO besteht nicht; § 21 Abs. 2 Nr. 1 InsO nimmt § 96 InsO nicht in Bezug. *BFH*, 17. 12. 1998, BStBl. II 1999 S. 423, BB 1999, S. 1150.

Entstehens von Anspruch des Steuergläubigers und Gegenanspruch ist ohne Bedeutung[10]. Daher ist ein zur Masse gehörender Umsatzsteuererstattungsanspruch, der daraus resultiert, dass Forderungen des Schuldners aus vor Eröffnung des Insolvenzverfahrens erbrachten Lieferungen und sonstigen Leistungen danach uneinbringlich geworden sind, zwar erst nach Eröffnung des Insolvenzverfahrens entstanden, insolvenzrechtlich aber bereits im Zeitpunkt der Ausführung der Leistung, und damit vor Eröffnung des Insolvenzverfahrens, begründet. Die Finanzbehörde kann daher gegen diesen Steuererstattungsanspruch mit Insolvenzforderungen aufrechnen[11]. Entsprechendes gilt für Erstattungsansprüche, z. B. aus Kraftfahrzeugsteuer[12].

Beim Vorsteueranspruch ist maßgebend, dass die Lieferung oder sonstige Leistung vor Eröffnung des Insolvenzverfahrens erbracht worden ist, nicht, wann die Rechnung mit Vorsteuerausweis erteilt worden ist[13]. Zwar steht dem Steuerpflichtigen der Vorsteueranspruch erst zu, wenn die Rechnung mit Vorsteuerausweis vorliegt. Wenn aber die Lieferung oder sonstige Leistung vor Eröffnung des Insolvenzverfahrens ausgeführt worden ist, sind alle materiellen Tatbestandsmerkmale für das Entstehen des Vorsteueranspruchs bereits in diesem Zeitpunkt erfüllt. Der Anspruch ist daher bereits vor Eröffnung des Insolvenzverfahrens „begründet“, auch wenn die Rechnung mit Vorsteuerausweis erst nach Eröffnung des Insolvenzverfahrens erteilt wird. Die Finanzbehörde war damit „vor Eröffnung des Insolvenzverfahrens etwas schuldig geworden“ (§ 96 Abs. 1 Nr. 1 InsO). Sie kann daher mit einer Insolvenzforderung aufrechnen. Das Aufrechnungsverbot des § 96 Abs. 1 Nr. 1 InsO greift nicht ein[14].

---

10 *BFH*, 17. 12. 1998, BStBl. II 1999 S. 423, BB 1999, S. 1150.

11 *BFH*, 4. 8. 1987, BFH/NV 1987 S. 707 mit Anm. *Weiss*, UR 1988 S. 52; *FG München*, 9. 4. 1986, EFG 1986 S. 633 mit Anm. *Frotscher*, EWiR § 55 KO-1/87.

12 Vgl. *BFH*, 9. 2. 93, BStBl. II 1994 S. 207, BB 1993 S. 1865; *BFH*, 5. 10. 2004, BStBl. II 2005, 195; *BFH*, 16. 11. 2004, BB 2005, 1321.

13 *BFH*, 21. 9. 1993, BStBl. II 1994 S. 83, BB 1994, S. 415 für Vorsteuer aus der Sequestervergütung gegen *Nds. FG*, 9. 10. 1991, EFG 1992 S. 698 m. Anm. *Weiss*, UR 1992 S. 236; *BFH*, 21. 9. 1993, BFH/NV 1994 S. 521. Maßgebender Zeitpunkt für das Begründetsein ist die Erbringung der Leistung, nicht der Zeitpunkt der Ausstellung der Rechnung. Vgl. *Onusseit*, KTS 1994 S. 3, 25. *FG München*, 9. 4. 1986, EFG 1986 S. 632 mit Anm. *Frotscher*, EWiR § 55 KO-2/87; *Probst*, BB 1986 S. 1751; a. A. *Endres*, BB 1986 S. 854.

14 Vgl. *BFH*, 21. 9. 1993, BB 1994, 415; *BFH*, 21. 9. 1993, BFH/NV 1994, 521; *BFH*, 17. 12. 1998, BStBl II 1999 S. 423; *Frotscher*, EWiR § 55 KO 2/87. *BFH*, 1. 8. 2000, BStBl. II 2002 S. 323, BB 2001, S. 86 steht dem nicht entgegen, da es im Streitfall nicht um die Frage ging, zu welchem Zeitpunkt eine Rechnung mit Vorsteuerausweis vorlag, sondern darum, dass die Leistung im Zeitpunkt der Eröffnung des Insolvenzverfahrens noch nicht vollständig erbracht war und getrennt abrechenbare Teilleistungen nicht vereinbart waren.

Ein Einkommen- oder Körperschaftsteuererstattungsanspruch ist begründet im Zeitpunkt der Zahlung der später zu erstattenden Steuer; der Zeitpunkt der Aufhebung oder Änderung des Steuerbescheides als Voraussetzung für die Erstattung ist nicht maßgebend[15]. Für die Frage, ob das Aufrechnungsverbot des § 96 Nr. 1 InsO eingreift, ist entscheidend, dass der aufrechnende Gläubiger Insolvenzgläubiger ist. Daher greift das Aufrechnungsverbot nicht ein, wenn die Steuerforderung zwar vor Eröffnung des Insolvenzverfahrens begründet war, aber trotzdem als Masseverbindlichkeit einzuordnen ist. Das ist der Fall, wenn die Steuerforderung vor Eröffnung des Insolvenzverfahrens durch den (starken) vorläufigen Insolvenzverwalter begründet worden ist (vgl. § 55 Abs. 2 InsO).

Andererseits greift das Aufrechnungsverbot ein, wenn die Steuerforderung Insolvenzforderung ist, der Gegenanspruch der Masse gegen die Finanzbehörde (z.B. Vorsteuererstattungsanspruch aus der Vergütung des vorläufigen Insolvenzverwalters) aber während der Zeit der vorläufigen Insolvenzverwaltung begründet worden ist. Die insolvenzrechtliche Gleichstellung der vorläufigen Insolvenzverwaltung mit der Zeit nach Eröffnung des Insolvenzverfahrens führt dazu, dass in diesem Fall die Forderung der Masse als „nach Eröffnung des Insolvenzverfahrens begründet" eingeordnet werden muss und daher durch das Aufrechnungsverbot des § 96 Nr. 1 InsO gegen eine Aufrechnung geschützt ist[16].

Für den „schwachen" Insolvenzverwalter gilt diese Gleichstellung nicht, der Vorsteuererstattungsanspruch ist in diesem Fall nicht durch das Aufrechnungsverbot geschützt.

Das Aufrechnungsverbot des § 96 InsO gilt für Masseverbindlichkeiten entsprechend, wenn die Masseunzulänglichkeit nach § 208 InsO angezeigt worden ist[17]. Maßgebender Zeitpunkt ist der der Anzeige der Masseunzulänglichkeit; für die Aufrechnung kommt es daher darauf an, ob die Masseforderung vor oder nach diesem Zeitpunkt begründet worden ist. Die Finanzbehörde kann daher mit einer Masseverbindlichkeit, die vor Anzeige der Masseunzulänglichkeit begründet worden ist, nicht mit einem Anspruch der Masse, der nach diesem Zeitpunkt begründet worden ist, aufrechnen.

15 *BFH*, 29. 1. 1991, BFH/NV 1991 S. 791.

16 Wie hier *Uhlenbruck*, InsO, zu § 96 Rz. 10; a. A. *BFH*, 17. 12. 1998, BStBl II 1999 S. 423, BB 1999 S. 1150 mit Anm. *Gerhardt*, EWiR § 55 KO 1/2000, S. 37 zu einem vorläufigen Vergleichsverwalter sowie *Nds. FG*, 5. 2. 1998, EFG 1998, S. 1382; *FG Hamburg*, 4. 9. 1997, EFG 1998, S. 69, jeweils zu einem Sequester nach der KO; *FG Berlin*, 26. 8. 2003, EFG 2003, S. 1758.

17 *BGH*, BGHZ 130, S. 38, 45 f., ZIP 1995 S. 1204, 1208.

Der Vorsteueranspruch aus der Vergütung für den Insolvenzverwalter ist bei Masseunzulänglichkeit regelmäßig nach Anzeige der Masseunzulänglichkeit begründet. Bei der Tätigkeit des Insolvenzverwalters handelt es sich um eine einheitliche Tätigkeit, die nicht in eine vor Anzeige der Masseunzulänglichkeit und eine weitere nach diesem Zeitpunkt erbrachte Teilleistung aufgespalten werden kann. Es liegen daher keine getrennt abrechenbaren Teilleistungen vor. Vielmehr ist der Vorsteueranspruch erst mit Erbringung der vollständigen Leistung, d.h. mit Beendigung der Tätigkeit, und damit nach Anzeige der Masseunzulänglichkeit begründet[18].

Durch §§ 95 f. InsO nicht eingeschränkt wird die Aufrechnung einer Insolvenzforderung gegen eine zum insolvenzfreien Vermögen des Schuldners gehörende Gegenforderung. Da hier zwar vor Insolvenzeröffnung die Forderung bestand, der aufrechnende Gläubiger aber *nach* Insolvenzeröffnung nichts *zur Masse* schuldig geworden ist (sondern zum insolvenzfreien Vermögen), greifen weder § 96 Nr. 1 noch Nr. 4 InsO ein. Aus insolvenzrechtlicher Sicht besteht auch kein Grund, die Aufrechnung auszuschließen, da eine Insolvenzforderung getilgt, die Insolvenzmasse aber nicht vermindert wird. Auch aus anderen insolvenzrechtlichen Regelungen, etwa § 89 InsO, der Vollstreckungshandlungen nach Insolvenzeröffnung verbietet, ist die Aufrechnung nicht ausgeschlossen[19].

18 So im Ergebnis *BFH*, 1. 8. 2000, BStBl. II 2002 S. 323, BB 2001, S. 86

19 Vgl. *BFH*, 21. 1. 1977, BStBl. II 1977 S. 393 m. w. N.; hier auch Ausführungen zu einem besonderen Aufrechnungsverbot aus Treu und Glauben, wenn die Aufrechnungslage nur durch Besonderheiten des Lohnsteuerrechts entsteht. Im entschiedenen Fall hatte der Schuldner nachinsolvenzliche Einkünfte aus nichtselbstständiger Tätigkeit, für die Lohnsteuer einbehalten wurde. Es stand aber von vornherein fest, dass keine Lohnsteuer entstehen würde, weil hohe Verlustvorträge vorhanden waren. Die Abführung der Lohnsteuer, und damit das Entstehen des Erstattungsanspruchs, beruhten somit nur darauf, dass das Lohnsteuerverfahren, anders als das Verfahren der Einkommensteuervorauszahlungen, die Berücksichtigung der Verlustvorträge nicht vorsah. Der *BFH*, a. a. O., sah es als mit dem Gleichheitssatz unvereinbar an, die Verschlechterung der Vermögenslage des Gemeinschuldners durch die Aufrechnung nur durch das auf formalen Besonderheiten des Lohnsteuerrechts beruhende Entstehen des Erstattungsanspruchs in Kauf zu nehmen. Kritisch zur Begründung des *BFH*, a. a. O., sowie zur Frage, ob überhaupt Lohnsteuer einbehalten werden durfte (der Schuldner als Gesellschafter der ebenfalls in Insolvenz geratenen Personengesellschaft war vom Insolvenzverwalter der Personengesellschaft „im Angestelltenverhältnis“ beauftragt worden, die Geschäfte der Gesellschaft fortzuführen) vgl. 2. Teil Abschn. B III 2.

IV. Insolvenzanfechtung

Nach §§ 129 ff. InsO sind bestimmte Rechtshandlungen im Vorfeld der Eröffnung des Insolvenzverfahrens anfechtbar. Diese Anfechtungsregelungen gelten grundsätzlich auch gegenüber der Finanzbehörde. In Betracht kommen insbesondere

- Fälle der „kongruenten Deckung“, § 130 Abs. 1 InsO. Diese Fallgestaltung liegt nach Nr. 1 vor, wenn innerhalb der letzten drei Monate vor dem Antrag auf Eröffnung des Insolvenzverfahrens Rechtshandlungen vorgenommen worden sind, die eine Sicherung oder Befriedigung gewähren, wenn der Schuldner zum Zeitpunkt der Vornahme der Handlung zahlungsunfähig war und dem Gläubiger bei Vornahme der Handlung die Zahlungsunfähigkeit oder das Vorliegen eines Insolvenzantrags bekannt waren. Anfechtbare kongruente Deckung liegt weiter nach Nr. 2 vor, wenn die Rechtshandlung nach Stellung des Eröffnungsantrages vorgenommen wurde und der Gläubiger zum Zeitpunkt der Vornahme der Handlung die Zahlungsunfähigkeit oder den Eröffnungsantrag kannte.
- Fälle der „inkongruenten Deckung“, § 131 InsO. Inkongruente Deckung liegt vor, wenn der Gläubiger durch eine Rechtshandlung eine Sicherung oder Befriedigung erlangt, die er nicht oder nicht in der Art oder nicht zu der Zeit zu beanspruchen hatte. Anfechtbar ist eine solche Rechtshandlung, wenn sie im letzten Monat vor oder nach der Stellung des Eröffnungsantrags vorgenommen wurde (Nr. 1), wenn sie innerhalb des zweiten oder dritten Monats vor dem Eröffnungsantrag vorgenommen wurde und zur Zeit der Vornahme der Rechtshandlung Zahlungsunfähigkeit bestand (Nr. 2), sowie, wenn sie innerhalb des zweiten oder dritten Monats vor dem Eröffnungsantrag vorgenommen wurde und dem Gläubiger bekannt war, dass durch die Rechtshandlung Insolvenzgläubiger benachteiligt wurden.

Anfechtbar unter beiden Alternativen können insbesondere Aufrechnung[1] und durch Zwangsvollstreckung erlangte Sicherheiten (vgl. § 141 InsO) sein[2]. Auf Grund der Kenntnis, die die Finanzbehörde regelmäßig von der finanziellen Situation des Steuerpflichtigen hat, insbesondere bei der

1 Aufrechnung auch dann, wenn sie an sich nach §§ 94 ff. InsO zulässig ist; vgl. *FG Münster*, 10. 1. 1991, EFG 1991 S. 587.

2 Der Gläubiger hat Anspruch auf Befriedigung, nicht aber auf ein Pfändungspfandrecht; vgl. *BGH*, 26. 9. 2002, DStR 2003, 51; *BGH*, 22. 1. 2004, NJW 2004, 1444, zur Pfändung einer Kreditlinie; *Hirte*, in: Uhlenbruck, InsO, zu § 131 Rz. 20. Ist das Pfandrecht inkongruent, gilt dies auch für die Befriedigung aus dem Pfandrecht. Auch eine Zahlung des Schuldners zur Abwendung der Vollstreckungsmaßnahmen ist inkongruente Deckung.

Einleitung von Vollstreckungsmaßnahmen, wird ihr die Zahlungseinstellung i. d. R. bekannt sein. Bei Erwerb einer inkongruenten Deckung wird vermutet, dass der Gläubiger in Selbstbegünstigungsabsicht handelt. Eine Gläubigerbenachteiligung entfällt nur dann, wenn der Insolvenzverwalter mit dem anfechtbar erworbenen Betrag gerade den Steuergläubiger hätte befriedigen müssen. Das ist nur der Fall, wenn die Masse zur vollen Befriedigung der Gläubiger ausreicht. Der Gläubier muss daher nachweisen, dass er im Zeitpunkt der Wirsamkeit der Vollstreckungsmaßnahme der Überzeugung war, das Vermögen des Schuldners reiche gegenwärtig oder in absehbarer Zukunft aus, alle Gläubiver zu befriedigen. Dies gilt auch für Vollstreckungshandlungen des Finanzamts[3].

Die Anfechtung ist ausgeschlossen, wenn der Schuldner eine Verbindlichkeit mit fremden Vermögen erfüllt, weil dann die anderen Gläubiger nicht benachteiligt werden. Abführung der einbehaltenen Lohnsteuer an die Finanzbehörde ist jedoch nicht „fremdes Vermögen" in diesem Sinne; der Lohnsteueranteil bei Auszahlung von Arbeitslöhnen ist Vermögen des Arbeitgebers, nicht (vom Arbeitgeber treuhänderisch gehaltenes) Vermögen der Arbeitnehmer. Auch die Ausnahme des § 142 InsO („Bargeschäft") liegt nicht vor, da der Schuldner bei der Zahlung der Lohnsteuer von dem Finanzamt, das die Leistung erhält, keine Gegenleistung erhält[4].

Auch der Erwerb einer Aufrechnungsposition kann anfechtbar sein (§ 96 Abs. 1 Nr. 3 InsO) mit der Folge, dass die Aufrechnung bereits ohne Aufrechnungserklärung ausgeschlossen ist. Bestritten ist, ob das auch für Steueransprüche gilt, da diese kraft Gesetzes und nicht durch eine Rechtshandlung des Gläubigers entstehen[5]. Dies ist jedoch zweifelhaft, weil die Aufrechnungslage jedenfalls durch die Steuer verursachende Handlung des Schuldners geschaffen wurde.

Anfechtungsberechtigt ist nach § 129 Abs. 1 InsO der Insolvenzverwalter. Die Anfechtung auf Grund der §§ 129 ff. InsO ist eine bürgerlich-rechtliche Angelegenheit, so dass der Zivilrechtsweg gegeben ist, und zwar auch dann, wenn Anfechtungsgegner eine Finanzbehörde wegen einer für eine Steuerforderung erhaltenen kongruenten oder inkongruenten Deckung ist[6].

---

3 *BGH*, 26. 9. 2002, DStR 2003, 519 zu einer Vollstreckungsmaßnahme der Finanzbehörde.

4 Vgl. *BGH*, 22.1.2004, NJW 2004, 1444 gegen *BFH*, 21. 12. 1998, BFH/NV 1999, 745. Eine Haftung des Geschäftsführers entfällt regelmäßig, weil wegen der Anfechtbarkeit der Zahlung der Lohnsteuer der Ausfall des Finanzamts auch bei Abführung der Lohnsteuer eingetreten wäre, *FG Baden-Württemberg*, 28. 7. 2004, EFG 2004, S. 1425; *FG Baden-Württemberg*, 30. 8. 2004, EFG 2005, 2.

5 *BFH*, 16. 11. 2004, BB 2005, 1321.

6 *BGH*, 7. 5. 1991, BB 1992, S. 337; *FG Baden-Württemberg*, 17. 3. 1998, EFG 1998, S. 963.

B. Besonderer Teil: Probleme der einzelnen Steuerarten

I. Einkommensteuer

1. Der Begriff des Einkommens in der Insolvenz des Steuerpflichtigen

Nach § 2 Abs. 5 EStG bemisst sich die Einkommensteuer nach dem zu versteuernden Einkommen des Steuerpflichtigen während eines Kalenderjahres. Aus § 2 Abs. 1 sowie Abs. 7 EStG ergibt sich, dass in dem zu versteuernden Einkommen eines Besteuerungszeitraumes alle Besteuerungsgrundlagen zusammenzufassen sind; es ist ein einheitlicher, wenn auch aus verschiedenen Quellen fließender Betrag („synthetischer Einkommensbegriff"). Die Einkünfte aus den sieben Einkunftsarten des § 2 EStG werden nach Korrektur um die in § 2 Abs. 3 EStG genannten Beträge zu einer einheitlichen Größe, dem Gesamtbetrag der Einkünfte, zusammengefasst und bilden nach einer weiteren Korrektur durch Abzug der Sonderausgaben und außergewöhnlichen Belastungen (§ 2 Abs. 4 EStG) das Einkommen. Sämtliche Einnahmen, sofern sie einkommensteuerrechtlich relevant sind, fallen in einer der sieben Einkunftsarten an und gehen daher als unselbstständige Berechnungsposten in den Gesamtbetrag der Einkünfte und damit in das Einkommen ein. Es kann also keine einkommensteuerrechtlich beachtlichen Einnahmen außerhalb des einheitlichen Einkommens geben; dementsprechend können innerhalb derselben Berechnungsperiode auch nicht mehrere Einkommen bestehen. Das einheitliche Einkommen des Steuerpflichtigen bezieht sich naturgemäß auf einen bestimmten Zeitraum, durch den die ständig fließenden Einnahmen und ständig zu leistenden Ausgaben zu den Einkünften eben dieses Zeitraums zusammengefasst werden. Der Eingrenzung dieses Zeitraums, und damit der Ermittlung des Gewinns und des Einkommens, dient der steuerrechtliche Vermögensbegriff. Dementsprechend hat er keine selbstständige Bedeutung, sondern ermöglicht nur als Anfangs- und Endvermögen die Eingrenzung einer *Zeitperiode* und damit die Aussonderung aller nicht in diese Periode fallenden Vorgänge.

Dieser steuerrechtlich maßgebende, bestimmte Zeitraum ist das Kalenderjahr. Nach § 2 Abs. 7 EStG ist die Steuer eine Jahressteuer, besteuert wird also das zu versteuernde Einkommen eines Kalenderjahres. Dieses Kalenderjahr ist daher *Bemessungszeitraum* für die Einkommensteuer.

Auch der *Ermittlungszeitraum*, d. h. der Zeitraum, für den das Einkommen ermittelt wird, ist nach § 2 Abs. 7 S. 2 EStG das Kalenderjahr. Bemessungs- und Ermittlungszeitraum stimmen daher überein[1].

Mit dieser Regelung korrespondiert § 25 Abs. 1 EStG, wonach der *Veranlagungszeitraum* ebenfalls das Kalenderjahr ist. Die Veranlagung wird also jedes Jahr und nur für ein Jahr durchgeführt.

Das Einkommen wird somit für das Kalenderjahr ermittelt (Ermittlungszeitraum), die Steuer auf Grund des im Kalenderjahr bezogenen Einkommens errechnet (Berechnungszeitraum) und für das Kalenderjahr festgesetzt (Veranlagungszeitraum).

Die Eröffnung des Insolvenzverfahrens spaltet das Gesamtvermögen des Schuldners (d.h. Aktiv- und Passivvermögen) nach verschiedenen insolvenzrechtlichen Kriterien auf. Die *Insolvenzmasse*, zu der nach § 35 InsO das gesamte pfändbare Vermögen des Gemeinschuldners im Zeitpunkt der Eröffnung des Insolvenzverfahrens gehört, unterliegt zum Zwecke der Befriedigung der Gläubiger den Vorschriften der Insolvenzordnung. Zur Insolvenzmasse gehört nach § 35 InsO weiterhin das Vermögen, das der Schuldner während des Verfahrens erlangt; im Gegensatz zu der Konkursordnung gibt es nach der Insolvenzordnung also regelmäßig keinen „insolvenzfreien Neuerwerb". Ein insolvenzfreies Vermögen des Schuldners kann nach § 36 Abs. 1 InsO nur aus Gegenständen bestehen, die nicht der Zwangsvollstreckung unterliegen (pfändungsfreies Vermögen). Die Insolvenzmasse wird einer besonderen Verwaltungs- und Verfügungsbefugnis, der des Insolvenzverwalters, unterworfen und damit in gewisser Weise verselbstständigt.

Insolvenzrechtlich ist für das Passivvermögen (Verbindlichkeiten) die Unterscheidung zwischen Verbindlichkeiten, die zum Zeitpunkt der Eröffnung des Insolvenzverfahrens begründet sind, und später begründeten Verbindlichkeiten von Bedeutung. Die Ersteren sind nach § 38 InsO Insolvenzforderungen, die Letzteren nach §§ 54, 55 InsO Masseverbindlichkeiten. Verbindlichkeiten, die durch Handeln des Schuldners nach Eröffnung des Insolvenzverfahrens begründet werden, nehmen am Insolvenzverfahren nicht teil („insolvenzfreie Verbindlichkeiten").

---

1 Nach § 4 a EStG scheint bei Gewerbetreibenden und Land- und Forstwirten der Ermittlungszeitraum das Wirtschaftsjahr zu sein, das von dem Kalenderjahr abweichen kann. Für das Wirtschaftsjahr ermittelt wird jedoch nur der *Gewinn*, nicht das Einkommen als Besteuerungsgrundlage. Dieser Gewinn wird nämlich nach bestimmten Regeln einem oder mehreren *Kalenderjahren* zugerechnet, so dass das Einkommen des Kalenderjahres gebildet wird. Zum besonderen Rumpfwirtschaftsjahr bei Eröffnung des Insolvenzverfahrens vgl. 1. Teil Abschn. III 2 b.

Das Insolvenzrecht ordnet also das Aktiv- und Passivvermögen des Schuldners nach bestimmten insolvenzrechtlichen Kriterien in bestimmte aktive und passive Vermögensmassen. Zu trennen ist die Insolvenzmasse, die einem besonderen Verwaltungs- und Verfügungsrecht unterliegt, von dem nur aus dem pfändungsfreien Vermögen bestehenden und daher praktisch regelmäßig bedeutungslosen insolvenzfreien Vermögen des Schuldners. Außerdem bedeutsam ist die Unterscheidung zwischen vor Eröffnung des Insolvenzverfahrens, nach Eröffnung des Insolvenzverfahrens und außerhalb des Insolvenzverfahrens begründete Forderungen gegen den Schuldner[2].

Der insolvenzrechtliche und der steuerrechtliche Vermögensbegriff sind nicht identisch, sondern unterscheiden sich durch ihre Funktion voneinander.

Der steuerrechtliche Vermögensbegriff dient der Eingrenzung einer Zeitperiode zum Zweck der Ermittlung des in dieser Zeitperiode erzielten Vermögenszuwachses; maßgebend ist dabei der Gesichtspunkt der Einnahme*erzielung*. Der Begriff der Insolvenzmasse bezweckt dagegen, den Gläubigern eine bestimmte Vermögensmasse zur Befriedigung innerhalb des Insolvenzverfahrens zur Verfügung zu stellen. Befriedigung von Gläubigern ist steuerrechtlich jedoch Einkommens*verwendung*. Im einkommensteuerlichen Vermögensvergleich ist dieser Vorgang einkommensneutral, d. h. beeinflusst die Höhe des erzielten Einkommens nicht. Der einkommensteuerliche Vermögensbegriff ist daher auf Erzielung von Einkommen (d. h. Vermögensmehrung) gerichtet, der insolvenzrechtliche auf Verteilung von Vermögen.

Da die Funktion beider Vermögensbegriffe unterschiedlich ist, können aus dem einen Begriff keine Folgerungen für den anderen Begriff gezogen werden. Die insolvenzrechtliche Einordnung des Vermögens des Schuldners in verschiedene insolvenzrechtliche Kategorien und die verwaltungsmäßige Verselbstständigung des Vermögens erzwingen daher nicht eine entsprechende steuerrechtliche Behandlung.

---

2 *RFH*, 17. 12. 1930, RFHE 27 S. 355 hatte aus der Verselbstständigung der Insolvenzmasse (Konkursmasse) die Ansicht abgeleitet, dass mit Eröffnung des Insolvenzverfahrens (Konkursverfahrens) einkommensteuerrechtlich eine Trennung zwischen Insolvenzmasse und sonstigem Vermögen eintrete, für deren Einkünfte dann jeweils gesondert die Einkommensteuer zu berechnen sei. Die Insolvenzmasse könne ein körperschaftsteuerpflichtiges Zweckvermögen sein. Dazu im Folgenden sowie Fn. 5.

Der insolvenzrechtlichen Verselbstständigung des Vermögens des Schuldners in der Insolvenzmasse steht die prinzipielle Einheitlichkeit des Einkommensbegriffes gegenüber[3].

Dieses Ergebnis entspricht dem im 1. Teil Abschn. 1 dargestellten Grundsatz, dass die einkommensteuerlichen Folgen der Tatbestandsverwirklichung, also Grund und Höhe des Einkommensteueranspruchs, sich allein nach dem Steuerrecht richten. Die Frage, ob im Insolvenzverfahren des Steuerpflichtigen ein einheitliches Einkommen besteht oder ob die Insolvenzmasse als selbstständige Vermögensmasse zu besteuern ist, beantwortet sich allein nach den einkommensteuerrechtlichen Vorschriften; insolvenzrechtliche Grundsätze können hierzu nicht herangezogen werden. Das Einkommensteuerrecht bietet keine Grundlage, von dem Prinzip des einheitlichen Einkommens abzuweichen. Auch in der Insolvenz des Steuerpflichtigen ist daher für den Besteuerungszeitraum ein einheitliches Einkommen zu ermitteln und eine einheitliche Einkommensteuer zu errechnen. Erst die Frage, wie diese einheitliche Einkommensteuer im Insolvenzverfahren geltend zu machen ist, beantwortet sich nach insolvenzrechtlichen Grundsätzen. Mit Recht ist daher die früher vom Reichsfinanzhof[4] vertretene Auffassung aufgegeben worden, mit der Eröffnung des Insolvenzverfahrens entstünden zwei voneinander verschiedene Steuersubjekte[5].

Hieraus ergeben sich folgende Ergebnisse: Die Eröffnung des Insolvenzverfahrens lässt den auf der Grundlage der sieben Einkunftsarten gebildeten Einkommensbegriff unberührt. Auch im Insolvenzverfahren des Steuerpflichtigen ist sein Einkommen gemäß § 2 Abs. 2 EStG die Summe der ihm im Kalenderjahr zugeflossenen Einkünfte aus den sieben Einkunftsarten nach Verlustausgleich und Abzug der Sonderausgaben. Dementsprechend ist dieses einheitliche Einkommen auch unabhängig vom Insolvenzverfahren für das Kalenderjahr zu ermitteln und der Steuerberechnung zugrunde zu legen. Auch im Insolvenzverfahren über das Vermögen des Steuerpflichtigen bleibt der Ermittlungs-, Bemessungs- und Veranlagungszeitraum das Kalenderjahr[6].

---

3 *BFH*, 7. 11. 1963, BStBl. III 1964, 70, BB 1963, 545; *Dißars*, in: Schwarz, AO, zu § 251 Rz. 68.

4 *RFH*, 17. 12. 1930, RFHE 27, 335.

5 Seit *RFH*, 22. 6. 1938, RStBl. 1938, 669, und *BFH*, 12. 9. 1951, BStBl. III 1951, 192, BB 1951, S. 775 h. M.

6 *RFH*, 22. 6. 1938, RStBl. 1938, 699; *Hess*, InsO, zu § 55 Rz. 406 ff. Vgl. auch *Weiss*, FR 1990, 539.

2. Die Zurechnung der Einkünfte im Insolvenzverfahren

a) Grundlegung

Für die Frage, ob und in welchem Umfang dem Schuldner, über dessen Vermögen das Insolvenzverfahren eröffnet worden ist, die während des Insolvenzverfahrens erzielten Einkünfte steuerlich zuzurechnen sind, ist von folgenden Grundsätzen auszugehen. Das Steuerrecht folgt grundsätzlich, soweit nicht etwas anderes durch die unterschiedliche Zielsetzung geboten ist, der zivilrechtlichen Gestaltung der Rechtsverhältnisse. So beruht der Einkünftebegriff auf der bürgerlich-rechtlichen Zuordnung der Vermögenswerte zu der Sphäre des Vermögensträgers. Das Insolvenzverfahren beschränkt zwar das Verwaltungs- und Verfügungsrecht des Schuldners, lässt aber die bürgerlich-rechtliche Güterzuordnung unberührt. Zivil- und insolvenzrechtlich sind Vermögensmehrungen während des Insolvenzverfahrens dem Schuldner zuzuordnen, Vermögensminderungen treffen ihn. Dementsprechend bleibt auch die steuerrechtliche Einkünftezuordnung unverändert; der Schuldner ist steuerrechtlich Träger der Einkünfte, auch wenn sie zur Insolvenzmasse fließen[7].

Damit ist jedoch die Frage noch nicht beantwortet, ob alle positiven oder negativen Einkünfte dem Steuerpflichtigen so zuzurechnen sind, dass sie über den Gesamtbetrag der Einkünfte in das Einkommen eingehen. Insbesondere kann fraglich sein, ob Verluste der Vorjahre auch im Insolvenzverfahren über das Vermögen des Steuerpflichtigen nach § 10d EStG von dem Gesamtbetrag der Einkünfte abgesetzt werden können.

Der Reichsfinanzhof[8] hatte entschieden, dass bei der Einkommensermittlung eines überschuldeten Steuerpflichtigen solche Gewinne und Verluste nicht anzusetzen und daher im Ergebnis ohne steuerliche Auswirkung seien, die nur die Gläubiger, nicht den Steuerpflichtigen, berührten. Das sei der Fall, wenn der Steuerpflichtige seine Schulden voraussichtlich nie werde tilgen können und die Änderung der Höhe der Verbindlichkeit für ihn daher bedeutungslos sei. Ein Gewinn bzw. ein Verlust liege nämlich nur dann vor, wenn ein Vermögenszuwachs bzw. eine Vermögensminderung bei Berücksichtigung von Entnahmen und Einlagen für den Steuerpflichtigen tatsächlich gegeben sei.

Diese Ansicht hat zur Folge, dass solche positiven oder negativen Einkünfte, die in der angegebenen Weise den Steuerpflichtigen „nicht berühren“,

---

7 *BFH*, 7. 11. 1963, BStBl. III 1964, 70, BB 1963, 545.

8 *RFH*, 26. 4. 1939, StuW 1939, 581/582; ebenso *Flume*, Rechtsprechung zur Einkommenbesteuerung, S. 96 ff.; *Keuk*, StBerJb 1973/74, 350 ff.

nicht zu seinem Einkommen gehören und daher bei ihm keine steuerlichen Auswirkungen haben.

Grundlegend für die Entscheidung des Reichsfinanzhofes ist offensichtlich die Überlegung, dass ein Gewinn nur dann vorliegen könne, wenn bei dem Steuerpflichtigen ein tatsächlicher Vermögenszuwachs eingetreten sei. Dies soll nur dann der Fall sein, wenn der Gewinn nicht nur rechnerisch in einer Verminderung der Passiva besteht, sondern wenn der Steuerpflichtige tatsächliche positive Vorteile für sich selbst aus dem Gewinn ziehen kann[9]. Entscheidender Blickpunkt ist bei dieser Betrachtungsweise, wozu der Steuerpflichtige das Einkommen verwenden kann; nur das ist Einkommen, was dem Steuerpflichtigen zur freien Verfügung steht. Entscheidend ist also die Möglichkeit der freien Einkommensverwendung.

Die Einkommensteuer ist jedoch eine Steuer auf die Einkommen*serzielung*; besteuert wird, was an positiven oder negativen Einkünften aus bestimmten Einkunftsquellen fließt. Die Art der Verwendung dieses Einkommens gehört nicht zum Besteuerungstatbestand der Einkommensteuer. Das Einkommen wird unabhängig davon ermittelt und besteuert, ob es zur freien Verfügung des Steuerpflichtigen steht oder ob es auf Grund gesetzlicher, rechtlicher oder tatsächlicher Verpflichtungen in bestimmter Weise verwendet werden muss. Die Einkommenbesteuerung ist also nicht davon abhängig, dass der Steuerpflichtige die Möglichkeit der freien Verwendung des Einkommens hat. Umgekehrt kann es Einnahmen geben, die der Steuerpflichtige „frei für sich verwenden kann“, die also der Lebenshaltung dienen, die aber nicht der Einkommensbesteuerung unterliegen, weil sie sich nicht einer der sieben Einkunftsarten zuordnen lassen[10]. Eine Ausnahme besteht nur für die von Verfassungs wegen gebotene Berücksichtigung des Existenzminimums; aus dem Grundsatz der Besteuerung nach der wirtschaftlichen Leistungsfähigkeit folgt, dass das Existenzminimum, das keine wirtschaftliche Leistungsfähigkeit repräsentiert, steuerfrei gestellt werden muss[11]. Für die Verwendung von Einkommen zur Begleichung von Verbindlichkeiten besteht jedoch kein entsprechender

---

9 Besonders deutlich die Formulierung bei *Flume*, a. a. O., S. 98: „Die Minderung der Schulden ... könnte sich nur insofern als Vermögensvermehrung des Gemeinschuldners erweisen, als er in der Zukunft auf Grund der fraglichen Schuldenminderung späteren Vermögenserwerb *für sich behalten*, d. h. ... spätere Einkünfte für sich verwenden kann, ...“ (Kursivschrift nicht im Text).

10 Nicht steuerbare Vermögensmehrungen, wie Schenkung, Erbschaft, Lotteriegewinne, und steuerfreie Vermögensmehrungen.

11 Durch Sonderausgaben, außergewöhnliche Belastungen, Kinderfreibeträge, Grundfreibetrag. Vgl. dazu grundlegend *BVerfG*, 29. 5. 1990, BStBl. II 1990, S. 653, BB 1990 S. 1750.

verfassungsrechtlicher Grundsatz; die Begleichung bestehender Verbindlichkeiten berührt den Bereich der Einkommenserzielung nicht und mindert nicht die wirtschaftliche Leistungsfähigkeit[12]. Das Gesetz definiert typisierend die zu besteuernde wirtschaftliche Leistungsfähigkeit durch Gesamtbetrag der Einkünfte, Einkommen und zu versteuerndes Einkommen. Alle Faktoren, die außerhalb dieses Ermittlungsschemas liegen, sind einkommensteuerrechtlich irrelevante Einkommensverwendung. Soweit auf Grund der Vorschriften des Einkommensteuergesetzes Einkünfte erzielt werden und damit Einkommen errechnet wird, ist es deshalb nach geltendem Recht der Besteuerung zu unterwerfen. Das gilt sowohl für positives als auch für negatives Einkommen. Aus steuerrechtlichen Gründen besteht kein Anlass, von der zivilrechtlichen Güterzuordnung abzuweichen. Allein die Tatsache, dass die Gewinne zur Tilgung von Schulden zu verwenden sind, führt also nicht dazu, dass diese Gewinne aus dem steuerlichen Einkommensbegriff und damit aus der Besteuerung augeschlossen werden. Entsprechendes gilt für die Verbindlichkeiten.

Eine besondere Situation besteht bei Eröffnung des Insolvenzverfahrens über einen Nachlass. Hier sind verschiedene Arten von Schulden zu unterscheiden. Auf den Erben gehen die Nachlassverbindlichkeiten über. Das sind diejenigen Schulden, die der Erblasser begründet hat (Erblasserschulden) sowie die Verbindlichkeiten, die den Erben aus Anlass des Erbfalls treffen (Erbfallschulden, § 1967 Abs. 2 BGB, wie Beerdigungskosten, Pflichtteil- und Vermächtnisverbindlichkeiten, Erbschaftsteuer). Die Haftung für diese Verbindlichkeiten kann der Erbe durch das Nachlassinsolvenzverfahren (§§ 315 ff InsO) auf den Bestand des Nachlasses begrenzen (§ 1975 BGB; für Steuerschulden i. V. m. § 45 Abs. 2 AO).

Anders ist die Rechtslage jedoch für Steuerverbindlichkeiten, die aus der Verwaltung des Nachlasses resultieren (z. B. Einkommensteuer aus der Verwertung von Nachlassgegenständen). Mit dem Tod des Erblassers kann allein der Erbe Einkünfte aus dem Nachlass erzielen, unabhängig davon, ob seine Haftung durch Eröffnung des Insolvenzverfahrens über den Nachlass nach § 1975 BGB beschränkt wird oder nicht. Der Nachlass kann nicht Steuerschuldner sein, weil er kein Steuerrechtssubjekt ist[13]. Hieraus folgert der BFH[14], dass die Einkommensteuerschuld aus Einkünften des Nachlasses als Eigenverbindlichkeit des Erben entsteht und damit nicht

12 *BFH*, 5. 6. 1991, BStBl II 1991 S. 820, BB 1991, S. 2071; *BFH*, 18. 4. 1992, BStBl II 1992, S. 781, BB 1993, S. 717.

13 Vgl. 1. Teil Abschn. IV 1.

14 11. 8. 1998, BStBl. II 1998, S. 705.

den Beschränkungen des Nachlassinsolvenzverfahrens unterliegt; insbesondere sei die Haftung des Erben hierfür unbeschränkbar. Es handelt sich um Nachlasserbenschulden, für die zwar der Nachlass, aber auch der Erbe persönlich haften[15].

Hiervon hat der BFH[16] für den Fall eine Ausnahme gemacht, dass der Erblasser die Handlung, die zu dem Entstehen der Steuerschuld nach Eintritt des Erbfalls führt, noch selbst ins Werk gesetzt hat, so dass weder der Erbe noch der Insolvenzverwalter der Nachlassinsolvenz dies verhindern konnten. In diesem Fall ordnet der BFH die dadurch entstehende Steuerschuld als Erbfallschuld nach § 1967 Abs. 2 BGB ein. Er erweitert damit in dem genannten Sonderfall den Begriff der Erbfallschuld, um das unbillige Ergebnis zu vermeiden, dass der Erbe unbeschränkbar für eine Steuerverbindlichkeit haftet, die er nicht durch eigene Handlung hervorgerufen hat. Systematisch steht dies mit insolvenzrechtlichen Grundsätzen in Einklang, da die Steuerschuld noch durch den Erblasser selbst (nicht durch den Insolvenzverwalter oder den Erben) begründet worden ist, auch wenn sie erst nach Eintritt des Erbfalls entsteht. Die Steuerverbindlichkeit ist daher Nachlassverbindlichkeit i.S.d. § 325 InsO.

b) Gesamtbetrag der Einkünfte und Verlustausgleich

Aus der vorstehend vertretenen Ansicht ergeben sich folgende Konsequenzen für die Bildung des Gesamtbetrages der Einkünfte, insbesondere für den Verlustausgleich:

Nach § 2 Abs. 3 EStG sind zur Ermittlung des Gesamtbetrages der Einkünfte, aus dem sich dann das Einkommen errechnet, die Einkünfte aus den sieben Einkunftsarten zusammenzufassen und die Verluste, die sich aus den einzelnen Einkunftsarten innerhalb des Kalenderjahres (Bemessungszeitraum) ergeben, auszugleichen.

Dieser Verlustausgleich umfasst zwei Formen, nämlich den Verlustausgleich innerhalb derselben Einkunftsart und den Verlustausgleich zwischen verschiedenen Einkunftsarten.

15 Vgl. hierzu *Schwarz*, AO, zu § 45 Rz. 68 ff.; *BFH* v. 11. 8. 1998, BStBl. II 1998, S. 705, BB 1998, S. 2195 hat Zweifel geäußert, ob er diese Rechtsprechung aufrecht erhalten wird. Zur Systematik ist darauf hinzuweisen, dass es sich nicht um eine Haftung im steuerrechtlichen Sinne handelt; der Steuerpflichtige ist Schuldner, nicht Haftender der Steuer.

16 *BFH*, 11. 8. 1998, BStBl. II 1998, S. 705, BB 1998, S. 2195

Die Berechnung der Einkünfte für das Kalenderjahr zum Zwecke der Besteuerung ist unabhängig von der Eröffnung des Insolvenzverfahrens. Die in der Bildung des Einkommens für ein Kalenderjahr liegende Saldierung führt naturgemäß auch bei Insolvenz des Steuerpflichtigen zum Verlustausgleich innerhalb derselben Einkunftsart und zwischen verschiedenen Einkunftsarten[17]. Dieser Ausgleich der im Kalenderjahr erzielten Gewinne durch die im Kalenderjahr erlittenen Verluste folgt aus dem Prinzip der einheitlichen Jahresbesteuerung, da nur auf diese Weise ein einheitliches Jahreseinkommen ermittelt werden kann. Soweit der Reichsfinanzhof[18] den Verlustausgleich wegen der Eröffnung des Insolvenzverfahrens nicht zugelassen hatte, beruhte dies darauf, dass nach der damaligen Rechtsprechung die Eröffnung des Insolvenzverfahrens den Besteuerungsabschnitt unterbrach. Nachdem bereits der Reichsfinanzhof[19] und dann auch der Bundesfinanzhof[20] diese Ansicht abgelehnt und das Prinzip vertreten hatten, dass die Veranlagung zur Einkommensteuer einheitlich ohne Rücksicht auf die Eröffnung des Insolvenzverfahrens erfolgen müsse, wird nun auch der Verlustausgleich anerkannt.

Gewinne und Verluste, die aus den einzelnen Einkunftsarten innerhalb desselben Kalenderjahres fließen, sind also zu saldieren; nur das so ermittelte Ergebnis stellt den (positiven oder negativen) Gesamtbetrag der Einkünfte dar[21].

c) Die Zurechnung von Verlusten beim Kommanditisten

Das Verhältnis von Zurechnung von Verlusten und (beschränkter) Haftung des Steuerpflichtigen wird besonders deutlich bei der Regelung des § 15a EStG.

§ 15 a EStG verhindert eine Verlustzurechnung beim Kommanditisten nicht, auch nicht, soweit ein negatives Kapitalkonto entsteht oder sich erhöht. Eingeschränkt wird lediglich die steuerliche Berücksichtigung dieser dem Kommanditisten zugeordneten Verluste. Soweit die Verluste ein negatives Kapitalkonto begründet oder erhöht haben, ist der Verlustausgleich

17 Allgemeine Verlustausgleichsverbote sind selbstverständlich auch im Insolvenzverfahren zu beachten.

18 *RFH*, 17. 12. 1930, RFHE 27 S. 335.

19 *RFH*, 22. 6. 1938, RStBl. 1938 S. 669.

20 *BFH*, 7. 11. 1963, BStBl. III 1964 S. 70, BB 1963 S. 545; ständige Rechtsprechung.

21 *BFH*, 4. 9. 1969, BStBl. II 1969 S. 726, BB 1969 S. 1468. Auch bei Eröffnung des Insolvenzverfahrens über einen Nachlass kann Verlustausgleich durchgeführt werden, *BFH*, 17. 5. 1972, BStBl. II 1972 S. 621, BB 1973 S. 26.

mit anderen Einkünften sowie der Verlustabzug nach § 10 d EStG ausgeschlossen. Dieser Verlust darf stattdessen nach § 15 a Abs. 2 EStG nur mit künftigen, dem Kommanditisten zugerechneten Gewinnen späterer Wirtschaftsjahre aus dieser selben Beteiligung verrechnet werden.

Diese Regelung gilt auch für das Insolvenzverfahren. Während des Insolvenzverfahrens sind dem Kommanditisten also weiterhin Verluste zuzurechnen; soweit durch diese Verluste jedoch ein negatives Kapitalkonto entsteht oder sich erhöht, sind Verlustausgleich und Verlustabzug ausgeschlossen. Soweit dem Kommanditisten im Laufe des Insolvenzverfahrens noch Gewinne zugerechnet werden, sind sie mit den zugerechneten, aber steuerlich noch nicht berücksichtigten Verlusten zu verrechnen.

Wird die Kommanditgesellschaft nach Abschluss des Insolvenzverfahrens beendet, ohne dass der Kommanditist sein negatives Kapitalkonto auf diese Weise ausgleichen konnte, verfallen die ihm insoweit zugerechneten Verluste; nach Beendigung der Kommanditgesellschaft ist ein Ausgleich mit Gewinnen derselben Gesellschaft nicht mehr möglich.

Ein zu versteuernder Gewinn wegen Wegfalls des negativen Kapitalkontos entsteht nicht, da sich die das negative Kapitalkonto bildenden Verluste bei dem Kommanditisten nicht ausgewirkt haben und sich in Zukunft wegen Beendigung der Gesellschaft auch nicht mehr auswirken können.

d) Verlustabzug

aa) Verlustrücktrag und Verlustvortrag

Nach den in den Abschnitten B I 1 und B I 2 aufgestellten Grundsätzen ist auch die Frage zu entscheiden, ob und in welchem Umfang im Insolvenzverfahren des Steuerpflichtigen ein Verlustabzug nach § 10 d EStG möglich ist.

Der Verlustabzug ist trotz seiner Einordnung als Sonderausgabe keine Regelung aus dem Bereich der Einkommensverwendung, sondern ist Teil der Einkommenserzielung. Die Vorschrift stellt einen Ausgleich für die durch § 2 EStG erfolgte willkürliche Aufteilung der kontinuierlichen Wirtschaftstätigkeit in Jahressteuerabschnitte dar. Die Vorschriften über den Verlustausgleich werden durch den Verlustabzug also insofern ergänzt, als ein Verlustausgleich nicht nur innerhalb eines Veranlagungszeitraumes, sondern in Form des Verlustrück- bzw. Verlustvortrages auch noch zwischen verschiedenen Veranlagungszeiträumen möglich ist. Die Eröffnung des Insolvenzverfahrens ändert nichts an der Anwendbarkeit der materiellrechtlichen Steuervorschriften; beeinflusst durch insolvenzrechtliche

Regeln wird nur das Geltendmachen der Steuerforderung. Das bedeutet, dass die Eröffnung des Insolvenzverfahrens die Anwendbarkeit des § 10 d EStG grundsätzlich unberührt lässt. Der Verlustabzug ist lediglich ein auf frühere oder spätere Veranlagungszeiträume verlagerter Verlustausgleich, der als Sonderausgabe ausgestaltet ist. Eine unterschiedliche Behandlung von Verlustausgleich und Verlustabzug ist daher nicht gerechtfertigt[22]. Soweit der Reichsfinanzhof[23] früher die Ansicht vertreten hatte, die Eröffnung des Insolvenzverfahrens schließe den Verlustabzug aus, beruhte diese Rechtsprechung auf der Ansicht, die Eröffnung des Insolvenzverfahrens bewirke eine steuerrechtlich relevante Trennung der Insolvenzmasse von dem übrigen Vermögen des Schuldners. Von diesem Standpunkt aus war die Ablehnung des Verlustabzugs folgerichtig. Mit der Aufgabe dieser Rechtsprechung ist auch der Ansicht, der Verlustabzug sei bei Insolvenz des Steuerpflichtigen unzulässig, der Boden entzogen[24].

Es kann daher auf das zum Verlustausgleich Ausgeführte verwiesen werden[25].

bb) Einschränkung des Verlustabzugs (insbesondere bei Nachlassinsolvenz)

Trotz dieses jetzt unbestrittenen Grundsatzes wird in Rechtsprechung und Literatur die Zulässigkeit des Verlustabzuges eingeschränkt. Diese Ansicht stützt sich auf ein Urteil des Reichsfinanzhofes[26], in dem er ausgeführt hatte, der Verlustvortrag sei unzulässig, wenn es sich um Verluste handle, die nicht den Steuerpflichtigen selbst, sondern im Wesentlichen seine Gläubiger träfen, weil der Steuerpflichtige auf diese Verluste voraussichtlich nichts leisten werde. Der Bundesfinanzhof verwendet in seinem Urteil vom 17. 2. 1961[27] ähnliche Formulierungen; obwohl es sich in diesem Urteil um den Sonderfall der Erbenhaftung handelte, führte der Bundesfi-

22 *BFH*, 4. 9. 1969, BStBl. II 1969 S. 726, BB 1969 S. 1468.

23 *RFH*, 17. 12. 1930, RFHE 27 S. 335.

24 *RFH*, 22. 6. 1938, RStBl. 1938 S. 669; *BFH*, 7. 11. 1963, BStBl. III 1964 S. 70; BB 1964 S. 544; *BFH*, 4. 9. 1969, BStBl. II 1969 S. 726, BB 1969 S. 1468; *BFH*, 12. 9. 1972, BStBl. II 1972 S. 946, BB 1972 S. 1442.

25 Vgl. 2. Teil Abschn. B I 2 b.

26 *RFH*, 5. 2. 1936, RStBl. 1936 S. 555.

27 *BFH*, 17. 2. 1961, BStBl. III 1961 S. 230, BB 1961 S. 629. Der *BFH* folgt damit für die Zurechnung von Verlusten im Wege des Verlustabzuges der Sache nach der vom *RFH*, 26. 4. 1939, StuW 1939 S. 581 (582), vertretenen Ansicht, ohne dieses Urteil jedoch zu erwähnen. Ähnlich *BFH*, 4. 9. 1969, BStBl. II 1969 S. 726, BB 1969 S. 1468; *Keuk*, StBerJb 1973/74, S. 349; *Weiss*, FR 1992 S. 255.

nanzhof die Einschränkung des Verlustabzuges als allgemeinen, nicht auf diesen Fall beschränkten Grundsatz an. Diese Einschränkung soll gelten, obwohl § 10 d EStG den Verlustabzug dem Wortlaut nach ohne diese Einschränkung gestattet, denn „es würde auf eine dem Sinn und Zweck der Begünstigung (des Verlustabzuges, Anmerkung des Verfassers) nicht entsprechende doppelte Berücksichtigung des Verlustes hinauslaufen, wenn dieser außer bei den Gläubigern auch bei dem Steuerpflichtigen berücksichtigt würde". Es komme auf das rechtliche Bestehen der Verpflichtung nicht an, wenn ernstlich mit einer Erfüllung durch den Steuerpflichtigen nicht mehr zu rechnen sei.

Besonders deutlich wird diese Problematik bei der Frage, ob Verluste im Falle des Insolvenzverfahrens über einen Nachlass (§§ 315 ff. InsO) abzugsfähig sind[28].

Die persönliche Steuerpflicht endet mit dem Tod des Steuerpflichtigen. Bis zum Augenblick des Todes sind ihm, nicht dem Erben, die Einkünfte zuzurechnen. Mit dem Tode endet der Steuerabschnitt, der Erblasser selbst wird mit den vorher angefallenen Einkünften nach den allgemeinen Vorschriften zur Einkommensteuer herangezogen. Der Besteuerung ist das Einkommen zugrunde zu legen, das der Erblasser bis zu seinem Tode bezogen hat. Der Anfall der Erbschaft an den Erben bedeutet daher nicht, dass ihm auch diese aus der Erbschaft fließenden Einkünfte, die vor dem Todeszeitpunkt angefallen sind, steuerrechtlich zuzurechnen wären[29]. Ihm fallen steuerrechtlich erst die nach dem Tode des Erblassers erzielten Einkünfte zu[30]. Der Erbe hat lediglich für die auf den bis zum Tode erzielten

28 Die Frage, ob ein Erbe den Verlust des Erblassers abziehen kann, ist immer noch nicht endgültig geklärt. Der I. Senat des BFH (*BFH*, 29. 3. 2000, BStBl. II 2000, S. 622, BB 2000 S. 1509) hatte Zweifel geäußert, war dann aber aus Gründen der Rechtsprechungskontinuität bei seiner Rechtsprechung geblieben, dass der Erbe den Verlust des Erblassers abziehen könne (*BFH*, 16.5.2001, BStBl. II 2002 S. 487, BB 2001 S. 1835). Der XI. Senat will von dieser Rechtsprechung jedoch abweichen und hat eine diesbezügliche Divergenzanfrage an den I. und den VIII. Senat gerichtet (*BFH*, 10. 4. 2003, BStBl. II 2004 S. 400, BB 2003, S. 2052). Dieser Abweichung hat der I. Senat nicht zugestimmt (*BFH*, 22. 10. 2003, BStBl. II 2004 S. 414, BB 2004, S. 91). Der XI. Senat hat diese Frage daher dem Großen Senat vorgelegt (*BFH*, 28. 7. 2004, BStBl. II 2005, 262, BB 2005, 34).

29 *Lindberg*, in: Frotscher, EStG, zu § 10 d, Rdn. 12.

30 Für die an diese nach Erbfall an die Einkünfte aus der Erbschaft anknüpfende Einkommensteuer ist der Erbe originär Steuerschuldner; insoweit kann seine Haftung nicht beschränkt werden, jedenfalls nicht, soweit die Einkommensteuerschuld auf Handeln des Erben oder des Nachlass-Insolvenzverwalters zurückgeht; *BFH*, 11. 8. 1998, BStBl. II 1998, S. 705, BB 1998 S. 2195. Das gilt auch dann, wenn im Falle des Insolvenzverfahrens über den Nachlass die Einkünfte zur Deckung von Nachlassverbindlichkeiten verwendet werden.

Einkünften beruhende Steuerschuld nach § 45 Abs. 2 AO einzustehen, die für ihn fremde Steuerschuld ist.

Nach noch herrschender, aber bestrittener Ansicht[31] kann der Erbe selbst den Verlustabzug des Erblassers geltend machen, wenn und soweit der Erblasser hierzu berechtigt gewesen wäre. Der Erbe tritt insoweit in die steuerrechtliche Stellung des Erblassers ein. Dieser Übergang der Abzugsberechtigung auf den Erben erfasst sowohl Verlustvortrag als auch Verlustrücktrag. Wird über den Nachlass das Insolvenzverfahren eröffnet, so stellt sich die Frage, ob der Erbe auch jetzt noch den vor dem Tod des Erblassers entstandenen Verlust von seinen eigenen Einkünften absetzen kann, soweit der Erblasser selbst den Verlustvortrag hätte ausnützen können. Der Bundesfinanzhof[32] hatte dies verneint mit der Begründung, ein Verlustabzug sei nur zulässig, wenn der Erbe den Verlust auch wirtschaftlich trage; sei das Nachlassinsolvenzverfahren eröffnet, komme dies wegen der beschränkten Erbenhaftung (§ 1975 BGB) nicht in Betracht. Dieser Ansicht hat sich auch die Literatur angeschlossen[33]. Gegenüber den gewöhnlichen Fällen des Verlustabzugs im Insolvenzverfahren besteht hier die Besonderheit, dass der Erbe nicht nur nicht wirtschaftlich belastet ist, sondern sogar rechtlich nicht haftet.

Die Ansicht, dass die Verluste nicht abzugsfähig seien, vermischt jedoch unzulässig Aspekte der Frage, ob ein Verlust entstanden ist und ob er noch besteht, mit der Frage, ob er dem Steuerpflichtigen zuzurechnen und abzugsfähig ist. § 10 d EStG stellt bestimmte Voraussetzungen auf, unter denen der Verlustabzug möglich ist; die rechtliche Haftung oder wirtschaftliche Belastung des Steuerpflichtigen gehören nicht dazu[34]. Wenn ein an sich abzugsfähiger Verlust entstanden ist, dann ist er auch bei dem Erben abzugsfähig, auch wenn dieser rechtlich nicht haftet. Der Erbe tritt steuerrechtlich in die Stellung des Erblassers ein, er muss dessen Bilanzansätze übernehmen[35].

31 Vgl. Fn. 28; zu weiteren Nachweisen *Lindberg*, in: Frotscher, EStG, zu § 10 d Rz. 11.

32 *BFH* v. 17. 2. 1961, BStBl. III 1961 S. 230, BB 1961 S. 629. Diese Rechtsprechung wurde grundsätzlich bestätigt von *BFH*, 5. 5. 1999, BStBl. II 1999 S. 653, BB 1999 S. 1798.

33 *Lindberg*, in: Frotscher, EStG, zu § 10 d Rz. 27.

34 Dieses Ergebnis wird durch einen Vergleich mit § 15 a EStG bestätigt. Diese Vorschrift setzt voraus, dass die Verluste dem beschränkt Haftenden auch insoweit steuerlich zugerechnet werden, als er rechtlich nicht haftet und daher die Verluste wirtschaftlich nicht „trägt". Lediglich die Auswirkungen dieser Verlustzurechnung werden durch die positivrechtliche Vorschrift des § 15 a EStG korrigiert, die Zurechnung selbst bleibt durch die Vorschrift aber unberührt. Verluste sind daher dem Steuerpflichtigen grundsätzlich zuzurechnen; ihr steuerrechtlicher Ansatz kann nur auf Grund einer besonderen gesetzlichen Vorschrift unterbleiben. Für eine dementsprechende Einschränkung der Auswirkungen der Verlustzurechnung im Insolvenzverfahren fehlt aber jede Rechtsgrundlage.

35 *BFH*, 22. 6. 1962, BStBl. III 1962 S. 386, BB 1962 S. 1029.

Wäre der Erblasser nicht verstorben, sondern wäre zu seinen Lebzeiten über sein Vermögen das Insolvenzverfahren eröffnet worden, so hätte dieser selbst den Verlustabzug ausnützen können. Maßgebend ist daher nur, *ob* ein Verlust entstanden ist. Ist das nach steuerrechtlichen Kriterien der Fall, hat die Frage der tatsächlichen wirtschaftlichen Belastung für den Verlustabzug keine Bedeutung. Da die steuerrechtliche Stellung des Erblassers auf den Erben übergeht, ist dann auch der Erbe zum Verlustabzug berechtigt.

Zu erwähnen ist in diesem Zusammenhang auch, dass Einkünfte aus dem Nachlass, über den das Insolvenzverfahren eröffnet worden ist, dem Erben zuzurechnen sind; er hat hierfür als Eigenschuldner und unbeschränkbar die Einkommensteuer zu zahlen, und zwar auch dann, wenn die Einkünfte zur Begleichung der Nachlassverbindlichkeiten genutzt werden, ihm also wegen der Nachlassinsolvenz „nicht zur freien Verfügung stehen“[36]. Wenn aber die Einkünfte dem Erben zugerechnet und er die darauf entfallende Einkommensteuer unbeschränkbar tragen muss, kann die Zurechnung der Verluste nicht verweigert werden.

Hat der Erbe dagegen die Erbschaft ausgeschlagen, ist er nicht Erbe geworden; er tritt also nicht nach § 45 AO in die Stellung des Erblassers ein. Die Wirtschaftsgüter der Erbmasse sind ihm daher nicht zuzurechnen, er kann bei sich auch Verluste des Erblassers nicht abziehen.

Als Ergebnis ist festzuhalten, dass, *wenn* nach den steuerrechtlichen Vorschriften ein Verlust entstanden ist, dann auch bei Insolvenz des Steuerpflichtigen oder bei Nachlassinsolvenz der Verlustabzug zulässig ist, ohne dass es der Prüfung bedarf, wer „letztlich den Verlust trägt“. Die maßgebliche Frage ist nur, ob ein Verlust entstanden ist bzw. ob er noch besteht; ist das der Fall, folgt daraus die Zurechnung bei dem Schuldner/Erben und die Abzugsfähigkeit.

Ob ein Verlust vorliegt, ist nicht mehr eine Frage des § 10 d EStG, sondern der §§ 4 ff. EStG. Hier könnte die Frage danach, wer den Verlust wirtschaftlich trägt, sinnvoll sein. Wenn nämlich keine Aussicht besteht, dass der Schuldner die ausgefallenen Forderungen begleichen wird, *könnte* es z. B. nach bilanzsteuerrechtlichen Grundsätzen erforderlich sein, diese Schuld des Steuerpflichtigen auszubuchen[37]. Dadurch würde in dem be-

36 *BFH*, 11. 8. 1998, BStBl. II 1998, S. 705, BB 1998 S. 2195.

37 Vgl. zu haftungslosen Verbindlichkeiten *Frotscher*, EStG, zu § 5 Rz. 482, 485. Das Problem entsteht nur bei bilanzierenden Steuerpflichtigen. Bei der Gewinnermittlung nach § 4 Abs. 3 EStG sowie bei den Überschusseinkünften wirken sich nur Ausgaben gewinnmindernd aus; Ausgaben hat der Steuerpflichtige aber immer wirtschaftlich zu tragen, da sie sein Vermögen real vermindern.

treffenden Jahr das Entstehen eines Verlustes vermieden. Die Frage der wirtschaftlichen Belastung durch den Verlust ist also auf der Ebene des *Bestehens* des Verlustes, nicht auf der Ebene der Zurechnung bzw. Abzugsfähigkeit des Verlustes zu prüfen.

Schließt z. B. ein Wirtschaftsjahr mit einem Verlust von 60 000 €, so wäre dieser Verlust nach § 10 d EStG vortragsfähig. Würden es nun aber die Grundsätze ordnungsgemäßer Bilanzierung erfordern, Schulden in Höhe von 10 000 € auszubuchen, weil sie nicht mehr beglichen werden können, so würde dem steuerlichen Verlust von 60 000 € ein steuerlicher Gewinn in Höhe von 10 000 € durch Verminderung der Passiva gegenüberstehen; es wäre nur ein Verlust in Höhe von 50 000 € entstanden, der in dieser Höhe vortragsfähig wäre. Die Frage, wer den Verlust zu tragen hat, wäre also auf dieser, der bilanzsteuerrechtlichen Ebene zu prüfen, nicht dagegen erst dann, wenn das Jahresergebnis einen Verlust ausweist[38].

Dieser Unterschied soll noch an folgendem Beispiel erklärt werden: Im Jahre der Eröffnung des Insolvenzverfahrens wird ein Verlust in Höhe von 50 000 € ermittelt, dieser soll auf das nächste Jahr vorgetragen werden. In diesem nächsten Jahr erlässt ein Gläubiger gegenüber dem Insolvenzverwalter eine Forderung in Höhe von 50 000 €. Bei der Steuererklärung dieses Jahres will der Insolvenzverwalter den Verlust des Vorjahres nach § 10 d EStG abziehen.

In diesem Fall ist, ebenso wie bei einem Nachlassinsolvenzverfahren, die Besonderheit gegeben, dass der Steuerpflichtige den Verlust nicht nur nicht wirtschaftlich trägt, sondern sogar rechtlich nicht haftet. Nach dem klaren Wortlaut seiner Entscheidung würde hier der Bundesfinanzhof[39] den Verlustabzug nicht zulassen. Aber auch hier ist die Lösung nicht über § 10 d EStG, sondern aus den §§ 4 ff. EStG zu suchen. Wenn ein Verlust entstanden ist, so ist er auch vortragsfähig; die Frage kann nur sein, *ob* ein Verlust entstanden ist. Der Verlust ist aus dem Gesichtswinkel des Bilanzstichtages des Vorjahres jedoch unzweifelhaft entstanden. Dieser einmal entstandene und ausgewiesene Verlust kann durch spätere Ereignisse nicht mehr verändert werden; der spätere Fortfall einer betrieblichen Schuld kann den ordnungsgemäß errechneten Verlust des Vorjahres nicht mehr

---

38 Es lässt sich nicht erkennen, ob das Urteil des *BFH*, 4. 9. 1969, BStBl. II 1969 S. 726, BB 1969 S. 1468, in diesem Sinne zu verstehen ist; das Urteil lässt eine klare Abgrenzung zwischen der Frage, ob bilanzsteuerrechtlich ein Verlust entstanden ist, und der weiteren, ob der so errechnete Verlust abzugsfähig ist, vermissen.

39 BFH, 17. 2. 1961, BStBl. II 1961 S. 230, BB 1961 S. 649; 4. 9. 1969, BStBl. II 1969 S. 727, BB 1969 S. 1458.

berühren[40]. Der Fortfall der Verbindlichkeit kann also nur das Ergebnis des *laufenden* Wirtschaftsjahres beeinflussen, d. h. zu einem Gewinn in Höhe von 50 000 € führen; dieser Gewinn wird steuerlich durch den Verlustvortrag in gleicher Höhe aufgezehrt.

Auf den ersten Blick scheint es, als ob dieses Ergebnis das gleiche sei wie bei Ausschluss des Verlustvortrages nach der Rechtsprechung des Bundesfinanzhofes. Würde man jedoch diesen Weg gehen, käme man in dem Wirtschaftsjahr des Erlasses zu einem Gewinn von 50 000 €, ohne ihn durch den Verlustvortrag neutralisieren zu können; bei Erlass einer Verbindlichkeit muss diese ja gewinnerhöhend ausgebucht werden. In der hier vertretenen Lösung kann sich der Verlust außerdem als Verlustrücktrag sowie als Verlustvortrag voll auswirken, wenn der Gewinn, der durch den Erlass entstanden ist, durch andere Verluste dieses Wirtschaftsjahres aufgezehrt wird; dann bleibt der Verlustvortrag für die folgenden Jahre erhalten.

Übrig bleibt also allein die Frage, ob im Insolvenzverfahren dadurch ein Gewinn entstehen kann, dass Forderungen, die der Schuldner voraussichtlich nicht begleichen wird, auszubuchen sind.

Nach den Grundsätzen ordnungsmäßiger Buchführung sind Verbindlichkeiten in der Höhe anzusetzen, in der sie rechtlich bestehen. Eine rechtlich entstandene und gerichtlich erzwingbare Verbindlichkeit stellt immer auch eine wirtschaftliche Belastung dar. Nicht realisierte Gewinne, die darauf beruhen, dass der Gläubiger seine Schuld nicht geltend machen wird, dürfen nicht ausgewiesen werden[41]. Verbindlichkeiten dürfen in der Steuerbilanz auch nicht deshalb niedriger bewertet werden, weil der Gläubiger nicht befriedigt werden wird[42].

Lediglich in Ausnahmefällen kann die Vermutung, dass eine rechtlich bestehende Verbindlichkeit den Schuldner wirtschaftlich belastet, widerlegt werden[43]. Auch in diesem Fall ist die Lösung nicht über die Zurechnung der Verluste und ihre Abzugsfähigkeit zu suchen, sondern über bilanzrechtliche Grundsätze. Wenn eine Verbindlichkeit danach gewinnerhöhend aus-

40 *Frotscher*, EStG, zu § 5 Rz. 482, 485.

41 Vgl. *BFH*, 24. 6. 1969, BStBl. II 1969, 581; 1. 8. 1984, I R 88/80, BStBl. II 1985, 44; *Frotscher*, EStG, zu § 5 Rz. 482, 485.

42 *BFH*, 7. 8. 1951, BStBl. III 1951 S. 190, BB 1951 S. 746; 12. 3. 1964, BStBl. III 1964 S. 525, BB 1964 S. 1113; 24. 6. 1969, BStBl. II 1969 S. 581, BB 1969 S. 1028; 1. 8. 1984, BStBl. II 1985 S. 44, BB 1985 S. 243.

43 Vgl. hierzu *Frotscher*, EStG, zu § 5 Rz. 482, 485 m. w. N. Beispiel ist etwa ein lange Zeit nicht bewegtes Sparkonto.

zubuchen ist, entsteht ein Gewinn, der mit dem Verlust verrechnet werden kann, der Verlust selbst bleibt aber abzugsfähig.

Da also die Verbindlichkeiten nach bilanzsteuerrechtlichen Grundsätzen regelmäßig in voller Höhe auszuweisen sind, ist auch steuerrechtlich der volle Verlust entstanden. Dieser Verlust ist nach § 10 d EStG vortragsfähig[44]. Erst das rechtliche Erlöschen der Verbindlichkeit, z. B. durch Erlass, führt zur Ausbuchung. Das hat jedoch nicht zur Folge, dass der Verlust nicht mehr vortragsfähig ist, sondern führt als selbstständiges Ereignis zu einem Gewinn. Entsprechendes gilt, wenn in Ausnahmefällen eine noch bestehende Verbindlichkeit auszubuchen ist.

Wird der Betrieb später im Rahmen des Insolvenzverfahrens eingestellt, so bleibt der Verlust vortragsfähig.

Zusammenfassend ist also festzuhalten, dass ein nach den Vorschriften über die Gewinn- bzw. Einkünfteermittlung entstandener Verlust dem Steuerpflichtigen bzw. dem Erben zuzurechnen ist mit der Folge, dass der Verlustabzug (Verlustvortrag und Verlustrücktrag) möglich ist. Die Eröffnung des Insolvenzverfahrens bzw. des Nachlassinsolvenzverfahrens ändert daran nichts. Der Verlust könnte dem Steuerpflichtigen bzw. den Erben wegen fehlender rechtlicher Haftung und/oder wirtschaftlicher Belastung nur dann nicht zugerechnet werden, wenn hierfür eine ausdrückliche gesetzliche Grundlage vorhanden wäre. Die Rechtsprechung zum negativen Kapitalkonto des Kommanditisten bzw. die Regelung aus § 15 a EStG ist auf gesellschaftsrechtliche Verhältnisse zugeschnitten, als Sonderregelung nicht analogiefähig und daher auf die Insolvenz eines Einzelunternehmens bzw. die Nachlassinsolvenz nicht entsprechend anwendbar.

3. Besteuerung von Ehegatten im Insolvenzverfahren

a) Getrennte, besondere und Zusammenveranlagung im Insolvenzverfahren

Nach § 26 Abs. 1 EStG haben die Ehegatten, soweit die jeweiligen Voraussetzungen vorliegen, die Wahl zwischen getrennter, besonderer und

---

44 Die Behandlung der entsprechenden Forderungen bei den Gläubigern ist nach dem Imparitätsgrundsatz anders. Die Gläubiger können die dubios gewordene Forderung ausbuchen und erzielen damit steuerrechtlich einen Verlust. Diesem Verlust bei den Gläubigern braucht kein Gewinn bei dem Schuldner gegenüberzustehen; die Gewinnermittlung bei Gläubiger und Schuldner ist unabhängig voneinander und braucht sich nicht zu entsprechen. Dies verkennt *BFH*, 17. 2. 1961, BStBl. III 1961 S. 230, BB 1961 S. 629.

Zusammenveranlagung. Bei der Zusammenveranlagung nach § 26 EStG werden die Einkünfte der Ehegatten zu einem gemeinsamen Jahreseinkommen zusammengerechnet. Nach § 26 Abs. 2 EStG kann nur dann eine Zusammenveranlagung erfolgen, wenn beide Ehegatten diese Veranlagungsform wählen; widerspricht einer von ihnen, so hat getrennte Veranlagung zu erfolgen. Wird über das Vermögen eines Ehegatten das Insolvenzverfahren eröffnet, so stellt sich die Frage, ob der Schuldner oder der Insolvenzverwalter die getrennte Veranlagung wählen kann. Es könnte sein, dass sich der Insolvenzverwalter gegen die Zusammenveranlagung aussprechen möchte, weil dies für die Masse günstiger ist, der Schuldner dagegen zusammen mit seinem Ehegatten die Zusammenveranlagung wählen will. Nach § 80 InsO verliert der Schuldner mit der Eröffnung des Insolvenzverfahrens das Recht, die Masse zu verwalten und über sie zu verfügen. Dies bedeutet, dass er das in § 26 Abs. 2 EStG bezeichnete Wahlrecht nicht selbst ausüben darf, wenn es ein Ausfluss des Rechts zur Verwaltung der Insolvenzmasse ist; dagegen steht es ihm und nicht dem Insolvenzverwalter zu, wenn es sich um ein personenbezogenes Recht handelt.

Die Wahl der Veranlagungsart wirkt sich unmittelbar auf die Berechnung der Steuer aus. Je nach der Veranlagungsart ist die Höhe der zu entrichtenden Steuer und die Art der Steuerschuldnerschaft (Einzel- oder Gesamtschuldner) verschieden. Insoweit handelt es sich also um ein Recht mit vermögensrechtlichem Bezug. Demgegenüber knüpft dieses Wahlrecht zwar an die bestehende Ehe an, hat aber über die vermögensrechtlichen Wirkungen hinaus keine Auswirkungen auf die Ehe. Auch gegenüber dem anderen Ehegatten gewährt dieses Wahlrecht keine nur aus der Ehe fließenden Befugnisse; der andere Ehegatte kann selbst seine Rechte wahren und die Zusammenveranlagung ablehnen.

Die Form der Veranlagung der Ehegatten hat daher nur vermögensrechtliche Auswirkungen[45], es handelt sich nicht um eine persönliche, auf das Wesen der Ehe gegründete Beziehung. Daraus folgt, dass das Wahlrecht aus § 26 Abs. 2 EStG kein höchstpersönliches Recht ist[46], sondern eine

45 *BFH*, 29. 10. 1963, BStBl. III 1963 S. 597, BB 1965 S. 235; *Bringewat/Waza/Grawe*, Insolvenzen und Steuern, Rz. 264.

46 *BFH*, 15. 10. 1964, BStBl. III 1965 S. 86, BB 1965 S. 319. Lediglich auf die „Unpfändbarkeit" des Wahlrechts abzustellen, wie es *Weiss*, FR 1992 S. 255 tut, wird der Besonderheit dieses Wahlrechts nicht gerecht; im Normalfall kann sich die Frage einer Pfändbarkeit gar nicht stellen. Die Betrachtung nur unter diesem Gesichtspunkt verfehlt daher das Problem. Auch das Recht des Schuldners, sein Vermögen zu verwalten, ist regelmäßig nicht (isoliert) pfändbar, trotzdem steht es dem Insolvenzverwalter zu.

Befugnis, die zum Verwaltungsrecht gehört. Da der Schuldner von der Verwaltung der Masse ausgeschlossen ist, steht das Wahlrecht nicht ihm, sondern dem Insolvenzverwalter zu.

Der Schuldner ist aber nur bezüglich des in die Insolvenzmasse gefallenen Vermögens von der Verwaltung ausgeschlossen. Hat er insolvenzfreies Vermögen (z. B. unpfändbaren Neuerwerb), so kann er dies trotz Eröffnung des Insolvenzverfahrens selbstständig verwalten.

Die Wirkungen der Besteuerung lassen sich nicht trennen nach Insolvenzvermögen und insolvenzfreien (unpfändbaren) Einkünften, sie treten vielmehr einheitlich auf. Die Wahl der Veranlagungsart wirkt daher nicht nur für die Insolvenzmasse, sondern auch für das insolvenzfreie Vermögen. Da der Schuldner insoweit verwaltungsbefugt ist, steht ihm bezüglich dieses insolvenzfreien Vermögens auch das (Verwaltungs-)Recht zu, die Form der Veranlagung zu wählen. Da es sich sowohl bei den insolvenzfreien Einkünften als auch bei den vom Insolvenzverwalter erzielten Gewinnen um Einkommen des Schuldners handelt, die bezüglich der Veranlagung nicht verschieden behandelt werden können, ist es ausgeschlossen, dass der Schuldner etwa mit seinen insolvenzfreien Einkünften mit denen seines Ehegatten zusammenveranlagt wird, die Einkünfte der Masse dagegen getrennt veranlagt werden. Es kann nur entweder Zusammenveranlagung oder getrennte Veranlagung erfolgen. Das bedeutet, dass es nur zu einer Zusammenveranlagung kommen kann, wenn Schuldner, Ehegatte und Insolvenzverwalter die Zusammenveranlagung wählen.

Kommt es danach zur Zusammenveranlagung, ist damit notwendig verbunden, dass der Insolvenzverwalter Kenntnis von den Einkommensverhältnissen des Ehegatten, über dessen Vermögen nicht das Insolvenzverfahren eröffnet worden ist, erhält. Dies ist eine notwendige Folge der Zusammenveranlagung; die Offenbarung der Verhältnisse des Ehegatten gegenüber dem Insolvenzverwalter ist daher nach § 30 Abs. 2 Nr. 1 Buchst. a, Abs. 4 Nr. 1 AO gerechtfertigt[47].

b) Verlustausgleich bei Zusammenveranlagung

Nach § 26 b EStG sind die Einkünfte bei der Zusammenveranlagung in der Weise zusammenzurechnen, dass sich ein gemeinsamer Gesamtbetrag der Einkünfte und damit ein gemeinsames Einkommen ergeben. Das Einkommen als Grundlage für die Berechnung der Einkommensteuer ist unabhängig von der Eröffnung des Insolvenzverfahrens für den gesamten

47 *BFH*, 15. 6. 2000, BStBl. II 2000 S. 431, BB 2000 S. 1665

Besteuerungszeitraum unter Berücksichtigung nur der steuerrechtlichen Vorschriften zu ermitteln. Dieses Zusammenrechnen der Einkünfte führt notwendigerweise zu einem Verlustausgleich; wenn und soweit ein Ehegatte Verluste erlitten hat, kompensieren sie bei der Errechnung des einheitlichen Gesamtbetrages der Einkünfte die Gewinne des anderen Ehegatten. Trotz Eröffnung des Insolvenzverfahrens über das Vermögen eines Ehegatten erfolgt also Verlustausgleich[48].

c) Verlustabzug nach § 10 d EStG

Wenn einer der Ehegatten in den Vorjahren einen vortragsfähigen Verlust erlitten hat, dem in den folgenden Jahren kein entsprechender Gewinn dieses Ehegatten gegenübersteht, kann, auch wenn über das Vermögen eines der Ehegatten inzwischen das Insolvenzverfahren eröffnet worden ist, ein Interesse daran bestehen, die Verluste des einen Ehegatten von den Einkünften des anderen nach § 10 d EStG abzuziehen.

Die Eröffnung des Insolvenzverfahrens schließt für den Schuldner den Verlustvortrag nicht aus. Dann kann sich aber bei der Zusammenveranlagung der Ehegatten nichts anderes ergeben. Hier wird nämlich jeder Ehegatte mit demselben Einkommen wie der andere veranlagt; es gibt keinen unterschiedlichen Gesamtbetrag der Einkünfte und kein unterschiedliches Einkommen der Ehegatten. Da die vortragsfähigen Verluste des einen Ehegatten auch im Insolvenzverfahren bei diesem berücksichtigt werden können, wirkt sich dies naturgemäß auch auf das Einkommen des anderen Ehegatten aus[49]. Der Verlustvortrag des einen Ehegatten kommt daher auch dem anderen zugute.

d) Geltendmachen der Steuerschuld

Da bei der Zusammenveranlagung der Ehegatten eine einheitliche Jahressteuerschuld festgesetzt wird, erhebt sich die Frage, ob diese Steuerschuld als Insolvenzforderung, als Masseverbindlichkeit, gegen das insolvenzfreie Vermögen des Schuldners oder gegen den Ehegatten geltend zu machen ist.

Nach § 44 Abs. 1 AO haften die zusammenveranlagten Ehegatten als Gesamtschuldner; der Steuergläubiger kann wählen, an wen er sich halten will. Das bedeutet, dass die Steuerforderungen, die vor Eröffnung des

48 Ebenso *Maus*, in: Uhlenbruck, InsO, zu § 80 Rz. 24.
49 *BFH*, 4. 9. 1969, BStBl. II 1969 S. 726, BB 1969 S. 1468.

Insolvenzverfahrens entstanden sind, sich sowohl als Insolvenzforderung gegen die Masse als auch gegen den Ehegatten richten.

Es kann jedoch der Fall eintreten, dass eine Steuerforderung gegen einen Ehegatten geltend gemacht wird, obwohl sie seinen Einkommensverhältnissen nicht entspricht, d. h. die entsprechenden Einkünfte dem anderen Ehegatten zustehen. Um dies zu vermeiden, hat § 268 AO die Möglichkeit der Aufteilung der Steuerschuld eröffnet[50]. Diese Vorschrift setzt dem Wortlaut nach voraus, dass Zwangsvollstreckungsmaßnahmen gegen den Ehegatten, der Aufteilung begehrt, durchgeführt werden. Im Falle der Eröffnung des Insolvenzverfahrens würde die Aufteilung nur daran scheitern, dass es an dem Tatbestandsmerkmal der Zwangsvollstreckungsmaßnahmen fehlt; das Insolvenzverfahren schließt Beitreibungsmaßnahmen gegen den in Insolvenz gefallenen Ehegatten ja gerade aus. Es ist aber gerechtfertigt, § 268 AO entsprechend anzuwenden; die Interessenlage ist vergleichbar, das Insolvenzverfahren lässt sich mit dem Zwangsvollstreckungsverfahren vergleichen.

Die nach den Vorschriften über die Zusammenveranlagung ermittelte Steuerschuld ist dann gemäß dem in den Abschnitten B I 4 und B I 5 entwickelten Verfahren aufzuteilen.

e) Getrennte Veranlagung

Nach § 26 a EStG sind bei getrennter Veranlagung jedem Ehegatten die Einkünfte, die er erzielt hat, zuzurechnen; es wird also kein einheitlicher Gesamtbetrag der Einkünfte gebildet, so dass ein Verlustausgleich zwischen den Einkünften der Ehegatten nicht erfolgt.

Eine gemeinsame Berechnung erfolgt lediglich bei den Sonderausgaben und außergewöhnlichen Belastungen. Nach § 26 a Abs. 2, 3 EStG müssen sich die Ehegatten über die Aufteilung einigen. Da es sich hierbei um einen Vorgang der Vermögensverwaltung handelt und nicht um personenbezogene Wirkungen, muss der Insolvenzverwalter, soweit es sich um die Masse handelt, zustimmen. Erfolgt eine Einigung nicht, werden Sonderausgaben und außergewöhnliche Belastungen grundsätzlich halbiert.

Eine Ausnahme gilt für den nach § 10 d EStG als Sonderausgabe ausgestalteten Verlustabzug. Nach § 62 d Abs. 1 EStDV kann nur derjenige Ehegatte den Verlustabzug geltend machen, der den Verlust auch erlitten hat. Das bedeutet, dass der Insolvenzverwalter einen im Vorjahr von dem

50 *Schwarz*, AO, zu § 268 Rz. 1 ff.

Schuldner erlittenen vortragsfähigen Verlust voll von den Einkünften der Masse abziehen kann, auch wenn der Schuldner oder sein Ehegatte dieser Regelung nicht zustimmen; eine Halbierung erfolgt nicht.

4. Die Einkommensteuer als Masseverbindlichkeit oder Insolvenzforderung

Aus den bisherigen Ausführungen ergibt sich, dass die positiven und negativen Einkünfte der Insolvenzmasse dem Schuldner steuerrechtlich zuzurechnen sind und das Einkommen, bei Zusammenveranlagung unter Zusammenrechnung der Einkünfte der Ehegatten, unter Anwendung des § 10 d EStG gebildet wird. Die Einkommensteuerschuld eines Bemessungszeitraumes ergibt sich aus den gesamten dem Schuldner zuzurechnenden Einkünften, ohne Rücksicht darauf, ob es sich um vor Eröffnung des Insolvenzverfahrens angefallene Einkünfte oder um Einkünfte der Insolvenzmasse handelt.

Die Steuerschuld wird aus dem einheitlichen zu versteuernden Einkommen gebildet und entsteht als eine einheitliche Forderung; es entstehen also in einem Bemessungszeitraum nicht etwa drei Einkommensteuerforderungen, die auf den Insolvenzeinkünften, den vorinsolvenzlichen und den Einkünften des mit dem Schuldner zusammenveranlagten Ehegatten bzw. insolvenzfreien Einkünften des Schuldners beruhen.

Es stellt sich nun die Frage, wie diese einheitliche Einkommensteuerforderung im Insolvenzverfahren über das Vermögen des Steuerpflichtigen geltend zu machen ist. Es lassen sich folgende Fallgruppen bilden:

(a)	Eröffnung des Insolvenzverfahrens 1. 7.	
	Verlust aus Gewerbebetrieb 1. 1.–30. 6.	20 000 €
	Gewinn aus Gewerbebetrieb 1. 7.–31. 12.	30 000 €
	Ist die Einkommensteuerschuld Insolvenzforderung oder gehört sie zu den Masseverbindlichkeiten?	
(b)	Eröffnung des Insolvenzverrfahrens 1.7.; nach Eröffnung des Insolvenzverfahrens fallen keine Einkünfte mehr an.	
	Verlust aus Gewerbebetrieb 1. 1.–30. 6.	20 000 €
	Einkünfte aus Vermietung und Verpachtung 1. 1.–30. 6.	30 000 €
(c)	Kombination von a und b	
	Verlust aus Gewerbebetrieb 1. 1.–30. 6.	20 000 €
	Gewinn aus Gewerbebetrieb 1. 7.–31. 12.	30 000 €

	Einkünfte aus Vermietung und Verpachtung (zur Masse gehörig) 1. 1.–31. 12.	10 000 €
(d)	Verlustausgleich zwischen insolvenzfreiem und von der Insolvenz erfasstem Vermögen. Eröffnung des Insolvenzverfahrens 1. 7.	
	Verlust aus Gewerbebetrieb 1. 1.–30. 6.	20 000 €
	Gewinn aus Gewerbebetrieb 1. 7.–31. 12.	30 000 €
	Einkünfte aus nichtselbständiger Arbeit des Ehegatten	5 000 €

Zur Lösung der Fälle siehe 2. Teil Abschn. B I 5.

Als weiteres Problem kommt hinzu, dass es möglicherweise infolge des Zusammentreffens von Masseeinkünften, vor Eröffnung des Insolvenzverfahrens erzielten Einkünften und insolvenzfreien Einkünften wegen der Progression zu einer progressiven Erhöhung der Steuer kommt oder überhaupt erst eine Steuerschuld entsteht. Hierbei entsteht die Frage, ob die Steuerforderung, je nach den Umständen des Falles, als Masseverbindlichkeiten, als Insolvenzforderung oder ganz oder zum Teil, eventuell neben der Inanspruchnahme der Insolvenzmasse, außerhalb des Insolvenzverfahrens geltend zu machen, d.h. auf die einzelnen Vermögensmassen aufzuteilen ist.

Nach § 155 Abs. 2 InsO beginnt mit der Eröffnung des Insolvenzverfahrens ein neues Geschäftsjahr. Damit wird jedoch eine Aufteilung der Einkommensteuerschuld nicht überflüssig, da der Veranlagungszeitraum unverändert bleibt[51]. Durch die bessere handelsrechtliche Abgrenzung wird eine Aufteilung allerdings sehr erleichtert.

Ausgangspunkt ist, dass auch die Einkommensteuer im Insolvenzverfahren entweder als Masseverbindlichkeit nach § 55 Abs. 1 Nr. 1 InsO oder als Insolvenzforderung nach § 38 InsO geltend zu machen ist. Die Einkommensteuer ist allerdings eine Personensteuer, keine Objektsteuer; die Einkommensteuer „lastet“ daher nicht auf der Insolvenzmasse, auch nicht, wenn sie auf Handlungen des Insolvenzverwalters zurückzuführen ist. Aus dem Charakter der Einkommensteuer als persönlicher Schuld des Steuerpflichtigen folgt aber nicht, dass sie nicht im Insolvenzverfahren geltend gemacht werden könnte. Das Insolvenzverfahren dient gerade der Befriedigung persönlicher Verbindlichkeiten (im Gegensatz zu Forderungen, die auf der Masse „lasten“ und daher abgesondert befriedigt werden). Insolvenzrechtlich sind persönliche Verbindlichkeiten, die der Schuldner

51 Vgl. 2. Teil Abschn. B I 1.

vor Eröffnung des Insolvenzverfahrens verursacht („begründet") hat, Insolvenzforderungen. Damit sind Einkommensteuerforderungen, die vor der Eröffnung des Insolvenzverfahrens begründet worden sind, Insolvenzforderungen nach § 38 InsO.

Persönliche Verbindlichkeiten, die der Insolvenzverwalter verursacht, sind vorweg aus der Masse als Masseverbindlichkeiten zu begleichen. In diesem Sinne kann auch der Insolvenzverwalter die Einkommensteuerschuld als persönliche Schuld des Schuldners ganz oder teilweise verursachen. Wenn Handlungen des Insolvenzverwalters zu Gewinnen der Insolvenzmasse im steuerrechtlichen Sinn führen, hat er die dementsprechende Einkommensteuer verursacht. Persönliche Verbindlichkeiten, die an Handlungen des Insolvenzverwalters anknüpfen, fallen unter §§ 54 ff. InsO, damit auch die an Handlungen des Insolvenzverwalters anknüpfende Einkommensteuer. Die Einkommensteuerschuld kann also ganz oder teilweise zu den Masseverbindlichkeiten nach § 55 Abs. 1 Nr. 1 InsO gehören[53].

Nach § 38 InsO sind Insolvenzforderungen alle Forderungen, die zur Zeit der Eröffnung des Insolvenzverfahrens „begründet" waren. Nach § 54 f InsO ist eine Forderung Masseverbindlichkeit, wenn sie mit einer Handlung des Insolvenzverwalters in Zusammenhang steht[54]. Soweit eine Forderung nicht unter einen dieser beiden Tatbestände fällt, kann sie im Insolvenzverfahren nicht geltend gemacht werden.

Die Einkommensteuer ist regelmäßig in der Form der Abschlusszahlung zu entrichten[55]. Dies setzt eine Veranlagung voraus, die erst nach Beendigung des Steuerabschnitts erfolgen kann, also regelmäßig erst nach Ende des Kalenderjahres. Die Festsetzung der Einkommensteuer erfolgt damit nach Eröffnung des Insolvenzverfahrens, wenn diese in das fragliche Kalenderjahr fällt.

---

52 So im Ergebnis *BFH*, 7. 11. 1963, BStBl. III 1964 S. 70, BB 1963 S. 545; *BFH* 29. 3. 1984, BStBl. II 1984 S. 602, BB 1984 S. 1471; *BFH* 11. 11. 1993, BFH/NV 1994 S. 477; *BFH* 25. 7. 1995, BFH/NV 1996 S. 117; *Maus*, in: Uhlenbruck, InsO, zu § 80 Rz. 25; *Dißars*, in: Schwarz, AO, zu § 251 Rz. 77, 161.

53 Kapitalerträge sind entsprechend ihrem Zufluss zuzuordnen; die Steuer hierauf gehört also zu den Masseverbindlichkeiten, wenn der Zufluss nach Eröffnung des Insolvenzverfahrens erfolgt. Damit ist auch die Erhebung der Kapitalertragsteuer/Zinsabschlag nach Eröffnung des Insolvenzverfahrens zulässig, da die Geltendmachung von Masseverbindlichkeiten nicht eingeschränkt ist, vgl. *BFH*, 9. 11. 1994, BStBl. 1995 II S. 255, BB 1995 S. 613.

54 *RFH*, 10. 3. 1940, RFHE 48 S. 176.

55 Im Folgenden wird nur die Abschlusszahlung behandelt. Über die Vorauszahlungen unten Abschnitt B I 9 b.

Mit der Veranlagung entsteht aber lediglich die Verpflichtung zur Steuer-*zahlung*. Die Steuer entsteht materiellrechtlich nach § 38 AO durch Verwirklichung des Tatbestandes, also unabhängig von der Steuerfestsetzung. Die Veranlagung hat nur die Funktion, die Höhe der Steuer verbindlich festzustellen und die Fälligkeit herbeizuführen. Vor der Veranlagung fehlt also bei der Einkommensteuer das Zeitelement, das die nicht fällige in eine fällige Schuld verwandelt. Für die Teilnahme am Insolvenzverfahren ist die entstandene, noch nicht fällige Steuerschuld nach § 41 Abs. 1 InsO als fällig zu behandeln. Der Zeitpunkt der Veranlagung ist für die Art der Teilnahme am Insolvenzverfahren daher nicht entscheidend.

Das Entstehen der Steuerschuld regelt § 38 AO; die Steuerschuld entsteht danach in dem Zeitpunkt, in dem der steuerliche Tatbestand verwirklicht wird.

Nach § 2 EStG unterliegt der Einkommensteuer das Beziehen von Einkommen während des Bemessungszeitraumes. Zum Steuertatbestand gehört also, dass ein persönlich Steuerpflichtiger ein steuerbares Einkommen während des Bemessungszeitraums bezieht. Die Einkommensteuerschuld entsteht nach § 36 Abs. 1 EStG erst mit Ablauf des Veranlagungszeitraums (regelmäßig des Kalenderjahrs).

Somit gehört zu dem Entstehungstatbestand der Einkommensteuer ein Zeitelement, das von dem oben erwähnten, außerhalb des Steuertatbestandes stehenden und zur Fälligkeit führenden Zeitelement verschieden ist. Das Entstehen von Einkünften ist kein punktueller, sich ständig in selbstständigen Einzelakten wiederholender Vorgang. Es handelt sich vielmehr um einen fortlaufenden, zusammenhängenden Prozess während des Veranlagungszeitraumes.

Es lässt sich daher zu keinem Zeitpunkt während des Laufs des Bemessungszeitraums sagen, dass der Einkommensteuertatbestand des Beziehens von steuerbarem Einkommen verwirklicht worden ist. Während des Laufs des Bemessungszeitraumes ist kein „Einkommen“, sondern nur „Erlös“ aus (gewerblicher) Leistung bezogen worden bzw. sind Aufwendungen entstanden[56]. Damit aus diesen Erlösen und Aufwendungen Einkünfte und dann Einkommen werden, müssen die verschiendenen in einem Bemessungszeitraum anfallenden Erlöse und Aufwendungen (einschl. Abschreibungen) durch den Besteuerungszeitraum zusammengefasst werden. Vorher besteht noch kein Einkommen, sondern nur ein oder mehrere Berechnungsposten, aus denen später der Gesamtbetrag der Einkünfte und das Einkommen errechnet werden. So ist mit dem Anfallen von Erlösen der Steuertatbestand

56 *RFH*, 8. 2. 1928, RFHE 23 S. 70.

des Entstehens von Einkommen noch nicht erfüllt; hinzukommen muss begriffsnotwendig ein Zeitelement, der Steuerabschnitt, der die einzelnen unselbstständigen Berechnungsposten zu einem einheitlichen Einkommen zusammenfasst. Im Gegensatz zu den Steuern, die an einen einmaligen Zeitpunkt anknüpfen, wie Erbschaft- und Grunderwerbsteuer, kann daher bei der Einkommensteuer der Zeitpunkt des Entstehens der Steuerschuld erst mit Beendigung des Steuerabschnitts liegen (vgl. § 36 Abs. 1 EStG).

Diese Überlegung scheint notwendig zu dem Ergebnis zu führen, dass die Einkommensteuerschuld des Kalenderjahres der Eröffnung des Insolvenzverfahrens nicht Insolvenzforderung sein kann, da sie erst nach Eröffnung des Insolvenzverfahrens entsteht. Könnte danach die Steuerschuld nicht als Insolvenzforderung geltend gemacht werden, so stellt sie auch keine Masseverbindlichkeit dar, da sie nicht auf Handlungen des Insolvenzverwalters beruht und nicht mit der Verwaltung und Verwertung der Masse in Zusammenhang steht. Das lässt sich an folgenden extremen Beispielen verdeutlichen:

Beispiele:

(a) Eröffnung des Insolvenzverfahrens 30. 12.; keine Handlungen des Insolvenzverwalters vor dem 1. 1. des nächsten Jahres. Nach § 36 Abs. 1 EStG ist die Einkommensteuerschuld für das Jahr der Eröffnung des Insolvenzverfahrens erst mit Ablauf des 31. 12., also nach Eröffnung des Insolvenzverfahrens, entstanden. Der Insolvenzverwalter hat aber nicht gehandelt, so dass keine Masseverbindlichkeit vorliegen kann.

(b) Eröffnung des Insolvenzverfahrens mitten im Kalenderjahr; der Insolvenzverwalter erzielt keine Einnahmen mehr (etwa, weil der Schuldner bereits vorher alle verwertbaren Gegenstände verkauft hat; der Insolvenzverwalter verteilt lediglich das vorhandene Bargeld). Auch hier resultiert das Einkommen und die darauf beruhende Einkommensteuer nicht aus Handlungen des Insolvenzverwalters; es kann also keine Masseverbindlichkeit vorliegen.

Danach wäre das Ergebnis also, dass die Einkommensteuerforderung, soweit sie auf vor Eröffnung des Insolvenzverfahrens erzielte Einkünfte entfällt, weder als Masseverbindlichkeiten noch als Insolvenzforderung geltend gemacht werden kann; dieser Teil der Steuerschuld bliebe also im Insolvenzverfahren unberücksichtigt.

Dieses Ergebnis hält jedoch einer kritischen Analyse nicht stand. Die oben dargelegten Schwierigkeiten beruhen, allgemein gesprochen, darauf, dass zwei einander widersprechende Vorschriften kollidieren.

Die insolvenzrechtlichen Prinzipien, die in § 38 InsO ihren Ausdruck gefunden haben, gebieten, alle, aber auch nur solche Forderungen am Insolvenzverfahren teilnehmen zu lassen, die sich auf die zur Verteilung anstehende Vermögensmasse beziehen. Das bedeutet, dass eine Forderung als Insolvenzforderung anzumelden ist, wenn sie sich auf die Vermögensmasse vor Eröffnung des Insolvenzverfahrens, die spätere Insolvenzmasse, bezieht, dagegen als Masseverbindlichkeiten geltend zu machen ist, wenn sie infolge der Verwaltung und Verwertung durch den Insolvenzverwalter mit der Insolvenzmasse zusammenhängt. In beiden Fällen nimmt die Forderung am Insolvenzverfahren teil, weil eine sachliche Bindung an die Insolvenzmasse bzw. die spätere Insolvenzmasse besteht. Mittel zur Verwirklichung dieses Prinzips sind die Abgrenzungen in den §§ 38, 54, 55 InsO. Damit soll sichergestellt werden, dass nur die Forderungen, die sich auf die zur Verteilung stehende Vermögensmasse beziehen, am Insolvenzverfahren teilnehmen können.

Die Einkommensteuer wird demgegenüber von dem Prinzip der Abschnittsbesteuerung beherrscht. Die dem Steuerpflichtigen ständig zufließenden Einnahmen und die bei ihm abfließenden Betriebsausgaben bzw. Werbungskosten müssen für Zwecke der Einkommensbesteuerung für einen gewissen Zeitraum zusammengefasst werden. Grundlage der Besteuerung ist ein einheitliches Einkommen des Steuerpflichtigen, das diesem innerhalb dieses bestimmten Zeitraumes zugeflossen ist. Der Einkommensbesteuerung unterworfen werden soll nur das, was aus den sieben Einkunftsarten fließt, andererseits aber auch alle Einkünfte aus diesen Einkunftsarten, gleichgültig, wie diese Einkünfte insolvenzrechtlich einzuzuordnen sind. Das Einkommensteuerrecht vernachlässigt daher die insolvenzrechtliche Einordnung, bleibt vielmehr bei einem einheitlichen Einkommen und damit bei einer einheitlichen Steuerschuld.

Die Kollision des insolvenzrechtlichen mit dem einkommensteuerrechtlichen Prinzip beruht auf der gesetzestechnischen Art ihrer Verwirklichung. Indem für das Insolvenzrecht in § 38 InsO ein bestimmter maßgeblicher Zeit*punkt*, der der Eröffnung des Insolvenzverfahrens, dagegen für das Einkommensteuerrecht in § 2 EStG ein Zeit*raum*, der Steuerabschnitt, festgelegt werden, ergibt sich die Möglichkeit, dass der insolvenzrechtliche Zeitpunkt den steuerrechtlichen Zeitraum zerschneidet.

Die Teilung des steuerrechtlichen Bemessungszeitraums durch die Eröffnung des Insolvenzverfahrens durch das Insolvenzrecht dient lediglich insolvenzrechtlichen Zwecken. Durch das Insolvenzrecht sollen keine steuerrechtlichen Ergebnisse erzielt werden. Andererseits dient das steuerrechtliche Prinzip des einheitlichen Steuerabschnitts nur steuerrechtlichen

Zwecken; es darf nicht zur Lösung insolvenzrechtlicher Fragen benutzt werden. Daher darf das Prinzip des einheitlichen Steuerabschnitts, das zur Entstehung der Einkommensteuerschuld nach Ablauf dieses Steuerabschnitts führt, nicht für die insolvenzrechtliche Abgrenzung von insolvenzfreien Forderungen, Insolvenzforderungen und Masseverbindlichkeiten benutzt werden. Dadurch würden unvergleichbare Prinzipien miteinander verknüpft.

Die notwendige insolvenzrechtliche Abgrenzung kann, auch soweit sie eine Steuerforderung betrifft, nur nach insolvenzrechtlichen Prinzipien erfolgen. Daher sind steuerrechtliche Tatbestandsverwirklichung und Entstehen der Steuerforderung für die insolvenzrechtliche Einordnung der Steuerschuld ohne Bedeutung. Nach insolvenzrechtlichen Grundsätzen müssen Forderungen, soweit sie sich auf die Zeit vor Eröffnung des Insolvenzverfahrens beziehen, als Insolvenzforderung geltend gemacht werden; soweit die Steuerforderung auf Handlungen des Insolvenzverwalters beruht, ist sie als Masseverbindlichkeit und, soweit es sich um von dem Ehegatten des Schuldners oder pfändungsfrei durch den Schuldner nach Eröffnung des Insolvenzverfahrens bezogene Einkünfte handelt, als insolvenzfreie Forderung durchzusetzen. Dem darf sich die steuerrechtliche Regelung, die nur steuerrechtliche, nicht insolvenzrechtliche Fragen regelt, nicht entgegenstellen[57].

Dies bedeutet, dass das Steuerrecht zwar allein darüber entscheidet, ob und in welcher Höhe eine einheitliche Steuerschuld entstanden ist, dass davon aber die Frage zu trennen ist, wie diese einheitliche Steuerschuld im Insolvenzverfahren zu behandeln ist; das ist allein eine Frage des Insolvenzrechts.

Die Mehrung des Vermögens bildet ein wesentliches Element für das Entstehen der Steuerschuld. Soweit diese Vermögensmehrung (etwa durch Zufluss von Einnahmen) vor Eröffnung des Insolvenzverfahrens erfolgt ist, bezieht sie sich auf die Insolvenzmasse; diese Vermögensmehrung bildet ja grundsätzlich einen Teil der zur Verteilung zur Verfügung stehenden Masse. Die Erzielung von Einnahmen aus einer der sieben Einkunftsarten stellt die Grundlage des später entstehenden Steueranspruchs dar; es wird bereits der steuerschuldrechtliche Organismus geschaffen, aus dem später

57 Zwar hat der *BFH*, 6. 3. 1953, BStBl. III 1953 S. 111, BB 1953 S. 317, entschieden, dass „Begründetheit" i. S. d. § 3 KO (jetzt: § 38 InsO) identisch mit dem „Entstehen" nach § 3 StAnpG sei; doch ging es in diesem Urteil um eine ganz andere Frage (Rechtsweg), so dass die dort passim vertretene und nicht begründete Ansicht nicht überzeugt. Zu dem Begriff des Begründetseins in § 38 InsO vgl. 2. Teil Abschn. A I 1.

die Steueransprüche fließen. Die diesen Einnahmen entsprechende Einkommensteuerschuld muss nach den geschilderten insolvenzrechtlichen Prinzipien am Insolvenzverfahren teilnehmen, und zwar als Insolvenzforderung. Soweit die Vermögensmehrung bzw. Einnahmen nach Eröffnung des Insolvenzverfahrens anfallen, ist die dementsprechende Einkommensteuerschuld nach den gleichen insolvenzrechtlichen Prinzipien entweder, wenn es sich um vom Insolvenzverwalter erzielte und seiner Verwaltung unterliegende Einnahmen handelt, als Masseverbindlichkeiten oder, wenn der Schuldner pfändungsfreien Neuerwerb erzielt oder der mit dem Schuldner zusammenveranlagte Ehegatte Neuerwerb erwirtschaftet hat, als nicht am Insolvenzverfahren teilnehmende insolvenzfreie Forderung geltend zu machen.

Diese insolvenzrechtliche Einordnung berührt das Einkommensteuerrecht nicht, denn nach wie vor bestimmt das Steuerrecht, in welcher Höhe die Steuerforderung entstanden ist. Das Insolvenzrecht bestimmt lediglich, gegen welche Vermögensmasse und in welcher Form die Steuerforderung geltend zu machen ist[58].

Die Einkommensteuerschuld ist daher je nach der Zugehörigkeit der entsprechenden Einnahmen zur Insolvenzmasse durchzusetzen[59].

5. Aufteilung der Einkommensteuerschuld – Praktische Durchführung

Daher ist die einkommensteuerrechtlich einheitliche Einkommensteuerschuld in Insolvenz-, Masse- und, wenn der Schuldner pfändungsfreien Neuerwerb erwirtschaftet oder wenn Ehegatten zusammenveranlagt werden, in insolvenzfreie Forderung aufzuteilen.

Nicht in Betracht kommen kann es, zum Zwecke der Durchführung des Insolvenzverfahrens die Einkommensteuer für den Abschnitt vor Eröffnung des Insolvenzverfahrens, für die Einnahmen der Insolvenzmasse und für die insolvenzfreien Einnahmen jeweils gesondert, also der Sache nach

---

58 So den Grundsätzen nach auch *v. Kalm*, DStZ (A) 1950, S. 191, der aus dem Grundsatz „Konkursrecht (Insolvenzrecht) geht vor Steuerrecht" folgert, dass die Höchstgrenze dessen, was nach Eröffnung des Insolvenzverfahrens aus der Masse an Steuer zu entrichten ist, derjenige Betrag sein müsse, der ohne insolvenzfreie Einkünfte zu entrichten wäre.

59 So auch *RFH*, 22. 6. 1938, RFHE 44 S. 162 (166 a. E.); 19. 3. 1940, RFHE 48 S. 176. Beide Urteile gehen jedoch nicht auf die hier geschilderte spezifische Problematik ein. Ebenso *BFH*, 7. 11. 1963, BStBl. III 1964 S. 70, BB 1964 S. 545; 25. 7. 1995, BFH/NV 1996 S. 117.

durch drei Veranlagungen, festzusetzen. Hierdurch würde die Geltung der in Abschnitt B I 4 entwickelten Prinzipien wieder in Frage gestellt; eine insolvenzrechtliche Steuerermittlung gibt es nicht.

Möglich bleibt also nur eine verhältnismäßige Aufteilung der einheitlich ermittelten und festgesetzten Steuerschuld.

Diese Aufteilung muss von der Jahressteuerschuld ausgehen. Erst mit Beendigung des Steuerabschnitts, also in der Regel mit Jahresende, lässt sich ermitteln, welche Gewinne welchen Verlusten gegenüberstehen und welche Sonderausgaben und außergewöhnliche Belastungen zu berücksichtigen sind. Daher kann auch erst nach Beendigung des Steuerabschnitts ermittelt werden, welcher Teil der Steuerschuld Insolvenzforderung ist, welcher Masseverbindlichkeit und welcher als insolvenzfreie Forderung durchgesetzt werden kann. In der Mehrzahl der Fälle kann die Anmeldung der Steuerforderung für das laufende Jahr als Insolvenz- oder Masseforderung daher nicht sofort erfolgen. § 45 S. 1 InsO sieht hierfür vor, dass die Forderung mit einem geschätzten Betrag anzumelden ist[60]. Stellt sich diese Schätzung später, nach Beendigung des Steuerabschnitts, als ungerechtfertigt heraus, kann sie gemäß § 177 Abs. 1 S. 3 InsO berichtigt werden.

Die in der Praxis einfachste Art der Aufteilung ist die folgende Methode:

Der anteilige Einkommensteuerbetrag, der als Insolvenzforderung anzumelden ist, verhält sich zu dem Jahressteuerbetrag wie die vorinsolvenzlichen Einkünfte des Schuldners (Teileinkünfte) zu dem Gesamtbetrag der Einkünfte.

Es ergibt sich danach folgende Formel:

$$\frac{\text{Anteiliger ESt-Betrag (X)}}{\text{ESt-Jahresbetrag}} = \frac{\text{Teileinkünfte}}{\text{Gesamtbetrag der Einkünfte}}$$

oder, nach X aufgelöst

$$X = \frac{\text{Teileinkünfte x ESt-Jahresbetrag}}{\text{Gesamtbetrag der Einkünfte}}$$

Der ins Auge fallende Nachteil dieser Methode ist, dass hierbei die Progression nicht berücksichtigt wird. Es wird vielmehr unterstellt, dass sich die Steuerbelastung linear erhöht.

60 Hierzu *RG*, 12. 1. 1943, RGZ 170, 276, 280; *BFH*, 6. 11. 1953, BStBl. III 1953, S. 364, 366.

Beispiel:

Gesamtbetrag der Einkünfte im Kalenderjahr der Eröffnung des Insolvenzverfahrens 100 000 €, vor- oder außerinsolvenzliche Einkünfte davon 20 000 € . Demnach durch den Insolvenzverwalter erzielte Einkünfte 80 000 €.

Nach der obigen Methode betragen die vorinsolvenzlichen bzw. insolvenzfreien Einkünfte 20 000 oder 1/5; demgemäß wären 20% der Jahressteuerschuld als Insolvenzforderung bzw. außerhalb des Insolvenzverfahrens gegen den Schuldner persönlich geltend zu machen, als Masseverbindlichkeiten dagegen 80% der Jahressteuerschuld. Wegen der Progression entspricht aber dem Einkunftsbetrag von 80 000 € ein höherer Anteil an dem Jahressteuerbetrag. Diese Ungenauigkeit hat folgende Auswirkungen:

Erzielt der Insolvenzverwalter einen hohen Gewinn und wird dann die Progression bei der Aufteilung nicht berücksichtigt, so ist zu Lasten des Steuergläubigers der als Masseverbindlichkeit und damit vor den Insolvenzforderungen geltend zu machende Teil der Steuerforderung zu niedrig. Dieser Aufteilungsmaßstab kann aber auch zu einer Benachteiligung des Schuldners führen. Wenn ein geringer insolvenzfreier Erwerb mit hohen vorinsolvenzlichen oder vom Insolvenzverwalter erzielten Einkünften zusammenfällt, ist der von dem Schuldner außerhalb des Insolvenzverfahrens zu entrichtende Teil der Steuerschuld zu hoch.

Liegen schließlich hohe vorinsolvenzliche Einkünfte, aber nur ein geringer vom Insolvenzverwalter erzielter Gewinn vor, dann ist der als Masseverbindlichkeiten zu befriedigende Teil der Steuerschuld zu hoch.

Ein weiterer Nachteil dieser Methode ist, dass Sonderausgaben, außergewöhnliche Belastungen und Freibeträge nicht danach aufgeschlüsselt werden können, ob die Ausgaben aus dem vorinsolvenzlichen, dem insolvenzfreien Vermögen des Schuldners bzw. des Ehegatten oder der Insolvenzmasse geflossen sind, da Ausgangspunkt der Gesamtbetrag der Einkünfte, d. h. die Einkünfte vor Berücksichtigung von Sonderausgaben und außergewöhnlichen Belastungen, ist.

Zur Vermeidung dieser Schwierigkeit bietet das Gesetz selbst in einem Fall mit ähnlicher Interessenlage einen Weg. Nach §§ 268 ff. AO können die auf den einzelnen Ehegatten entfallenden Teile der einheitlichen Einkommensteuerschuld bei der Zusammenveranlagung auseinandergerechnet werden, wenn aus dem Steuerbescheid vollstreckt wird. Dies geschieht in der Weise, dass nicht, wie in der oben skizzierten Methode vorgeschlagen, der Gesamtbetrag der Einkünfte jedes Ehegatten zum Gesamtbetrag der Einkünfte beider Ehegatten in ein Verhältnis gesetzt wird, sondern indem die Steuerschuld nach dem Verhältnis aufgeteilt wird, in dem der Einkommensteuerbetrag eines Ehegatten zum Einkommensteuerbetrag des anderen Ehegatten steht, die sich jeweils bei getrennter Veranlagung ergeben würden. Ins Verhältnis zueinander gesetzt werden also nicht die Einkünfte, sondern die sich aus einer fiktiven getrennten Veranlagung ergebenden Steuerbeträge. Da diese Steuerbeträge die Progression ausdrücken, wird die dem höheren Einkommen entsprechende höhere Progressionsstufe bei Verteilung der Jahressteuerschuld nach diesem Verhältnis berücksichtigt. Außerdem können bei dieser fiktiven Veranlagung Sonderausgaben, Freibeträge und außergewöhnliche Belastungen demjenigen zugerechnet werden, der diese Ausgaben tatsächlich getragen hat. Dies ist eine sachgerechte Methode und daher auf die Aufteilung im Insolvenzverfahren zu übertragen. Zur Ermittlung der der fiktiven Veranlagung zugrunde zu legenden zu versteuernden Einkommensbeträge sind die steuerlich berücksichtigungsfähigen Ausgaben daraufhin zu untersuchen, zu welchen der insolvenzrechtlichen Einkünfte sie gehören bzw. aus welcher Vermögensmasse und zu welcher Zeit sie geleistet wurden.

Das bedeutet im Einzelnen:

Betriebsausgaben und *Werbungskosten* (einschließlich des Arbeitnehmer-Pauschbetrages) sind bei der Einkunftsart abzusetzen, zu der sie gehören.

Zeitlich entscheidend ist der Zeitpunkt des Abfließens. Vor Eröffnung des Insolvenzverfahrens geleistete Zahlungen, und zwar Betriebsausgaben, Werbungskosten, Sonderausgaben und außergewöhnliche Belastungen, sind immer von den vor Eröffnung des Insolvenzverfahrens zugeflossenen Einkünften abzusetzen. Sie wirken sich also immer nur auf den Teil der Steuer aus, der als Insolvenzforderung geltend zu machen ist.

Für die Betriebsausgaben bilanzierender Steuerpflichtiger ist statt des Abfließens der Zeitpunkt entscheidend, zu dem die Ausgabe bei Aufstellung einer Bilanz Gewinnauswirkungen entfaltet hätte.

Beispiel:

> Eine Mietschuld ist nicht bezahlt worden. Bei Aufstellung einer Bilanz wäre die Schuld zu passivieren; sie würde den Gewinn bereits in diesem Zeitpunkt, nicht erst bei Zahlung, mindern. Die Gewinnauswirkung liegt also vor, nicht nach dem Zeitpunkt der Eröffnung des Insolvenzverfahrens.

Nach Eröffnung des Insolvenzverfahrens geleistete Zahlungen sind von den Einkünften abzusetzen, aus denen sie entrichtet worden sind. Sie wirken sich daher entweder auf die als Masseverbindlichkeiten oder auf die als insolvenzfreie Forderung durchzusetzende Steuerschuld aus. Dies gilt für alle tatsächlich nachzuweisenden Aufwendungen, einschließlich *Sonderausgaben* und *außergewöhnliche Belastungen. Pauschbeträge*, wie der Sonderausgabenpauschbetrag, § 10 c Abs. 1 EStG, sind zeitanteilig auf die verschiedenen Einkünfte zu verteilen.

Beispiel:

> Eröffnung des Insolvenzverfahrens 1. 7. Ab 2. 7. hat der Ehegatte, der mit dem Schuldner zusammenveranlagt wird, insolvenzfreie Einkünfte.
>
> Die Hälfte des Sonderausgabenpauschbetrages ist von den vorinsolvenzlichen Einkünften abzusetzen, ein Viertel von den vom Insolvenzverwalter erzielten und ein Viertel von den insolvenzfreien Einkünften abzuziehen.

Eine Aufteilung der Pauschbeträge nicht zeitanteilig, sondern entsprechend der Höhe der einzelnen Einkünfte verbietet sich dagegen. Die Gewährung der Pauschbeträge ist nicht von der Höhe der Einkünfte abhängig.

Steht dem Schuldner die *Vorsorgepauschale* nach § 10 c Abs. 2 EStG zu, vermindert sie die Steuer auf die Einkünfte aus nichtselbständiger Arbeit.

Bei den *Freibeträgen* (vgl. § 32 EStG) ist eine zeitanteilige Aufteilung vorzunehmen, wenn keine exakte Zuordnung zu einer Einkunftsart möglich ist.

Soweit sich auch nach den obigen Grundsätzen nicht feststellen läßt, etwa wegen fehlender Unterlagen, bei welchen Einkünften die Absetzung vorzunehmen ist, hat aus praktischen Erwägungen eine zeitanteilige Aufteilung zu erfolgen; es besteht dann die Vermutung, dass die Ausgaben im Verhältnis der Zeit aus allen Einkünften bestritten wurden.

Soweit ein *Verlust* aus den Jahren vor Eröffnung des Insolvenzverfahrens vorgetragen wird, bezieht er sich auf die Insolvenzmasse, nicht auf das insolvenzfreie Vermögen des Schuldners. Er ist zuerst bei den vorinsolvenzlichen Einkünften, erst dann bei den durch den Insolvenzverwalter erzielten Gewinnen zu berücksichtigen.

Beispiel:

> Verlustvortrag aus dem Jahr vor Eröffnung des Insolvenzverfahrens 30 000 €.
>
> Gewinn im Jahr der Eröffnung des Insolvenzverfahrens, vor Eröffnung des Insolvenzverfahrens erzielt, 20 000 €.

Vom Insolvenzverwalter erzielter Gewinn dieses Jahres 50 000 €.

Für die Berechnung der Jahressteuerschuld ist ein Einkommen von 40 000 € zugrunde zu legen; die Steuer ist in voller Höhe Masseverbindlichkeit, da der gesamte vorinsolvenzliche Gewinn von dem vorinsolvenzlichen Verlustvortrag aufgezehrt wird. Die Steuerschuld bezieht sich daher ausschließlich auf den Gewinn nach Eröffnung des Insolvenzverfahrens.

Soweit ein vortragsfähiger Verlust im Jahre der Eröffnung des Insolvenzverfahrens entstanden ist, ergibt sich naturgemäß für dieses Jahr keine Einkommensteuerschuld, da zuerst der Verlust aus Gewerbebetrieb mit den positiven Einkünften aus den anderen Einkunftsarten zu verrechnen ist. Dieser Verlust kann in den folgenden Jahren von dem positiven Gesamtbetrag der Einkünfte abgezogen werden. Hat der Schuldner bzw. sein mit ihm zusammenveranlagter Ehegatte insolvenzfreie Einkünfte, so ist zur Aufteilung der Jahressteuerschuld der Verlust von den Insolvenzeinkünften abzuziehen, da er aus der jetzigen Insolvenzmasse entstanden ist. Nur der Überschuss des Verlustvortrages kommt den insolvenzfreien Einkünften zugute. Dieser Überschuss geht den Insolvenzeinkünften also insoweit verloren. Eine Übertragung auf das nächste Jahr ist nicht möglich, da einkommensteuerrechtlich eine einheitliche Jahressteuerschuld zu ermitteln und daher der Verlustvortrag auszunutzen ist, soweit überhaupt noch ein positiver Gesamtbetrag der Einkünfte besteht.

Beispiel:

Verlustvortrag 30 000 €, vom Insolvenzverwalter erzielte Einkünfte 20 000 €, insolvenzfreie Einkünfte 20 000 €.

Der zu versteuernde Einkommensbetrag beträgt 10 000 €, die hierauf entfallende Steuer ist als insolvenzfreie Forderung geltend zu machen, da die Einkünfte, die von dem Insolvenzverwalter erzielt wurden, von dem Verlust aufgezehrt worden sind.

Erzielt der Insolvenzverwalter auch im nächsten Jahr Einkünfte, kann er den Verlust von 10 000 €, der im Vorjahr den insolvenzfreien Einkünften zugute gekommen ist, nicht mehr ausnutzen, obwohl der Verlust aus der Insolvenzmasse entstanden ist. Die einheitliche Veranlagung wirkt sich hier also zum Nachteil der Masse aus.

Soweit ein vortragsfähiger Verlust aus der außerinsolvenzlichen Betätigung des Ehegatten des Schuldners entstanden ist und Zusammenveranlagung erfolgt, kommt er bei der Aufteilung der Einkommensteuerschuld des nächsten Jahres in erster Linie den insolvenzfreien Einkünften zugute.

Ein insoweit noch nicht ausgenutzter Verlustvortrag ist dann von den Masseeinkünften abzusetzen. Diese Verschiebungen zwischen Insolvenzvermögen und insolvenzfreien Vermögen durch den Verlustabzug lassen sich nur dadurch vermeiden, dass der Insolvenzverwalter oder der Schuldner bzw. sein Ehegatte auf die Zusammenveranlagung verzichtet und getrennte Veranlagung wählt.

Entsprechende Regeln gelten für den Verlustrücktrag. Ein nicht auszugleichender Verlust ist in das Vorjahr zurückzutragen und dort in erster Linie von den Einkünften abzuziehen, aus denen er entstanden ist. Das bedeutet:

- Ein aus der Insolvenzmasse entstandener Verlust vermindert in erster Linie die als Masseverbindlichkeiten geltend zu machende Steuer, dann die Insolvenzforderung, und erst in letzter Linie die außerinsolvenzlichen Forderungen.
- Ein aus der außerinsolvenzlichen Tätigkeit des mit dem Schuldner zusammenveranlagten Ehegatten entstandener Verlust vermindert im Rücktragsjahr in erster Linie die außerinsolvenzlichen Steuerforderungen, erst dann die Masseverbindlichkeiten bzw. Insolvenzforderungen. Treffen in diesem Jahr Masseverbindlichkeiten und Insolvenzforderungen zusammen (Jahr der Eröffnung des Insolvenzverfahrens), hat eine anteilige Verteilung des Verlustrücktrages zu erfolgen.

Auch hier lässt sich dieses Ergebnis nur durch den Verzicht auf den Verlustrücktrag vermeiden.

Für die Berücksichtigung der „Mindestbesteuerung“ nach § 10d Abs. 2 EStG sind folgende Grundsätze anzuwenden:

Ist ein Verlust aus dem Vermögen des Insolvenzschuldners vor Eröffnung des Insolvenzverfahrens entstanden, ist der Sockelbetrag von 1 Mio. € von den Einkünften der Insolvenzmasse abzuziehen. Der Verlust darf in Höhe des Sockelbetrags von den Einkünften des zusammenveranlagten Ehegatten nur abgezogen werden, wenn die Insolvenzmasse geringere Einkünfte erzielt hat. Umgekehrt ist der Sockelbetrag zuerst von den insolvenzfreien Einkünften des Ehegatten abzuziehen, wenn der Verlust aus dem insolvenzfreien Vermögen des Ehegatten stammt. Nur der danach nicht verbrauchte Sockelbetrag kommt der Insolvenzmasse zugute.

Auch bei der Grenze von 60 % der Einkünfte nach § 10d Abs. 2 EStG ist zu berücksichtigen, aus welchem Vermögen der Verlust stammt. Dazu ist in einem ersten Schritt der Höchstbetrag des Verlustvortrags für das betreffende Jahr aus dem Gesamtbetrag der Einkünfte (also nicht getrennt nach Einkünften der Insolvenzmasse und Einkünften des Ehegatten) festzustellen. Im Rahmen dieses Höchstbetrags ist der Verlustabzug zuerst bei der Vermögensmasse durchzuführen, aus der der Verlust stammt; nur ein danach nicht ausgenutzter Verlustvortrag kommt der jeweils anderen Vermögensmasse zugute.

Beispiel:

Es ist ein vorinsolvenzlicher Verlustvortrag des Insolvenzsschuldners von 10 Mio. € vorhanden. Die Insolvenzmasse erhielt durch Veräußerung von Anlagevermögen einen Gewinn von 5 Mio. €, der Ehegatte des Insolvenzschuldners einen Gewinn von 6 Mio. € (Gewinn = Gesamtbetrag der Einkünfte). Von dem Gesamtbetrag der Einkünfte der (zusammenveranlagten) Ehegatten von 11 Mio. € ist vorab ein Verlust von 1 Mio. € abzuziehen, und zwar bei den Einkünften der Insolvenzmasse, da es es sich um einen vorinsolvenzlichen Verlust des Insolvenzschuldners handelt. Des Weiteren sind Verluste in Höhe von 60 % des verbleibenden Gesamtbetrags der Einkünfte, also 6 Mio. €, abzugsfähig. Diese sind in erster Linie der Insolvenzmasse zuzuordnen, also in Höhe der nach dem Vorababzug verbliebenen Einkünfte in Höhe von 4 Mio. €. Daher beträgt die aus der Insolvenzmasse zu zahlende Steuer 0. Von den Einkünften des Ehegatten kann nur der verbleibende abzugsfähige Verlust von 2 Mio. € abgezogen werden, so dass er 4 Mio. € zu versteuern hat.

Hat der Ehegatte den Verlust aus seinem insolvenzfreien Vermögen erlitten, ist der Verlust entsprechend zuerst von seinen insolvenzfreien Einkünften abzuziehen. Der Insolvenzmasse kommt dann nur der nicht ausgenutzte Verlustvortrag im Rahmen des (gemeinsamen) Höchstbetrags zugute.

Die vor dem Tode des Erblassers erzielten Einkünfte sind dem Erblasser, nicht dem Erben, zuzurechnen. Da jedoch der Erbe steuerrechtlich in die Stellung des Erblassers eintritt, kann er im Jahr des Todes des Erblassers dessen Verluste von seinen eigenen Einkünften im Wege des Verlustausgleichs abziehen. Darüber hinaus kann der Erbe die Verluste des Erblassers nach § 10 d EStG vortragen (siehe hierzu insbes. 2. Teil Abschn. B I 2 d).

Die nach dem Tode des Erblassers aus dem Nachlass erzielten positiven oder negativen Einkünfte sind dem Erben zuzurechnen, auch wenn über den Nachlass das Insolvenzverfahren eröffnet ist. Es gelten die dargelegten Grundsätze der Aufteilung der Einkommensteuerschuld; „Insolvenzmasse“ ist der Nachlass, die übrigen Einkünfte des Erben sind „insolvenzfreie Einkünfte“.

Zur besseren Erläuterung soll folgendes *Beispiel* durchgerechnet werden:

Eröffnung des Insolvenzverfahrens 1. 7.

Gesamtbetrag der Einkünfte im Kalenderjahr 108 000 €

Davon vorinsolvenzliche Einkünfte aus Gewerbebetrieb 30 000 €

Vom Insolvenzverwalter erzielte Einkünfte 60 000 €

Es soll unterstellt werden, dass der Gewerbebetrieb noch nicht aufgegeben wurde[61].

Insolvenzfreie Einkünfte des Ehegatten des Schuldners aus nichtselbstständiger Arbeit, die dieser nach Eröffnung des Insolvenzverfahrens aufgenommen hat (Zusammenveranlagung): 18 000 €[62].

Zu berücksichtigen sind: Sonderausgabenpauschalbetrag, Vorsorgepauschale und anerkannte außergewöhnliche Belastungen, die vor dem 30. 6. abgeflossen sind, von 2000 €.

Kinderfreibeträge sind nicht zu berücksichtigen. Der Steuerpflichtige ist nach der Splittingtabelle 2004 zu besteuern.

Errechnung der Jahressteuerschuld		€
Gesamtbetrag der Einkünfte		108 000
Sonderausgabenpauschale, § 10 c Abs. 1 EStG	./.	72
Vorsorgepauschale (abgerundet)	./.	1 134
außergewöhnliche Belastungen	./.	2 000
Einkommen		104 794
Freibeträge		0
Zu versteuerndes Einkommen		104 794
Jahreseinkommensteuer nach der Splittingtabelle		29 450

Aufteilung		€
• Insolvenzfreie Einkünfte		18 000
Anteil an der Sonderausgabenpauschale; zeitlich betrugen die insolvenzfreien Einkünfte zusammen mit den Einkünften aus der Verwertung der Masse die Hälfte, allein also ein Viertel	./.	18
Vorsorgepauschale	./.	1 134
zu versteuerndes Einkommen		16 848
Steuer hierauf nach der Grundtabelle 2004		2 057

61 Die Eröffnung des Insolvenzverfahrens stellt noch keine Aufgabe des Gewerbebetriebes dar, *BFH*, 7. 3. 1957, BStBl. III 1957 S. 209; *BFH*, 26. 9. 1961, BStBl. III 1961 S. 517, BB 1961 S. 1189.

62 Es wird unterstellt, dass bei den Einkünften aus nichtselbstständiger Arbeit die Werbungskosten bereits abgezogen worden sind.

• vorinsolvenzliche Einkünfte		30 000
Aufteilung entsprechend den obigen Erläuterungen:		
Sonderausgabenpauschale (50%)	./.	36
außergewöhnliche Belastungen (vor Eröffnung des Insolvenzverfahrens abgeflossen)	./.	2 000
zu versteuerndes Einkommen		27 964
Steuer hierauf nach der Grundtabelle 2004		5 294

• Einkünfte der Masse		60 000
Sonderausgabenpauschale (25% von 108)	./.	18
zu versteuerndes Einkommen		59 982
Steuer hierauf nach der Grundtabelle 2004		17 251

Die gesamte Jahreseinkommensteuerschuld von 29 450 € ist also im Verhältnis

2 057 : 5 294 : 17 251

zu verteilen.

Dies ausgerechnet, führt zu folgendem Ergebnis:

Von der Jahressteuerschuld von 29 450 € sind geltend zu machen

als insolvenzfreie Forderung	8,36% =	2 462 €
als Insolvenzforderung	21,52% =	6 338 €
als Masseforderung	70,12% =	20 650 €
	100,00% =	29 450 €

Zum Vergleich:

Diese verhältnismäßig komplizierte Art der Aufteilung rechtfertigt sich nur, wenn das Ergebnis gegenüber der Aufteilung nach der einfacheren, bereits geschilderten Methode wesentlich abweicht. Würde man die Aufteilungsquoten nach dieser Methode berechnen, so erhielte man folgendes Ergebnis:

• Insolvenzfreie Einkünfte

$$\frac{18\,000 \times 100}{108\,000} = 16{,}7\ \%\ \text{der Jahressteuerschuld}$$

Aus den insolvenzfreien Einkünften daher zu zahlen 4 918 €.

- Insolvenzforderung

$$\frac{30\,000 \times 100}{108\,000} = 27{,}8\% \text{ der Jahressteuerschuld}$$

Als Insolvenzforderung geltend zu machen daher 8 187 €

Masseforderung

$$\frac{60\,000 \times 100}{108\,00} = 55{,}5\% \text{ der Jahressteuerschuld}$$

Als Masseforderung geltend zu machen 16 345 €

Das Finanzamt darf hiernach also nur einen um etwa 4 300 € geringeren Betrag als Masseforderung geltend machen, es muss ein um etwa 2 500 € höherer Teil der Steuerforderung aus dem insolvenzfreien Vermögen beglichen werden.

Beide Methoden führen also zu erheblich abweichenden Ergebnissen; es rechtfertigt sich daher die Anwendung der komplizierteren, aber sachgerechteren Lösung. Damit ergibt sich auch die *Lösung der Fälle aus Abschn. B I 4*:

Fall (a)

Verlust und Gewinn aus Gewerbebetrieb sind im Wege des Verlustausgleichs zu verrechnen. Der Gesamtbetrag der Einkünfte beträgt demnach 10 000 €; die hierauf entfallende Steuer gehört zu den Masseverbindlichkeiten, da der Gewinn nach Eröffnung des Insolvenzverfahrens durch den Insolvenzverwalter erzielt wurde. Im umgekehrten Fall wäre der Gewinn vor Eröffnung des Insolvenzverfahrens erzielt worden; die Steuerforderung wäre aus Insolvenzforderung zur Tabelle anzumelden.

Fall (b)

Es ist Verlustausgleich durchzuführen. Die auf den Gesamtbetrag der Einkünfte von 10 000 € entfallende Steuerschuld ist als Insolvenzforderung zur Tabelle anzumelden.

Fall (c)

Der nach dem Verlustausgleich verbleibende Gewinn aus Gewerbebetrieb wurde nach Eröffnung des Insolvenzverfahrens erzielt; die hierauf entfallende Steuer ist daher Masseverbindlichkeit. Die Einkünfte aus Vermietung und Verpachtung sind sowohl vor als auch nach Eröffnung des Insolvenzverfahrens erzielt; die entsprechende Steuer ist daher zeitanteilig aufzuteilen und teils als Insolvenzforderung, teils als Masseverbindlichkeit geltend zu machen. Die Progression ist auf die dargestellte Art zu berücksichtigen.

Fall (d)

Nach Verlustausgleich ist die auf die Einkünfte aus Gewerbebetrieb entfallende Steuer als Masseverbindlichkeit geltend zu machen. Die auf die Einkünfte aus nichtselbstständiger Arbeit entfallende Steuer kann nur gegen das insolvenzfreie Vermögen durchgesetzt werden. Die Progression ist auf die dargestellte Weise zu berücksichtigen; die Pauschbeträge sind, soweit sie nur für nichtselbstständige Arbeit gewährt werden, den insolvenzfreien Einkünften zuzurechnen; im Übrigen sind sie aufzuteilen.

6. Versteuerung der stillen Reserven

Bei der Aufteilung der Einkommensteuerschuld stellt sich die Frage, wie der Teil der Steuerschuld zu behandeln ist, der durch die Aufdeckung der stillen Reserven durch den Insolvenzverwalter entsteht. Das Problem erhält seine Bedeutung dadurch, dass es nach § 159 InsO Aufgabe des Insolvenzverwalters ist, die Insolvenzmasse zu verwerten; er ist daher verpflichtet, Handlungen vorzunehmen, die notwendig zur Aufdeckung der stillen Reserven führen. Ein erheblicher Teil der vom Insolvenzverwalter erzielten Gewinne wird hieraus resultieren.

Die Eigenart dieser Fallgestaltung liegt darin, dass die Handlung, die zum Entstehen des Gewinnes führt, vom Insolvenzverwalter vorgenommen wird; eine Einordnung der hierauf beruhenden Steuerschuld als Masseverbindlichkeit liegt daher nahe. Andererseits wurden die stillen Reserven in der Zeit vor Eröffnung des Insolvenzverfahrens angesammelt; dies spricht für eine Anmeldung als Insolvenzforderung.

Nicht haltbar ist es anzunehmen, dass mit Eröffnung des Insolvenzverfahrens die vorhandenen stillen Reserven bereits aufgedeckt werden. Die Eröffnung des Insolvenzverfahrens beendet den Steuerabschnitt nicht[63], die Eröffnung des Insolvenzverfahrens und die Aufstellung der Eröffnungsbilanz nach § 151 InsO sind steuerrechtlich keine Gewinnrealisierungstatbestände. Zwar beginnt mit der Eröffnung des Insolvenzverfahrens ein neues Geschäftsjahr und damit steuerlich ein neues Wirtschaftsjahr. Die auf das Ende dieses Geschäftsjahres/Wirtschaftsjahres aufzustellende Schlussbilanz ist aber eine Gewinnermittlungsbilanz nach § 238 HGB, in der die

63 Abschn. 2. Teil Abschn. B I 1.

Buchwerte fortgeführt werden, keine Vermögensbilanz mit Aufdeckung der stillen Reserven[64].

Der Insolvenzverwalter hat gemäß § 153 InsO eine Vermögensübersicht (Insolvenzeröffnungsbilanz) aufzustellen, in der die gemeinen Werte der Wirtschaftsgüter anzusetzen sind. Auch hierdurch werden jedoch steuerrechtlich die stillen Reserven nicht aufgedeckt. Die Insolvenzeröffnungsbilanz ist eine Vermögensbilanz, die nicht der Gewinnermittlung dient. Die Aufdeckung der stillen Reserven ist jedoch ein gewinnrelevanter Vorgang, der eine der Gewinnermittlung dienende Bilanz erfordert.

Der BFH[65] hat für die insolvenzrechtliche Einordnung der auf den realisierten stillen Reserven beruhenden Einkommensteuer darauf abgestellt, dass die Handlung der Gewinnerzielung, die Aufdeckung der stillen Reserven, von dem Insolvenzverwalter selbst vorgenommen wird. Die Möglichkeit dieser Gewinnerzielung beruhe zwar auf den vorinsolvenzlichen Handlungen des Schuldners bzw. auf Wertsteigerungen während dieser Zeit; maßgebend sei aber nicht, wer die Möglichkeit der Gewinnerzielung geschaffen habe, sondern wer durch sein selbstständiges Handeln den Gewinn tatsächlich realisiere.

Aus diesen Überlegungen hat der Bundesfinanzhof[66] gefolgert, dass der Teil der Steuerschuld, der auf der Auflösung der stillen Reserven beruht, als Masseverbindlichkeiten zu behandeln sei. Für die Frage, *ob* ein Veräußerungsgewinn erzielt sei, sei nicht maßgebend, *wodurch* er erzielt werde, sondern lediglich, ob der realisierte Wert den Buchwert übersteige. Maßgebend sei, in welchem Zeitpunkt der Gewinn nach steuerbilanziellen Grundsätzen erfolgswirksam werde; dies richte sich nach dem Gewinnrealisierungsprinzip. Vor Eröffnung des Insolvenzverfahrens seien noch keine Besteuerungsmerkmale verwirklicht. In diesem Sinne beruhe der Gewinn auf Handlungen des Insolvenzverwalters.

Diese Ausführungen entsprechen insoweit den obigen Grundsätzen[67], als sich die Berechnung der Einkommensteuerschuld nur nach einkommensteuerrechtlichen Bestimmungen richten kann. Insolvenzrechtliche Prinzipien können daher nie dazu führen, Besteuerungsgrundlagen oder die

---

64 Vgl. 1. Teil Abschn. III 2 b.

65 *BFH*, 7. 11. 1963, BStBl. III 1964 S. 70; ebenso *BFH*, 29. 3. 1984, BStBl. II 1984 S. 602, BB 1984 S. 1471; *BFH*, 11. 8. 1998, BStBl. II 1998, 705; *BFH*, 11. 11. 1993, BFH/INV 1994 S. 477; *FG München*, 6. 7. 2004, EFG 2004, 1851; *Tipke/Kruse*, AO, zu § 251Rz. 72; *Neumann*, in: Beermann, Steuerliches Verfahrensrecht, zu § 251 AO Rz. 36; ff.; *Classen*, BB 1985 S. 50; *Weiss*, FR 1990 S. 539.

66 A. a. O. (Fußnote 65); *Classen*, BB 1985 S. 50; *Weiss*, FR 1990 S. 539.

67 2. Teil Abschn. B I 4.

Steuer anders, als nach den einkommensteuerrechtlichen Vorschriften geboten, festzusetzen. Wenn daher der realisierte Wert eines Wirtschaftsgutes den Buchwert übersteigt, ist der daraus resultierende Gewinn im Einkommen dieses Bemessungszeitraums zu erfassen, in dem die Realisierung erfolgt. Die Frage, ob die Realisierung dieses Gewinns durch den Insolvenzverwalter oder den Schuldner erfolgt ist, stellt sich insoweit nicht. Dies gilt jedoch nur für die Berechnung und das Entstehen der Einkommensteuerschuld.

Der Bundesfinanzhof hat es aber unterlassen, den notwendigen zweiten Schritt zu tun und zu prüfen, wie diese einheitliche Steuerschuld, in die auch der auf die Veräußerungsgewinne entfallende Steuerbetrag eingegangen ist, im Insolvenzverfahren des Steuerpflichtigen durchgesetzt werden kann. Dies ist eine Frage, die nicht mehr aus steuerrechtlichen, sondern nur aus insolvenzrechtlichen Prinzipien zu beantworten ist. Dadurch, dass diese Prüfung unterlassen wird, verstößt der BFH gegen die Prinzipien des Insolvenzsteuerrechts.

Soweit stille Reserven im Zeitpunkt der Eröffnung des Insolvenzverfahrens bereits vorhanden waren, handelt es sich um Gewinne, die tatsächlich (wirtschaftlich) bereits erzielt, jedoch noch nicht realisiert und noch nicht der Besteuerung unterworfen worden sind. Nach Eröffnung des Insolvenzverfahrens vermehrt sich der Umfang dieser Gewinne insoweit nicht mehr. An steuerlich relevanten Tatbestandsmerkmalen tritt nur noch der Akt des Aufdeckens der stillen Reserven durch die Veräußerung hinzu. Die Höhe der bei Eröffnung des Insolvenzverfahrens vorhandenen Reserven und damit auch die zur Befriedigung der Gläubiger vorhandene Masse werden hierdurch nicht vermehrt. Der Akt des Aufdeckens der stillen Reserven ist daher nur steuerrechtlich, nicht insolvenzrechtlich relevant.

Das Ergebnis der Rechtsprechung beruht auf der unrichtigen Überlegung, dass maßgebend das handels- und steuerrechtliche Prinzip der Gewinnrealisierung sei. Für die Frage der insolvenzrechtlichen Einordnung ist aber der Zeitpunkt der *Gewinnrealisierung* ohne Bedeutung. Es kommt nicht darauf an, wann Vermögen bzw. Gewinn realisiert wurde, sondern allein, ob das Vermögen im Zeitpunkt der Eröffnung des Insolvenzverfahrens bereits, wenn auch unaufgedeckt, vorhanden war und damit den Insolvenzgläubigern zur Deckung der Insolvenzforderungen zur Verfügung stand. Entscheidend ist somit, ob vor Eröffnung des Insolvenzverfahrens Vermögen für die Deckung der Insolvenzforderungen vorhanden war, oder ob dieses Vermögen erst später erworben wurde, so dass die Insolvenzgläubiger nicht darauf vertrauen durften, ihre Forderungen aus diesem Vermögen zu befriedigen. Durch den bloßen Gewinnrealisierungsakt wird der Insolvenzmasse nichts hinzugefügt, was nicht im Zeitpunkt der Eröffnung des Insolvenzverfahrens bereits vorhanden war. Wann *Besteuerungs*merkmale verwirklicht sind, ist demgegenüber *insolvenzrechtlich* bedeutungslos.

Die Einordnung der Steuerschuld als Insolvenzforderung oder Masseverbindlichkeit darf nur nach insolvenzrechtlichen Prinzipien, nicht nach steuerrechtlichen Merkmalen erfolgen[68]. Insolvenzrechtlich betrachtet, bilden die stillen Reserven, die bei Eröffnung des Insolvenzverfahrens bereits vorhanden waren, einen Teil des zu diesem Zeitpunkt vorhandenen Vermögens. Der Insolvenzgläubiger sieht als die ihm zur Verfügung stehende Haftungsmasse nicht die Vermögensgegenstände mit ihrem Buchwert an, sondern verlässt sich auf die Deckung seiner Forderung durch den Verkehrswert der dem Schuldner gehörenden, mit Eröffnung des Insolvenzverfahrens die Insolvenzmasse bildenden Vermögensgegenstände. Die stillen Reserven bilden also einen Teil der vor Eröffnung des Insolvenzverfahrens bestehenden Vermögensmasse. Entsprechend gehört der aus der Aufdeckung der stillen Reserven resultierende Teil der Steuerforderung zu den Insolvenzforderungen und ist zur Tabelle anzumelden[69].

Folgende Hilfserwägungen stützen dieses Ergebnis: Sind die stillen Reserven durch Abschreibungen, etwa Sonderabschreibungen, entstanden, so wäre die Steuer schon vor Eröffnung des Insolvenzverfahrens zu entrichten gewesen, wenn der Steuerpflichtige die Sonderabschreibungen nicht in Anspruch genommen hätte. Im Falle der Eröffnung des Insolvenzverfahrens wäre diese Steuerschuld Insolvenzforderung gewesen. Die Inanspruchnahme der Abschreibungen führt nur zu einem Hinausschieben der Steuerschuld. Grund und Höhe des Gewinns und damit der Steuerschuld sind schon vor Eröffnung des Insolvenzverfahrens festgelegt, es fehlt lediglich der Tatbestand des Entstehens. Bei dieser Sachlage ist es aber nicht gerechtfertigt, die Forderung deshalb als Masseverbindlichkeit einzuordnen, weil der Akt des Entstehens in die Zeit nach Eröffnung des Insolvenzverfahrens fällt[70].

---

68 Abschn. B I 4.

69 *Onusseit*, ZIP 1986 S. 77; *Dißars*, in: Schwarz, AO, zu § 251 Rz. 81; *Bringewat/Waza/Grawe*, Insolvenzen und Steuern, Rz. 674.

70 Entsprechend ist die Steuerschuld Insolvenzforderung, wenn sie darauf beruht, dass vor Eröffnung des Insolvenzverfahrens in Anspruch genommene Sonderabschreibungen rückgängig gemacht werden müssen, weil der Insolvenzverwalter das begünstigte Wirtschaftsgut vor Ablauf der Sperrfrist veräußert; vgl. *Niedersächsisches FG*, 17. 10. 1976, EFG 1977 S. 288; vgl. auch zu dem gleichgelagerten Problem der Rückzahlung einer Investitionszulage 2. Teil Abschn. B VI 5.

Ähnlich ist es bei der Zuschreibung von Wirtschaftsgütern. Führen Wertsteigerungen dazu, dass in der Steuerbilanz entsprechende Zuschreibungen vorgenommen werden müssen, ist der Gewinn bereits vor Eröffnung des Insolvenzverfahrens realisiert, die Einkommensteuerforderung ist unzweifelhaft Insolvenzforderung. Unterbleibt nach den gesetzlichen Vorschriften die Zuschreibung nach § 280 HGB, § 6 Abs. 1 Nr.1 EStG, weil die Anschaffungs- und Herstellungskosten nicht überschritten werden dürfen, soll die Einkommensteuer zu den Masseverbindlichkeiten gehören. In beiden Fällen ist insolvenzrechtlich kein Unterschied zu sehen. Der Umfang und der Wert der Masse ist in beiden Fällen der gleiche; durch die Verwertungshandlung des Insolvenzverwalters ist nichts zu der Masse hinzugekommen, was nicht bereits bei Eröffnung des Insolvenzverfahrens vorhanden war. Der unterschiedliche Gewinnausweis ergibt sich nur aus der handelsbilanzrechtlichen und steuerbilanzrechtlichen Regelung. Da insolvenzrechtlich beide Fälle aber gleichwertig sind, rechtfertigt die bilanzrechtliche Technik des Gewinnausweises keine unterschiedliche insolvenzrechtliche Behandlung.

Soweit die stillen Reserven erst nach Eröffnung des Insolvenzverfahrens entstanden sind, etwa durch Wertsteigerungen nach diesem Zeitpunkt, beziehen sich die damit verbundenen Gewinne auf die Insolvenzmasse, die gegenüber der bei Eröffnung des Verfahrens vorhandenen Masse an Wert zugenommen hat. Die entsprechenden Steuerbeträge sind daher Masseverbindlichkeiten.

Nach der hier vertretenen Ansicht kann es vorkommen, besonders wenn sich das Insolvenzverfahren über mehrere Jahre hinzieht, dass in einem Wirtschaftsgut stille Reserven enthalten sind, die zum Teil vor und zum Teil nach Eröffnung des Insolvenzverfahrens entstanden sind. Zum Zwecke der Aufteilung der Einkommensteuerschuld in Insolvenzforderung und Masseverbindlichkeit muss festgestellt werden, welche Teile der stillen Reserven der Zeit vor und der nach der Eröffnung des Insolvenzverfahrens zuzurechnen sind. Eine solche Feststellung wird mit völliger Sicherheit nicht möglich sein, die Steuerfestsetzung muss sich jedoch unter Benutzung aller Hilfsmittel dem wahren Wert soweit wie möglich nähern. Ein Hilfsmittel, das die Finanzämter gemäß ihrer Aufklärungspflicht heranzuziehen haben, ist die nach § 153 InsO aufzustellende Insolvenzeröffnungsbilanz. In dieser Bilanz sind, da es sich um eine Vermögensbilanz handelt, die den Wirtschaftsgütern im Zeitpunkt der Eröffnung des Insolvenzverfahrens zukommenden wahren Werte anzusetzen. Die stillen Reserven werden dadurch offen ausgewiesen. Die Steuerbehörden können aber an diese Wertansätze nicht schlechthin gebunden sein, da diese Bilanz nicht nach steuerlichen Regeln aufzustellen ist. Sie stellt eine Erkenntnisquelle dar, die die Finanzämter heranzuziehen haben, von der sie aber in begründeten Fällen auch abweichen können.

Notfalls ist die Aufteilung im Schätzwege vorzunehmen[71].

Erfolgt im Rahmen des Insolvenzverfahrens eine Betriebsveräußerung oder -aufgabe, so gilt für die Versteuerung der stillen Reserven das Gleiche.

7. Einkommensteuer bei abgesonderter Befriedigung

a) Zivilrechtliche Grundlagen

Im Insolvenzverfahren gewähren bestimmte dingliche Rechte die Berechtigung zur abgesonderten Befriedigung. Während ein Gegenstand, der auf Grund von dinglichen oder persönlichen Rechten nicht zur Insolvenzmasse gehört, der Aussonderung aus der Insolvenzmasse nach § 47 InsO unterliegt, ist ein mit einem Absonderungsrecht belasteter Gegenstand zwar Teil der Insolvenzmasse, der absonderungsberechtigte Gläubiger hat aber das Recht, sich aus dem Gegenstand zu befriedigen.

Absonderungsrechte sind nach §§ 49 ff. InsO[72]:

- Dingliche Rechte auf Befriedigung aus dem unbeweglichen Vermögen, § 49 InsO, insbesondere Grundstücke. Hierunter fallen die Grundpfandrechte an Grundstücken (Hypothek, Grundschuld, Rentenschuld), deren Wirkung sich auf das Grundstück und Zubehör erstrecken (vgl. §§ 1120, 97 BGB), die Zwangsverwaltung von Grundstücken, Schiffshypotheken usw.
- Rechtsgeschäftlich bestellte Pfandrechte an Sachen (§ 1204 BGB) und an Rechten (§ 1273 BGB), § 50 Abs. 1 InsO.
- Gesetzliche Pfandrechte, Pfändungspfandrechte und Zurückbehaltungsrechte, § 50 Abs. 1, 2 InsO. Hierunter fallen auch die gesetzlichen besitzlosen Pfandrechte, wie Vermieterpfandrecht, § 559 BGB, und Werkunternehmerpfandrecht, § 647 BGB.
- Pfandrechtsähnliche Rechte. Hierunter fallen dingliche Rechte, die wirtschaftlich wie ein Pfandrecht wirken, § 51 InsO. Es handelt sich hierbei um Sicherungsübereignung und Sicherungsabtretung, sowie bestimm-

71 Es wird nicht verkannt, dass die vorgeschlagene Lösung praktische Schwierigkeiten mit sich bringt. Diese beruhen jedoch auf der Systematik des Gesetzes und sind, soll ein annähernd sachgerechtes Ergebnis erreicht werden, m. E. unvermeidbar.

72 Vgl. hierzu *Uhlenbruck*, InsO, zu § 49 Rz. 72 ff.

te Formen des Zurückbehaltungsrechts. Beim Eigentumsvorbehalt ist zu unterscheiden. Während der einfache Eigentumsvorbehalt im Insolvenzverfahren als Eigentum wirkt und daher zur Aussonderung nach § 47 InsO berechtigt, wirken verlängerter Eigentumsvorbehalt (Fortsetzung des Eigentumsvorbehalts bei Verarbeitung usw.) und erweiterter Eigentumsvorbehalt (Eigentumsvorbehalt bis zur Begleichung auch anderer Verbindlichkeiten als des Kaufpreises) wie Pfandrechte, da sie nur der Sicherung von Forderungen dienen. Sie sind daher pfandrechtsähnlich und berechtigen nur zur abgesonderten Befriedigung nach §§ 49 ff. InsO[73].

Besteht ein Absonderungsrecht, erfolgt die Verwertung nach §§ 165, 166 InsO zwar durch den Insolvenzverwalter, doch hat der Gläubiger nach § 170 Abs. 1 InsO den Anspruch, dass der Erlös aus der Verwertung des Gegenstandes nach Abzug der Kosten vorrangig zur Befriedigung seiner Forderung verwandt wird.

Der absonderungsbelastete Gegenstand und die absonderungsberechtigte Forderung nehmen grundsätzlich am Insolvenzverfahren teil. Der absonderungsbelastete Gegenstand, und auch der der Zwangsverwaltung unterliegende Gegenstand, gehören nach § 35 InsO zur Insolvenzmasse, die absonderungsberechtigte Forderung ist regelmäßig Insolvenzforderung. Soweit Erlöse aus der Verwertung oder der Zwangsverwaltung des Gegenstandes nicht für die Befriedigung des absonderungsberechtigten Gläubigers benötigt werden, fließen sie zu der Insolvenzmasse. Soweit der absonderungsberechtigte Gläubiger durch die Verwertung oder Zwangsverwaltung nicht vollständig befriedigt wird, nimmt er mit der nicht beglichenen Forderung am Insolvenzverfahren als Insolvenzgläubiger teil; er hat dann seine Forderung nach § 52 InsO als bedingte Ausfallforderung im Insolvenzverfahren geltend zu machen.

Ein Absonderungsrecht gewährt im Insolvenzverfahren über das Vermögen des Eigentümers auch dann das Recht auf abgesonderte Befriedigung, wenn der (Insolvenz-)Schuldner nicht auch persönlicher Schuldner der dem Absonderungsrecht zugrunde liegenden Forderung ist (wenn der Schuldner z. B. an seinem Grundstück eine Hypothek für eine fremde Verbindlichkeit bestellt hat). Die persönliche Forderung, die durch die abgesonderte Befriedigung nicht vollständig erfüllt ist, kann dann allerdings nicht im Insolvenzverfahren als Insolvenzforderung geltend gemacht werden, da sie sich nicht gegen den (Insolvenz-)Schuldner richtet.

---

73 Vgl. *Uhlenbruck*, InsO, zu § 51 Rz. 13.

b) Insolvenzrechtliche Einordnung der Einkommensteuerschuld

Bei der Verwertung des mit einem Absonderungsrecht belasteten Gegenstandes können steuerpflichtige Gewinne anfallen (etwa durch die Realisierung der in dem Gegenstand ruhenden stillen Reserven). Bei der Zwangsverwaltung werden die aus der Zwangsverwaltung erzielten Einkünfte im Rahmen einer Einkunftsart anfallen (z. B. Vermietung und Verpachtung) und damit ebenfalls der Einkommensteuer unterliegen. Die Insolvenzordnung enthält keine Bestimmungen, wie diese Einkommensteuerforderung im Insolvenzverfahren geltend zu machen ist; § 171 Abs. 2 InsO enthält eine Regelung nur für die Umsatzsteuer, nicht für die Einkommensteuer.

Weder die Eröffnung des Insolvenzverfahrens noch die abgesonderte Verwertung noch die Zwangsverwaltung ändern nach geltendem Recht etwas an der steuerrechtlichen Zuordnung der Einkünfte[74]; Träger der Einkünfte ist nach wie vor der Schuldner. Somit stellt sich die Frage, wie die durch die abgesonderte Verwertung bzw. die Zwangsverwaltung entstehende Einkommensteuerschuld im Insolvenzverfahren geltend zu machen ist.

Der BFH[75] ist bei der Lösung dieser Frage von seiner Rechtsprechung zur Einordnung der Einkommensteuer auf die stillen Reserven ausgegangen. Nach dieser Rechtsprechung gehört die Einkommensteuer zu den Masseverbindlichkeiten nach § 55 Abs. 1 Nr. 1 InsO, wenn die stillen Reserven nach Eröffnung des Insolvenzverfahrens aufgedeckt worden sind[76]. Der BFH scheut sich jedoch, die sich hieraus ergebende Konsequenz zu ziehen, dass die Einkommensteuer auf Einkunftsteile, die bei der abgesonderten Befriedigung nach Eröffnung des Insolvenzverfahrens entstehen, entsprechend als Masseverbindlichkeiten einzuordnen sind. Dies hätte nämlich zur Folge, dass die Masse zusätzlich durch die Einkommensteuer belastet würde, obwohl dieser Einkommensteuer insoweit keine Mehrung der Masse gegenüberstünde. Der BFH hat deshalb entschieden, dass die Einkommensteuer nur insoweit Masseverbindlichkeit sein könne, als Verwertungserlös zur Masse geflossen, die Masse also bereichert sei, weil dieser Erlös für die Befriedigung des absonderungsberechtigten Gläubigers nicht benötigt werde. Der BFH lässt offen, wie die Einkommensteuer auf den Verwertungserlös zu behandeln sei, der zur abgesonderten Befriedigung verwendet wird. Insolvenzforderung kann diese Einkommensteuer nach der Rechtsprechung des BFH nicht sein, weil sie insolvenzrechtlich nicht

74 Vgl. 2. Teil Abschn. B I 1.

75 V. 14. 2. 1978, BStBl. II 1978 S. 356; v. 29. 3. 1984, BStBl. II 1984 S. 602, BB 1984 S. 1471.

76 Vgl. oben 2. Teil Abschn. B I 6.

vor Eröffnung des Insolvenzverfahrens begründet ist i. S. d. § 38 InsO; insolvenzfreie Forderung kann sie nicht sein, weil sie auf Vermögensgegenständen beruht, die trotz des Absonderungsrechts zur Insolvenzmasse gehören und der Erlös zur Befriedigung von Insolvenzforderungen, wenn auch absonderungsberechtigten Insolvenzforderungen, bestimmt war.

Dies zeigt, dass die Ansicht des BFH von der Einordnung der Einkommensteuer aus der Realisierung stiller Reserven nach Eröffnung des Insolvenzverfahrens als Masseverbindlichkeit nach § 55 Abs. 1 Nr. 1 InsO systematisch nicht haltbar ist[77]. Die Lösung des Problems ergibt sich zwanglos aus der hier vertretenen Ansicht, dass die Aufdeckung der stillen Reserven, soweit diese vor Eröffnung des Insolvenzverfahrens entstanden sind, zu Insolvenzforderungen nach § 38 InsO führt.

Der mit dem Absonderungsrecht belastete Vermögensgegenstand gehört insolvenzrechtlich zur Insolvenzmasse. Daraus folgt, dass die Einkommensteuer auf die Einkunftsteile, die aus der Verwertung entstehen, auch aus der Masse zu entrichten ist[78]. Es ist auch nicht richtig, dass die Masse durch die abgesonderte Befriedigung nicht bereichert ist, soweit der Erlös dem Absonderungsberechtigten zufließt. Ist der Schuldner auch persönlich verpflichtet, ist die absonderungsberechtigte Forderung gleichzeitig Insolvenzforderung. Mit der abgesonderten Befriedigung vermindert sich gleichzeitig die entsprechende Insolvenzforderung, die Insolvenzmasse ist also durch Wegfall der Insolvenzforderung sehr wohl „bereichert". Die Veräußerung des Massegegenstandes auf Grund des Absonderungsrechts kommt also in voller Höhe der Insolvenzmasse durch Verminderung der Schuldenmasse zugute; es ist also gerechtfertigt, dass sich die entsprechende Einkommensteuer ebenfalls gegen die Masse richtet, und zwar in voller Höhe, nicht nur, soweit Erlös zur Masse gelangt ist.

Damit ist aber die Frage noch nicht beantwortet, ob diese Einkommensteuer Masseverbindlichkeit nach § 55 Abs. 1 Nr. 1 InsO oder Insolvenzforderung nach § 38 InsO ist. Die Beantwortung dieser Frage richtet sich nicht danach, wann und durch wen die Verwertung erfolgt. Es ist also unbeachtlich, dass die Verwertung nach Eröffnung des Insolvenzverfahrens erfolgt, sowie, ob sie durch den Insolvenzverwalter oder durch den Absonderungsberechtigten oder etwa durch öffentliche Versteigerung erfolgt. Maßgebend ist allein, welcher insolvenzrechtlichen Vermögensmasse der Gegenstand zugeordnet ist, und somit, auf welche Vermögensmasse sich der Einkommensteueranspruch sachlich bezieht.

---

77 Zur Kritik vgl. 2. Teil Abschn. B I 6.

78 A. A. *Onusseit*, ZIP 1986 S. 77, der m. E. dem Aspekt, dass ein Massegegenstand verwertet wird, zu wenig Bedeutung beimisst.

Das dingliche Absonderungsrecht ordnet den damit belasteten Vermögensgegenstand zivilrechtlich eindeutig der hierdurch gesicherten Forderung zu. Der belastete Vermögensgegenstand kann nicht mehr der Masse als solcher dienen, er steht nicht mehr als Haftungsmasse für Massegläubiger oder Insolvenzgläubiger zur Verfügung, sondern ist aus der Gesamtheit der Massegegenstände „abgesondert“ und der gesicherten Forderung zugeordnet. Diese rechtliche Zuordnung zu einer Insolvenzforderung hat aber zur Folge, dass der Vermögensgegenstand, und damit auch die an seine Verwertung anknüpfende Einkommensteuerforderung, sich sachlich auf diese Insolvenzforderung und damit auf das vorinsolvenzliche Vermögen des Gemeinschuldners beziehen. Die Einkommensteuerforderung muss daher nach § 38 InsO als Insolvenzforderung eingeordnet werden.

Diese Ansicht führt zu in sich schlüssigen Ergebnissen. Durch die abgesonderte Befriedigung fällt die absonderungsberechtigte Forderung als Insolvenzforderung fort. Sie wird teilweise ersetzt durch die an diesen Vorgang anknüpfende Einkommensteuerforderung, die insoweit an ihre Stelle tritt und ebenfalls Insolvenzforderung ist.

Es ist somit für die Einordnung als Insolvenzforderung ohne Bedeutung, ob die Verwertung durch den Insolvenzverwalter nach § 165 f InsO erfolgt oder nach § 173 InsO durch den Gläubiger[79]. Aus der Verwertung durch den Insolvenzverwalter kann nicht geschlossen werden, die hieran anknüpfende Einkommensteuer müsse zu den Masseverbindlichkeiten gehören. Nicht jedes Handeln des Insolvenzverwalters führt zu Masseverbindlichkeiten, sondern nur ein solches Handeln, das zu einer neuen Rechtsbeziehung führt[80]. Die Abwicklung von Rechtsbeziehungen, die der Schuldner vor Eröffnung des Insolvenzverfahrens geschaffen hat, durch den Insolvenzverwalter führt als „Liquidationsakt“ nur zu einer Insolvenzforderung. Bei der abgesonderten Befriedigung schafft der Insolvenzverwalter keine neue Rechtsbeziehung, sondern er wickelt lediglich die vor der Eröffnung des Insolvenzverfahrens durch die Bestellung des Absonderungsrechts durch den Schuldner geschaffene Rechtsbeziehung ab. Auch das Handeln des Insolvenzverwalters führt daher nur zu Insolvenzforderungen.

Im Gegensatz zu der Realisierung von stillen Reserven in sonstigen Fällen[81] kommt es auch nicht darauf an, ob die stillen Reserven vor oder

79 Demgegenüber stellt *BFH*, 14. 2. 1978, BStBl. II 1978 S. 356, darauf ab, wer die Verwertungshandlung vornimmt.

80 Vgl. grundlegend oben 2. Teil Abschn. A I 1.

81 Vgl. 2. Teil Abschn. B I 6.

nach Eröffnung des Insolvenzverfahrens entstanden sind. Die rechtliche Zuordnung durch das Absonderungsrecht zu der gesicherten Insolvenzforderung wirkt so stark, dass auch die nach Eröffnung des Insolvenzverfahrens entstandenen stillen Reserven nicht der Masse zugeordnet sind, sondern dieser Insolvenzforderung. Auch diese stillen Reserven werden durch die Zuordnung zu einer Insolvenzforderung dem vorinsolvenzlichen Vermögen zugeordnet; die hiermit zusammenhängende Einkommensteuer folgt dieser zivilrechtlichen Zuordnung und hängt damit mit der Insolvenzforderung zusammen. Sie ist vor Eröffnung des Insolvenzverfahrens „begründet" i. S. d. § 38 InsO, da sie durch das zu diesem Zeitpunkt bestehende Absonderungsrecht mit dem vorinsolvenzlichen Vermögen, der gesicherten Insolvenzforderung, verbunden ist.

Die Zuordnung des mit dem Absonderungsrecht belasteten Gegenstandes zu dem vorinsolvenzlichen Vermögen besteht dagegen nicht, soweit der Verwertungserlös zur Masse fließt. Dieser Verwertungserlös kann nur dann zur Masse gelangen, wenn er durch das Absonderungsrecht nicht erfasst wird; soweit das Absonderungsrecht nicht reicht, kann es auch keine Zuordnung zu einer Vermögensmasse herstellen. Die diesbezügliche Einkommensteuer ist daher nach den allgemeinen Regeln einzuordnen. Das bedeutet, dass sie Insolvenzforderung ist, soweit die realisierten stillen Reserven vor Eröffnung des Insolvenzverfahrens begründet waren; der BFH nimmt hier, von seinem Standpunkt aus konsequent, Masseverbindlichkeiten nach § 55 Abs. 1 Nr. 1 InsO an[82]. Soweit die stillen Reserven nach Eröffnung des Insolvenzverfahrens entstanden sind, liegen auch nach der hier vertretenen Ansicht Masseverbindlichkeiten nach § 55 Abs. 1 Nr. 1 InsO vor.

Das Prinzip der Zuordnung des absonderungsbelasteten Gegenstandes durch das Absonderungsrecht führt auch zu der Lösung, wenn der (Insolvenz-)Schuldner nicht auch der persönliche Schuldner der absonderungsberechtigten Forderung ist. Diese Forderung ist dann nicht Insolvenzforderung, da sie sich nicht gegen den (Insolvenz-)Schuldner richtet. Der absonderungsbelastete Gegenstand ist durch das Absonderungsrecht einer nicht gegen den (Insolvenz-)Schuldner gerichteten Forderung zugeordnet, d. h. weder der vorinsolvenzlichen Masse noch der Insolvenzmasse. Damit kann die Einkommensteuer insoweit weder Insolvenzforderung noch Masseverbindlichkeit sein; die Rechtsprechung des BFH[83] erweist sich insoweit im Ergebnis als richtig. Lediglich, soweit Verwertungser-

82 Vgl. oben 2. Teil Abschn. B I 6.
83 Vgl. Fußnote 75.

lös zur Masse fließt, gehört die entsprechende Einkommensteuer zu den Masseverbindlichkeiten nach § 55 Abs. 1 Nr. 1 InsO, wenn die stillen Reserven nach Eröffnung des Insolvenzverfahrens entstanden sind, sonst zu den Insolvenzforderungen. Im Übrigen bezieht sich die Einkommensteuer auf eine Forderung, die, als nicht gegen den Schuldner gerichtet, keine Insolvenzforderung ist. Sie ist daher als zwar vor Eröffnung des Insolvenzverfahrens begründete, sich aber nicht auf dem Insolvenzverfahren unterliegende Vermögensgegenstände beziehende Forderung insolvenzfreie Forderung.

Die gleichen Grundsätze gelten auch für die Zwangsverwaltung. Soweit Einkünfte, die nach Eröffnung des Insolvenzverfahrens entstehen, der Zwangsverwaltung unterliegen, sind sie durch das Absonderungsrecht der gesicherten Forderung zugeordnet und damit dem vorinsolvenzlichen Vermögen. Die hierauf beruhende Einkommensteuerforderung bezieht sich daher auf dieses vorinsolvenzliche Vermögen, nämlich die gesicherte Insolvenzforderung und ist daher Insolvenzforderung.

8. Insolvenzrechtliche Probleme der Personengesellschaft

a) Stellung der Personengesellschaft und der Gesellschafter

Über das Vermögen einer OHG, einer KG (einschließlich der GmbH & Co. KG) und einer BGB-Gesellschaft kann nach § 11 Abs. 2 Nr. 1 InsO ein Sonderinsolvenzverfahren eröffnet werden. Diese Personengesellschaften sind damit insolvenzfähig, nicht jedoch die typische oder atypische Stille Gesellschaft.

Die Eröffnung des Insolvenzverfahrens über das Vermögen einer Personengesellschaft bedeutet noch nicht Aufgabe des Gewerbebetriebs. Der Gewerbebetrieb besteht vielmehr so lange fort, wie die Veräußerung des wesentlichen Anlagevermögens noch nicht abgeschlossen ist. Bis zu diesem Zeitpunkt sind die steuerlichen Buchführungs- und Bilanzierungspflichten zu erfüllen sowie die gesonderten Feststellungen vorzunehmen[84]. Hat ein Gesellschafter ein positives Kapitalkonto und fällt er damit im Insolvenzverfahren der Personengesellschaft aus, kann er von persönlich haftenden Gesellschaftern mit negativem Kapitalkonto einen Ausgleich verlangen. Fällt er mit dieser Ausgleichsforderung aus, realisiert er in dieser Höhe einen steuerlich anzusetzenden Verlust. Dieser Verlust ist regel-

84 *BFH*, 19. 1. 1993, BStBl. II 1993 S. 594, BB 1993 S. 1926.

mäßig im Zeitpunkt der Aufgabe des Gewerbebetriebs der Personengesellschaft realisiert[85].

Das Insolvenzverfahren lässt die unbeschränkte Haftung des OHG-Gesellschafters nach § 128 HGB bzw. des Komplementärs einer KG nach §§ 161 Abs. 2, 128 HGB sowie die Haftung des Kommanditisten bis zur Höhe seiner Einlage nach § 171 HGB unberührt. Diese Haftung kann nach § 93 InsO, § 171 Abs. 2 HGB nur von dem Insolvenzverwalter geltend gemacht werden. Die Finanzbehörde ist also nicht berechtigt, einen persönlich haftenden Gesellschafter zur Deckung der Insolvenz- oder Masseforderungen heranzuziehen.

Unabhängig von der persönlichen Haftung nach §§ 128, 161 Abs. 2, 171 HGB ist aber die Haftung des Geschäftsführers einer OHG oder KG. Obwohl dieser Geschäftsführer gleichzeitig persönlich haftender Gesellschafter sein wird (vgl. §§ 114, 164 HGB), ist die gesellschaftsrechtliche Haftung nach §§ 128, 161 HGB von der steuerrechtlichen nach §§ 69, 34 AO zu trennen. § 93 InsO gilt für die steuerrechtliche Haftung nicht. § 93 InsO betrifft nur die gesellschaftsrechtliche Haftung aus §§ 128, 161 HGB, nicht eine Haftung aus einem von den gesellschaftsrechtlichen Haftungsbestimmungen unabhängigen Rechtsgrund. Die Geschäftsführerhaftung nach §§ 69, 34 AO ist keine Haftung auf Grund der Gesellschafterstellung, sondern knüpft an die Stellung als Geschäftsführer an; ob der Geschäftsführer gleichzeitig persönlich haftender Gesellschafter ist, ist aus der Sicht der steuerrechtlichen Haftung bedeutungslos. Die steuerrechtliche Haftung der §§ 69, 34 AO setzt auch, anders als die Gesellschafterhaftung nach §§ 128, 161 HGB, eine eigene Pflichtverletzung des Geschäftsführers voraus. Die Finanzbehörde kann daher die Haftung nach §§ 69, 34 AO gegen den Geschäftsführer (wenn über sein Vermögen nicht ebenfalls das Insolvenzverfahren eröffnet ist) durch Haftungsbescheid außerhalb des Insolvenzverfahrens der Personengesellschaft geltend machen[86].

b) Insolvenzrechtliche Einordnung der Steuerforderungen

Das Insolvenzrecht unterscheidet zwischen dem Vermögen der insolvenzfähigen Personengesellschaft und dem der Gesellschafter. Zur Insolvenzmasse der in Insolvenz gefallenen Personengesellschaft gehört nur das

85 *BFH*, 19. 1. 1993, BStBl. II 1993 S. 594, BB 1993, S. 1926; vgl. *FG Hamburg*, 24. 3. 1995, EFG 1995 S. 750.

86 *BFH*, 2. 11. 2001, BStBl. II 2002 S. 73, BB 2002 S. 189; *BFH*, 4. 7. 2002, BStBl. II 2002 S. 786, BB 2002 S. 1665; *Bunke*, NZI 2002 S. 591; *Gundlach/Frenzel/Schmidt*, DStR 2002 S. 1095; kritisch *Kling*, ZIP 2002 S. 881

Gesamthandsvermögen der Personengesellschaft sowie die Forderungen auf rückständige Einlagen der Gesellschafter. Das Vermögen der Gesellschafter, einschließlich des steuerlichen Sonderbetriebsvermögens, wird nicht in das Insolvenzverfahren über das Vermögen der Personengesellschaft einbezogen.

„Schuldner" im insolvenzrechtlichen Sinne im Insolvenzverfahren über das Vermögen der Personengesellschaft ist die Personengesellschaft, nicht der Gesellschafter[87].

Insolvenzrechtlich wird damit das Schicksal der Personengesellschaft von dem der persönlich bzw. beschränkt haftenden Gesellschafter getrennt. Das Sonderinsolvenzverfahren über das Gesamthandsvermögen der Personengesellschaft kann, muss aber nicht, ein Insolvenzverfahren über das nicht gesamthänderisch gebundene Vermögen einzelner oder aller Gesellschafter zur Folge haben. Wird auch ein Insolvenzverfahren über das nicht gesamthänderisch gebundende Vermögen eines oder mehrerer Gesellschafter eröffnet, handelt es sich um ein bzw. mehrere unabhängige, von dem Insolvenzverfahren über das gesamthänderisch gebundene Vermögen (die Personengesellschaft) getrennte Verfahren. Forderungen, die sich nur gegen einen Gesellschafter richten, können daher im Insolvenzverfahren über das gesamthänderisch gebundene Vermögen nicht geltend gemacht werden[88].

Die Eröffnung des Sonderinsolvenzverfahrens über das gesamthänderisch gebundene Vermögen der Personengesellschaft verändert die steuerschuldrechtliche Situation der Personengesellschaft und der Gesellschafter grundsätzlich nicht[89]. Die insolvenzrechtlichen Einwirkungen beschränken sich auf das verfahrensrechtliche Geltendmachen der Steuerschuld. Das bedeutet, dass die Personengesellschaft insoweit Steuersubjekt bleibt, als sie es auch ohne Eröffnung des Sonderinsolvenzverfahrens war, also insbesondere für die Umsatz- und Gewerbesteuer, aber auch für sonstige betriebliche Steuern, wie Grundsteuer und Kraftfahrzeugsteuer für im Gesamthandseigentum stehende Grundstücke und Kraftfahrzeuge. Andererseits wird die Personengesellschaft durch Eröffnung des Insolvenzverfahrens über das Gesamthandsvermögen nicht Steuersubjekt für diejenigen Steuern, für die sie ohne Eröffnung dieses Insolvenzverfahrens nicht Steuersubjekt war. Das hat Bedeutung insbesondere für die Einkommensteuer. Das Insolvenzrecht verändert die materiellrechtlichen Regeln

87 *Breutigam/Blersch/Goetsch*, Insolvenzrecht, zu § 11 Rz. 20.
88 *BFH*, 17. 5. 1984, BStBl. II 1984 S. 545, BB 1984 S. 1477.
89 Vgl. oben 1. Teil Abschn. II 2 b.

der Zurechnung von Einkünften (§ 15 Abs. 1 Nr. 2 EStG) nicht. Auch im Insolvenzverfahren über das Gesamthandsvermögen der Personengesellschaft werden damit die Einkünfte einschließlich der Tätigkeitsvergütungen, die aus dem Gesamthandsvermögen der Personengesellschaft erzielt werden, anteilig den Gesellschaftern zugerechnet und sind bei diesen der Einkommensteuer zu unterwerfen.

Diese steuerliche Zuordnung von Einkünften wird somit durch die Vorschriften der Insolvenzordnung nicht verändert, und zwar weder, wenn über das gesamthänderisch gebundene Vermögen der Personengesellschaft, noch, wenn über das Vermögen eines oder mehrerer Gesellschafter, noch, wenn über das Vermögen von Personengesellschaft und Gesellschafter das Insolvenzverfahren eröffnet wird[90].

Folge dieser steuerlichen Zuordnung der Einkünfte sind jedoch Steueransprüche, die sich in das insolvenzrechtliche System von Insolvenzforderungen und Masseverbindlchkeiten sachgerecht nicht mehr einordnen lassen[91].

Im Ergebnis unproblematisch ist dabei der Fall, dass über das Vermögen des Gesellschafters das Insolvenzverfahren eröffnet worden ist, über das der Personengesellschaft aber nicht. In diesem Fall gehört die Beteiligung an der Personengesellschaft zur Insolvenzmasse im Insolvenzverfahren über das Vermögen des Gesellschafters und unterliegt dem Verwaltungs- und Verfügungsrecht des Insolvenzverwalters. Die steuerrechtlichen Folgen, die aus Gewinnen oder Verlusten der Personengesellschaft für den Gesellschafter entstehen, gehören damit zu seinem Verwaltungsbereich. Entsprechende Einkommensteueransprüche sind daher Masseforderungen im Insolvenzverfahren des Gesellschafters[92].

Problematisch sind jedoch die Fälle, in denen über das Vermögen der Personengesellschaft das Insolvenzverfahren eröffnet worden ist.

Erzielt die in Insolvenz gefallene Personengesellschaft Gewinn (z. B. Veräußerungsgewinne, Neugeschäfte des Insolvenzverwalters), gehören insolvenzrechtlich diese Vermögensmehrungen zur Insolvenzmasse und stehen damit als Vermögen den Masse- oder Insolvenzgläubigern der Per-

90 Dies hat zur Folge, dass einer in Insolvenz befindlichen Personengesellschaft keine Freistellungsbescheinigung nach § 44 a EStG erteilt werden kann, da es insoweit auf die Verhältnisse der Gesellschafter, nicht der Personengesellschaft, ankommt; *BFH*, 9. 11. 1994, BStBl. II 1995 S. 255.

91 Vgl. auch *Bringewat/Waza/Grawe*, Insolvenzen und Steuern, Rz. 700; *Benne*, BB 2001 S. 1977.

92 Vgl. *Benne*, BB 2001 S. 1977

sonengesellschaft zur Verfügung. Werden Verluste erzielt, mindern diese Vermögensminderungen entsprechend die den im Insolvenzverfahren zu befriedigenden Gläubigern zur Verfügung stehende Vermögensmasse. Steuerrechtlich werden diese Gewinne oder Verluste aber den Gesellschaftern zugerechnet. Im Falle der Gewinne müssen die Gesellschafter die Einkommensteuer auf diese Gewinne zahlen, obwohl diese Gewinne zur Insolvenzmasse geflossen sind, sie am Insolvenzverfahren aber nicht beteiligt sind. Sind die Gesellschafter beschränkt Haftende und haben sie ihre Hafteinlage eingezahlt, wird ihre Leistungsfähigkeit durch diese Gewinne nicht erhöht; haben sie die Hafteinlage nicht voll eingezahlt oder sind sie unbeschränkt Haftende, können die Gewinne der Insolvenzmasse ihre wirtschaftliche Leistungsfähigkeit zwar durch Minderung der Verbindlichkeiten der Personengesellschaft erhöhen; die Zahlung der Einkommensteuer aus dem nicht insolvenzbefangenen (insolvenzfreien) Vermögen würde aber gegen den Grundsatz verstoßen, dass Belastungen aus der Insolvenzmasse bzw. Folgen der Handlungen des Insolvenzverwalters während der Dauer des Insolvenzverfahrens nicht gegen ihren insolvenzfreien Bereich geltend gemacht werden dürfen.

Erzielt die Insolvenzmasse der Personengesellschaft Verluste, können die Gesellschafter in ihrem insolvenzfreien Vermögen durch den Verlustabzug wirtschaftliche Vorteile aus der Verminderung der Insolvenzmasse erzielen. Der teilweise Ausgleich der Vermögensverluste der Insolvenzmasse durch die Verminderung der Steuerbelastung kommt systemwidrig nicht der Insolvenzmasse, sondern dem außerinsolvenzlichen Vermögen der Gesellschafter zugute.

Besonders unbefriedigend wird die Situation, wenn auch über das Vermögen eines Gesellschafters das Insolvenzverfahren eröffnet worden ist. Dann erhöhen Gewinne der Masse im Insolvenzverfahren über das Gesamthandsvermögen der Personengesellschaft die zur Verteilung in diesem Verfahren zur Verfügung stehende Masse, die entsprechende Einkommensteuer wäre aber aus der Masse im Insolvenzverfahren des Gesellschafters zu zahlen, vermindert also die Masse, die in diesem Insolvenzverfahren zur Verfügung steht. Die Gläubiger der Personengesellschaft wären zu Lasten der persönlichen Gläubiger des Gesellschafters bereichert.

Hinzu kommt, dass es im Einzelfall kaum möglich sein dürfte, die Einkommensteuerforderungen, die aus zum Gesamthandsvermögen gehörenden Besteuerungsgrundlagen herrühren, im Insolvenzverfahren über das Vermögen des Gesellschafters entsprechend der Systematik des Insolvenzrechts richtig einzuordnen. Diese Steuerschulden können im Insolvenzverfahren über das Vermögen des Gesellschafters nicht Masseverbindlichkeiten i. S. d. §§ 53 ff. InsO sein, da sie nicht mit der Verwaltung und Verwertung der Masse dieses Insolvenzverfahrens bzw. dem Handeln des Insolvenzverwalters dieses Insolvenzverfahrens zusammenhängen, sondern mit der Verwaltung und Verwertung einer anderen Masse bzw. dem Handeln des Insolvenzverwalters in einem anderen Insolvenzverfahren, eben dem Sonderinsolvenzverfahren über das Gesamthandsvermögen der Personengesellschaft. Die Einordnung der genannten Steuerforderungen als Insolvenzforderungen im Insolvenzverfahren des Gesellschafters ist dann nicht möglich, wenn die Steuerforderung erst nach der Eröffnung des Insolvenzverfahrens über das Vermögen des Gesellschafters i. S. d. § 38 InsO begründet worden ist (z. B. Neugeschäfte des Insolvenzverwalters, die nach diesem Zeitpunkt vorgenommen worden sind).

Die Ursache für diese nicht befriedigenden Ergebnisse liegt in einer Unabgestimmtheit von Insolvenzrecht und Steuerrecht. Mit dem Sonderinsolvenzverfahren über das Gesamthandsvermögen der Personengesellschaft führt die Insolvenzordnung insolvenzrechtlich eine strikte Trennung zwischen dem Gesamthandsvermögen und dem sonstigen Vermögen der Gesellschafter ein. Insolvenzrechtlich wird das Gesamthandsvermögen, obwohl es weiterhin der Gesamtheit der Gesellschafter zuzurechnen ist, im Ergebnis wie eine mit Rechtssubjektivität ausgestattete Vermögensmasse behandelt. Dem folgt das Steuerrecht nicht. Einkommensteuerrechtlich bleibt es bei der Zurechnung bei den Gesellschaftern; die Personengesellschaft ist insoweit kein Steuersubjekt. Der insolvenzrechtlichen Trennung des Gesamthandsvermögens von dem sonstigen Vermögen des bzw. der Gesellschafter steht einkommensteuerlich die Einheit der zu dem Gesamthandsvermögen und zu dem sonstigen Vermögen der Gesellschafter gehörenden Besteuerungsgrundlagen gegenüber.

Einen ersten Lösungsansatz für diese Probleme bringt das Urteil des BFH v. 29. 3. 84[93]. Danach kann sich eine Einkommensteuerforderung nur dann als Masseverbindlichkeit oder als Insolvenzforderung gegen die Insolvenzmasse richten, wenn die Insolvenzmasse durch die entsprechenden Gewinne, auf denen die Einkommensteuerforderung beruht, bereichert worden ist. Auf die hier aufgeworfenen Fragen übertragen, bedeutet dieser Grundsatz, dass im Insolvenzverfahren über das Vermögen des Gesellschafters solche Einkommensteuerforderungen nicht geltend gemacht werden können, die auf Gewinnen der ebenfalls in Insolvenz gefallenen

93 BStBl. II 1984, S. 602, BB 1984 S. 1471; das Urteil ist in einem anderen Zusammenhang ergangen, vgl. oben Abschn. 7. Zustimmend *Neumann*, in: Beermann, Steuerliches Verfahrensrecht, zu § 251 AO, Rz. 37.

Personengesellschaft beruhen, wenn die Masse in der Gesellschafterinsolvenz nicht bereichert ist. Diese Gewinne dienen nämlich in erster Linie der Befriedigung der Gläubiger der Personengesellschaft, aber nicht der Befriedigung der Gläubiger des Insolvenzverfahrens über das Gesellschaftervermögen. Nur in den Fällen, in denen die Gewinne der Personengesellschaft zugleich auch eine Bereicherung der Masse des Insolvenzverfahrens über das Gesellschaftervermögen bedeuten, wäre eine Belastung der Masse des Insolvenzverfahrens über das Gesellschaftervermögen, wenn auch nicht befriedigend, so doch akzeptabel. Diese Grundsätze ermöglichen wenigstens erste Schritte zur Lösung der angesprochenen Probleme. Ist weder über das Gesamthandsvermögen der Personengesellschaft noch über das des Gesellschafters das Insolvenzverfahren eröffnet, und erzielt die Personengesellschaft Gewinne, trifft die daraus resultierende Einkommensteuerforderung den Gesellschafter. Wird anschließend über das Vermögen des Gesellschafters das Insolvenzverfahren eröffnet, ist die Einkommensteuerforderung Insolvenzforderung im Insolvenzverfahren über das Vermögen des Gesellschafters, und zwar unabhängig davon, ob er persönlich oder beschränkt haftender Gesellschafter ist. Durch die Gewinne ist die Beteiligung an der Personengesellschaft wertvoller geworden. Da diese Beteiligung zur Aktivmasse in dem Insolvenzverfahren über das Vermögen des Gesellschafters gehört, ist diese Aktivmasse mittelbar durch die Gewinne der Personengesellschaft bereichert, da durch den höheren Wert der Beteiligung den Gläubigern des Insolvenzverfahrens über das Vermögen des Gesellschafters mehr Masse zur Verfügung steht. Probleme entstehen aber, wenn die Gewinne der Personengesellschaft nach Eröffnung des Insolvenzverfahrens über das Gesellschaftervermögen erzielt werden. Dann kann die Einkommensteuer auf Gewinne der Personengesellschaft, die zeitlich nach der Eröffnung des Insolvenzverfahrens über das Gesellschaftervermögen erzielt wurden, nicht zu den Insolvenzforderungen gehören, da die Einkommensteuerforderung dann nicht im Zeitpunkt der Eröffnung des Insolvenzverfahrens über das Gesellschaftervermögen i. S. d. § 38 InsO begründet war. Die Annahme von Masseverbindlichkeiten nach § 55 Abs. 1 Nr. 1 InsO könnte daran scheitern, dass diese Gewinne nicht auf Handlungen des Insolvenzverwalters des Insolvenzverfahrens über das Gesellschaftervermögen beruhen, sondern auf denen der Geschäftsführer der Personengesellschaft. Die Beteiligung an der Personengesellschaft gehört jedoch zur Insolvenzmasse in der Insolvenz über das Vermögen des Gesellschafters; die Verwaltungs- und Verfügungsrechte, die vor Eröffnung des Insolvenzverfahrens dem Gesellschafter zustanden, werden jetzt von dem Insolvenzverwalter in dem Insolvenzverfahren über das Gesellschaftervermögen ausgeübt. Somit gehört die Beteiligung an der Personengesellschaft zum Verwaltungs- und Verfügungsbereich des Insolvenzverwalters, wie sie vorher zum Verwaltungs- und Verfügungsbereich des Gesellschafters gehört hat. Somit ist es gerechtfertigt, die Einkommensteuer aus Gewinnen der Personengesellschaft als im Verwaltungs- und Verfügungsbereich des Insolvenzverwalters im Insolvenzverfahren über das Vermögen des Gesellschafters angefallen anzusehen. Die Einkommensteuerforderung kann damit im Insolvenzverfahren über das Vermögen des Gesellschafters als Masseverbindlichkeit nach § 55 Abs. 1 Nr. 1 InsO eingeordnet werden.

Ist über das Gesamthandsvermögen der Personengesellschaft das Insolvenzverfahren eröffnet worden, nicht aber über das sonstige Vermögen des Gesellschafters, ist die Situation problematischer. Erzielt die Personengesellschaft durch die Tätigkeit des Insolvenzverwalters Gewinne, müssten die hieran anknüpfenden Einkommensteuern Masseverbindlichkeiten nach § 55 Abs. 1 Nr. 1 InsO im Insolvenzverfahren der Personengesellschaft sein. Diese Einordnung ist aber nicht möglich, da die Personengesellschaft nicht Schuldner der Einkommensteuer ist, die Steuern also auch nicht Masseverbindlichkeiten (oder Insolvenzforderung) in diesem Sonderinsolvenzverfahren sein können. Bei strenger Anwendung des Rechts trifft die Einkommensteuerforderung den Gesellschafter. Dies widerspricht, wenigstens in dieser uneingeschränkten Form, den Wertungen des Insolvenzrechts. Wäre die Einkommensteuerforderung Masseverbindlichkeit, was sachlich gerechtfertigt wäre, würde sie den Gesellschafter persönlich nur insoweit treffen, als ihm Bestandteile der Insolvenzmasse ausgeantwortet wurden; er würde in diesem Fall also nur gegenständlich auf die Insolvenzmasse beschränkt haften[94]. Diese insolvenzrechtliche Lösung wird verhindert durch die steuerrechtliche Regelung, dass nicht die Personengesellschaft, sondern der Gesellschafter Steuerschuldner der persönlichen Steuern ist. Allein diese positivrechtliche Gestaltung der Steuerschuldnerschaft setzt diesen Schutz des Schuldners außer Kraft. Dies ist nicht nur insolvenzrechtlich nicht gerechtfertigt, sondern auch steuerrechtlich nicht, soweit die Gewinne der Personengesellschaft nicht zu einer Erhöhung der Leistungsfähigkeit des Gesellschafters führen. M. E. ist die Lösung aus steuerlichen Grundsätzen zu gewinnen, da auch die Problematik durch die steuerrechtliche Regelung der Steuerschuldnerschaft, nicht durch eine insolvenzrechtliche Regelung, entstanden ist. Danach ist für jede Fallgruppe zu prüfen, ob eine Erhöhung der Leistungsfähigkeit bei dem Gesellschafter eingetreten ist; nur insoweit ist eine Besteuerung bei ihm gerechtfertigt. Haftet der Gesellschafter für die Verbindlichkeiten der in Insolvenz

94 *Benne*, BB 2001 S. 1977.

gefallenen Personengesellschaft unbeschränkt persönlich, ist seine Leistungsfähigkeit durch die Gewinne der Personengesellschaft gesteigert. Durch diese Gewinne werden nämlich Schulden der Personengesellschaft vermindert, für die er persönlich haften würde; er ist also durch Verminderung der ihn persönlich treffenden Verpflichtungen bereichert. Es ist somit gerechtfertigt, den auf ihn entfallenden Teil der Gewinne bei ihm der Einkommensteuer zu unterwerfen. Dieses Ergebnis wird auch durch eine Parallelwertung gestützt. Wäre die Einkommensteuerforderung, wie es dem System des Insolvenzrechts entsprechen würde, Masseverbindlichkeit im Insolvenzverfahren der Personengesellschaft, würde ein Betrag in Höhe der auf die Einkommensteuer entfallenden Quote nicht für die Befriedigung der Insolvenzgläubiger zur Verfügung stehen. Diese könnten diesen ausfallenden Betrag gegen den Gesellschafter persönlich geltend machen. Der Gesellschafter müsste also in Höhe der gezahlten Einkommensteuer Gesellschaftsgläubiger befriedigen. Trifft nun die Einkommensteuer ihn persönlich, so wird er in Höhe dieser von der Personengesellschaft nicht gezahlten Einkommensteuer von der Haftung für Gesellschaftsschulden frei, ihn trifft aber in gleicher Höhe die Einkommensteuerschuld. Bei dem Gesellschafter erfolgt also nur eine Auswechslung der Gesellschaftsschulden gegen die Einkommensteuerforderung; die Höhe bleibt unverändert. Der Gesellschafter wird also nicht anders gestellt als bei einer sachgerechten gesetzlichen Regelung (Einkommensteuer als Verbindlichkeit im Insolvenzverfahren über das Vermögen der Gesellschaft).

Ist der Gesellschafter nicht persönlich Haftender, ist zu unterscheiden. Hatte er seine Hafteinlage nicht voll eingezahlt, und führen die Gewinne insoweit dazu, dass er von der Haftung freigestellt wird, ist er insoweit wie der persönlich haftende Gesellschafter zu behandeln, er hat also die Gewinne zu versteuern.

Außerhalb dieser beiden Tatbestände wird die wirtschaftliche Leistungsfähigkeit des beschränkt haftenden Gesellschafters durch die Gewinne der Personengesellschaft nicht erhöht. Die Gewinne reduzieren nur die Gesellschaftsschulden, für die er nicht haftet; sein eigenes Vermögen wird also nicht durch Reduzierung seiner eigenen Verbindlichkeiten erhöht. Demnach dürfen diese Gewinne der Personengesellschaft bei ihm nicht besteuert werden. Eine Besteuerung bei dem beschränkt haftenden Gesellschafter käme nur insoweit in Betracht, als Teile des Gesellschaftsvermögens an den Gesellschafter (nach Bezahlung der Verbindlichkeiten im Sonderinsolvenzverfahren) an ihn ausgeschüttet werden. Das steuertechnische Mittel für die Nichtbesteuerung der ihm steuerrechtlich zuzurechnenden Gewinne der Personengesellschaft bei dem Gesellschafter ist die abweichende Steuerfestsetzung, § 163 AO, bzw. der Erlass, § 227 AO, aus Gründen der sachlichen Unbilligkeit[95].

Die Unabgestimmtheit von Steuer- und Insolvenzrecht führt dazu, dass den beschränkt haftenden Gesellschafter persönliche Steuern treffen, ohne dass seine Leistungsfähigkeit durch die entsprechenden Besteuerungsgrundlagen der Personengesellschaft erhöht worden ist. Das ist sachlich unbillig und daher durch eine Billigkeitsmaßnahme zu korrigieren. Nachteil dieser Lösung ist, dass, soweit Gewinne auf die beschränkt haftenden Gesellschafter entfallen, im Ergebnis eine steuerneutrale Gewinnverwirklichung möglich ist. Das muss hingenommen werden, da es Sache des Gesetzgebers ist, die Unabgestimmtheit von Insolvenzrecht und Steuerrecht zu beseitigen.

Ist sowohl über das Gesamthandsvermögen der Personengesellschaft als auch über das sonstige Vermögen des Gesellschafters das Insolvenzverfahren eröffnet worden, gilt Entsprechendes. Ist der Gesellschafter persönlich Haftender der Personengesellschaft, ist die Einkommensteuer auf Gewinne der Personengesellschaft im Insolvenzverfahren des Gesellschafters geltend zu machen, da auch die Forderungen der Gesellschaftsgläubiger bei Ausfall am Insolvenzverfahren des Gesellschafters teilnehmen würden. Entsprechendes gilt, wenn der Gesellschafter beschränkt Haftender ist, die Gewinne der Personengesellschaft ihn aber von der Haftung für nicht eingezahltes Kommanditkapital befreien.

Ist danach die Einkommensteuerforderung im Insolvenzverfahren über das Vermögen des Gesellschafters geltend zu machen, stellt sich die Frage nach der Einordnung als Masseverbindlichkeit oder Insolvenzforderung. Sind die Gewinne vor Eröffnung des Insolvenzverfahrens über das Vermögen des Gesellschafters erzielt worden, ist die entsprechende Einkommensteuerforderung vor diesem Zeitpunkt begründet i. S. d. § 38 InsO, sie ist daher im Insolvenzverfahren über das Vermögen des Gesellschafters Insolvenzforderung.

Ist die Einkommensteuerforderung nach diesem Zeitpunkt begründet, ist sie Masseverbindlichkeit nach § 55 Abs. 1 Nr. 1 InsO. Das ist gerechtfertigt, da die Beteiligung an der Personengesellschaft zum Verwaltungs- und Verfügungsbereich des Insolvenzverwalters im Insolvenzverfahren über das Vermögen des Gesellschafters gehört. Da es sich dann, nach insolvenzrechtlichen Kriterien, aber sachlich um Masseverbindlichkeiten des Insolvenzverfahrens über das Vermögen der Personengesellschaft handelt,

95 Vgl. *Benne*, BB 2001 S. 1977; zu Billigkeitsmaßnahmen vgl. *Frotscher*, in: Schwarz, AO, zu § 163 Rz. 16 ff.

ist es m. E. gerechtfertigt, die Regel analog anzuwenden, den Schuldner (den Gesellschafter) für diese Masseverbindlichkeiten nur gegenständlich beschränkt mit den ihm ausgeantworteten Teilen der Insolvenzmasse (der Personengesellschaft) haften zu lassen. Die Einkommensteuer gehört daher nur insoweit zu den Masseverbindlichkeiten im Insolvenzverfahren über das Vermögen des Gesellschafters, als diese Voraussetzung erfüllt ist.

Haftet der Gesellschafter nicht persönlich und hat er seine Hafteinlage erbracht, kann die Einkommensteuer auf Gewinne der in Insolvenz gefallenen Personengesellschaft nicht in dem Insolvenzverfahren über das Vermögen des Gesellschafters geltend gemacht werden, und zwar weder als Insolvenzforderung noch als Masseverbindlichkeit, da die Einkommensteuerforderung keinerlei sachliche Beziehung zu diesem Insolvenzverfahren hat. Sie trifft somit das insolvenzfreie Vermögen des Gesellschafters. Da die Leistungsfähigkeit des Gesellschafters durch diese Gewinne aber nicht erhöht wird, ist die Steuer, wie oben ausgeführt, aus sachlichen Billigkeitsgründen zu erlassen.

9. Durchsetzung der Einkommensteuerschuld im Insolvenzverfahren

a) Einkommensteuerabschlusszahlung

Die Art der Durchsetzung der Einkommensteuerschuld im Insolvenzverfahren hängt davon ab, ob die Einkommensteuerschuld zum Zeitpunkt der Eröffnung des Insolvenzverfahrens bereits entstanden, begründet und fällig war[96]. Daher sind die Einkommensteuervorauszahlungen von der Einkommensteuerabschlusszahlung zu unterscheiden. Die Einkomensteuerabschlusszahlung ist nach den geschilderten insolvenzrechtlichen Prinzipien danach aufzuteilen, ob sie vor oder nach der Eröffnung des Insolvenzverfahrens begründet war[97]. In jedem Fall entsteht die Einkommensteuerabschlusszahlung des Veranlagungszeitraums, in den die Eröffnung des Insolvenzverfahrens fällt, nach dieser Eröffnung, nämlich mit Ablauf des Veranlagungszeitraums, also regelmäßig des Kalenderjahres (§ 36 Abs. 1 EStG). Der Teil der Abschlusszahlung, der Insolvenzforderung ist, ist daher wie eine aufschiebend bedingte Forderung nach § 191 InsO zu behandeln, er berechtigt nur zur Sicherung.

---

96 Grundlegend 2. Teil Abschn. A I.
97 Siehe 2. Teil Abschn. B I 4.

War die Abschlusszahlung bei Eröffnung der Insolvenzverfahrens bereits entstanden, d. h. die Abschlusszahlung für einen Besteuerungszeitraum, der vor Eröffnung des Insolvenzverfahrens geendet hat, ist die Abschlusszahlung unbedingte Insolvenzforderung. Die Fälligkeit dieser Forderung hängt von der Bekanntgabe des Steuerbescheides ab, da sie nach § 36 Abs. 4 S. 1 EStG einen Monat nach Bekanntgabe des Bescheides eintritt. War die Forderung bei Eröffnung des Insolvenzverfahrens noch nicht fällig, handelt es sich um eine nicht fällige Forderung, die nach § 41 InsO als fällig zur Insolvenztabelle anzumelden ist, aber unter Abzug von Zwischenzinsen, soweit es sich um eine unverzinsliche Forderung handelt. War der Steuerbescheid vor Eröffnung des Insolvenzverfahrens bereits bekannt gegeben worden, kann der Abzinsungsbetrag exakt ermittelt werden, da der Fälligkeitstag feststeht. War der Bescheid noch nicht bekannt gegeben, muss der Abzinsungsbetrag geschätzt werden; maßgebend ist, zu welchem Zeitpunkt nach den Umständen des Falles und der gewöhnlichen Bearbeitungsdauer in dem zuständigen Finanzamt mit einer Veranlagung und damit dem Eintritt der Fälligkeit gerechnet werden konnte[98].

b) Einkommensteuervorauszahlung

Vorauszahlungen sind in Vierteljahresbeträgen zu entrichten; sie werden nach § 37 Abs. 1 EStG am 10. 3., 10. 6., 10. 9., 10. 12. eines jeden Jahres fällig. Die Vorauszahlungsschuld entsteht nach § 37 Abs. 1 EStG mit Beginn des Vierteljahres, in dem die Vorauszahlungen zu entrichten sind, also jeweils am 1. 1., 1. 4., 1. 7. und 1.10. Durch die Eröffnung des Insolvenzverfahrens entstehen insoweit keine besonderen Probleme. Da sich das Insolvenzrecht nur auf das Geltendmachen der Steuerschuld auswirkt, bleibt es bei den steuerrechtlichen Regeln des Entstehens und der Fälligkeit. Die Fälligkeit der Vorauszahlungen bleibt bestehen, auch wenn ein Jahressteuerbescheid ergeht; es beginnt also nicht eine neue Fälligkeit (arg. § 36 Abs. 4 EStG).

Nach dem Zeitpunkt des Entstehens richtet sich auch die Art der Durchsetzung im Insolvenzverfahren. Die Vorauszahlungsschuld, die im Zeitpunkt der Eröffnung des Insolvenzverfahrens bereits entstanden ist, ist als Insolvenzforderung anzumelden; die erst später entstehenden Vorauszahlungsbeträge gehören dagegen zu den Masseverbindlichkeiten.

98 Siehe 2. Teil Abschn. A I 2.

Im Zeitpunkt der Eröffnung des Insolvenzverfahrens noch nicht fällige Vorauszahlungen sind nach § 41 InsO, jedoch mit einem abgezinsten Betrag anzusetzen, ebenso wie die Abschlusszahlung.

Beispiel zur Behandlung der Vorauszahlung:

Eröffnung des Insolvenzverfahrens am 2. 5.

Die Vorauszahlungsschuld für die beiden ersten Quartale (Entstehung 1. 1. und 1. 4.) ist Insolvenzforderung, die für die beiden letzten Quartale sind als Masseverbindlichkeiten geltend zu machen. Die Vorauszahlung für das erste Quartal ist fällig, die für das zweite Quartal ist für den Zeitraum bis zur Fälligkeit (10. 6.) abzuzinsen.

Gegen diese Lösung könnte vorgebracht werden: Die Vorauszahlungsschuld entstehe am Anfang des jeweiligen Quartals; deshalb müssten die Vorauszahlungen als Insolvenzforderungen geltend gemacht werden. Dagegen handle es sich bei den Einkünften dieses Quartals um Einkünfte aus Verwertung der Masse; die entsprechende Steuer gehöre also zu den Masseverbindlichkeiten.

Beispiel:

Eröffnung des Insolvenzverfahrens 3.4.

Die am 1. 4. entstandene Vorauszahlungsschuld wird für das Quartal vom 1. 4. bis 30. 6., also für eine Zeit geleistet, in der Einkünfte nur noch durch Handlungen des Insolvenzverwalters anfallen können. Trotzdem wäre nach der hier vertretenen Ansicht die Vorauszahlungsschuld Insolvenzforderung, nicht Masseverbindlichkeiten.

Dieser Einwand verkennt jedoch, dass bei den Vorauszahlungen keine Verbindung zwischen der Steuerschuld (Vorauszahlungsschuld) und den in diesem Quartal erzielten Einkünften besteht. Die Höhe der Vorauszahlungen bestimmt sich gemäß § 37 Abs. 3 EStG nicht nach den in diesem Quartal bezogenen Einkünften, sondern nach dem Steuerbetrag der letzten Veranlagung. Die Höhe der Vorauszahlungen ist daher unabhängig von den Einkünften eines Quartals. Zwar besteht die Möglichkeit, bei unerwarteten Veränderungen der erwarteten Gewinne die Vorauszahlungen anzupassen, doch wirkt sich das regelmäßig nur für die Zukunft aus, also für Quartale, in denen die erwarteten Einkünfte vielleicht wieder erzielt werden. Außerdem führen nur Veränderungen in den Gewinnschätzungen für das *ganze* Jahr zu einer Anpassung. Die Vorauszahlungen entsprechen daher nicht den vorinsolvenzlichen oder nachinsolvenzlichen Einnahmen. Da auch kein abweichender Zeitpunkt des „Begründetseins" erkennbar ist, rechtfertigt es sich daher, allein auf den Zeitpunkt des Entstehens abzustellen.

c) Anrechenbare Steuerabzüge

Erzielt die Insolvenzmasse Einkünfte, von denen ein Steuerabzug vorzunehmen ist (Kapitalertragsteuer einschl. Zinsabschlag), ändert sich an dem Steuerabzugsverfahren nichts. Der Steuerabzug ist daher trotz Eröffnung des Insolvenzverfahrens vorzunehmen.

Die nach Eröffnung des Insolvenzverfahrens erzielten Einkünfte aus Kapitalvermögen fließen zu der Masse, wenn das zugrunde liegende Kapitalvermögen Teil der Masse ist. Die auf diese Einkünfte entfallende Einkommensteuer (oder Körperschaftsteuer, wenn der Schuldner eine Körperschaft ist) gehört zu den Masseverbindlichkeiten, wenn der Zufluss nach Eröffnung des Insolvenzverfahrens liegt. Diese Masseverbindlichkeiten werden durch den Steuerabzug (ganz oder teilweise) gedeckt. Insolvenzrechtliche Prinzipien stehen dem Steuerabzug nicht entgegen, da die Geltendmachung von Masseverbindlichkeiten nicht eingeschränkt ist.

Ist eine Einkommensteuer nicht entstanden, oder ist die auf die Kapitalerträge entfallende Einkommensteuer geringer als der Steuerabzug, hat eine Erstattung an die Masse zu erfolgen[99]. Bei Vorliegen der Voraussetzungen ist auch die Erteilung einer Freistellungsbescheinigung möglich; damit wird die Vornahme des Steuerabzugs verhindert[100]. Für § 44 a Abs. 5 EStG ist allerdings zu beachten, dass die Eröffnung des Insolvenzverfahrens sowie hohe Verlustvorträge noch nicht dazu führen, dass die Kapitalertragsteuer „auf Grund der Art der Geschäfte auf Dauer" die Einkommensteuer übersteigt[101]. Eröffnung des Insolvenzverfahrens und hohe Verlustvorträge hängen nicht mit „Grund und Art der Geschäfte" zusammen; daher kann nach dieser Vorschrift keine Freistellungsbescheinigung erteilt werden.

Zur Verrechnung der Kapitalertragsteuer mit der Jahreseinkommensteuer im Insolvenzverfahren im Einzelnen vgl. unten d.

Gleiche Grundsätze wie für die Kapitalertragsteuer gelten für die Bauabzugsteuer nach § 48 EStG. Auch die Bauabzugsteuer hat den Charakter einer Vorauszahlung und ist daher nach den für Vorauszahlungen geltenden Grundsätzen den einzelnen insolvenzrechtlichen Vermögensmassen zuzuordnen.

Problematisch ist die Rechtslage, wenn über das Vermögen einer Personengesellschaft das Insolvenzverfahren eröffnet worden ist. Probleme ent-

99 Vgl. 1. Teil Abschn. A IV 2.

100 Vgl. *BFH*, 13. 11. 2002, BStBl. II 2003 S. 716, BB 2003 S. 187 zu § 48b EStG.

101 *BFH*, 9. 11. 1994, BStBl. II 1995 S. 255, BB 1995 S. 613; *BFH*, 20. 12. 1995, BFH/NV 1996 S. 665, BB 1996 S. 1210; *FG Saarland*, 6. 4. 1995, EFG 1995 S. 678.

stehen dadurch, dass die Einkünfte zwar zu der Masse der Personengesellschaft fließen, dass die steuerlichen Konsequenzen aber auf der Ebene der Gesellschafter gezogen werden[102].

Auch im Insolvenzverfahren über das Vermögen einer Personengesellschaft gelten die Vorschriften über den Steuerabzug (einschl. Zinsabschlag) und anrechenbare Körperschaftsteuer unverändert; es handelt sich um ein dem Insolvenzverfahren vorgegebenes steuerrechtliches Verfahren, das sich nach Steuerrecht, nicht nach Insolvenzrecht richtet. Für die Frage, ob und in welcher Höhe Kapitalertragsteuer einzubehalten ist, sind die Verhältnisse der Gesellschafter, nicht der in Insolvenz gefallenen Personengesellschaft maßgebend[103].

Da steuerrechtlich die Einkünfte den Gesellschaftern zuzurechnen sind, diese sie also zu versteuern haben, erfolgt auch die Anrechnung der Kapitalertragsteuer und der Körperschaftsteuer auf dieser Ebene, nicht auf der der Personengesellschaft. Das ist keine „Fehlleitung" der Anrechnungsguthaben[104]; das Ergebnis ist vielmehr konsequent und, soweit Steuer bei dem Gesellschafter entsteht, auch angemessen. Die Einkünfte fließen zu der Masse. Systematisch richtig wäre es, wenn die darauf ruhende Einkommensteuer als Masseverbindlichkeit von der Personengesellschaft zu entrichten wäre. Die Gläubiger haben grundsätzlich nur Anspruch auf die Vermögensmehrungen abzüglich der als Masseverbindlichkeiten zu entrichtenden Steuer. Bei Personengesellschaften wird dieses „natürliche" Ergebnis dadurch kompliziert, dass der Vermögenszufluss bei der Masse, die Versteuerung aber bei dem Gesellschafter erfolgt. Im Ergebnis stellt der Steuerabzug das richtige Ergebnis her, dass nämlich der Gesellschafter nicht mit Steuern aus zu der Personengesellschaft fließenden Einkünften belastet wird. Insbesondere für den Fall, dass auch über das Vermögen des Gesellschafters das Insolvenzverfahren eröffnet worden ist, ist dies wichtig.

Ist die Steuerschuld des Gesellschafters geringer als die Steuerabzugsbeträge bzw. die anzurechnende Körperschaftsteuer, ist der Gesellschafter, nicht die Personengesellschaft erstattungsberechtigt[105]. Die Erstattungsbe-

---

102 Hierzu grundlegend 2. Teil Abschn. B I 8.

103 *BFH*, 9. 11. 1994, BStBl. II 1995 S. 255, BB 1995 S. 613; *BFH*, 15. 3. 1995, BFH/NV 1996 S. 112; kritisch hierzu *Maus*, ZIP 1993 S. 743; *Welzel*, DStZ 1993 S. 197.

104 So aber *Schoene/Ley*, DB 1993 S. 1405; ähnlich *Neumann*, in: Beermann, Steuerliches Verfahrensrecht, zu § 251 AO, Rz. 38.1; *Bringewat/Waza/Grawe*, Insolvenzen und Steuern, Rz. 745, die eine Gesetzesänderung fordern.

105 *BFH*, 15. 3. 1995, BFH/NV 1996 S. 112.

rechtigung ergibt sich aus materiellen Vorschriften des Steuerrechts, auf das die Insolvenzordnung nicht einwirkt.

Es ist allerdings nicht zu übersehen, dass durch diese steuerrechtliche Regelung der Gesellschafter zu Lasten der Gesellschaftsgläubiger begünstigt werden kann. Das ist dann der Fall, wenn die bei ihm anzurechnende Steuer höher ist als die auf die Kapitaleinkünfte, die zur Masse geflossen sind, entfallende Steuer. Er erhält dann entweder eine Erstattung oder kann die anrechenbare Steuer mit Einkommensteuer verrechnen, die auf andere Einkünfte entfällt. Dies beruht auf der Unabgestimmtheit von Steuerrecht, Gesellschaftsrecht und Insolvenzrecht. Für diese Begünstigung des Gesellschafters fehlt jeder rechtfertigende Grund; insbesondere ist die genannte Unabgestimmtheit der verschiedenen gesetzlichen Regelungen kein ausreichender Rechtsgrund. Soweit eine solche ungerechtfertigte Begünstigung des Gesellschafters eingetreten ist, hat der Ausgleich nach den Grundsätzen über ungerechtfertigte Bereicherung, § 812 BGB, zu erfolgen. Der Gesellschafter hat daher den Betrag, um den er begünstigt ist, zur Insolvenzasse des Gesellschaft zu erstatten. Ist über sein Vermögen ebenfalls das Insolvenzverfahren eröffnet worden, handelt es sich insoweit um Masseverbindlichkeiten[106].

d) Anrechnung der Vorauszahlungen und Steuerabzugsbeträge auf die Einkommensteuerschuld

Mit der insolvenzrechtlichen Einordnung der Vorauszahlungen als Insolvenzforderung oder Masseverbindlichkeit ist die Frage der insolvenzrechtlichen Behandlung der Vorauszahlungen und der Steuerabzugsbeträge aber noch nicht erledigt. Geklärt werden muss noch, wie die Vorauszahlungen mit der Jahressteuerschuld verrechnet werden können. Das gleiche Problem ergibt sich bei der Anrechnung von Steuerabzugsbeträgen (Lohnsteuer, Kapitalertragsteuer).

---

106 Richtig wollen *Schoene/Ley*, DB 1993 S. 1405, den erforderlichen Ausgleich nach den Grundsätzen über die ungerechtfertigte Bereicherung vornehmen, kommen aber im Einzelnen zu unrichtigen Ergebnissen. Soweit Erstattungen zu erfolgen haben, wollen sie der Insolvenzmasse einen Anspruch gegen die Finanzbehörde zuerkennen; dafür fehlt aber jede Rechtsgrundlage. Soweit der Gesellschafter die Steuer auf die eigene Steuerschuld angerechnet hat, wollen sie der Masse einen Anspruch gegen den Gesellschafter zuerkennen. Soweit die den Gesellschafter treffende Einkommensteuer auf die zu der Masse geflossenen Einkünfte beruht, ist der Gesellschafter nicht bereichert, vor allem nicht ungerechtfertigt, so dass insoweit kein Anspruch der Masse entsteht.

Beispiel:

Eröffnung des Insolvenzverfahrens am 3. 4.

Vor Eröffnung des Insolvenzverfahrens sind verhältnismäßig hohe Einnahmen angefallen, nach Eröffnung des Insolvenzverfahrens jedoch keine mehr, da der Insolvenzverwalter die Masse erst im nächsten Jahr versilbern kann. Die vier Vorauszahlungen decken jedoch die Jahressteuerschuld, so dass keine Abschlusszahlung entsteht.

Nach den Ausführungen in den Abschnitten B I 4 und B I 5 des 2. Teils wäre, wenn keine Vorauszahlungen festgesetzt worden wären, die Einkommensteuerschuld als Insolvenzforderung zur Tabelle anzumelden, da sie ausschließlich auf den vor Eröffnung des Insolvenzverfahrens erzielten Einnahmen beruht. In dem Beispiel sind jedoch nur zwei Vorauszahlungen Insolvenzforderung, die beiden anderen sind Masseverbindlichkeiten. Es fragt sich, ob das System der Vorauszahlungen bzw. der Steuerabzugsbeträge dieses abweichende Ergebnis rechtfertigt. Dies wäre der Fall, wenn die Vorauszahlungsschuld bzw. die Steuerabzugsschuld eine eigenständige, von der Einkommensteuerschuld gelöste Steuerschuld wäre. Dann brauchten die für die Einkommensteuerschuld entwickelten Grundsätze nicht notwendig auch für die Vorauszahlungsschuld oder Steuerabzugsschuld zu gelten. Die Vorauszahlungsschuld ist jedoch nur eine Art der Einkommensteuer. Nach § 36 Abs. 2 EStG ist Zahlung der Vorauszahlung Tilgung der Einkommensteuerschuld. Gleiches gilt für die Steuerabzugsbeträge. Wenn also die Vorauszahlungsschuld bzw. die Steuerabzugsbeträge nur die Einkommensteuerschuld in einer bestimmten Form sind, dann ist insolvenzrechtlich eine besondere Behandlung der verschiedenen Formen der Einkommensteuerschuld nicht gerechtfertigt. Unabhängig davon, ob die Einkommensteuer als Vorauszahlungsschuld, als Steuerabzugsbeträge oder als Abschlusszahlung zu entrichten ist, muss sie aufgeteilt werden. Als Insolvenzforderung ist also der Teil der Steuerforderung geltend zu machen, der sich auf die Einkünfte vor Eröffnung des Insolvenzverfahrens bezieht, als Masseverbindlichkeit dagegen diejenigen Teile, die auf dem Verhalten des Insolvenzverwalters beruhen. Das einkommensteuerrechtliche Institut der Vorauszahlungen oder der Steuerabzugsbeträge kann an dieser insolvenzrechtlichen Regelung nichts ändern.

Bei der Vorauszahlungsschuld ist während des Steuerabschnitts das insolvenzrechtliche Prinzip der Einordnung als Masseverbindlichkeiten oder Insolvenzforderung entsprechend der Zuordnung der Einkünfte zu den einzelnen Vermögensmassen nicht durchführbar, da die Vorauszahlungen in keiner Verbindung zu den einzelnen Einkünften stehen. Es besteht also keine eindeutige Zuordnungsmöglichkeit. Insoweit richtet sich die Durchsetzung im Insolvenzverfahren allein nach dem Entstehungszeitpunkt. Ein Ausgleich entsprechend den insolvenzrechtlichen Prinzipien kann erst nach Beendigung des Steuerabschnitts erfolgen. Ähnliches gilt für die Steuerabzugsbeträge, die zwar bestimmten Einkünften zugeordnet sind (nichtselbständige Arbeit, Kapitalvermögen), aber deren Entstehungszeitpunkt nicht mit den insolvenzrechtlichen Abschnitten (vor, nach Eröffnung des Insolvenzverfahrens) korrespondieren muss.

Man könnte annehmen, dass sich die Einkommensteuerschuld aufteilt in Steuerabzugsbeträge, Vorauszahlungen und Abschlusszahlungen. Diese Konstruktion verbietet sich aber nach § 36 Abs. 2 EStG; hiernach sind Steuerabzugsbeträge und Vorauszahlungen nicht Zahlung der Einkommensteuer selbst, sondern Zahlungen, die im Zusammenhang mit der Einkommensteuerschuld geleistet werden und auf diese anzurechnen sind. Wären sie selbst Zahlung der (noch gar nicht entstandenen) Einkommensteuerschuld, so wäre eine Anrechnung begrifflich ausgeschlossen. Die Vorauszahlungsschuld und die Steuerabzugsbeträge sind in ihrer Entstehung unabhängig von der Einkommensteuer[107] und stehen daher *neben* der Einkommensteuer, wenn auch nicht unabhängig von ihr. Nach dem System des Einkommensteuergesetzes entsteht daher am Ende des Steuerabschnittes die Jahreseinkommensteuerschuld in voller Höhe, allerdings nur für eine logische Sekunde, und erlischt dann in Höhe der geleisteten Steuerabzugsbeträge und Vorauszahlungen durch Verrechnung gemäß § 36 Abs. 2 EStG. Dem entspricht es, wenn im Veranlagungsverfahren die Jahreseinkommensteuerschuld in voller Höhe festgesetzt wird[108] und hierauf die geleisteten Zahlungen angerechnet werden.

Somit stellt sich die Frage, ob und in welchem Umfang eine Verrechnung der Vorauszahlungen und Steuerabzugsbeträge mit der Jahressteuerschuld noch möglich ist, wenn über das Vermögen des Steuerpflichtigen im Laufe des Besteuerungsabschnitts das Insolvenzverfahren eröffnet worden ist. Die Einteilung der Vorauszahlungen und der Steuerabzugsbeträge in Masseverbindlichkeiten und Insolvenzforderungen erfolgt allein nach dem Entstehungszeitpunkt ohne Rücksicht auf die Zuordnung der Einkünfte. Dagegen erfolgt die Einordnung der Jahressteuerschuld in Insolvenzforderung und Masseverbindlichkeit nach § 38 InsO unabhängig von dem Entstehungszeitpunkt allein nach der Zugehörigkeit der entsprechenden Einkünfte. Würden nun im Insolvenzverfahren des Steuerpflichtigen die

107 Vgl. *Lindberg*, in: Frotscher, EStG, zu § 37 Rz. 4.
108 Nur diese Festsetzung ist anfechtbar und erwächst in Bestandskraft.

Vorauszahlungen und Steuerabzugsbeträge schlechthin auf die Einkommensteuerschuld angerechnet, so würde dies einen Verstoß gegen die Zuordnungsprinzipien des Insolvenzrechts bedeuten. Es wäre dann nämlich möglich, dass die Jahressteuerschuld, die an sich als Insolvenzforderung geltend zu machen wäre, durch Verrechnung mit den als Masseverbindlichkeiten beigetriebenen Vorauszahlungen oder einbehaltenen Steuerabzugsbeträgen, im Ergebnis ebenfalls als Masseverbindlichkeiten, beglichen wird. Da jedoch nur Forderungen als Masseverbindlichkeiten geltend gemacht werden dürfen, die auf einem Verhalten des Insolvenzverwalters beruhen, kann eine als Masseverbindlichkeit eingeordnete Vorauszahlungsschuld bzw. für die Zeit nach Eröffnung des Insolvenzverfahrens einbehaltene Steuerabzugsbeträge nur mit dem Teil der Jahressteuerschuld verrechnet werden, der ebenfalls zu den Masseverbindlichkeiten gehört[109]. Der Steuergläubiger würde sonst mehr erhalten, als ihm zusteht.

Allgemein ausgedrückt, können die Vorauszahlungen und Steuerabzugsbeträge nur insoweit gemäß § 36 Abs. 2 EStG mit der Jahressteuerschuld verrechnet werden, als sich die Einkommensteuerschuld auf die gleiche Vermögensmasse bezieht, aus der die Vorauszahlungen und Steuerabzugsbeträge entrichtet wurden[110]. Soweit die Vorauszahlungen und Steuerabzugsbeträge höher sind als der Teil der Jahressteuerschuld, mit dem sie verrechnet werden können, ist der überschießende Betrag zu erstatten, und zwar an die Insolvenzmasse[111]. Vorauszahlungen und Steuerabzugsbeträge dürfen von der Finanzbehörde daher nicht außerhalb des Insolvenzverfahrens vereinnahmt werden und berechtigen nicht zu einer besseren Befriedigung.

Soweit hiernach Erstattungen an die Insolvenzmasse zu erfolgen haben, stellt sich das Problem der Aufrechnung.

Soweit als Masseverbindlichkeiten entrichtete Vorauszahlungen oder Steuerabzugsbeträge an die Masse zu entrichten sind, kann der Steuergläubiger wegen Insolvenzforderungen nicht aufrechnen. Der Erstattungsanspruch der Masse ist erst in dem Augenblick entstanden, in dem feststand, dass

---

109 Im Ergebnis so auch *BFH,* 9. 11. 1995, BStBl. II 1996 S. 255, BB 1995 S. 613 zum Zinsabschlag. Bei der Kapitalertragsteuer kann sich die Finanzbehörde daher nicht dadurch eine zusätzliche Aufrechnungsmöglichkeit zur Tilgung von Insolvenzforderungen verschaffen, dass sie die Erteilung einer Freistellungsbescheinigung ablehnt.

110 Vgl. *BFH*, 29. 3. 1984, BStBl. II 1984 S. 602, BB 1984 S. 1471; *Bringewat/Waza/Grawe*, Insolvenzen und Steuern, Rz. 736; zu Unrecht ohne Begründung a. A. *Maus*, BB 1989 S. 672.

111 *BFH*, 13. 11. 2002, BStBl. II 2003 S. 716,200, BB 2003 S. 187; *BMF* 4. 9. 2003, BStBl. I 2003 S. 431. Vgl. 1. Teil Abschn. A IV 2.

die Vorauszahlungen und Steuerabzugsbeträge den diesbezüglichen Teil der Jahressteuerschuld überstiegen. Das war wegen § 36 Abs. 1 EStG der Zeitpunkt der Beendigung des Steuerabschnitts, also nach Eröffnung des Insolvenzverfahrens. Gemäß § 96 Nr. 1 InsO ist die Aufrechnung daher ausgeschlossen.

Soweit der Insolvenzmasse ein Erstattungsanspruch zusteht, kann der Steuergläubiger hiergegen mit Masseverbindlichkeiten aufrechnen. Massekosten sind außerhalb des Insolvenzverfahrens geltend zu machen und fallen nicht unter die Aufrechnungsverbote der §§ 94 ff. InsO.

10. Veranlagung im Insolvenzverfahren

Trotz Eröffnung des Insolvenzverfahrens ist der Steuerpflichtige gemäß § 2 EStG mit seinen gesamten Einkünften zur Einkommensteuer heranzuziehen. Es hat also für seine vorinsolvenzlichen, insolvenzfreien und vom Insolvenzverwalter erzielten Einkünfte in dem Besteuerungszeitraum eine einheitliche Veranlagung zu erfolgen.

Die Besteuerungsgrundlagen werden dem Finanzamt durch die Steuererklärungen mitgeteilt. Da das Insolvenzverfahren, soweit sein Zweck es nicht erfordert, das Steuerverfahren nicht verändert, sind auch im Insolvenzverfahren des Steuerpflichtigen Steuererklärungen abzugeben. Für die Einkünfte aus der Insolvenzmasse kann nur der Insolvenzverwalter die Steuerklärungen erstellen, da der Schuldner nach § 36 Abs. 2 Nr. 1 InsO keinen Zugang zu den Geschäftsbüchern und sonstigen Unterlagen mehr hat.

Die erforderlichen Erklärungen für die insolvenzfreien Einkünfte kann dagegen nur der Schuldner selbst abgeben, da der Insolvenzverwalter hierüber nicht informiert ist.

Für die vor Eröffnung des Insolvenzverfahrens erzielten Einkünfte hat ebenfalls der Insolvenzverwalter die Erklärungen abzugeben, da der Schuldner auch zu den sich hierauf beziehenden Unterlagen keinen Zugang mehr hat. Insoweit ist daher nur der Insolvenzverwalter zur Erfüllung dieser steuerlichen Pflichten in der Lage[112].

Schuldner und Insolvenzverwalter brauchen bei der Abgabe der Erklärung nicht zusammenzuwirken. Da es keine Selbstberechnung der Einkommensteuer gibt, genügt es, wenn beide unabhängig voneinander dem Finanzamt die Besteuerungsgrundlagen mitteilen und dieses dann bei der

112 Siehe Teil 1 Abschn. III 2 c aa.

Veranlagung die einzelnen Teilerklärungen zusammenfügt. Die Einkommensteuerschuld ist dann in dem gewöhnlichen Verfahren von dem Veranlagungsbezirk zu ermitteln, aufzuteilen und die entsprechende Insolvenzforderung von der Vollstreckungsstelle zur Tabelle anzumelden, während die Massekosten und die insolvenzfreien Forderungen vom Veranlagungsbezirk durch Steuerbescheid festgesetzt werden.

II. Körperschaftsteuer

Nach § 8 KStG sind die Vorschriften des Einkommensteuergesetzes über die Einkommensermittlung, Veranlagung und Entrichtung der Steuer anwendbar. Es ergibt sich daher gegenüber der Einkommensteuer grundsätzlich keine unterschiedliche Behandlung.

Ist der Insolvenzschuldner eine Organgesellschaft, endet mit Eröffnung des Insolvenzverfahrens die Organschaft, da wegen des Verwaltungs- und Verfügungsrechts des Insolvenzverwalters die finanzielle Eingliederung endet; der Organträger kann ab diesem Zeitpunkt seinen Willen in der Organgesellschaft nicht mehr durchsetzen. Gleiches gilt bei Bestellung eines vorläufigen Insolvenzverwalters, dem das Verwaltungs- und Verfügungsrecht übertragen wird („starker" vorläufiger Insolvenzverwalter). Auch der Ergebnisabführungsvertrag kann von der Organgesellschaft ab Eröffnung des Insolvenzverfahrens nicht mehr durchgeführt werden, da die Abführung von Vermögensteilen an den Gesellschafter auf Grund des Ergebnisabführungsvertrags dem Zweck des Insolvenzverfahrens, die Gläubiger zu befriedigen, widersprechen würde[1].

Die Organschaft besteht bei Bestellung eines vorläufigen Insolvenzverwalters ohne Verwaltungs- und Verfügungsrecht („schwacher" vorläufiger Insolvenzverwalter) weiter, auch wenn Verfügungen des Schuldners nur mit Zustimmung des Insolvenzverwalters möglich sind[2]. Der Gesellschafter kann dann weiter seinen Willen in der Organgesellschaft auf Grund seiner Stimmrechte durchsetzen.

Wird über das Vermögen des Organträgers das Insolvenzverfahren eröffnet, aber nicht über das Vermögen der Organgesellschaft, bleibt die Organschaft bestehen, solange der Zweck des Verfahrens der Erhalt des Unternehmens ist. Zu dem Verwaltungs- und Verfügungsbereich des Insolvenzverwalter des Organträgers gehören auch die Stimmrechte aus den Anteilen an der Organgesellschaft, so dass finanzielle Eingliederung besteht. Der Ergebnisabführungsvertrag besteht weiter[3]. Die Organschaft endet jedoch, wenn der Zweck des Insolvenzverfahrens die Abwicklung

---

1 *BGH*, 14. 12. 1987, NJW 1988 S. 1326, BB 1988 S. 361; *BFH*, 13. 3. 1997, BStBl II 1997 S. 580, BB 1997 S. 1724; *BFH*, 28. 1. 1999, BStBl. II 1999 S. 258, BB 1999 S. 670.

2 *BFH*, 1. 4. 2004, BB 2004 S. 1261.

3 Dies ist jedoch bestritten; vgl. *Gottwald*, Insolvenzrechtshandbuch, § 83 Rz. 58; *Hirte*, in: Uhlenbruck, InsO, § 11 Rz. 407. Wird angenommen, dass der Ergebnisabführungsertrag durch die Eröffnung des Insolvenzverfahrens über das Vermögen des Organträgers endet (und nicht bloß kündbar ist), endet auch die Organschaft.

des Organträgers ist, da sich dann der werbende Zweck des Organträgers in einen Abwicklungszweck umwandelt[4].

Wird über das Vermögen sowohl des Organträgers als auch der Organgesellschaft das Insolvenzverfahren eröffnet (was wegen der Haftung des Organträgers für die Verbindlichkeiten der Organgesellschaft die Regel sein wird), endet die Organschaft, und zwar auch dann, wenn in beiden Insolvenzverfahren die gleiche Person Insolvenzverwalter ist. Der Ergebnisabführungsvertrag wird nämlich nicht mehr durchgeführt, da die Abführung von Vermögen der Organgesellschaft an den Organträger dem Zweck des Insolvenzverfahrens widerspricht.

Für die Geltendmachung im Insolvenzverfahren ist nach Vorauszahlungen und Abschlusszahlung sowie nach begründeten, entstandenen, fälligen, nichtfälligen und aufschiebend bedingten Forderungen zu unterscheiden; Einzelheiten vgl. 2. Teil Abschn. A I.

§ 11 KStG enthält eine Sondervorschrift für die Besteuerung des Liquidationsgewinnes, wenn die Körperschaft nach ihrer Auflösung abgewickelt wird. Die Auflösung selbst hat körperschaftsteuerrechtlich noch keine Folgen. Wird der Gewerbebetrieb der Körperschaft fortgeführt, etwa um schwebende Geschäfte zu erledigen, so erfolgt die Besteuerung wie bei einer nicht aufgelösten Körperschaft. Die Bestimmung, die einen letzten, höchstens dreijährigen Besteuerungszeitraum vorsieht, greift erst ein, wenn die Körperschaft ihre werbende Tätigkeit einstellt (Abwicklung).

Durch Eröffnung des Insolvenzverfahrens über das Vermögen einer Kapitalgesellschaft wird diese aufgelöst, die Abwicklung unterbleibt jedoch[5]. § 11 Abs. 7 KStG dehnt aber die Regeln über die Abwicklung auch auf das Insolvenzverfahren aus. Als Abwicklungs-Endvermögen ist bei der Gewinnermittlung damit das Vermögen, bewertet zu Verkehrswerten, anzusetzen. Damit wird die Besteuerung der stillen Reserven auch im Insolvenzverfahren sichergestellt.

Grundsätzlich wird die Körperschaftsteuer, wie die Einkommensteuer, auf Grund einjähriger Veranlagungs-, Bemessungs- und Ermittlungszeiträume veranlagt. § 11 KStG lässt aber einen längeren, in der Regel höchstens dreijährigen Zeitraum zu. Innerhalb dieses Zeitraums wird ein einheitliches Einkommen ermittelt; der Verlustausgleich etwa erstreckt sich dann über drei Jahre, ohne dass es des Verlustabzuges nach § 10 d EStG bedürf-

---

4 *Frotscher/Maas*, KStG, UmwStG, § 14 KStG Rz. 213 a; *Keller*, BB-Beilage 4/83; *Maus*, Festschrift Uhlenbruck S. 813 ff

5 Vgl. § 262 Abs. 1 Nr. 3, § 264 Abs. 1 AktG, § 66 Abs. 1 GmbHG.

te. Nach der Einführung der sog. „Mindeststeuer“ nach § 10d Abs. 2 S. 1 EStG, wonach durch Verlustvortrag nur 60 % des Einkommens zuzüglich 1 Mio € eines Veranlagungszeitraums steuerlich neutralisiert werden dürfen, erlangt diese Regelung auch materiellrechtliche Bedeutung. Im Insolvenzverfahren könnte dies dadurch Schwierigkeiten bereiten, dass dann Verluste einzelner Besteuerungszeiräume mit (Veräußerungs-)Gewinnen anderer Zeiträume nicht vollständig ausgeglichen werden könnten, also trotz Bestehens entsprechender Verlustvorträge eine Steuerlast verbliebe. Durch Zusammenfassung der Besteuerungszeiträume in einen dreijährigen Liquidationsbesteuerungszeitraum wird insoweit eine Erleichterung geschaffen, da der Verlustgleich innerhalb des dreijährigen Zeitraums der Verlustabzugsbeschränkung des § 10d Abs. 2 EStG nicht unterliegt, insoweit also ein vollständiger Verlustabzug innerhalb dieses Zeitraums möglich ist.

Der verlängerte letzte Veranlagungszeitraum beginnt nach § 11 Abs. 4 KStG mit dem Schluss des vorhergehenden Wirtschaftsjahres, auf das der Beginn der Liquidation folgt.

Es ist jedoch zu berücksichtigen, dass nach § 155 Abs. 2 InsO mit Eröffnung des Insolvenzverfahrens ein neues Geschäftsjahr beginnt. Da das steuerliche Wirtschaftsjahr mit dem handelsrechtlichen Geschäftsjahr regelmäßig identisch ist[6], wird also auch ein entsprechendes neues Wirtschaftsjahr gebildet. Damit entsteht für den Zeitraum bis zu dem Zeitpunkt der Eröffnung des Insolvenzverfahrens ein Rumpfwirtschaftsjahr. Das Ergebnis dieses Rumpfwirtschaftsjahres wird nicht in die Liquidationsbesteuerung einbezogen[7].

Beispiel:

> Eröffnung des Insolvenzverfahrens 1. 9. 01 (Wirtschaftsjahr = Kalenderjahr).
> Es wird ein Rumpfwirtschaftsjahr vom 1. 1. 01 bis 31. 8. 01 gebildet.

Solange der Insolvenzverwalter den Gewerbebetrieb weiterführt, also noch werbend tätig ist, wird weiterhin nach einjährigen Zeiträumen veranlagt. Maßgebender Zeitpunkt für den Beginn des letzten, dreijährigen Veranlagungszeitraums ist also nicht die Auflösung durch Eröffnung des Insolvenzverfahrens, sondern der Beginn der Liquidation.

---

6 Vgl. *Frotscher/Maas*, KStG, UmwStG, zu § 7 KStG, Rz. 11; zu § 155 Abs. 2 InsO vgl. oben 1. Teil Abschn. III 2 b.

7 Vgl. *BFH*, 17. 7. 1974, BStBl. II 1974 S. 692, BB 1974 S. 1285; *Frotscher/Maas*, KStG, UmwStG, zu § 11 KStG Rz. 21.

Beispiel:

Eröffnung des Insolvenzverfahrens 1. 10. 01, Beginn der Liquidation 1. 1. 02.
Vom 1. 1. bis 30. 9. 01 läuft das letzte normale Wirtschaftsjahr, das ein Rumpfwirtschaftsjahr ist. Für den Zeitraum 1. 10. 01 -- 31. 12. 01 entsteht ein weiteres Rumpfwirtschaftsjahr. Für das Jahr 01 läuft ein normaler einjähriger Veranlagungszeitraum, in dem die Ergebnisse der beiden Rumpfwirtschaftsjahre erfaßt werden, die im Kalenderjahr 01 enden.

Am 1. 1. 02 beginnt der verlängerte letzte Veranlagungszeitraum. Dieser letzte Veranlagungszeitraum endet mit der Beendigung der Liquidation. Dieser Zeitpunkt braucht nicht mit der förmlichen Beendigung des Insolvenzverfahrens übereinzustimmen; die Beendigung des Insolvenzverfahrens kann nämlich dadurch verhindert werden, dass die letzte Körperschaftsteuerschuld noch nicht feststeht; veranlagt werden kann erst nach Beendigung des Veranlagungszeitraums. Das führt dazu, dass der Veranlagungszeitraum nach § 11 KStG schon dann endet, wenn feststeht, dass die Liquidation abgeschlossen ist, also nur noch die Körperschaftsteuerzahlung zu erfolgen hat[8].

Dauert das Insolvenzverfahren länger als der dreijährige Liquidationsbesteuerungszeitraum, erfolgt anschließend wieder die Besteuerung nach einjährigen Veranlagungszeiträumen[9].

8 *RFH*, 5. 3. 1940, RFHE 48 S. 241.
9 Vgl. *Frotscher/Maas*, KStG, UmwStG, zu § 11 KStG Rz. 25.

III. Lohnsteuer

1. Insolvenz des Arbeitnehmers

Nach § 38 EStG ist die Lohnsteuer nur eine besondere Erhebungsform der Einkommensteuer; das zur Einkommensteuer Gesagte gilt daher grundsätzlich auch hier.

Der Arbeitgeber hat die Lohnsteuer einzubehalten und abzuführen; die Rechtslage ähnelt der bei den Vorauszahlungen zur Einkommensteuer. Für die Frage der Anrechnung dieser Zahlungen kann daher auf 2. Teil Abschn. B I 9 Buchst. d verwiesen werden.

Hat der Arbeitgeber die Lohnsteuer nicht einbehalten oder nicht abgeführt und ist der Arbeitnehmer nach § 38 Abs. 4 EStG in Anspruch zu nehmen, stellt sich die Frage, wie diese Forderung im Insolvenzverfahren geltend zu machen ist. Die Lohnsteuerschuld entsteht nach § 38 Abs. 2 EStG im Zeitpunkt des Zufließens des Arbeitslohnes. Insolvenzrechtlich entscheidend ist aber der Zeitpunkt des Begründetseins i. S. d. § 38 InsO. Begründet in diesem Sinne ist die Lohnsteuerforderung in dem Zeitpunkt, in dem auch der Lohnanspruch begründet ist, also mit der Leistung der Arbeit, für die der Lohn versprochen wurde[1]. Auf das Zufließen des Arbeitslohns kommt es hier nicht an. War zu diesem Zeitpunkt das Insolvenzverfahren noch nicht eröffnet, so ist die Lohnsteuerforderung nach § 38 InsO Insolvenzforderung. War das Insolvenzverfahren bereits eröffnet, so handelt es sich um eine Masseverbindlichkeit, da der Arbeitslohn des Schuldners nach § 35 InsO zur Masse fließt. Lediglich, soweit der Lohnanspruch unpfändbar ist, handelt es sich nach § 36 Abs. 1 InsO um insolvenzfreien Neuerwerb; die diesbezügliche Steuerforderung ist insolvenzfreie Forderung.

Es kann sich der Fall ergeben, dass der Insolvenzverwalter Zahlungen an den Schuldner für geleistete Dienste vorzunehmen hat, etwa weil die Mitwirkung des Schuldners wegen seiner Spezialkenntnisse bei der Verwaltung und Verwertung der Masse erforderlich war. Fraglich ist, ob der Schuldner insoweit Arbeitnehmer ist und der Insolvenzverwalter von diesen Zahlungen Lohnsteuer einbehalten muss.

Der Reichsfinanzhof[2] hatte diese Frage bejaht. Dieses Urteil stützt sich ausdrücklich auf die damals vertretene Auffassung, dass die Einkünfte der Masse nicht mehr dem Gemeinschuldner zugerechnet werden könnten, dass also die Masse ein selbstständiges Steuersubjekt bilde. Von die-

1 Vgl. *Forgach*, DB 1976 S. 1561.
2 *RFH*, StuW 1932 Nr. 269.

sem Ausgangspunkt ist es nur konsequent, dass der Reichsfinanzhof den Schuldner als Arbeitnehmer der Masse ansah.

Dieser Ansicht wurde die Grundlage entzogen, da nach der späteren Rechtsprechung die Einkünfte der Masse auch weiterhin dem Schuldner zuzurechnen sind[3]. Wenn der Schuldner Träger der Einkünfte der Masse ist, kann eine Zahlung an ihn aus der Insolvenzmasse nicht Lohnzahlung sein. Es handelt sich vielmehr um eine steuerrechtlich irrelevante Einkommensverwendung durch den Schuldner[4]. Der Insolvenzverwalter kann diese Zahlungen weder als Betriebsausgaben absetzen, noch hat er Lohnsteuer einzubehalten. Dies gilt auch, wenn im Insolvenzverfahren über das Vermögen einer Personengesellschaft ein Gesellschafter weiterhin für die Gesellschaft tätig wird. Es handelt sich dann bei den von dem Insolvenzverwalter gezahlten Vergütungen um Vorwegvergütungen nach § 15 Abs. 1 Nr. 2 EStG, die nicht lohnsteuerpflichtig sein können[5].

2. Insolvenz des Arbeitgebers[6]

a) Lohnsteuerabzug im Insolvenzverfahren

Der Insolvenzverwalter hat gemäß § 80 Abs. 1 InsO das Recht zur Verwaltung der Masse; ihn treffen daher gemäß § 34 Abs. 3 AO alle Pflichten, die ohne Eröffnung des Insolvenzverfahrens der Schuldner zu erfüllen gehabt hätte. Der Insolvenzverwalter hat daher bei Auszahlung der Löhne die Lohnsteuer einzubehalten[7]. Das gilt auch, soweit es sich um Vorgänge handelt, die zeitlich vor der Eröffnung des Insolvenzverfahrens liegen. Zwar ist der Insolvenzverwalter für Verhalten des Schuldners, das vor Eröffnung des Insolvenzverfahrens liegt, nicht verantwortlich, er allein hat aber durch den Besitz der Bücher und Unterlagen die Möglichkeit, solche Vorgänge festzustellen. Beispielsweise hat der Insolvenzverwalter Lohnsteueranmeldungen für die vor Eröffnung des Insolvenzverfahrens ausgezahlten Löhne abzugeben[8]. Für die Erfüllung dieser Verpflichtung haftet der Insolvenzverwalter gemäß §§ 34, 69 AO persönlich.

---

3 RFHE 44 S. 162.

4 *Dißars*, in: Schwarz, AO, zu § 251 Rz. 101; ebenso *Hess*, InsO, zu § 55 Rz. 460.

5 Demgegenüber geht der *BFH*, 21. 1. 1977, BStBl. II 1977 S. 393, BB 1977 S. 835 (zur Aufrechnung ergangen) incidenter offenbar von der Lohnsteuerpflicht aus. Vgl. hierzu *Fichtelmann*, FR 1977 S. 439.

6 Das Insolvenzausfallgeld nach §§ 133 ff. SGB - III ist nach § 3 Nr. 2 EStG steuerfrei, eine Lohnsteuerproblematik entsteht somit nicht.

7 *RFH*, RStBl. 1935, S. 1239.

8 *BFH*, 10. 10. 1951, BStBl. III 1951 S. 212, BB 1951 S. 885.

Für die Beantwortung der Frage, wie die Lohnsteuer in der Insolvenz des Arbeitgebers einzuordnen ist, ist von den von *Knobbe-Keuk*[9] herausgearbeiteten Prinzipien auszugehen. Danach trifft den Arbeitgeber gegenüber dem Finanzamt in erster Linie nicht eine Geldzahlungspflicht, sondern eine besondere Dienstleistungspflicht, die Pflicht nämlich, Lohnsteuer einzubehalten und abzuführen[10]. Der Arbeitgeber schuldet in dieser ersten Phase nur dem Arbeitnehmer Geld, nämlich den Bruttoarbeitslohn; diese Verpflichtung erfüllt der Arbeitgeber gegenüber dem Arbeitnehmer, indem er diesem den Nettolohn auszahlt und die Lohnsteuer an das Finanzamt abführt (sowie die einzubehaltenen Sozialversicherungsbeiträge an den Sozialversicherungsträger). Die Abführung der einbehaltenen Lohnsteuer erfolgt daher in Erfüllung der Zahlungspflicht gegenüber dem Arbeitnehmer. Gegenüber der Finanzbehörde besteht in dieser Phase des Abzugsverfahrens keine Zahlungs-, sondern nur eine Dienstleistungspflicht. Der materielle Zahlungsanspruch des Finanzamts richtet sich gegen den Arbeitnehmer in der Form einer Vorauszahlung auf die Einkommensteuer; diesen Anspruch erfüllt der Arbeitnehmer auf dem Weg über die Lohnsteuerabführung durch den Arbeitgeber. Die Abführung durch den Arbeitgeber stellt also Zahlung des Arbeitnehmers auf seine Einkommensteuer dar und erfolgt auf Rechnung des Arbeitnehmers.

Erst wenn der Arbeitgeber seine Dienstleistungspflicht auf Einbehaltung und Abführung der Lohnsteuer nicht erfüllt, entsteht ein Anspruch des Finanzamts auf Geldzahlung gegen ihn. Dieser Anspruch ist nach § 42 d EStG ein Haftungsanspruch, der kumulativ neben den primären Zahlungsanspruch des Finanzamts gegen den Arbeitnehmer tritt. Grundlage dieses Haftungsanspruchs ist nicht die lohnsteuerpflichtige Tätigkeit des Arbeitnehmers, sondern die Verletzung der besonderen Dienstleistungspflicht durch den Arbeitgeber.

Aus diesen Grundsätzen ergibt sich für die einzelnen lohnsteuerpflichtigen Fallgestaltungen Folgendes:

Hat der Schuldner vor Eröffnung des Insolvenzverfahrens Löhne ausgezahlt, ohne Lohnsteuer einbehalten zu haben, oder hat er Lohnsteuer zwar einbehalten, aber nicht abgeführt, hat er den Haftungstatbestand des § 42 d

9 DB 1973 S. 2029; *Maus*, in: Uhlenbruck, InsO, zu § 80 Rz. 28 ff.; *Bringewat/Waza/Grawe*, Insolvenzen und Steuern, Rz. 771 ff.; vgl. die Ausführungen des *BFH*, 16. 5. 1975, BStBl. II 1975 S. 621, BB 1975 S. 1047, die im Ergebnis den Ausführungen von *Knobbe-Keuk* nahe kommen.

10 Vgl. *Maus*, in: Uhlenbruck, InsO, zu § 80 Rz. 27; *Bringewat/Waza/Grawe*, Insolvenzen und Steuern, Rz. 767.

EStG vor Eröffnung des Insolvenzverfahrens erfüllt. Der hieraus entstehende Lohnsteuerhaftungsanspruch kann daher nur Insolvenzforderung nach § 38 InsO sein[11].

Die Geltendmachung der durch den Schuldner vor Eröffnung des Insolvenzverfahrens begründeten Haftungsschuld als Insolvenzforderung richtet sich danach, wann diese Haftungsschuld entstanden ist, sowie danach, ob es sich um eine fällige oder nichtfällige Schuld handelt[12]. Die Haftungsschuld entsteht nach § 38 AO, sobald der haftungsbegründende Tatbestand verwirklicht worden ist; der Erlass eines Haftungsbescheides ist für das Entstehen der Haftungsschuld ohne Bedeutung[13]. Bei der Lohnsteuerhaftung besteht der haftungsbegründende Tatbestand in der Nichteinbehaltung und Nichtabführung der Lohnsteuer durch den Arbeitgeber bei Auszahlung des Lohnes bzw. Gewährung von Sachbezügen. In diesem Zeitpunkt, d. h. regelmäßig mit der Auszahlung des Arbeitslohnes an den Arbeitnehmer ohne Einbehaltung bzw. darauf folgende fristgemäße Abführung der Lohnsteuer, ist die Haftungsschuld entstanden. Da das maßgebliche Verhalten des Arbeitgebers in den hier besprochenen Fällen vor Eröffnung des Insolvenzverfahrens liegt, ist die Haftungsschuld zu diesem Zeitpunkt nicht nur begründet (und daher als Insolvenzforderung einzuordnen), sondern auch vor Eröffnung des Insolvenzverfahrens entstanden. Es liegt daher keine befristete, sondern allenfalls eine nicht fällige Insolvenzforderung vor.

Der Eintritt der Fälligkeit der Haftungsschuld richtet sich nach § 220 Abs. 2 AO. Da die Haftungsschuld nach § 191 AO durch Haftungsbescheid festgesetzt wird, tritt die Fälligkeit mit der Bekanntgabe des Haftungsbescheides ein, wenn nicht, wie dies regelmäßig der Fall sein wird, durch Einräumung einer Zahlungsfrist in dem Leistungsgebot ein späterer Fälligkeitstag bestimmt ist. Ist also vor Eröffnung des Insolvenzverfahrens der Haftungsanspruch entstanden, aber noch nicht durch Haftungsbescheid festgesetzt, ist die Haftungsschuld noch nicht fällig i. S. d. § 41 InsO. Sie ist als fällig zur Tabelle anzumelden, jedoch nur mit einem abgezinsten Betrag, da die Schuld unverzinslich ist. Da die Fälligkeit von dem Erlass eines Haftungsbescheides abhängt, der nach Eröffnung des Insolvenzverfahrens nicht mehr ergehen kann, und der Fälligkeitstag daher unbestimmt ist, ist der Abzinsungsbetrag zu schätzen. Maßgebend hierfür ist, zu welchem Zeitpunkt nach dem gewöhnlichen Lauf der Dinge ohne die Eröff-

11 *Maus*, in: Uhlenbruck, InsO, zu § 80 Rz. 30; *Bringewat/Waza/Grawe*, Insolvenzen und Steuern, Rz. 774.

12 Vgl. grundlegend 2. Teil Abschn. A I.

13 *Schwarz*, AO, vor §§ 69–77, Rz. 18.

nung des Insolvenzverfahrens mit einem Erlass des Haftungsbescheides und damit mit Eintritt der Fälligkeit hätte gerechnet werden können.

Bestehen Lohnrückstände aus der Zeit vor Eröffnung des Insolvenzverfahrens, die der Insolvenzverwalter nach Eröffnung des Insolvenzverfahrens erfüllt, bestehen zum Zeitpunkt der Eröffnung des Insolvenzverfahrens keine Zahlungsansprüche der Finanzbehörde, sondern nur Dienstleistungsansprüche auf Einbehaltung und Abführung der Lohnsteuer. Dem Arbeitnehmer steht eine Insolvenzforderung zu[14]. Diese Forderung ist jeweils gerichtet auf Auszahlung des Bruttoarbeitslohnes bzw. eines Teiles des Bruttoarbeitslohnes, und zwar in der Form der Auszahlung des Nettolohnes an ihn und der darauf entfallenden Lohnsteuer an das Finanzamt. Das Finanzamt selbst hat gegen den Insolvenzverwalter nur einen Anspruch auf Erfüllung der Dienstleistungspflicht, keinen Geldzahlungsanspruch. Damit stellt sich auf *dieser* Stufe des Verfahrens die Frage nach der Einordnung der *Lohnsteuer*forderung überhaupt nicht, da gegen die Masse nur eine Lohnforderung, nicht eine Lohnsteuerforderung besteht. Das Finanzamt kann zu diesem Zeitpunkt von dem Insolvenzverwalter keine Zahlung, sondern nur Erfüllung der Dienstleistungspflicht verlangen. Der Insolvenzverwalter hat nun den Bruttolohnanspruch des Arbeitnehmers nach den insolvenzrechtlichen Prinzipien zu erfüllen, nämlich als Insolvenzforderung. Soweit die Masse nicht ausreicht, hat eine teilweise Befriedigung des Bruttoarbeitslohnes zu erfolgen; dieser Teil hat wiederum den Charakter eines Bruttoarbeitslohnes. Damit steht nach insolvenzrechtlichen Prinzipien fest, in welcher Höhe der Arbeitnehmer brutto zu befriedigen ist. Die Auszahlung dieser Bruttoforderung erfolgt durch Zahlung des jeweiligen Nettolohnes an den Arbeitnehmer und der entstehenden Lohnsteuer an das Finanzamt[15].

Erst dann, wenn der Insolvenzverwalter diese steuerrechtliche Dienstleistungspflicht (Einbehaltung und Abführung der Lohnsteuer) nicht erfüllt, entsteht mit dem Lohnsteuerhaftungsanspruch eine Geldforderung des Finanzamts gegen die Masse. Erst jetzt kann sich die Frage nach der insolvenzrechtlichen Einordnung dieser Forderung stellen. Bei dieser Forderung handelt es sich aber nicht mehr um eine Lohnsteuerforderung (die gegen den Arbeitnehmer zu richten wäre), sondern um einen neben die Lohnsteuerforderung tretenden Haftungsanspruch auf Grund des Verhal-

14 Die Regelung der KO, dass Lohnansprüche aus der Zeit vor Eröffnung des Konkursverfahrens innerhalb bestimmter Grenzen Masseforderungen sein können, ist nicht in die InsO übernommen worden. Lohnrückstände aus der Zeit vor Eröffnung des Insolvenzverfahrens sind daher immer Insolvenzforderungen.

15 Vgl. *BFH*, 16. 5. 1975, BStBl. II 1975 S. 621, BB 1975 S. 1047.

tens des Insolvenzverwalters (Verletzung der Dienstleistungspflicht). Mit dieser Aussage ist aber auch schon die Entscheidung über die insolvenzrechtliche Einordnung getroffen: Es handelt sich dann nämlich um Masseverbindlichkeiten nach § 55 Abs. 1 Nr. 1 InsO, da der Haftungsanspruch auf einer pflichtwidrigen Handlung des Insolvenzverwalters beruht, der Verletzung der Dienstleistungspflicht. Der Haftungsanspruch ist insoweit einem Schadensersatzanspruch auf Grund eines pflichtwidrigen Handelns des Insolvenzverwalters vergleichbar. Damit ergibt sich das an sich seltsame Ergebnis, dass die Lohnsteuer als Insolvenzforderung abgeführt wird, wenn der Insolvenzverwalter die steuerliche Dienstleistungspflicht erfüllt, aber als Masseverbindlichkeit einzuordnen ist, wenn er diese Pflicht verletzt. Das Ergebnis ist m. E. jedoch zwingend, da der Lohnsteuerhaftungsanspruch ein selbstständiger Anspruch ist und nicht dem Schicksal des Lohnanspruchs folgt. Außerdem dürfte bei Entstehung des Lohnsteuerhaftungsanspruchs die Masse regelmäßig erschöpft sein, da ja bereits an die Arbeitnehmer ausgekehrt worden ist, so dass die eigentliche Bedeutung der hier vertretenen Ansicht in der Haftung des Insolvenzverwalters besteht[16].

Die dritte lohnsteuerliche Fallgestaltung, die Auszahlung von Löhnen für Tätigkeiten nach Eröffnung des Insolvenzverfahrens, ist Gegenstand einer ausgedehnten Kontroverse in Literatur und Rechtsprechung gewesen.

Diese Kontroverse über die Eingruppierung beruht auf der von der Rechtsprechung[17] vertretenen Ansicht, die Lohnsteuer sei *vor* Befriedigung aller übrigen Masseforderungen abzuführen. Da dieser Vorrang der einbehaltenen Lohnsteuer aus der Insolvenzordnung nicht zu begründen ist, lässt sich der Anspruch auf vorrangige Abführung der einbehaltenen Lohnsteuer nicht in das insolvenzrechtliche System einordnen.

Die Ansicht vom Vorrang der Lohnsteuerforderung gegen den Arbeitgeber geht auf ein Urteil des Reichsfinanzhofes[18] zurück. Darin wird ausgeführt, § 58 Nr. 2 KO (jetzt: § 55 Abs. 1 Nr. 1 InsO) könne nicht für Lohnsteuerforderungen gelten, wenn auch die Steuerforderungen im Allgemeinen

---

16 So auch *Knobbe-Keuk*, DB 1973 S. 2029; *Dißars*, in: Schwarz, AO, zu § 251 Rz. 105; *Bringewat/Waza/Grawe*, Insolvenzen und Steuern, Rz. 774. Für eine Verminderung der Masse durch die Einordnung des Lohnsteuerhaftungsanspruchs als Masseverbindlichkeit nach § 55 Abs. 1 Nr. 1 InsO haftet der Insolvenzverwalter, da sie auf seinem pflichtwidrigen Handeln beruht.

17 *BFH*, 18. 4. 1958, BStBl. III 1958 S. 319, BB 1958 S. 657. Zur Interpretation des *BFH*-Urteils vgl. *Knobbe-Keuk*, DB 1973 S. 2029.

18 *RFH*, RStBl. 1935 S. 1239. Vgl. auch *Hartz*, DB 1958 S. 730; *Barske*, BB 1958 S. 657; vgl. auch *FG Düsseldorf*, 21. 7.1982, EFG 1983 S. 304.

Massekosten seien. Der Arbeitgeber sei für die Abführung der Lohnsteuer Treuhänder des Steuergläubigers und der Arbeitnehmer Steuerschuldner. Hieraus ergebe sich, dass der Lohnsteueranspruch im Insolvenzverfahren Vorrang haben müsse.

Auszugehen ist davon, dass auch die Pflicht zur Abführung der einbehaltenen Lohnsteuer sich in das insolvenzrechtliche System einzuordnen hat.

Daher kann der Argumentation aus dem Wesen der Treuhänderschaft nicht gefolgt werden. Dabei kann dahingestellt bleiben, ob es sich bei der einbehaltenen Lohnsteuer tatsächlich um Treuhandgut handelt. Jedenfalls trifft die Treuhänderstellung den Insolvenzverwalter nicht als Privatperson, sondern als Verwalter der Masse und nur insoweit, wie er die Stellung des Schuldners einnimmt. Das Treuhandgut ist ihm daher nicht persönlich zugeflossen, sondern der Masse. Soweit die Masse Treunehmer ist, ist der Treugeber gegenüber den anderen Gläubigern zwar in einer bevorzugten Stellung. Diese Bevorzugung fließt aber nicht aus dem Wesen der Treuhandschaft; maßgebend ist vielmehr, dass der Treugeber nach den Vorschriften der Insolvenzordnung bevorzugt wird, also nur in den Grenzen der Insolvenzordnung. Treugut kann daher gemäß § 47 InsO ausgesondert werden. Die Befriedigung des Treugebers kann immer nur dann bevorzugt erfolgen, wenn sich diese Bevorzugung aus den Vorschriften der Insolvenzordnung ergibt. Das ist für die Lohnsteuer jedoch nicht der Fall.

Die Lösung des Problems ergibt sich ebenfalls aus den von *Knobbe-Keuk*[19] entwickelten und oben geschilderten Grundsätzen. Wie dargestellt, hat das Finanzamt in der ersten Stufe des Verfahrens keinen Geldzahlungsanspruch gegen die Masse, so dass sich auch die Frage der Einordnung nicht ergeben kann. Lediglich der Arbeitnehmer hat einen Masseanspruch auf Auszahlung des Bruttoentgelts, und zwar in der Weise, dass der Nettolohn an ihn, die Lohnsteuer an das Finanzamt auszuzahlen sind. Erst wenn der Insolvenzverwalter diese Dienstleistungspflicht nicht erfüllt, erwirbt das Finanzamt neben dem Lohnsteueranspruch gegen den Arbeitnehmer einen Lohnsteuerhaftungsanspruch gegen die Masse. Da dieser Anspruch nicht mehr in erster Linie auf der lohnsteuerpflichtigen Tätigkeit des Arbeitnehmers beruht, sondern auf dem pflichtwidrigen Handeln des Insolvenzverwalters, ist der Haftungsanspruch nach § 55 Abs. 1 Nr. 1 InsO ebenfalls als Masseverbindlichkeit einzuordnen, jedoch nicht als aus dem Arbeitsverhältnis fließend, sondern als Folge einer Handlung des Insolvenzver-

19 DB 1973 S. 2029.

walters[20]. Ein solcher als Masseforderung einzuordnender Haftungsanspruch gegen die Insolvenzmasse kann aber keinen Vorrang vor den anderen Masseschulden beanspruchen.

b) Pauschalierung der Lohnsteuer

Anders ist die Rechtslage, wenn der Arbeitgeber selbst Schuldner der Lohnsteuer ist, also im Fall der Pauschalierung (§ 40 Abs. 3, § 40 a Abs. 4, § 40 b Abs. 4 EStG). Hier hat die Einordnung wie bei jeder anderen Steuerforderung zu erfolgen. Wurde die Tätigkeit, für die die Lohnsteuer pauschaliert wird, vor Eröffnung des Insolvenzverfahrens erbracht, ist die Lohnsteuer vor Eröffnung des Insolvenzverfahrens begründet und damit Insolvenzforderung. Dies gilt auch dann, wenn erst der Insolvenzverwalter den entsprechenden Lohn auszahlt, da das Begründetsein der Steuerforderung nach § 38 InsO nicht von der Entstehung im Zeitpunkt der Auszahlung abhängt[21]. Entfällt die pauschalierte Lohnsteuer auf Tätigkeiten nach Eröffnung des Insolvenzverfahrens, handelt es sich um Masseverbindlichkeiten nach § 55 Abs. 1 Nr.1 InsO.

3. Auf die Bundesagentur für Arbeit übergegangene Lohnansprüche

Erhält der Arbeitnehmer im Insolvenzverfahren des Arbeitgebers Arbeitslosengeld oder Insolvenzausfallgeld nach §§ 183 ff. SGB – III. Buch (ersetzt ab 1. 1. 1999 das Konkursausfallgeld nach §§ 141a ff. AFG), gehen die entsprechenden Lohnansprüche des Arbeitnehmers gegen den Arbeitgeber kraft Gesetzes (§ 187 SGB – III. Buch; vgl. auch § 115 Abs. 1 SGB – X. Buch) auf die Bundesagentur für Arbeit über. Diese übergegangenen Ansprüche haben im Insolvenzverfahren des Arbeitgebers grundsätzlich den gleichen Rang, wie sie ihn ohne Übergang auf die Bundesagentur für Arbeit hätten.

Die Leistungen der Bundesagentur für Arbeit orientieren sich grundsätzlich an dem Nettolohnanspruch. Der Anspruch des Arbeitnehmers gegen den Arbeitgeber geht daher nur in Höhe dieses Nettolohnanspruchs auf die Bundesagentur für Arbeit über.

---

20 Vgl. *Maus*, in: Uhlenbruck, InsO, zu § 80 Rz. 28; *Bringewat/Waza/Grawe*, Insolvenzen und Steuern, Rz. 774.

21 Ebenso *Maus*, in: Uhlenbruck, InsO, zu § 80 Rz. 31. A. A. *Fichtelmann*, DStZ 1993 S. 332, der auf den Zeitpunkt der Durchführung der Pauschalierung abstellen will. Das ist aber ein bloßer steuertechnischer Zeitpunkt, der für diese konkursrechtliche „Begründung" i. S. d. § 38 InsO nichts aussagt. Ebnenso *Bringewat/Waza/Grawe*, InsO, Rz. 774 a.E.

Wird die auf die Bundesagentur für Arbeit übergegangene Lohnforderung im Insolvenzverfahren des Arbeitgebers bezahlt, ist die lohnsteuerliche Behandlung dieser Zahlung umstritten. Die Rechtsprechung[22] geht von dem Grundsatz aus, die übergegangene Lohnforderung bleibe auch in der Hand der Bundesagentur für Arbeit ihrem Wesen nach Lohnforderung. Der Arbeitgeber erfülle also mit seiner Zahlung an die Bundesanstalt für Arbeit einen Lohnanspruch des Arbeitnehmers. Daraus folge, dass es sich um Zahlung von Arbeitslohn handle, der dem Lohnsteuerabzug unterliege. Der Insolvenzverwalter des Arbeitgebers müsse also den Nettolohnanspruch an die Bundesagentur für Arbeit zahlen und die hierauf entfallende Lohnsteuer an das Finanzamt abführen.

Diese Ansicht ist m. E. unrichtig. Eine Verpflichtung des Arbeitgebers (Insolvenzverwalters) zur Einbehaltung und Abführung von Lohnsteuer an das Finanzamt besteht nach § 38 Abs. 2 EStG nur, wenn dem Arbeitnehmer Arbeitslohn zufließt. Für die Annahme einer Verpflichtung des Insolvenzverwalters bei Zahlung des auf die Bundesagentur für Arbeit übergegangenen Lohnanspruchs genügt also nicht die Feststellung, das Wesen der kraft Gesetzes übergegangenen Lohnforderung bleibe trotz des Übergangs auf die Bundesagentur für Arbeit unverändert, sie bleibe also Lohnforderung. Es müsste die Feststellung hinzukommen, dass die Zahlung an die Bundesanstalt für Arbeit zu einem Zufluss nach § 11 EStG bei dem *Arbeitnehmer* führe. Wird Arbeitslohn an einen Dritten geleistet, kann ein Zufluss bei dem Arbeitnehmer nur vorliegen, wenn dieser durch die Zahlung an den Dritten bereichert wird, und sei es in der Form der Befreiung von einer Verbindlichkeit. Der Arbeitnehmer erhält jedoch von der Bundesanstalt für Arbeit Arbeitslosengeld oder Insolvenzausfallgeld; beides ist nicht Arbeitslohn; es handelt sich vielmehr um selbständige Forderungen, die nach § 3 Nr. 2 EStG steuerfrei sind. Die Bereicherung des Arbeitnehmers liegt in diesen Zahlungen durch die Bundesagentur für Arbeit. Zahlt der Arbeitgeber (Insolvenzverwalter) an die Bundesagentur, wird der Arbeitnehmer über das hinaus, was er an Arbeitslosengeld oder Insolvenzausfallgeld erhalten hat, nicht bereichert. Er wird auch nicht von

22 *BAG*, 17. 4. 1985, NZA 1986 S. 191; BAG, 12. 7. 1989, DB 1990 S. 278 mit Anm. *Frotscher*, EWiR § 59 KO – 3/90; *BFH*, 16. 3. 1993, BStBl. II 1993 S. 507, BB 1993 S. 1208; BSG, 20. 6. 2001, SozR 3 – 4100 § 141m Nr. 3, Soz R 3 – 4300 § 187 Nr. 1; *LAG Baden-Württemberg*, 10. 4. 1986, EWiR § 59 KO – 5/86 mit Anm. *Frotscher*; *Urban*, DB 1989 S. 1438. Eine abweichende Ansicht vertreten *Bringewat/Waza/Grawe*, Insolvenzen und Steuern, Rz. 783, die die Ansicht vertreten, die Zahlung des (übergegangenen) Arbeitslohnes an die Bundesagentur falle ebenfalls unter die Steuerbefreiung des § 3 Nr. 2 EStG. Dieser Ansicht ist m.E. nicht zu folgen, da die Zahlung auch dann noch auf Grund des Arbeitsvertrages erfolgt, nicht auf Grund sozialrechtlicher Vorschriften.

einer Verbindlichkeit befreit, auch nicht von einer Verbindlichkeit gegenüber der Bundesanstalt für Arbeit. Da durch die Zahlung des Arbeitslohnes an die Bundesanstalt der Arbeitnehmer also nicht bereichert wird, fließt ihm damit auch kein Arbeitslohn zu. Damit entfällt die Verpflichtung des Insolvenzverwalters zum Lohnsteuerabzug[23].

Ein Lohnsteuerabzug bei Zahlung an die Bundesanstalt für Arbeit würde auch zu sinnwidrigen Ergebnissen führen. Diese abgeführte Lohnsteuer wäre nämlich bei dem Arbeitnehmer in das Veranlagungsverfahren einzubeziehen. Hat der Arbeitnehmer keine anderen Zahlungen erhalten als Arbeitslosengeld bzw. Insolvenzausfallgeld, wäre die Einkommensteuer mangels steuerpflichtiger Einnahmen 0,–; der Progressionsvorbehalt nach § 32 b EStG für Arbeitslosengeld und Insolvenzausfallgeld würde nicht greifen. Die ganze abgeführte Lohnsteuer wäre also dem Arbeitnehmer zu erstatten[24].

Als Ergebnis ist also festzuhalten, dass, soweit der Arbeitgeber (Insolvenzverwalter) den auf die Bundesanstalt für Arbeit übergegangenen Netto-Lohnanspruch an diese zahlt, bei dem Arbeitnehmer kein Lohn zufließt, also Lohnsteuer nicht einzubehalten ist. Dem Arbeitnehmer fließt nur Arbeitslosengeld oder Insolvenzausfallgeld zu, das nach § 3 Nr. 2 EStG steuerfrei ist.

Nimmt man eine Lohnsteuerpflicht an, ist die Lohnsteuerforderung im Insolvenzverfahren entsprechend den obigen Ausführungen zu a) einzuordnen. Die auf die Bundesanstalt für Arbeit übergegangene Lohnforderung ist bei Erfüllung durch den Insolvenzverwalter aufzuteilen in einen an das Finanzamt und einen an die Bundesanstalt zu zahlenden Teil.

Offen bleibt somit nur noch die Behandlung der Differenz zwischen Bruttolohnanspruch und auf die Bundesanstalt für Arbeit übergegangenen Nettolohnanspruch. Da dieser Differenzbetrag des Lohnanspruchs nicht auf die Bundesanstalt für Arbeit übergegangen ist, steht er m. E. noch dem Arbeitnehmer zu, der ihn im Insolvenzverfahren des Arbeitgebers geltend machen kann. Werden auf diesen Differenzbetrag Zahlungen des Arbeitgebers (Insolvenzverwalters) geleistet, fließt dem Arbeitnehmer insoweit

---

23 Der vom *BFH*, 16. 3. 1993, BStBl. II 1993 S. 507, BB 1993 S. 1208 angestellte Vergleich mit einer Abtretung oder Pfändung des Lohnanspruchs geht daher fehl, da in diesen Fällen der Arbeitnehmer durch Befreiung von einer Verbindlichkeit bereichert wird. Für die Praxis muss allerdings betont werden, dass wenig Aussicht besteht, eine Änderung der Rechtsprechung zu erreichen; den Insolvenzverwaltern ist es daher zur Vermeidung einer Haftung nach § 42 d EStG zu raten, Lohnsteuer einzubehalten.

24 Vgl. hierzu *Giloy*, BB 1986 S. 1482.

Arbeitslohn zu[25], es ist daher insoweit Lohnsteuer einzubehalten und abzuführen. Dieser Differenzbetrag ist also aufzuteilen in an den Arbeitnehmer auszuzahlenden Arbeitslohn und darauf einzubehaltende Lohnsteuer.

4. Lohnsteuer bei vorläufiger Insolvenzverwaltung

Ist über das Vermögen des Arbeitgebers die vorläufige Insolvenzverwaltung mit Übergang des Verwaltungsrechts auf den vorläufigen Insolvenzverwalter angeordnet, hat der vorläufige Insolvenzverwalter nach § 34 AO auch die lohnsteuerlichen Pflichten des Arbeitgebers zu erfüllen.

Zahlt der vorläufige Insolvenzverwalter Löhne aus, hat er die Lohnsteuer einzubehalten und abzuführen. Das ist unabhängig davon, ob es sich um Löhne für die Zeit der vorläufigen Insolvenzverwaltung oder um Löhne für eine davor liegende Zeit handelt. Maßgebend ist nur, dass die Auszahlung der Löhne während der Zeit der vorläufigen Insolvenzverwaltung erfolgt.

Für die Behandlung der Lohnsteuer bei vorläufiger Insolvenzverwaltung gelten die auch für den Insolvenzverwalter anzuwendenden Grundsätze. Den Arbeitgeber trifft bei Auszahlung der Löhne keine Geldzahlungspflicht gegenüber der Finanzbehörde, sondern eine Dienstleistungspflicht, die auf Einbehaltung und Abführung der Lohnsteuer gerichtet ist. Der Arbeitgeber schuldet nur dem Arbeitnehmer Geld; diese Forderung des Arbeitnehmers erfüllt er durch Zahlung des Nettolohnes an den Arbeitnehmer und der Lohnsteuer an die Finanzbehörde. Somit hat in dieser Phase der vorläufigen Insolvenzverwaltung die Finanzbehörde keinen Geldzahlungs-, sondern einen Dienstleistungsanspruch. Es geht nicht um die Frage, ob Zahlungen aus der Masse an die Finanzbehörde zu leisten sind, sondern um die Frage, ob von dem den Arbeitnehmern auszukehrenden Betrag ein Teil nicht den Arbeitnehmern, sondern der Finanzbehörde zufließen muss. Die Masse ist daher insoweit gar nicht betroffen, da der Arbeitslohn aus der Masse in jedem Fall gezahlt wird; in Frage steht nur, an wen diese Zahlung erfolgt.

Verletzt der vorläufige Insolvenzverwalter diese Dienstleistungsverpflichtung, haftet er hierfür nach § 42 d EStG. Diese Verpflichtung ist, obwohl vor Eröffnung des Insolvenzverfahrens entstanden, Masseverbindlichkeit nach § 55 Abs. 2 InsO.

---

25 A. A. *BAG*, 17. 4. 1985, NZA 1986 S. 191; 11. 2. 1998, BB 1999, S. 1065; kritisch hierzu *Urban*, DB 1998, 2087.

Sind die Löhne vor Anordnung der vorläufigen Insolvenzverwaltung ausgezahlt worden, ist aber Lohnsteuer nicht einbehalten oder abgeführt worden, ist in der Person des Arbeitgebers die Haftungsschuld nach § 42 d EStG entstanden. Diese Haftungsschuld ist Geldzahlungsschuld, die vor Eröffnung des Insolvenzverfahrens begründet ist und damit zu den Insolvenzforderungen gehört. Der vorläufige Insolvenzverwalter darf diese Verbindlichkeit nicht erfüllen, da er zur Begleichung von Insolvenzforderungen nicht berechtigt ist.

IV. Gewerbesteuer

1. Gewerbesteuerpflicht nach Eröffnung des Insolvenzverfahrens

Nach § 4 Abs. 2 GewStDV berührt die Eröffnung des Insolvenzverfahrens über das Vermögen eines Einzelunternehmens, einer Personen- oder Kapitalgesellschaft die Gewerbesteuerpflicht nicht. Der Gewerbebetrieb wird also nicht beendet mit der Folge, dass nach Eröffnung des Insolvenzverfahrens ein neuer Gewerbebetrieb bestünde; der Gewerbebetrieb nach Eröffnung des Insolvenzverfahrens ist identisch mit dem vor Eröffnung des Insolvenzverfahrens. Der Schuldner ist auch nach Eröffnung des Insolvenzverfahrens noch Gewerbetreibender.

Im Laufe des Insolvenzverfahrens endet die Gewerbesteuerpflicht daher nur dann, wenn Umstände vorliegen, die auch abgesehen von dem Insolvenzverfahren eine Beendigung der Gewerbesteuerpflicht zur Folge hätten. Bei Einzelgewerbetreibenden und Personengesellschaften endet die Gewerbesteuerpflicht dann, wenn der Betrieb eingestellt, d. h. die werbende Tätigkeit aufgegeben wird. Solange der Insolvenzverwalter den Gewerbebetrieb noch weiterführt, also vorhandene Warenvorräte verkauft, liegt noch keine Einstellung des Betriebes vor; dagegen stellt die Versilberung der vorhandenen Vermögensgegenstände (Anlagevermögen) keine werbende Tätigkeit mehr dar[1].

Die Gewerbesteuerpflicht des Einzelgewerbetreibenden und der Personengesellschaft endet daher in dem Augenblick, in dem die werbende Tätigkeit (Produktion, Verkauf) eingestellt wird und nur noch Anlagevermögen zu veräußern ist. Übt der Insolvenzverwalter überhaupt keine werbende Tätigkeit aus, sondern veräußert er lediglich das Anlagevermögen, endet die Gewerbesteuerpflicht mit Eröffnung des Insolvenzverfahrens[2].

Demgegenüber erlischt die Gewerbesteuerpflicht bei Kapitalgesellschaften und den anderen in § 2 Abs. 2 Nr. 2 GewStG genannten Unternehmen nicht bereits mit Einstellung der werbenden Tätigkeit, sondern erst mit Einstellung jeglicher Tätigkeit, also erst dann, wenn das gesamte Vermögen verteilt ist; bei diesen Unternehmen ist die Gewerbesteuerpflicht allein an die Rechtsform geknüpft[3]. Solange bei der in Insolvenz gefallenen Kapitalgesellschaft noch Vermögen vorhanden ist, das verwaltet wird oder das zurückbehalten wurde, um Schulden zu begleichen, bleibt die Gewer-

1 *RFH*, RStBl. 1938 S. 910.
2 *RFH*, RStBl. 1941 S. 225.
3 *RFH*, RStBl. 1939 S. 1014.

besteuerpflicht bestehen. Eine Ausnahme hiervon besteht nur für Vermögen, das zurückbehalten wurde, um die letzte Gewerbesteuerschuld (und Körperschaftsteuerschuld) zu bezahlen; da diese erst nach Beendigung der Abwicklung, also Erlöschen der Gewerbesteuerpflicht festgesetzt werden kann, wird die Beendigung nicht dadurch gehindert, dass Vermögen lediglich zur Begleichung der Gewerbesteuerschuld zurückbehalten wird[4].

2. Veranlagung

Der Veranlagungszeitraum wird durch Eröffnung des Insolvenzverfahrens nicht unterbrochen[5]. Führt der Insolvenzverwalter den Gewerbebetrieb fort, so hat eine gemeinsame Veranlagung für die Zeit vor und nach Eröffnung des Insolvenzverfahrens zu erfolgen.

Für die Ermittlung des Gewerbeertrags und des Gewerbekapitals im Insolvenzverfahren gibt es keine besonderen Regelungen. Damit ist auch das Gewerbesteuerrecht nicht an die Besonderheiten des Insolvenzverfahrens angepasst. Schwierigkeiten bewirkt diese Unangepasstheit insbesondere bei den Dauerschuldzinsen. Die Hinzurechnung von Dauerschuldzinsen, § 8 Nr. 1 GewStG, hat den Sinn, die durch Fremdkapital veranlasste dauernde Verstärkung des Betriebskapitals ebenso der Gewerbesteuer zu unterwerfen wie die Finanzierung durch Eigenkapital. Dabei kommt dem Element der „dauernden" Verstärkung des Betriebskapitals konstituierende Bedeutung für den Begriff der Dauerschulden zu. Wird über das Vermögen eines Gewerbetreibenden das Insolvenzverfahren eröffnet, dürfen die bestehenden Verbindlichkeiten vorerst nicht mehr beglichen werden; sie werden zur Insolvenztabelle angemeldet und erst im Rahmen der Schlussverteilung befriedigt. Da dies, besonders bei größeren Insolvenzverfahren, längere Zeit in Anspruch nehmen kann, besteht die Gefahr, dass Verbindlichkeiten, z. B. Bankverbindlichkeiten, durch Ablauf der Zeitdauer zu Dauerschulden werden. Bereits vor Eröffnung des Insolvenzverfahrens bestehende Dauerschulden bleiben bestehen, da sie wegen der insolvenzrechtlichen Beschränkungen nicht zurückgezahlt werden können. Dadurch wird die Gewerbesteuerbelastung während des Insolvenzverfahrens erhöht, obwohl der Sinn der gesetzlichen Regelung der Dauerschulden dies nicht erfordert; ist das Insolvenzverfahren eröffnet, ist das Betriebskapital verloren und wird nicht etwa durch Fremdkapital verstärkt. Nach geltendem Recht ist die Folge der Hinzurechnung von Dauerschuldzinsen jedoch unausweichlich. Möglich ist nur der Erlass der

---

4 *RFH*, RStBl. 1940 S. 476.

5 *Beermann*, in: Hübschmann/Hepp/Spitaler, AO, zu § 251 Rz. 392.

Gewerbesteuer auf die Dauerschulden nach §§ 163, 227 AO aus Gründen der sachlichen Billigkeit. Die dem Insolvenzverfahren nicht angepasste Regelung der Besteuerung der Dauerschulden führt zu einer unbilligen Belastung, die zu korrigieren ist.

Nur eine geringfügige Entschärfung der Problematik erbringt das Institut der „Stillhalteschulden“[6]. Danach bleiben Schulden laufende Schulden, wenn die Tilgung der Schuld allein wegen gesetzlichen, behördlichen oder sonstigen Eingreifens nicht möglich ist und die für die Rückzahlung der Schuld erforderlichen flüssigen Mittel zur Verfügung stehen. Damit soll eine doppelte Belastung mit Gewerbesteuer, nämlich aus den Zinsen für die zur Verfügung stehenden Mittel und den Dauerschuldzinsen, vermieden werden. Diese Grundsätze sind auch im Insolvenzverfahren anwendbar[7]. Wenn aus der Verwertung von Vermögensgegenständen flüssige Mittel zur Verfügung stehen, Schulden aber noch nicht abgedeckt werden können, weil auf eine Zwischen- oder Schlussverteilung gewartet werden muss, sind die entsprechenden Dauerschuldzinsen von der Hinzurechnung auszunehmen.

Nach § 16 Abs. 2 GewStDV ist der Gewerbeertrag bei allen Gewerbesteuerpflichtigen, soweit er im Zeitraum der Abwicklung entstanden ist, auf diesen Abwicklungszeitraum zu verteilen. Für die in § 2 Abs. 2 Nr. 2 GewStG genannten Unternehmen wird hierzu die Ansicht vertreten, in dem Fall, dass nach Eröffnung des Insolvenzverfahrens der Betrieb zuerst unverändert weitergeführt und mit der Abwicklung erst später begonnen werde, beginne der Abwicklungszeitraum nicht mit der Eröffnung des Insolvenzverfahrens, sondern mit demjenigen Wirtschaftsjahr, in dem mit der Abwicklung begonnen werde[8]. Demgegenüber wird für Einzelunternehmen und Personengesellschaften die Ansicht vertreten, der Abwicklungszeitraum beginne mit Eröffnung des Insolvenzverfahrens, auch wenn der Insolvenzverwalter den Gewerbebetrieb unverändert fortführe. Daher sei der Gewerbeertrag, der in der Zeit vor Eröffnung des Insolvenzverfahrens bis zur Beendigung des Insolvenzverfahrens erzielt worden sei, auf diese Jahre zu verteilen.

Der Wortlaut des § 16 Abs. 2 GewStDV rechtfertigt diese unterschiedliche Behandlung nicht; er verweist auf § 16 Abs. 1 GewStDV, der nur vom

---

6 Vgl. *RFH*, 23. 3. 1943, RStBl. 1943 S. 509; *Bringewat/Waza/Grawe*, Insolvenzen und Steuern, Rz. 851; Abschn. 45 Abs. 10 GewStR.

7 *FG Baden-Württemberg*, 26. 11. 1978, EFG 1979 S. 242.

8 Nach *RFH*, RStBl. 1940 S. 476 soll damit die Parallelität zur Regelung bei der Körperschaftsteuer hergestellt werden. Vgl. 2. Teil Abschn. B II.

Abwicklungszeitraum spricht. Auch sachlich ist ein Unterschied nicht gerechtfertigt. In beiden Fällen kann es vorkommen, dass der Insolvenzverwalter das Unternehmen unverändert weiterführt und erst später mit der Abwicklung beginnt. Daher hat auch bei Einzelunternehmen und Personengesellschaften die Verteilung des Ertrages nach § 16 Abs. 2 GewStDV nur auf den Zeitraum der Abwicklung zu erfolgen.

3. Aufteilung der Gewerbesteuerschuld

Wird im Laufe eines Jahres das Insolvenzverfahren eröffnet, so hat trotzdem die Ermittlung eines einheitlichen Steuermessbetrages für das ganze Jahr zu erfolgen. Nach § 18 GewStG entsteht die Steuerschuld mit Ablauf des Erhebungszeitraumes, also nach Eröffnung des Insolvenzverfahrens. Trotzdem kann nicht die gesamte Gewerbesteuerschuld als Masseverbindlichkeit geltend gemacht werden, da wenigstens der Teil der Steuerschuld, der auf dem Ertrag vor Eröffnung des Insolvenzverfahrens beruht, nicht auf das Verhalten des Insolvenzverwalters zurückzuführen ist. Insoweit ist also eine Aufteilung erforderlich[9].

Da bei der Gewerbesteuer keine Progression zu berücksichtigen ist, kann der Steuermessbetrag nach dem Ertrag im Verhältnis des vor und nach Eröffnung des Insolvenzverfahrens erzielten Ertrages aufgeteilt werden; hierdurch werden auch die Zu- und Abrechnungen nach §§ 8, 9 GewStG sowie etwaige Freibeträge aufgeteilt.

Hat der Schuldner nach Eröffnung des Insolvenzverfahrens einen neuen Gewerbebetrieb eröffnet, hat für diesen Betrieb wegen des Objektcharakters der Gewerbesteuer eine eigene Veranlagung unabhängig vom Gang des Insolvenzverfahrens zu erfolgen. Nach § 35 InsO sind die Ergebnisse dieses neuen Gewerbebetriebs zwar zur Insolvenzmasse abzuführen, da das Insolvenzverfahren auch Neuerwerb umfasst. Verluste bzw. Gewinne des Gewerbebtriebs der Insolvenzmasse und des neu eröffneten Gewerbebetriebs können nicht miteinander verrechnet werden, da es insoweit an der Unternehmensidentität fehlt[10].

4. Verlustvortrag

Nach § 10 a GewStG kann ein Verlust vorgetragen werden. Wegen des Objektcharakters der Gewerbesteuer ist aber Voraussetzung, dass der Ver-

9 Vgl. die grundsätzlichen Ausführungen Abschn. B I 4 und B I 5.
10 Vgl. hierzu Fußnote 11.

lust dem gleichen Steuerpflichtigen in dem gleichen Gewerbebetrieb entstanden ist. Hat daher der Schuldner im Laufe des Insolvenzverfahrens einen neuen Gewerbebetrieb eröffnet, so kann er Verluste des zur Masse gehörenden Gewerbebetriebes nicht auf den neuen Betrieb übertragen, da es an der Identität der Gewerbebetriebe fehlt[11].

5. Geltendmachen der Gewerbesteuer als Insolvenzforderung

Maßgebend ist auch hier wieder die Unterscheidung in entstandene, begründete und fällige Forderung[12].

Außerdem ist zwischen Abschlusszahlung und Vorauszahlung zu unterscheiden.

Die Gewerbesteuerabschlusszahlung des Jahres der Eröffnung des Insolvenzverfahrens ist in einen im Zeitpunkt der Eröffnung des Verfahrens begründeten Teil (Insolvenzforderung) und einen danach begründeten Teil (Masseforderung) aufzuteilen. Soweit die Gewerbesteuerabschlußzahlung danach Insolvenzforderung ist, ist sie im Zeitpunkt der Eröffnung des Insolvenzverfahrens noch nicht entstanden, da die Gewerbesteuer nach § 18 GewStG mit Ablauf des Veranlagungszeitraums entsteht. Insoweit ist die Gewerbesteuerschuld daher eine aufschiebend bedingte Forderung, die nach § 191 InsO nur zur Sicherung berechtigt.

Ist die Abschlusszahlung bei Eröffnung des Insolvenzverfahrens bereits entstanden, d. h. betrifft sie einen Veranlagungszeitraum, der vor der Eröffnung des Insolvenzverfahrens geendet hat, ist zu unterscheiden, ob die Gewerbesteuerforderung im Zeitpunkt der Eröffnung des Insolvenzverfahrens bereits fällig war oder nicht. Die Fälligkeit der Gewerbesteuerabschlusszahlung tritt nach § 20 Abs. 2 GewStG einen Monat nach Bekanntgabe des Bescheides ein. War die Forderung danach bei Eröffnung des Insolvenzverfahrens noch nicht fällig, ist sie nach § 41 InsO als fällig, aber mit einem abgezinsten Betrag anzumelden. War der Bescheid vor Eröffnung des Insolvenzverfahrens bereits erlassen, steht der Eintritt der Fälligkeit fest, so dass der Abzinsungsbetrag exakt ermittelt werden kann. War noch kein Bescheid erlassen, ist der Fälligkeitszeitpunkt noch nicht bestimmt; wegen der Eröffnung des Insolvenzverfahrens kann auch kein Leistungsbescheid mehr ergehen. Der Abzinsungsbetrtag ist in diesem Fall zu schätzen[13].

---

11 *BFH*, 14. 11. 1968, BStBl. II 1969 S. 169, BB 1969 S. 215.

12 Vgl. 2. Teil Abschn. A I 1.

13 Vgl. hierzu 2. Teil Abschn. A I 2 a.

Die Gewerbesteuervorauszahlungen entstehen am Beginn des Kalendervierteljahres, für das sie zu leisten sind (§ 21 GewStG) und werden nach § 19 Abs. 1 GewStG jeweils zum 15. 2., 15. 5., 15. 8. und 15. 11. fällig. Bei Eröffnung des Insolvenzverfahrens noch nicht fällige, wohl aber entstandene Vorauszahlungen sind als nicht fällige Forderungen nach § 41 InsO mit einem abgezinsten Betrag zur Insolvenztabelle anzumelden.

Für die Anrechnung der Vorauszahlungen auf die Jahressteuerschuld gilt das zur Einkommensteuer Gesagte entsprechend[14].

14 Vgl. 2. Teil Abschn. B I 9 d.

V. Umsatzsteuer

1. Die Umsatzsteuer als Insolvenzforderung

a) Grundsatz[1]

Die Einordnung der Umsatzsteuerforderung in das insolvenzrechtliche System von Insolvenzforderung und gegen die Masse gerichtete Forderung erfolgt, wie bei allen anderen Ansprüchen auch, danach, ob die Forderung vor Eröffnung des Insolvenzverfahrens „begründet" i. S. d. § 38 InsO war[2]. Dieser Begriff des Begründetseins ist ein insolvenzrechtlicher Begriff. Er hat die Funktion, durch eine Wertung die gegen den Schuldner gerichteten Forderungen danach zu unterteilen, ob sie den Beschränkungen des Insolvenzverfahrens unterliegen (Insolvenzforderung) oder ob sie uneingeschränkt gegen die Insolvenzmasse geltend gemacht werden können. Diese Abgrenzung nimmt § 38 InsO dahingehend vor, dass Forderungen, die auf Handlungen des Schuldners vor Eröffnung des Insolvenzverfahrens beruhen, als Insolvenzforderungen zu behandeln sind, während Masseverbindlichkeiten nur solche Forderungen sind, die mit der Masse nach Eröffnung des Insolvenzverfahrens in Beziehung stehen. Für das „Begründetsein" nach § 38 InsO kommt es daher nicht darauf an, zu welchem Zeitpunkt die Forderung materiellrechtlich entstanden ist. Maßgebend ist vielmehr, wer die schuldrechtliche Beziehung geschaffen hat, aus der später die Forderung entsteht. Handlungen des Insolvenzverwalters führen daher nicht zwangsläufig zu Masseverbindlichkeiten. Besteht seine Handlung darin, dass er in eine Schuldrechtsbeziehung eingreift, die durch den Schuldner vor Eröffnung des Insolvenzverfahrens geschaffen worden ist, so sind die aus dieser Handlung entstehenden Ansprüche Insolvenzforderung, nicht Masseverbindlichkeiten.

Während diese Grundsätze auch für die Einordnung von Steuerforderungen im Insolvenzverfahren im Allgemeinen für maßgebend angesehen werden[3], hat der BFH für die Einordnung der Umsatzsteuer im Insolvenzverfahren hiervon abweichende Grundsätze vertreten. Er sieht nämlich eine Umsatzsteuerforderung erst dann als „begründet" i. S. d. § 38 InsO an, wenn „der Tatbestand, aus dem sich der Anspruch ergibt, vollständig verwirklicht,

1 Zum Insolvenzschuldner als Unternehmer vgl. 1. Teil Abschn. II 2 c.

2 Vgl. grundlegend 2. Teil Abschn. A I; *Knobbe-Keuk*, BB 1977 S. 757.

3 Z. B. *BFH*, 22. 5. 1979, BStBl. II 1979 S. 639, BB 1979 S. 1442.

also abgeschlossen ist“[4]. Der Sache nach vertritt der BFH damit die Ansicht, dass, abgesehen von dem Ablauf des Voranmeldungszeitraums[5], der Steueranspruch entstanden sein muss, um „begründet“ i. S. d. § 38 InsO zu sein. Nach § 38 AO entsteht der Steueranspruch, sobald der Tatbestand verwirklicht ist, an den das Gesetz die Leistungspflicht knüpft. „Entstehen“ nach § 38 AO und „Begründetsein“ nach § 38 InsO müssen danach, abgesehen von den Fällen, in denen der Ablauf eines Voranmeldungszeitraums erforderlich ist, identisch sein.

Damit gibt der BFH die insolvenzrechtlichen Kriterien auf und entscheidet allein nach den umsatzsteuerlichen Kriterien der Tatbestandsverwirklichung. Nach umsatzsteuerlichen Kriterien lässt sich aber nur die Frage beantworten, ob, wann und in welcher Höhe eine Umsatzsteuerforderung entsteht. Das „Begründetsein“ nach § 38 InsO kann nur nach insolvenzrechtlichen Kriterien entschieden werden. Maßgebend ist daher nicht der Zeitpunkt der Erfüllung umsatzsteuerlicher Tatbestandsmerkmale, sondern nur, auf welche Vermögensmasse sich der Anspruch bezieht. Daher kann eine Umsatzsteuerforderung auch dann Insolvenzforderung sein, wenn Tatbestandsmerkmale nach Eröffnung des Insolvenzverfahrens verwirklicht werden, wenn nur die steuerschuldrechtliche Beziehung, aus der der Anspruch entsteht, vor Eröffnung des Insolvenzverfahrens von dem Schuldner geschaffen wurde[6]. Somit ist eine Umsatzsteuerforderung jedenfalls dann, wenn sie vor Eröffnung des Insolvenzverfahrens entstanden ist, regelmäßig Insolvenzforderung i. S. d. § 38 InsO. Aber auch wenn sie nach diesem Zeitpunkt entsteht und nach diesem Zeitpunkt noch Tatbestandsmerkmale verwirklicht werden, kann sie Insolvenzforderung sein, wenn die wertende Betrachtung ergibt, dass sie sachlich mit dem Vermögen des Schuldners vor Eröffnung des Insolvenzverfahrens zusammenhängt, nicht mit der Insolvenzmasse.

---

4 So wörtlich *BFH*, 4. 6. 1987, BStBl. II 1987 S. 741, BB 1987 S. 2010; demgegenüber folgt der VII. Senat des *BFH* (v. 21. 9. 1993, BStBl. II 1994 S. 83, BB 1994 S. 415) im Ergebnis der hier vertretenen Ansicht. Vgl. auch *Endres*, UR 1988 S. 333; kritisch hierzu *Großmann*, DStR 1989 S. 22; *Bringewat/Waza/Grawe*, Insolvenzen und Steuern, Rz. 902. Zur Folge der damit verbundenen Ausweitung der Masseverbindlichkeiten auf die Abwicklung von Insolvenzverfahren *Maus/Uhlenbruck*, DB 1988 S. 793.

5 Vgl. *BFH*, 13. 11. 1986, BStBl. II 1987 S. 226, BB 1987 S. 320; a. A. *BFH*, 5. 10. 2004, BStBl. II 2005, 195; *BFH*, 16. 11. 2004, BB 2005, 1321.

6 Zu den Auswirkungen der Ansicht des BFH bei den einzelnen Sachverhaltsgruppen vgl. 2. Teil Abschn. B V 3, 6.

b) Entstandene Umsatzsteuerforderungen

Nach § 13 Abs. 1 Nr. 1 UStG entsteht die Umsatzsteuerschuld bei der Versteuerung nach vereinbarten Entgelten mit Ablauf des Voranmeldungszeitraums, in dem die Leistung ausgeführt worden ist, und bei Versteuerung nach vereinnahmten Entgelten mit Ablauf des Voranmeldungszeitraums, in dem das Entgelt vereinnahmt worden ist.

Beispiel:

Ausführung der Leistung am 15. 3.; Vereinnahmung des Entgeltes am 15. 4. Voranmeldungszeitraum ist der Kalendermonat. Bei Versteuerung nach vereinbarten Entgelten ist die Umsatzsteuerschuld mit Ablauf des Monats März, bei Versteuerung nach vereinnahmten Entgelten mit Ablauf des Monats April entstanden.

Die Umsatzsteuerjahresschuld entsteht mit Ablauf des Kalenderjahres. Soweit das Insolvenzverfahren nach diesem Entstehungszeitpunkt eröffnet wurde, ist die Umsatzsteuerschuld gemäß § 38 InsO Insolvenzforderung. Für diese Einordnung ist es ohne Bedeutung, ob die Umsatzsteuerforderung im Zeitpunkt der Eröffnung des Insolvenzverfahrens fällig ist. Ist Fälligkeit noch nicht eingetreten, handelt es sich um eine nicht fällige Forderung, die nach § 41 InsO als fällig gilt[7].

Der Zeitpunkt des Entstehens der Steuerforderung ist somit von dem Ablauf des Voranmeldungszeitraums abhängig. Der Ablauf dieses Voranmeldungszeitraums wird durch die Eröffnung des Insolvenzverfahrens nicht beeinträchtigt. Insbesondere hat die Eröffnung des Insolvenzverfahrens nicht zur Folge, dass der Voranmeldungszeitraum in diesem Zeitpunkt endet[8].

---

7 Vgl. 2. Teil Abschn. A I 2 a; *BFH*, 20. 8. 1992, BFH/NV 1993 S. 208.

8 *BFH*, 16. 7. 1987, BStBl. II 1987 S. 691, BB 1987 S. 1725; a. A. *Weiß*, UR 1987 S. 293; *Probst*, UR 1988 S. 39. Die Argumente, die *Weiß*, Insolvenz und Steuern, S. 88, für seine Ansicht vorbringt, die Eröffnung des Insolvenzverfahrens unterbreche den Voranmeldungszeitraum und führe zum Entstehen der Umsatzsteuerforderung im Zeitpunkt der Eröffnung des Insolvenzverfahrens, überzeugen nicht. *Weiß* a. a. O. begründet seine Ansicht damit, die Vorschriften der Insolvenzordnung überlagerten das Steuerrecht; verfahrensrechtlich seien Insolvenzforderung und Masseverbindlichkeiten, auch wenn sie für den gleichen Voranmeldungszeitraum entstanden seien, unterschiedlich zu behandeln. Das ist richtig, gilt aber eben nur für das Verfahrensrecht; die Insolvenzordnung verdrängt grundsätzlich nur die verfahrensrechtlichen Regelungen des Steuerrechts; vgl. 1. Teil Abschn. I. Die Frage des Entstehens der Umsatzsteuerforderung ist aber eine des materiellen Rechts; das materielle Steuerrecht wird von dem Insolvenzrecht aber gerade nicht verdrängt. Es gibt keinen insolvenzrechtlichen Grundsatz, der das frühere Entstehen der Umsatzsteuerforderung erfordern würde; das Insolvenzrecht lässt daher das materielle Steuerrecht und damit das Entstehen der Steuerforderung unberührt.

Die Eröffnung des Insolvenzverfahrens wirkt auf das Steuerverfahren und den Steueranspruch nur insoweit ein, als dies zur Durchsetzung insolvenzrechtlicher Prinzipien erforderlich ist. Materiellrechtlich hat der Ablauf des Voranmeldungszeitraums Bedeutung nur für den Zeitpunkt des Entstehens der Umsatzsteuerforderung. Das Entstehen der Steuerforderung richtet sich als materiellrechtliche Regelung allein nach Steuerrecht, das Insolvenzrecht greift hier nicht ein[9]. Aus insolvenzrechtlichen Prinzipien gibt es keinen Grund, den Steueranspruch im Fall der Eröffnung des Insolvenzverfahrens früher entstehen zu lassen, als in den Steuergesetzen vorgeschrieben. Richtet sich die Entstehung des Steueranspruchs somit lediglich nach steuerrechtlichen Prinzipien, müsste für einen abweichenden Entstehungszeitpunkt im Steuerrecht eine Rechtsgrundlage vorhanden sein. Das ist nicht der Fall; für den Umsatzsteueranspruch sehen weder § 13 UStG noch § 18 UStG noch sonstige Vorschriften eine Abkürzung des Voranmeldungszeitraums und damit ein früheres Entstehen der Umsatzsteuerforderung vor. Es bleibt also bei Eröffnung des Insolvenzverfahrens bei dem Entstehen der Umsatzsteuerforderung mit Ablauf des nicht abgekürzten Voranmeldungszeitraums.

c) Umsätze des Voranmeldungszeitraums der Eröffnung des Insolvenzverfahrens

Schwierigkeiten ergeben sich daher, wenn das Insolvenzverfahren im Laufe eines Voranmeldungszeitraums eröffnet wird. Die Umsatzsteuerschuld ist dann erst nach Eröffnung des Insolvenzverfahrens entstanden. Auch wenn einzelne Umsätze bereits vor der Eröffnung des Insolvenzverfahrens ausgeführt wurden, liegt es nahe, die ganze Umsatzsteuerforderung als Masseverbindlichkeit einzuordnen. Dem steht jedoch entgegen, dass zumindest ein Teil der Umsatzsteuerschuld auf Umsätzen beruht, die vor Eröffnung des Insolvenzverfahrens erfolgten, also mit Handlungen des Insolvenzverwalters nicht in Zusammenhang stehen.

Begründet nach § 38 InsO ist eine Forderung dann, wenn der Rechtsgrund ihrer Entstehung gelegt ist[10]. Nach § 1 Abs. 1 Nr. 1, § 13 Abs. 1 Nr. 1 UStG ist für das Entstehen der Umsatzsteuerschuld bei Besteuerung nach vereinbarten Entgelten das Vorliegen folgender Tatbestandsmerkmale erforderlich: Es muss eine entgeltliche Leistung erfolgen; die Leistung muss von einem Unternehmer im Rahmen seines Unternehmens im Inland

9 Vgl. grundlegend oben. 1. Teil Abschn. I.
10 Vgl. oben a. und 2. Teil Abschn. A I. 1.

ausgeführt werden; es dürfen keine Befreiungsvorschriften eingreifen; es muss als zeitliches Element der Ablauf des Voranmeldungszeitraums hinzukommen.

Vor Eröffnung des Insolvenzverfahrens sind alle Tatbestandsmerkmale bis auf das zeitliche Element erfüllt.

Grundsätzlich hindert das Fehlen des Zeitelements das Begründetsein einer Forderung im insolvenzrechtlichen Sinne nicht; das ergibt sich etwa aus § 41 Abs. 1 InsO, wonach nicht fällige Forderungen trotz Fehlens des Zeitelements als fällig gelten; das Fehlen dieses Zeitelements hat also für § 38 InsO keine Bedeutung.

Das Zeitelement kann aber im Einzelfall insoweit konstituierend für die Steuerschuld sein, als erst die Zeit vereinzelte und nur als unselbstständige Berechnungsposten bedeutsame Vorfälle zum steuerrechtlich relevanten Tatbestand zusammenfasst[11]. Bei der Umsatzsteuer dagegen ist Besteuerungsgrundlage jeder einzelne Umsatz; die Zusammenfassung in der Zeit durch den Veranlagungs- und Voranmeldungszeitraum erfolgt mehr zufällig als technisches Mittel der Veranlagung. Der einzelne Umsatz wird also selbstständig besteuert, er ist nicht nur unselbstständiger Berechnungsposten für einen steuerrechtlich allein relevanten „Gesamtumsatz". Ist der Umsatz vor Eröffnung des Insolvenzverfahrens ausgeführt worden, betrifft dieser Umsatz die Masse vor Eröffnung des Insolvenzverfahrens; entsprechend bezieht sich die Umsatzsteuer, unabhängig von dem Zeitpunkt ihres Entstehens, auf diese Vermögensmasse, ist also Insolvenzforderung.

Hieraus ergibt sich, dass die Umsatzsteuerschuld spätestens mit der Ausführung des einzelnen steuerpflichtigen Umsatzes „begründet" i. S. d. § 38 InsO ist. Die Steuer, die auf die Umsätze vor Eröffnung des Insolvenzverfahrens entfällt, ist daher als Insolvenzforderung zur Tabelle anzumelden, auch wenn der Entstehungszeitpunkt erst nach Eröffnung des Insolvenzverfahrens liegt[12, 13]. Entsprechendes gilt für den Fall der Besteuerung nach

11 So liegt es etwa bei der Einkommensteuer; vgl. 2. Teil Abschn. B I.4.

12 *Dißars*, in Schwarz, AO, zu § 251 Rz. 114; *Tipke/Kruse*, AO, zu § 251 Rz. 81; *Onusseit*, Umsatzsteuer im Konkurs, S. 87; *Bringewat/Waza/Grawe*, Insolvenzen und Steuern, Rz. 907 ff.; *Hess*, InsO, zu § 55 Rz. 251 will, m. E. unrichtig, bei Besteuerung nach vereinbarten Entgelten auf den Zeitpunkt der Vereinbarung abstellen; der maßgebende Tatbestand wird aber mit der Ausführung des Umsatzes, nicht mit seiner Vereinbarung gesetzt.

13 Da es nur auf die Ausführung des Umsatzes ankommt, liegt auch insoweit eine Insolvenzforderung vor, als das Entgelt für einen vor Eröffnung des Insolvenzverfahrens ausgeführten Umsatz nach Eröffnung des Insolvenzverfahrens erhöht wird; *Onusseit*, Umsatzsteuer im Konkurs, S. 98.

vereinnahmten Entgelten[14]. Maßgeblich für das insolvenzrechtliche Begründetsein ist also auch hier die Ausführung der Leistung. Die insolvenzrechtliche Einordnung der Umsatzsteuerforderung ist also[15] unabhängig davon, ob die Besteueurng nach vereinbarten oder vereinnahmten Entgelten erfolgt. Dies hat nur Auswirkungen auf das Entstehen der Steuer, nicht auf das insolvenzrechtliche Begründetsein.

Demnach ist die Umsatzsteuerschuld immer dann Insolvenzforderung, wenn die Leistung von dem Schuldner vor Eröffnung des Insolvenzverfahrens ausgeführt worden ist. Der zivilrechtliche Schuldrechtsorganismus, aus dem die Umsatzsteueransprüche entstehen, ist von dem Schuldner durch Erbringung der Leistung vor Eröffnung des Insolvenzverfahrens geschaffen worden; die hieraus resultierende Umsatzsteuerforderung kann daher nur Insolvenzforderung sein[16].

Wird tatsächlich nicht entstandene Vorsteuer geltend gemacht, ist der Rückforderungsanspruch des Finanzamtes im Zeitpunkt der Auszahlung der Vorsteuerüberschüsse begründet. Liegt der Zeitpunkt der Auszahlung vor Eröffnung des Insolvenzverfahrens, handelt es sich bei dem Rückforderungsanspruch um eine Insolvenzforderung. Entstanden ist der Anspruch mit Ablauf des Kalenderjahres, für das sich ein Saldo zugunsten des Finanzamtes ergibt[17].

d) Umsatzsteuer auf Vorauszahlungen

Werden Vorauszahlungen geleistet, d. h. Entgelt bezahlt, bevor die Leistung erbracht ist, entsteht die Umsatzsteuer nach § 13 Abs. 1 Nr. 1 Buchst. a UStG mit Ablauf des Voranmeldungszeitraums, in dem die Vorauszahlung vereinnahmt wird. Diese Umsatzsteuer ist jedoch auflösend bedingt durch die spätere Ausführung der Leistung. Für das insolvenzrechtliche Begründetsein ist nicht die Vereinnahmung der Vorauszahlung maßgebend, sondern die Ausführung der Leistung. Erfolgt die Vereinnahmung vor Eröffnung des Insolvenzverfahrens, ist die darauf beruhende Umsatz-

---

14 Zu Unrecht stellen *Eckert*, UVR 1999, 268, 307 und *Rondorf*, NWB Fach 7 S. 5391, 5398 bei vereinnahmten Entgelten auf den Zeitpunkt der Vereinnahmung des Entgelts ab. Dies ist aber nur für das Entstehen der Steuerschuld bedeutsam, nicht für das insolvenzrechtliche Begründetsein. Der schuldrechtliche Organismus besteht bereits vorher.

15 Vgl. *Knobbe-Keuk*, BB 1977 S. 757; *Dißars*, in: Schwarz, AO, zu § 251 Rz. 114; *Onusseit*, Umsatzsteuer im Konkurs, S. 90.

16 Vgl. grundlegend 2. Teil Abschn. A I 2. Im Ergebnis ebenso *Forgach*, DB 1976 S. 1562.

17 *BFH*, 20. 8. 1992, BFH/NV 1993 S. 208; vgl. *FG Düsseldorf*, 25. 7. 1990, UR 1991 S. 146 m. Anm. *Weiss*, UR 1991 S. 147, und Anm. *Frotscher*, EWiR § 61 KO, 3/91.

steuer Insolvenzforderung, wenn auch die entsprechende Leistung vor Eröffnung des Insolvenzverfahrens ausgeführt wurde. Wird die Leistung dagegen nach Eröffnung des Insolvenzverfahrens von dem Insolvenzverwalter ausgeführt, ist die Umsatzsteuerforderung, trotz Vereinnahmung der Vorauszahlung vor Eröffnung des Insolvenzverfahrens, aus der Masse zu begleichen. Die Umsatzsteuerforderung ist erst nach Eröffnung des Insolvenzverfahrens begründet i. S. d. § 38 InsO, da der Insolvenzverwalter die Leistung erbracht hat[18]. Erfolgt die Vereinnahmung nach Eröffnung des Insolvenzverfahrens, ist zu unterscheiden. Beruht die Vorauszahlung auf unselbstständigen (und damit nicht gesondert abrechenbaren) Teilleistungen, die vor Eröffnung des Insolvenzverfahrens erbracht wurden, ist die Umsatzsteuerforderung, wie auch sonst bei Versteuerung nach vereinnahmten Entgelten, Insolvenzforderung; die Vereinnahmung ist zwar für die Entstehung, nicht aber für die insolvenzrechtliche Begründung der Forderung maßgebend. Wird ausnahmsweise eine Vorauszahlung vor einer entsprechenden Tätigkeit des Unternehmens erbracht und erfolgt die Vereinnahmung nach Eröffnung des Insolvenzverfahrens, ist die Umsatzsteuer aus der Masse zu begleichen, da die Leistung, der insolvenzrechtlich nach § 38 InsO maßgebende Anknüpfungspunkt, nach Eröffnung des Insolvenzverfahrens durch den Insolvenzverwalter erbracht wird.

e) Sonstige umsatzsteuerliche Ansprüche

Für die Einordnung der Umsatzsteuer auf die Tatbestände des § 3 Abs. 1 b, 9a UStG (die an die Stelle der früheren Eigenverbrauchstatbestände getreten sind) ist maßgebend, wer die Handlung vornimmt, die den Tatbestand erfüllt. Entnimmt der Schuldner vor Eröffnung des Insolvenzverfahrens Gegenstände zu unternehmensfremden Zwecken (§ 3 Abs. 1b Nr. 1 UStG), wendet er Gegenstände an sein Personal zu deren privaten Zwecken unentgeltlich zu (§ 3 Abs. 1b Nr. 2 UStG), erbringt er andere unentgeltliche

---

18 Vgl. *Dißars*, in Schwarz, AO, zu § 251 Rz. 116. Es besteht hier also die (ungewöhnliche) Konstellation, dass die Forderung zwar steuerschuldrechtlich mit der Leistung der Vorauszahlung schon entstanden, insolvenzrechtlich aber noch nicht begründet i. S. d. § 38 InsO ist. A. A. *Onusseit*, Umsatzsteuer im Konkurs, S. 91; *Rondorf*, NWB Fach 7 S. 5391, 5398, 5419. Diese Gegenmeinung beruht auf der Auffassung, es komme auf die Verwirklichung des steuerlichen Tatbestandes an, der zum Entstehen der Steuerforderung führt. Es ist aber nur von der Gesetzestechnik abhängig, wann der Steueranspruch entsteht; eine materielle Zuordnung des Anspruchs, wie es § 38 InsO erfordert, ist damit nicht verbunden. Es kann nicht von der auf Zweckmäßigkeitserwägungen beruhenden positivrechtlichen Ausgestaltung der Mindest-Istversteuerung abhängen, wie der Anspruch im Insolvenzverfahren geltend zu machen ist.

Zuwendungen mit Ausnahme von Werbegeschenken von geringem Wert und Warenmustern (§ 3 Abs. 1b Nr. 3 UStG), verwendet er Gegenstände zu außerhalb des Unternehmens liegenden Zwecken (§ 3 Abs. 9a Nr. 1 UStG) oder erbringt er unentgeltlich eine sonstige Leistung für Zwecke außerhalb seines Unternehmens (§ 3 Abs. 9a Nr. 2 UStG), ist die Umsatzsteuerforderung Insolvenzforderung[19]. Nimmt diese Handlungen dagegen der Insolvenzverwalter nach Eröffnung des Insolvenzverfahrens vor, handelt es sich um Masseverbindlichkeiten nach § 55 Abs. 1 Nr. 1 InsO.

Bei der Umsatzsteuer wegen zu hohen oder unberechtigten Vorsteuerausweises (§ 14 Abs. 2, 3 UStG) ist die maßgebliche Handlung das Ausstellen der unrichtigen Rechnung. Die Einordnung der Umsatzsteuerforderung erfolgt also danach, wer diese Handlung vorgenommen hat[20].

Die Einordnung der Einfuhrumsatzsteuer, § 1 Abs. 1 Nr. 4 UStG, erfolgt danach, wer die Gegenstände in das Zollgebiet eingeführt hat[21]. Die Einfuhrumsatzsteuer ist insolvenzrechtlich in dem Zeitpunkt begründet, in dem die Einfuhr erfolgt.

Entsprechendes gilt für die Umsatzsteuer auf den innergemeinschaftlichen Erwerb, § 1 Abs. 1 Nr. 5 UStG. Die Umsatzsteuer ist in dem Zeitpunkt begründet, in dem der innergemeinschaftliche Erwerb stattfindet.

f) Geltendmachen der Umsatzsteuerforderung

Die Fälligkeit der Umsatzsteuerforderung richtet sich nach § 18 Abs. 1, 4 UStG. Fälligkeit auf Grund der Voranmeldungen tritt am 10. Tag nach Ablauf des Voranmeldungszeitraums ein (§ 18 Abs. 1 UStG), auf Grund der Jahresanmeldung dagegen einen Monat nach Eingang der Steueranmeldung (§ 18 Abs. 4 UStG). Soweit ein Umsatz von der entsprechenden Voranmeldung nicht erfasst wird, ist die betreffende Umsatzsteuerschuld zwar nach § 13 Abs. 1 UStG entstanden; die Fälligkeit tritt aber nicht zusammen mit der Fälligkeit der Vorauszahlungsschuld ein, die diesen Umsatz ja gar nicht umfasst, sondern erst einen Monat nach Bekanntgabe eines diesbezüglichen Umsatzsteuerbescheids (§ 18 Abs. 4 UStG)[22].

---

19 *Onusseit*, Umsatzsteuer im Konkurs, S. 96/97, zum Eigenverbrauch; *Dißars*, in: Schwarz, AO, zu § 251 Rz. 114.

20 *Onusseit*, Umsatzsteuer im Konkurs, S. 99; *BFH*, 4. 2. 2005, BB 2005, 1148.

21 *Onusseit*, Umsatzsteuer im Konkurs, S. 97. Vgl. 2. Teil Abschn. B VI 6.

22 *BGH*, 28. 11. 1955, BGHZ 19 S. 163 (168), NJW 1956 S. 180; *BGH*, 14. 1. 1957, BB 1957 S. 429; *OLG Karlsruhe*, DStZ (B) 1955 S. 438; vgl. *BFH*, 26. 7. 1955, BStBl. III 1955 S. 298,1955 S. 790; *BFH*, 12. 6. 1975, BStBl. II 1975 S. 755, BB 1975 S. 1050.

Hieraus ist auch die Art der Geltendmachung der Umsatzsteuer als Insolvenzforderung abzuleiten. Ist die Insolvenzforderung vor Eröffnung des Insolvenzverfahrens bereits entstanden und auch fällig geworden, ist sie nach dem gewöhnlichen Verfahren zur Tabelle anzumelden. War die Insolvenzforderung vor Eröffnung des Insolvenzverfahrens entstanden, ist sie aber zu diesem Zeitpunkt nicht fällig gewesen, ist zu unterscheiden, ob der Fälligkeitstag bestimmt oder unbestimmt ist. Soweit die Umsatzsteuer angemeldet ist, ist der Fälligkeitstag nach § 18 Abs. 1 UStG kalendermäßig bestimmt. Die Umsatzsteuerforderung als Insolvenzforderung ist dann nach § 41 InsO zu behandeln und, da sie unverzinslich ist, mit einem abgezinsten Betrag zur Tabelle anzumelden. Die Abzinsung dürfte jedoch regelmäßig keine große Bedeutung haben, da die Fälligkeit schon am 10. Tag nach dem Ende des Voranmeldungszeitraums eintritt.

Ist die Umsatzsteuer dagegen nicht angemeldet worden, ist die Steuerschuld zwar ebenfalls nach § 13 Abs. 1 UStG mit Ablauf des Voranmeldungszeitraums entstanden, fällig wird die Schuld nach § 18 Abs. 4 UStG jedoch erst einen Monat nach Bekanntgabe eines entsprechenden Bescheides. Es handelt sich dann um eine nicht fällige Forderung nach § 41 InsO mit unbestimmtem Fälligkeitszeitpunkt. Der anzumeldende Betrag ist ebenfalls abzuzinsen, der Abzinsungsbetrag ist jedoch zu schätzen[23]. Maßgebend ist dabei, zu welchem Zeitpunkt nach dem gewöhnlichen Lauf der Dinge mit einer Festsetzung der nicht angemeldeten Steuer gerechnet werden musste; die Eröffnung des Insolvenzverfahrens ist dabei außer Betracht zu lassen.

War die Umsatzsteuerforderung zum Zeitpunkt der Eröffnung des Insolvenzverfahrens zwar begründet i. S. d. § 38 InsO, nicht jedoch entstanden, weil die Eröffnung des Insolvenzverfahrens vor Ende des Voranmeldungszeitraums lag, handelt es sich um eine aufschiebend bedingte Forderung nach § 191 InsO, die nur zur Sicherung berechtigt[24].

2. Umsatzsteuer auf Grund von Handlungen des Insolvenzverwalters

Aufgabe des Insolvenzverwalters ist es nach §§ 88, 159 InsO, die zur Insolvenzmasse gehörenden Vermögensgegenstände des Schuldners zu verwalten und sie zu verwerten. In Erfüllung dieser Aufgaben hat der Insolvenzverwalter auch Lieferungen und sonstige Leistungen im Rahmen des Unternehmens des Schuldners auszuführen, sei es, dass er im Rahmen

23 Vgl. grundlegend 2. Teil Abschn. A I 2 a.

24 Vgl. 2. Teil Abschn. A I 2 b.

einer ordnungsmäßigen Abwicklung des Betriebs neue Verträge schließt, sei es, dass er schwebende Geschäfte abwickelt oder dass er vorhandene Vermögensgegenstände versilbert. Dabei wird der Insolvenzverwalter insolvenzrechtlich zwar nicht als Vertreter des Schuldners tätig, sondern kraft seines Amtes; umsatzsteuerrechtlich ist der Betrieb des Unternehmens aber dem Schuldner zuzurechnen; nur der Schuldner, nicht der Insolvenzverwalter ist umsatzsteuerlich Unternehmer aus dem Betrieb des Unternehmens des Schuldners[25].

Da somit der Schuldner Unternehmer mit dem zur Insolvenzmasse gehörenden Unternehmen ist und umsatzsteuerrechtlich eine Person nur ein Unternehmen haben kann, bildet die Insolvenzmasse zusammen mit der gewerblichen oder beruflichen Tätigkeit des Schuldners, die dieser nach Eröffnung des Insolvenzverfahrens aufgenommen hat, ein einheitliches Unternehmen. Hiermit korrespondiert, dass der Neuerwerb des Schuldners nach Eröffnung des Insolvenzverfahrens zur Masse fließt (§ 35 InsO).

Führt der Insolvenzverwalter Umsätze in dem zur Insolvenzmasse gehörenden Unternehmen des Schuldners aus, so handelt es sich bei den hieraus entstehenden Umsatzsteuerverbindlichkeiten um Masseverbindlichkeiten nach § 55 Abs. 1 Nr. 1 InsO, und zwar unabhängig davon, wie die aus der Handlung des Insolvenzverwalters resultierende Forderung des Geschäftspartners insolvenzrechtlich einzuordnen ist[26]. Ohne Bedeutung ist dabei, ob der Insolvenzverwalter die Massegegenstände freihändig oder im Wege der öffentlichen Versteigerung veräußert.

Der Insolvenzverwalter ist nicht gehindert, umsatzsteuerpflichtige Geschäfte vorzunehmen, die zu Masseverbindlichkeiten führen, und zwar auch dann, wenn nicht feststeht, dass er die Umsatzsteuer aus der Masse wird entrichten können. Vgl. hierzu im einzelnen 1. Teil, Abschn. III, 3.

Handlungen des vorläufigen („starken") Insolvenzverwalters führen nach § 55 Abs. 2 InsO ebenfalls zu Masseverbindlichkeiten, obwohl diese Handlungen vor Eröffnung des Insolvenzverfahrens vorgenommen

---

25 Vgl. oben 1. Teil Abschn. II 2 c.

26 Eingehend hierzu 2. Teil Abschn. A II; *Dißars*, in: Schwarz, AO, zu § 251 Rz. 119; *Onusseit*, Umsatzsteuer im Konkurs, S. 136 f., 143 f. Zur Einordnung der Umsatzsteuer, wenn der Insolvenzverwalter die Erfüllung eines schwebenden Geschäftes verlangt, vgl. unten Abschn. B V 4. Zu erwähnen ist, dass die Umsatzsteuer selbstverständlich nur zu den Masseverbindlichkeiten gehören kann, wenn sie auf die Verwaltung und Verwertung der „Masse" zurückzuführen ist. Veräußert der Insolvenzverwalter versehentlich einen Gegenstand, der nicht zu der Masse gehört, kann die Umsatzsteuer nicht Masseverbindlichkeit nach § 55 Abs. 1 Nr. 1 InsO sein; vgl. *Onusseit*, Umsatzsteuer im Konkurs, S. 150 f.

werden[27]. Umsatzsteuerforderungen, die auf Grund von Handlungen des vorläufigen Insolvenzverwalters entstehen, sind daher nach § 55 Abs. 2 InsO Masseverbindlichkeiten. Für etwaige Handlungen des vorläufigen „schwachen“ Insolvenzverwalters gilt dies nicht. Die entstehende Umsatzsteuerforderung ist dann Insolvenzforderung.

Handelt es sich bei dem Gegenstand, den der vorläufige Insolvenzverwalter verwertet, um einen sicherungsübereigneten Gegenstand, sind die Besonderheiten des § 13b Abs. 1 Nr. 2 UStG zu berücksichtigen. Der Sicherungsnehmer ist danach Schuldner der Umsatzsteuer aus dem Umsatz des Sicherungsgebers. Er hat daher die Umsatzsteuer an Stelle des leistenden Unternehmers (Sicherungsgeber bzw. vorläufiger Insolvenzverwalter) an das Finanzamt abzuführenn

Der vorläufige Insolvenzverwalter hat diejenigen Umsatzsteuererklärungen abzugeben, die während der Zeit seiner Verwaltung fällig werden[28]. Dazu gehören insbesondere die Umsatzsteuervoranmeldungen für die Voranmeldungszeiträume, die in die Zeit der vorläufigen Insolvenzverwaltung fallen[29].

3. Vorsteuer im Insolvenzverfahren

a) Allgemeines

Hinsichtlich des Vorsteuerabzugs gelten im Insolvenzverfahren grundsätzlich keine Besonderheiten. Der Schuldner bleibt Unternehmer des zur Insolvenzmasse gehörenden Unternehmens; er bleibt daher auch insoweit zum Vorsteuerabzug berechtigt und kann die ihm offen in Rechnung gestellte Vorsteuer bei Vorliegen der sonstigen Voraussetzungen von seiner Umsatzsteuerschuld abziehen.

Soweit es sich um Vorsteuern auf Leistungen handelt, die vor Eröffnung des Insolvenzverfahrens erbracht wurden, mindern sie in erster Linie die als Insolvenzforderung anzusetzende Umsatzsteuerschuld. Soweit ein Überschuss an Vorsteuern verbleibt, mindern sie die als Masseverbindlichkeit anzusetzende Umsatzsteuerschuld des gleichen Veranlagungszeitraums. Ist die Leistung, auf der die Vorsteuer beruht, der Insolvenzmasse gegenüber erbracht worden, erfolgt in erster Linie eine Minderung der als

27 Vgl. 1. Teil Abschn. III 4.

28 Zu Einzelheiten vgl. oben 1. Teil Abschn. III 2 c. Zur Problematik auch *Reimer*, EWiR § 59 KO, 2/86.

29 Vgl. *BFH*, 29. 4. 1986, BStBl. II 1986 S. 586, BB 1986 S. 1634.

Masseverbindlichkeiten anzusetzenden Umsatzsteuer, dann der Insolvenzforderung des gleichen Veranlagungszeitraums. Soweit ein Überschuss an Vorsteuern besteht, wird er in beiden Fällen an die Masse erstattet[30].

Der Sache nach handelt es sich um die Frage, ob Ansprüche des Finanzamts (Umsatzsteuerforderung) mit Ansprüchen des Schuldners bzw. der Insolvenzmasse (Vorsteuererstattung) miteinander verrechnet werden können. Diese Frage ist nach Aufrechnungsgrundsätzen, §§ 94 ff. InsO, zu beantworten[31]. Vorsteueransprüche aus Leistungen an den Schuldner vor Eröffnung des Insolvenzverfahrens sind in analoger Anwendung des § 38 InsO vor Eröffnung des Insolvenzverfahrens begründet und können daher mit Insolvenzforderungen verrechnet werden[32]. Die Einfuhrumsatzsteuer ist entsprechend mit Einfuhr für das Unternehmen des Schuldners als Vorsteuer begründet.

Zu der für die Insolvenzmasse abziehbaren Vorsteuer gehört auch die Umsatzsteuer auf die Tätigkeitsvergütung des Insolvenzverwalters. Der Insolvenzverwalter ist selbst Unternehmer, er betreibt ein eigenes, von der Insolvenzmasse getrenntes (Insolvenzverwalter-)Unternehmen. Davon ist das in Insolvenz gefallene, seiner Verwaltung unterliegende Unternehmen zu trennen, das auch nach Eröffnung des Insolvenzverfahrens weiterhin dem Schuldner zuzurechnen ist. Soweit die Vorsteuer von dem Insolvenzverwalter offen in Rechnung gestellt wird, ist sie für die Insolvenzmasse daher abziehbare Vorsteuer[33].

Soweit der Insolvenzverwalter in seiner Eigenschaft als Verwalter der Insolvenzmasse Umsätze mit Wirkung für die Masse ausführt, kann er die entstehende Umsatzsteuer offen in der Rechnung ausweisen und dem Leistungsempfänger damit den Vorsteuerabzug ermöglichen.

Entsprechendes gilt für die vor Eröffnung des Insolvenzverfahrens von dem Schuldner ausgeführten Umsätze. In diesen Fällen wird es vorkommen, dass der Leistungsempfänger in der Rechnungssumme die volle Umsatzsteuer an die spätere Insolvenzmasse zahlt und seinerseits die volle Vorsteuer abziehen kann, der Fiskus aber seine hierauf beruhende Um-

---

30 Vgl. oben 1. Teil Abschn. IV 2.

31 Vgl. ausführlich 2. Teil Abschn. A III.

32 A. A. *Müller*, DB 1986 S. 2458.

33 *BFH*, 20. 2. 1986, BStBl. II 1986 S. 579, BB 1986 S. 1070; *Nds. FG*, 23. 10. 1980, EFG 1981 S. 369; *Forgach*, UStR 1986 S. 29; *Frotscher*, ZIP 1983 S. 1307, 1311; *Onusseit*, Umsatzsteuer im Konkurs, S. 238; *Urban*, DB 1985 S. 81. Die Ansicht der *OFD Düsseldorf* v. 13. 2. 1984, UR 1985 S. 287, der Insolvenzverwalter erbringe seine Leistung an die öffentliche Hand, ein Vorsteuerabzug sei daher nicht möglich, ist überholt.

satzsteuerforderung nur als Insolvenzforderung geltend zu machen hat und sich daher mit einer eingeschränkten Befriedigung zufrieden geben muss. Um dieses Ergebnis zu vermeiden, ist die Ansicht vertreten worden, das Finanzamt könne die von dem in Insolvenz gefallenen Unternehmer in seinen Rechnungen offen ausgewiesene Umsatzsteuer aussondern, da der Unternehmer bei Einziehung der Umsatzsteuer in einer treuhänderähnlichen Stellung für das Finanzamt tätig werde[34].

Diese Ansicht übersieht, dass Steuerschuldner nach § 13 Abs. 2 UStG nur der Unternehmer, nicht der Abnehmer ist. Der Unternehmer schuldet die Umsatzsteuer als eigene Schuld und zieht nicht etwa nur im Auftrag des Finanzamtes die Umsatzsteuer bei dem Abnehmer als dem Steuerschuldner ein. Der Unternehmer stellt dem Abnehmer zivilrechtlich einen einheitlichen Preis in Rechnung. In diesen Preis ist als Bestandteil die von dem Unternehmen zu zahlende Umsatzsteuer eingegangen. Der offene Ausweis der Umsatzsteuer hat lediglich gesetzestechnische Bedeutung, um den Vorsteuerabzug zu ermöglichen. Für eine „treuhänderähnliche" Stellung des Unternehmers und ein Absonderungsrecht des Finanzamtes ist daher kein Raum[35].

b) Rückgängigmachen des Vorsteuerabzugs

Wird über das Vermögen des Schuldners das Insolvenzverfahren eröffnet, kann auf Grund folgender drei Tatbestände eine Berichtigung des von dem in Insolvenz gefallenen Unternehmers vorgenommenen Vorsteuerabzugs erforderlich werden:

Fälle der Änderung der Bemessungsgrundlage

Bereits erbrachte und in Rechnung gestellte Leistungen sind nicht oder nicht vollständig bezahlt worden; der Gläubiger fällt mit seiner Forderung im Insolvenzverfahren ganz oder teilweise aus.

Es handelt sich um einen Fall der Entgeltsminderung nach § 17 Abs. 1, 2 Nr. 1 UStG.

Hierher gehören auch die Fälle, dass die Rechnung nach § 14 Abs. 2 UStG und daher die Vorsteuer nach § 17 Abs. 1 Nr. 2 UStG zu berichtigen ist. Ebenfalls hierunter fällt es, wenn die Lieferung oder sonstige Leistung nicht erbracht oder rückgängig gemacht wird (§ 17 Abs. 2 Nr. 2, 3 UStG).

34 *Flies*, DB 1970 S. 559 unter II.
35 *Dewein*, DB 1970 S. 1708.

Ausübung des Eigentumsvorbehalts

Eine dem Unternehmen vor Eröffnung des Insolvenzverfahrens unter Eigentumsvorbehalt gelieferte und in Rechnung gestellte Sache wird nach Eröffnung des Insolvenzverfahrens von dem Vorbehaltsverkäufer wegen Nichtzahlung des Kaufpreises unter Ausübung des Vorbehaltseigentums zurückgenommen. Es handelt sich um einen Fall der Änderung der Bemessungsgrundlage nach § 17 Abs. 1, 2 Nr. 3 UStG.

Fälle des § 15 a UStG

Eine Sache (z. B. ein Grundstück mit Gebäude), für das der Schuldner den Vorsteuerabzug in Anspruch genommen hat, wird von dem Insolvenzverwalter unter Umständen veräußert, die zum Ausschluss des Vorsteuerabzugs führen. In diesen Fällen liegt ein Fall der Berichtigung des Vorsteuerabzugs nach § 15 a UStG vor.

In allen drei Fallgruppen stellt sich die Frage, wie der Rückforderungsanspruch der Finanzbehörde hinsichtlich der Vorsteuern im Insolvenzverfahren des Unternehmens einzuordnen ist.

aa) Änderung der Bemessungsgrundlage

Der Vorsteuerabzug ist nicht von der tatsächlichen Entrichtung des Rechnungsbetrages durch den Abnehmer abhängig, wie auch bei der Versteuerung nach vereinbarten Entgelten der leistende Unternehmer Umsatzsteuer abzuführen hat, auch wenn er von seinem Abnehmer den Rechnungsbetrag einschließlich Umsatzsteuer noch nicht erhalten hat.

Es kann nun vorkommen, dass ein Unternehmer zwar den Vorsteuerabzug für noch unbezahlte Leistungen in Anspruch nimmt, dann aber über sein Vermögen das Insolvenzverfahren eröffnet wird und der Leistende mit seiner Forderung ausfällt.

Beispiel:

> Der Unternehmer A hat dem Unternehmer B am 1. 2. Waren zum Rechnungsbetrag von 10 000 € zuzüglich 1600 € Umsatzsteuer geliefert und in Rechnung gestellt. Bei Abgabe der Umsatzsteuervoranmeldung für Februar hat A diesen Umsatz versteuert, B hat die offen ausgewiesene Umsatzsteuer als Vorsteuer abgesetzt. Die Rechnung ist noch nicht bezahlt. Anschließend wird über das Vermögen des B das Insolvenzverfahren eröffnet; die Forderung des A über insgesamt 11 600 € fällt aus.

§ 17 UStG bestimmt, dass in einem solchen Fall des Uneinbringlichwerdens einer Forderung der leistende Unternehmer (im Beispiel A) die Umsatzsteuer und der empfangende Unternehmer (im Beispiel B) seinen Vorsteuerabzug insoweit berichtigen muss, als die Forderung uneinbringlich geworden ist. Insoweit würde also für A keine Umsatzsteuer anfallen, B wäre nicht zum Vorsteuerabzug berechtigt. Der Finanzbehörde steht im Insolvenzverfahren über das Vermögen des B daher ein Vorsteuerrückzahlungsanspruch zu.

Entsprechendes gilt, wenn eine Lieferung oder sonstige Leistung rückgängig gemacht wird (§ 17 Abs. 1 Nr. 3 UStG). Das ist der Fall, wenn der Insolvenzverwalter bei einem nicht vollständig erfüllten gegenseitigen Vertrag nach § 103 InsO die Erfüllung ablehnt (vgl. hierzu Abschn. B V 4). Soweit der Insolvenzschuldner vor Eröffnung des Insolvenzverfahrens aus diesem Vertrag Vorsteueransprüche geltend gemacht hat, ist der Vorsteuerabzug rückgängig zu machen[36].

Keine Berichtigung des Vorsteuerabzugs hat dagegen zu erfolgen, wenn bei einem zum Zeitpunkt der Eröffnung des Insolvenzverfahrens noch nicht vollständig erfüllten gegenseitigen Vertrag der Insolvenzverwalter nach § 103 InsO Erfüllung verlangt. In diesem Fall muss der Insolvenzverwalter die gesamte Gegenleistung erbringen, die Forderung des Vertragspartners ist daher nicht „uneinbringlich". Daher kommt eine Berichtigung des Vorsteuerabzugs nicht in Betracht[37].

Ändert sich danach der Vorsteuerabzug, so hat nach § 17 Abs. 1 UStG keine Berichtigung der zurückliegenden Veranlagung zu erfolgen. Die Änderung der Bemessungsgrundlage wird vielmehr in dem Jahr berücksichtigt, in dem sie erfolgt.

Beispiel:

> Der Vorsteuerabzug ist im Jahre 2004 vorgenommen worden; im Jahre 2005 wird die Forderung uneinbringlich. Der steuerpflichtige Umsatz des Leistenden ist im Jahr 2005 um den Betrag der uneinbringlichen Forderung und die Vorsteuer bei dem Leistungsempfänger im gleichen Jahr um den entsprechenden Betrag zu kürzen.

---

36 *BFH* v. 8. 5. 2003, BStBl. II 2003 S. 953, BB 2003 S. 2113. Allerdings gilt dies nur für besondere Fallgestaltungen, da normalerweise bei Erfüllungsablehnung die bereits erfolgten Leistungen nicht zurückgewährt werden; vgl. 2. Teil Abschn. B V 4 a. § 17 UStG gilt auch, wenn eine zu Unrecht in einer Rechnung ausgewiesene Umsatzsteuer berichtigt wird, vgl. *BFH*, 4. 2. 2005, BB 2005, 1148.

37 *BFH*, 28. 6. 2000, BStBl. II 2000 S. 703, BB 2000 S. 2350; *Onusseit*, ZIP 2002 S. 22.

Der Vorsteuerrückforderungsanspruch ist Insolvenzforderung, wenn er i. S. d. § 38 InsO vor Eröffnung des Insolvenzverfahrens begründet ist. Das ist der Fall, wenn der Rechtsgrund der Entstehung in diesem Zeitpunkt bereits gelegt war; begründet sein muss der Schuldrechtsorganismus, der die Anspruchsgrundlage bildet, nicht die Forderung selbst. Maßgebend für die Einordnung als Insolvenzforderung ist also letztlich, ob der Schuldrechtsorganismus, der später zu dem Entstehen des Steueranspruchs führt, vor Eröffnung des Insolvenzverfahrens von dem späteren Schuldner geschaffen worden ist oder nach diesem Zeitpunkt von dem Insolvenzverwalter[38].

Für die Rückforderung der Vorsteuerbeträge bedeutet dies, dass der Anspruch als Insolvenzforderung einzuordnen ist[39]. Die Vorsteuererstattung bei dem später in Insolvenz gefallenen Leistungsempfänger bzw. die Minderung der Umsatzsteuerschuld durch den Vorsteuerabzug beruht auf der vor Eröffnung des Insolvenzverfahrens geschaffenen steuerschuldrechtlichen Beziehung zwischen Finanzbehörde und Steuerpflichtigem. Die Vorsteuer kam dem Vermögen des Schuldners vor Eröffnung des Insolvenzverfahrens in Form einer Zahlung der Finanzbehörde in dieses Vermögen bzw. einer Minderung der aus diesem Vermögen zu zahlenden Umsatzsteuerschuld zugute. Der ganze Vorgang bezieht sich daher nach insolvenzrechtlichen Ordnungsprinzipien nur auf das Vermögen vor Eröffnung des Insolvenzverfahrens, nicht auf die Insolvenzmasse auf Grund von Handlungen des Insolvenzverwalters.

Der BFH ist in seinem Urteil v. 13. 11. 1986[40] dieser Ansicht, allerdings mit einer anderen Begründung, gefolgt. Der BFH a. a. O. sieht eine Forderung dann als „begründet" an, wenn alle Tatbestandsmerkmale erfüllt sind. Im vorliegenden Fall sei das gegeben, da die Forderung mit Eröffnung des Insolvenzverfahrens uneinbringlich geworden sei und daher alle

38 Vgl. hierzu eingehend oben 2. Teil Abschn. A I 1. Das Argument von *Richter*, DStZ 1988 S. 275, die Uneinbringlichkeit trete mit Eröffnung des Insolvenzverfahrens ein, nicht vorher, daher handle es sich um Masseverbindlichkeiten, liegt damit neben der Sache, da der Schuldrechtsorganismus auch dann nicht von dem Insolvenzverwalter geschaffen wäre.

39 Im Ergebnis ebenso *Knobbe-Keuk*, BB 1977 S. 757, 761; *Eckert*, UVR 2001, 273; *Onusseit*, Umsatzsteuer im Konkurs, S. 216; *Weiß*, Insolvenz und Steuern, S. 74 f.; *Dißars*, in: Schwarz, AO, zu § 251 Rz. 122; *Tipke/Kruse*, AO, zu § 251 Rz. 81; *Bringewat/Waza/Grawe*, Insolvenzen und Steuern, Rz. 946; *Schallehn*, ZIP 1998, 1993; *Maus*, in: Uhlenbruck, InsO, zu § 80 Rz. 38.

40 BStBl. II 1987 S. 226, BB 1987 S. 320; ebenso *BFH,* 2. 4. 1998, BStBl. II 1998, 695, BB 1998 S. 1728; *Onusseit*, Umsatzsteuer im Konkurs, S. 85; *Stadie*, Das Recht des Vorsteuerabzugs, S. 285; kritisch *Onusseit*, BB 1988 S. 674. Vgl. zur Diskussion dieses systematischen Ansatzes des BFH oben Abschn. B V 1 a.

Tatbestandsmerkmale verwirklicht seien; zum Entstehen der Forderung fehle es nur am Ablauf des Voranmeldungszeitraums.

Der Zeitpunkt des Entstehens der Umsatzsteuerforderung richtet sich nach umsatzsteuerlichen Kriterien. Der Vorsteuerrückforderungsanspruch ist nach § 13 Abs. 1 Nr. 5 UStG entstanden, wenn die Forderung uneinbringlich geworden und der maßgebende Voranmeldungszeitraum abgelaufen ist.

Uneinbringlich ist eine Forderung, wenn sie aus rechtlichen oder tatsächlichen Gründen nicht mehr gegen den Schuldner durchsetzbar ist[41]. Dabei ist nicht erforderlich, dass die Forderung endgültig uneinbringlich ist; wie § 17 UStG zeigt, kann eine Forderung auch dann uneinbringlich sein, wenn später doch noch Zahlungen auf sie geleistet werden. Mit Eröffnung des Insolvenzverfahrens sind alle Forderungen gegen den Schuldner von Rechts wegen vorläufig nicht mehr durchsetzbar, sondern unterliegen den insolvenzrechtlichen Durchsetzungsbeschränkungen. Somit werden die Forderungen mit Eröffnung des Insolvenzverfahrens uneinbringlich i. S. d. § 17 UStG ohne Rücksicht darauf, ob im Insolvenzverfahren eine Quote auf sie entfällt oder nicht[42]. Der Anspruch der Finanzbehörde auf Rückforderung der Vorsteuer auf Grund der Uneinbringlichkeit der Forderung war also bei Eröffnung des Inolsvenzverfahrens bereits begründet i.S.d. § 38 InsO[43].

Die hieran anknüpfenden Vorsteuerrückforderungen entstehen umsatzsteuerrechtlich erst mit Ablauf des Voranmeldungszeitraums, in den die Eröffnung des Insolvenzverfahrens fällt. Da die Eröffnung des Insolvenzverfahrens den Voranmeldungszeitraum nicht unterbricht[44], ist der Rückforderungsanspruch nur in dem Sonderfall mit Eröffnung des Insolvenzverfahrens entstanden, in dem dieser Zeitpunkt zufällig auf das Ende des Voranmeldungszeitraums fällt.

Praktisch bedeutet dies, dass die Vorsteuerrückforderungsansprüche in voller Höhe, ohne Berücksichtigung einer Insolvenzquote, zur Tabelle anzumelden sind.

---

41 *Schwarz*, in: Vogel/Schwarz, UStG, zu § 17 Rz. 125.

42 *BFH*, 13. 11. 1986, BStBl. II 1987 S. 226, BB 1987 S. 320; *BFH*, 16. 7. 1987, BStBl. II 1987 S. 691; BB 1987 S. 1725; BFH v. 28. 6. 2000, BStBl. II 2000, 704, BB 2000 S. 2350; *BFH* v. 10. 10. 2001, BStBl II 2003, S. 210, BB 2001 S. 2623; *FG Nürnberg*, 22. 2. 1990, EFG 1990 S. 543 m. Anm. *Onusseit*, EWiR, § 2 UStG, 2/90; vgl. zur Problematik auch *Frotscher*, in: EWiR § 3 KO, 1/86.

43 *BFH*, 13. 11. 1986, BStBl. II 1987 S. 226, BB 1987 S. 320; *BFH*, 25. 9. 1996, BStBl. II 1998 S. 70, BB 1997 S. 1191; *Onusseit*, Umsatzsteuer im Konkurs, S. 216; *Schallehn*, ZIP 1998 S. 1993.

44 Vgl. oben 2. Teil Abschn. B V 1 c; *BFH*, 16. 7. 1987, BStBl. II 1987 S. 691, BB 1987 S. 1725.

Handelt es sich um eine Forderung aus einem von beiden Vertragsparteien noch nicht vollständig erfüllten Vertrag i.S.d § 103 InsO (vgl. hierzu Abschn. B V 4) ist die Forderung des Insolvenzgläubigers mit Eröffnung des Insolvenzverfahrens nur dann in voller Höhe uneinbringlich geworden (mit der Folge der Korrektur des Vorsteuerabzugs), wenn der Insolvenzverwalter die Erfüllung des Vertrages ablehnt[45]. Wählt er Erfüllung, wird die Forderung des Insolvenzgläubigers (regelmäßig in voller Höhe) erfüllt, sie ist also nicht uneinbringlich. Im Ergebnis wird damit die Feststellung der Uneinbringlichkeit bei einem nicht erfüllten gegenseitigen Vertrag von der Entscheidung des Insolvenzverwalters abhängig gemacht, den Vertrag zu erfüllen oder die Erfüllung abzulehnen[46].

Die Steueransprüche aus der Rückforderung der Vorsteuer sind befristete Forderungen, d. h. Ansprüche, die im Zeitpunkt der Eröffnung des Insolvenzverfahrens bereits begründet, aber in diesem Zeitpunkt noch nicht entstanden sind. Diese Ansprüche sind als aufschiebend bedingte Ansprüche zu behandeln[47]. Sie berechtigen daher nach § 191 InsO anfangs nur zu einer Sicherung und sind, wenn sie materiellrechtlich entstanden sind, als unbedingte Forderungen zur Tabelle anzumelden. Da die Entstehung der Vorsteuerrückforderungsansprüche nur von dem Ablauf des Voranmeldungszeitraums abhängt, wird es in der Regel unnötig sein, ihren Geldbetrag nach § 41 InsO zu schätzen.

Die Einordnung der Vorsteuerrückforderungsansprüche unter § 191 InsO beruht auf der Gleichstellung von befristeten und aufschiebend bedingten Forderungen; ihrem Charakter nach sind die Ansprüche jedoch nicht aufschiebend bedingt. Die Uneinbringlichkeit und ihr Ausmaß ist nicht objektiv ungewiss, sondern nur den Beteiligten unbekannt[48]. Die Bedingung besteht auch nicht darin, dass bei späterer Zahlung eine erneute Berichtigung zu erfolgen hat; wie oben dargestellt, führt die insolvenzrechtliche

45 Vgl. *BFH*, 8. 5. 2003, BStBl. II 2003 S. 953, BB 2003 S. 2113.

46 *BFH* v. 28. 6. 2000, BStBl. II 2000 S. 639, BB 2003 S. 2033. Im entschiedenen Fall machte der Insolvenzverwalter geltend, das Finanzamt habe aus der Rückgängigmachung des Vorsteuerabzugs eine Insolvenzforderung, während für die Insolvenzmasse bei Bezahlung der Forderung des Insolvenzgläubigers ein voller Vorsteuerabzug beansprucht werden könne.

47 Vgl. 2. Teil Abschn. A I 2 b.

48 Es lässt sich auch nicht sagen, dass die Bedingung darin bestehe, dass ungewiß sei, ob die Berichtigung vorgenommen werde. Nach § 38 AO entstehen die Steuerforderungen unabhängig von einer Erklärung, Veranlagung oder Berichtigung; die Berichtigung nach § 17 UStG kann daher nur deklaratorische Wirkung haben. Es ist daher richtiger, von einem unbedingten Anspruch auszugehen. Vgl. *Nds. FG*, 7. 7. 1980, EFG 1980 S. 622; *Weiß*, ZIP 1980 S. 918.

Beschränkung der Durchsetzbarkeit zur vollen, unbedingten Uneinbringlichkeit und damit zur Vorsteuerberichtigung[49].

Allerdings ist nicht ausgeschlossen, dass tatsächlich Uneinbringlichkeit der Forderung schon vor Eröffnung des Insolvenzverfahrens eingetreten ist und durch die Eröffnung des Insolvenzverfahrens die Uneinbringlichkeit nicht begründet, sondern nur zu Tage getreten ist[50]. Ist der Voranmeldungszeitraum, in den der objektive Eintritt der Uneinbringlichkeit fällt, vor Eröffnung des Insolvenzverfahrens abgelaufen, ist der Vorsteuerrückforderungsanspruch entstanden, wenn auch noch nicht fällig. Er ist daher im Insolvenzverfahren wie eine entstandene, aber nicht fällige Forderung und daher nach § 41 InsO zu behandeln, d. h. er gilt als fällig und ist mit einem abgezinsten Betrag zur Tabelle anzumelden. Allerdings kann in diesem Fall, anders als bei Eröffnung des Insolvenzverfahrens, nicht von einer vollständigen Uneinbringlichkeit ausgegangen werden. Im Falle des Insolvenzverfahrens beruhte die Uneinbringlichkeit auf der auf Rechtsgründen basierenden Undurchsetzbarkeit. Bei einer Uneinbringlichkeit vor Eröffnung des Insolvenzverfahrens gilt das nicht. Das Ausmaß der Uneinbringlichkeit ist also festzustellen und erforderlichenfalls zu schätzen.

Ist somit bei Anmeldung der Vorsteuerrückforderungsansprüche zur Insolvenztabelle davon auszugehen, dass die Insolvenzforderungen gegen die Insolvenzmasse in voller Höhe (wenigstens zeitweilig) uneinbringlich sind, und sind daher die Vorsteuerrückforderungsansprüche in voller Höhe zur Tabelle anzumelden, kann der Fall eintreten, dass auf die Insolvenzforderungen doch noch Zahlungen erfolgen. Insoweit steht dann der Insolvenzmasse der Vorsteuerabzug zu; der Vorsteuerabzug ist abermals nach § 17 UStG zu berichtigen. Dieser Vorsteueranspruch entsteht mit Ablauf des Voranmeldungszeitraums, in dem die Zahlung auf die Insolvenzforderung erfolgt, die Vorsteuererstattung hat zur Masse zu erfolgen.

Dieser Anspruch der Insolvenzmasse gegen das Finanzamt ist mit Eröffnung des Insolvenzverfahrens begründet i. S. d. § 38 InsO, ebenso wie es bei dem entsprechenden Vorsteuerberichtigungsanspruch der Fall war. Die beiderseitigen Ansprüche beruhen auf der Ausführung der Leistung vor Eröffnung des Insolvenzverfahrens durch den Schuldner. Damit ist

---

49 *BFH*, a. a. O. (Fußnote 41).

50 Vgl. *Richter*, DStZ 1988 S. 275; *Probst*, UR 1988 S. 39 mit Hinweis auf den Insolvenzgrund der Zahlungsunfähigkeit; *Fischer*, BB-Beilage 12/1989 S. 9; *Nds. FG*, 26. 9. 1991, EFG 1992 S. 303; *FG Nürnberg*, 23. 6. 1992, EFG 1992 S. 699; *FG Baden-Württemberg*, 24. 10. 1994, EFG 1995 S. 299 für Uneinbringlichkeit schon bei Stellung des Insolvenzantrags. In *BFH* v. 16. 7. 1987, BStBl. II 1987 S. 691, BB 1987 S. 1725, wird ausdrücklich darauf hingewiesen, dass das Finanzgericht einen früheren Zeitpunkt der Uneinbringlichkeit nicht festgestellt hatte.

das Finanzamt vor Eröffnung des Insolvenzverfahrens „etwas zur Masse schuldig geworden", nämlich den zu diesem Zeitpunkt begründeten Vorsteueranspruch[51]. Daraus folgt, dass § 96 Nr. 1 InsO einer Aufrechnung nicht entgegensteht. Das Finanzamt kann mit einer Insolvenzforderung, etwa dem entsprechenden Vorsteuerrückforderungsanspruch, gegen den Vorsteueranspruch der Masse aufrechnen[52]. Es ist somit bedeutungslos, wann der Vorsteueranspruch steuerrechtlich entstanden ist; maßgebend ist auch hier das „Begründetsein" i. S. d. § 38 InsO[53].

Ein weiterer Fall der Berichtigung des Vorsteuerabzugs wegen Änderung der Bemessungsgrundlage liegt vor, wenn der Insolvenzverwalter (für den Schuldner als Mieter) einen der Umsatzsteuerpflicht unterliegenden Mietvertrag nach § 109 InsO kündigt, für den das Entgelt vorausgezahlt worden war und der Vorsteuerabzug vor Eröffnung des Insolvenzverfahrens durchgeführt wurde. Entsprechendes gilt für einen Leasingvertrag, bei dem der Schuldner Leasingnehmer war.

Auch hier ist maßgebend, zu welchem Zeitpunkt die maßgebende Schuldrechtsbeziehung geschaffen worden ist. Das ist durch den Schuldner vor Eröffnung des Insolvenzverfahrens erfolgt; maßgebend ist, dass der Vorsteuerabzug vor diesem Zeitpunkt erfolgt ist. Der Vorsteuerrückforderungsanspruch ist daher vor Eröffnung des Insolvenzverfahrens nach § 38 InsO begründet und gehört daher zu den Insolvenzforderungen[54]. An diesem Ergebnis ändert sich auch nichts dadurch, dass die Kündigung nach § 109 InsO durch den Insolvenzverwalter erfolgte und daher der Vorsteuerrückforderungsanspruch letztlich auf einer Handlung des Insolvenzverwalters beruht. Nicht jede Handlung des Insolvenzverwalters führt zu Masseverbindlichkeiten, sondern nur, wenn seine Handlung eine Schuldrechtsbeziehung (erstmals) begründet und damit über eine reine Liquidationshandlung hinausgeht[55]. Bei den hier besprochenen Fällen begründet der Insolvenzverwalter weder steuerlich noch zivilrechtlich eine neue Schuldrechtsbeziehung, sondern er liquidiert das Miet-/Pacht-/Leasingverhältnis mit der Folge, dass auch die Vorsteuerbeziehung zu dem Finanzamt umgestaltet und nicht erstmals begründet, wird.

---

51 Vgl. grundlegend 2. Teil Abschn. A III.

52 Vgl. *FG München*, 9. 4. 1986, EFG 1986 S. 632; *Frotscher*, in: EWiR § 55 KO, 2/87; *Probst*, BB 1986 S. 1751.

53 *Probst*, BB 1986 S. 1751; a. A. *Endres*, BB 1986 S. 854.

54 A. A. jedoch *BFH*, 24. 8. 1995, BStBl. II 1995 S. 808, BB 1995 S. 2461, wo Massekosten nach § 58 Nr. 2 KO angenommen werden, weil die maßgeblichen steuerlichen Tatbestandsmerkmale erst nach Eröffnung des Insolvenzverfahrens erfüllt worden seien.

55 Vgl. die Ausführungen zu dem insoweit gleich gelagerten Fall des § 103 InsO in 2. Teil Abschn. B V 4.

Die Frage der Einordnung des Vorsteuerrückzahlungsanspruchs stellt sich in einem weiteren Fall. Ist der Vorsteuerabzug aus einer Rechnung vor Eröffnung des Insolvenzverfahrens erfolgt, und wird nach Eröffnung des Insolvenzverfahrens die Rechnung nach § 14 Abs. 2 UStG und damit der Vorsteuerabzug nach § 17 Abs. 1 S. 1 Nr. 2 UStG berichtigt, stellt sich ebenfalls die Frage, ob der Vorsteuerrückforderungsanspruch zu den Insolvenzforderungen nach § 38 InsO oder den Masseverbindlichkeiten nach § 55 Abs. 1 Nr. 1 InsO gehört. Es gelten die in diesem Abschnitt zum Fall der Änderung der Bemessungsgrundlage gemachten Ausführungen. Der maßgebliche Schuldrechtsorganismus ist durch den Vorsteuerabzug vor Eröffnung des Insolvenzverfahrens begründet worden; der Vorsteuerrückforderungsanspruch ist nach § 38 InsO also Insolvenzforderung[56]. Dieser Vorsteuerrückforderungsanspruch entsteht nach § 17 Abs. 1 S. 3 UStG erst mit Berichtigung der Rechnung, damit erst nach Eröffnung des Insolvenzverfahrens. Er ist daher als befristete Insolvenzforderung zu behandeln.

bb) Ausübung des Eigentumsvorbehalts

Ist eine unter Eigentumsvorbehalt gelieferte Sache bei Eröffnung des Insolvenzverfahrens noch nicht voll bezahlt, kann der Vorbehaltseigentümer die Sache unter Ausnutzung seines Eigentums nach § 47 InsO aus der Insolvenzmasse aussondern.

Da in der Veräußerung der Sache unter Eigentumsvorbehalt und der Übergabe der Sache an den Vorbehaltskäufer bereits die Verschaffung der Verfügungsmacht lag, erfolgte damit trotz des Vorbehalts des Eigentums ein steuerbarer Umsatz[57]. Aus der Rechnung für diesen Umsatz war der Vorbehaltskäufer (vor Eröffnung des Insolvenzverfahrens) zum Vorsteuerabzug berechtigt. Macht nun der Vorbehaltsverkäufer im Insolvenzverfahren des Vorbehaltskäufers von seinem Vorbehaltseigentum Gebrauch, so handelt es sich zivilrechtlich um die Ausübung des Rücktrittsrechts; die umsatzsteuerbare Lieferung wird rückgängig gemacht. Daher hat der in Insolvenz gefallene Vorbehaltskäufer den Vorsteuerabzug nach § 17 Abs. 2 Ziff. 3 UStG zu berichtigen.

Umsatzsteuerlich entsteht der Vorsteuerrückforderungsanspruch der Finanzbehörde in dem Zeitpunkt, in dem der Vorbehaltsverkäufer von seinem Rücktrittsrecht Gebrauch macht und die Sache zurücknimmt. Die Minderung der Vorsteuer muss sich in diesem Voranmeldungszeitraum

56 A. A. jedoch *BFH*, 12. 10. 1994, BStBl. II 1995 S. 33, BB 1995 S. 554, wonach Masseverbindlichkeiten nach § 58 Nr. 2 KO (§ 55 Abs. 1 Nr. 1 InsO) vorliegen sollen.

57 *Bülow*, in: Vogel/Schwarz, UStG, zu § 3 Rz. 40.

niederschlagen (vgl. § 17 Abs. 1 S. 3 UStG). Dieser Zeitpunkt liegt nach Eröffnung des Insolvenzverfahrens. Damit ist jedoch noch nicht gesagt, zu welchem Zeitpunkt der Rückforderungsanspruch i. S. d. § 38 InsO begründet ist.

Die maßgebende Frage für die Einordnung des Vorsteuerrückforderungsanspruchs als Masseverbindlichkeit oder als Insolvenzforderung ist, ob die rechtliche Beziehung zu der Finanzbehörde, aus der der Rückforderungsanspruch fließt, nach Eröffnung des Insolvenzverfahrens durch den Insolvenzverwalter geschaffen worden ist. Nur dann ist die Forderung nach Eröffnung des Insolvenzverfahrens begründet und kann nur dann zu den Masseverbindlichkeiten nach § 55 InsO gehören.

Materiell handelt es sich bei den hier in Frage stehenden Fällen um die Korrektur der Besteuerung eines von dem Schuldner vor Eröffnung des Insolvenzverfahrens abgeschlossenen Rechtsgeschäfts, das im Grundsatz auch vor der Eröffnung des Insolvenzverfahrens besteuert worden ist. Lediglich formalrechtlich wird die Korrektur dieser Besteuerung auf Grund später eingetretener Umstände in einen späteren Voranmeldungszeitraum verlegt, anstatt die ursprüngliche Steuerfestsetzung zu ändern. Es geht also materiell um die Besteuerung eines von dem Schuldner vor Eröffnung des Insolvenzverfahrens abgeschlossenen Geschäfts, nicht um die steuerliche Auswirkung von Handlungen des Insolvenzverwalters nach Eröffnung des Insolvenzverfahrens. Die materielle Grundlage für die Vorsteuerberichtigung liegt also darin, dass der Schuldner vor Eröffnung des Insolvenzverfahrens ein steuerbares Rechtsgeschäft abgeschlossen hat und hieraus als steuerliche Folge der Vorsteuerabzug floss. Der Rückforderungsanspruch ist damit, da er in den genannten Vorgängen vor Eröffnung des Insolvenzverfahrens seine materiellrechtliche Grundlage hatte, schon vor Eröffnung des Insolvenzverfahrens i. S. d. § 38 InsO begründet, auch wenn er umsatzsteuerrechtlich erst später entsteht[58]. Er ist daher Insolvenzforderung.

Dies Ergebnis entspricht der Rechtsprechung des BFH[59], die Begründung steht allerdings nicht in Einklang mit der systematischen Abgrenzung zwischen Insolvenzrecht und Steuerrecht. Es handelt sich um das gleiche Urteil, das in dem Abschnitt „Uneinbringlichwerden der Forderung" besprochen worden ist; es wird deshalb auf Unterabschnitt aa. verwiesen.

---

58 *Bringewat/Waza/Grawe*, Insolvenzen und Steuern, Rz. 953; *Dißars*, in: Schwarz, AO, zu § 251 Rz. 125. An dem Ergebnis, dass es sich um Insolvenzforderung handelt, ändert sich auch nichts, wenn der Vorgang als auf § 103 InsO beruhend angesehen wird; vgl. 2. Teil Abschn. B V 4.

59 *BFH*, 13. 12. 1986, BStBl. II 1987 S. 226, BB 1987 S. 320.

Eine Handlung des Insolvenzverwalters, die zu Masseverbindlichkeiten nach § 55 InsO führen könnte, lässt sich auch nicht daraus herleiten, dass die Herausgabe der Sachen durch den Insolvenzverwalter an den Vorbehaltsverkäufer als maßgeblich angesehen wird. Die Herausgabe ist eine tatsächliche Handlung, kein Rechtsgeschäft oder eine Rechtshandlung, und kann schon aus diesem Grunde keine Masseverbindlichkeiten begründen[60].

Bei diesem Ergebnis kommt es nicht darauf an, ob die Kaufpreisforderung des Vorbehaltsverkäufers vor oder nach Eröffnung des Insolvenzverfahrens uneinbringlich geworden ist. Der Zeitpunkt der Uneinbringlichkeit ist nicht entscheidend. Maßgebend ist allein, dass der Vorsteuerrückforderungsanspruch auf dem vor Eröffnung des Insolvenzverfahrens abgeschlossenen Rechtsgeschäft und seiner Besteuerung beruht[61].

Für die Frage, wie der Vorsteuerrückforderungsanspruch im Insolvenzverfahren geltend zu machen ist, ist der Zeitpunkt des Entstehens der Umsatzsteuerforderung entscheidend. Der Anspruch auf Rückgabe der unter Eigentumsvorbehalt gelieferten Ware wird durchsetzbar mit Uneinbringlichwerden der Kaufpreisforderung. Dies ist der Zeitpunkt der Eröffnung des Insolvenzverfahrens. Der Vorsteuerrückforderungsanspruch entsteht daher mit Ablauf des Voranmeldungszeitraums, in den die Eröffnung des Insolvenzverfahrens fällt, und damit nach Eröffnung des Insolvenzverfahrens. Die Forderung ist damit als befristete Forderung zu behandeln. Zu Einzelheiten wird auf Abschn. aa. verwiesen.

cc) Berichtigung des Vorsteuerabzugs nach § 15 a UStG

Hat der Unternehmer, über dessen Vermögen später das Insolvenzverfahren eröffnet wird, ein Wirtschaftsgut erworben bzw. hergestellt und den Vorsteuerabzug hieraus geltend gemacht, muss dieser berichtigt werden, wenn das Wirtschaftsgut innerhalb bestimmter Fristen unter Umständen veräußert wird, die zum Ausschluss des Vorsteuerabzugs führen (§ 15 a UStG). Auch hier entsteht der Rückforderungsanspruch der Finanzbehörde aus der Berichtigung des Vorsteuerabzugs, ähnlich wie im Fall der Aussonderung von Vorbehaltseigentum, nach Eröffnung des Insolvenzverfahrens, nämlich mit der zum Ausschluss des Vorsteuerabzugs führenden Veräußerungshandlung des Insolvenzverwalters.

60 Eine Masseverbindlichkeit bei einem tatsächlichen Handeln des Insolvenzverwalters könnte sich nur aus einer zum Schadensersatz verpflichtenden Handlung ergeben, die jedoch nicht vorliegt.

61 Vgl. auch den gleichgelagerten Fall der Rückforderung von Investitionszulage, Abschn. B VI 5, und der Nacherhebung von Grunderwerbsteuer, 2. Teil Abschn. B VI 2.

Daraus kann jedoch nicht der Schluss gezogen werden, es handle sich bei dem Rückforderungsanspruch um eine Masseverbindlichkeit. Die Frage nach dem insolvenzrechtlichen Begründetsein des Rückforderungsanspruchs nach § 38 InsO beantwortet sich nämlich wie im Falle der Aussonderung des Vorbehaltseigentums; auf die Ausführungen oben unter bb. wird deshalb verwiesen. Es lässt sich nur fragen, ob deshalb etwas anderes gilt, weil hier die den Rückforderungsanspruch auslösende Veräußerungshandlung von dem Insolvenzverwalter vorgenommen worden ist.

Der materiellrechtlich maßgebende Vorgang, dessen umsatzsteuerliche Behandlung in Frage steht, war der Erwerb bzw. die Herstellung des Wirtschaftsguts und der hieran anknüpfende Vorsteuerabzug. Die Veräußerung dieses Wirtschaftsguts stellt in Bezug auf den Erwerbsvorgang keinen neuen, umsatzsteuerbaren Vorgang[62] dar, vielmehr wird nur die Art der Besteuerung des ursprünglichen Vorgangs des Erwerbs bzw. der Herstellung geändert. Es wird also, auch bei Berichtigung des Vorsteuerabzugs nach Eröffnung des Insolvenzverfahrens, ein Vorgang besteuert, der von dem Schuldner vor Eröffnung des Insolvenzverfahrens gestaltet worden war, nicht etwa eine von dem Insolvenzverwalter vorgenommene Rechtshandlung.

Die Handlung des Insolvenzverwalters, die Veräußerung, ist hinsichtlich der Berichtigung des Vorsteuerabzugs kein selbstständig steuerbarer Vorgang. Besteuert wird insoweit immer nur der von dem Schuldner vor Eröffnung des Insolvenzverfahrens gestaltete Vorgang, wenn auch modifiziert auf Grund von Handlungen des Insolvenzverwalters. Da somit nur die Art der Besteuerung des vor Eröffnung des Insolvenzverfahrens verwirklichten Sachverhaltes geändert wird, ist der Vorsteuererstattungsanspruch, trotz der Handlung des Insolvenzverwalters, vor Eröffnung des Insolvenzverfahrens begründet i. S. d. § 38 InsO; der Vorsteuererstattungsanspruch ist also Insolvenzforderung[63].

Der BFH hat allerdings, wie schon für die Frage der Vorsteuerberichtigung nach § 17 UStG[64], so auch für die Einordnung des Vorsteuerberichtigungsanspruchs nach § 15 a UStG darauf abgestellt, zu welchem Zeitpunkt der

62 Selbstverständlich ist die Veräußerung ein umsatzsteuerbarer Vorgang; hier geht es aber nicht um die Besteuerung des Veräußerungsvorgangs, sondern um die Änderung der Besteuerung des Erwerbsvorgangs.

63 Im Ergebnis so auch *FG Baden-Württemberg*, 18. 12. 1979, EFG 1980 S. 151; *Tipke/Kruse*, AO, zu § 251 Rz. 81; *Frotscher*, in: Woerner, Umsatzsteuer in nationaler und europäischer Sicht, S. 229 ff.; *Stadie*, Das Recht des Vorsteuerabzugs, S. 287; *Onusseit*, BB 1988 S. 674, 677; *Dißars*, in: Schwarz, AO, zu § 251 Rz. 126.

64 Vgl. 2. Teil Abschn. B V 3 b aa.

Tatbestand des Berichtigungsanspruchs erfüllt war[65], und zwar auch dann, wenn die Verwertung auf einem Absonderungsrecht des Gläubigers beruht. Während dies gegenüber der hier vertretenen Ansicht bei dem Vorsteuerberichtigungsanspruch nach § 17 UStG im Ergebnis keine Auswirkung zeigte, kommt der BFH für den Vorsteuerberichtigungsanspruch nach § 15 a UStG zu abweichenden Ergebnissen.

Der BFH geht davon aus, dass die Einordnung des Vorsteuerberichtigungsanspruchs sich nach insolvenzrechtlichen Regelungen, also § 38 InsO, zu richten habe. „Begründet" i. S. d. § 38 InsO sei der Vorsteuerberichtigungsanspruch in dem Zeitpunkt, in dem die maßgebenden Tatbestandsmerkmale erfüllt seien. Der Tatbestand des § 15 a UStG setze voraus, dass sich die Verwendungsverhältnisse gegenüber der erstmaligen Verwendung geändert hätten. Dies trete erst in dem Zeitpunkt ein, in dem der Insolvenzverwalter die Wirtschaftsgüter einer nicht steuerpflichtigen Verwendung zuführe, z. B. steuerfrei veräußere. Damit habe der Insolvenzverwalter den Tatbestand des § 15 a UStG erfüllt, der Vorsteuerrückforderungsanspruch sei also erst durch Handeln des Insolvenzverwalters begründet i. S. d. § 38 InsO. Es handle sich um Masseverbindlichkeiten nach § 58 Nr. 2 KO (jetzt § 55 Abs. 1 Nr. 1 InsO).

Unzweifelhaft richtig ist an dieser Ansicht, dass der Tatbestand des Vorsteuerberichtigungsanspruchs nach § 15 a UStG erst nach Eröffnung des Insolvenzverfahrens erfüllt wird. Widersprochen werden muss aber der grundlegenden These des BFH, dass „Begründung" i. S. d. § 38 InsO „Verwirklichung des steuerlichen Tatbestandes" bedeute. Dieser Auffassung war bereits oben in 2. Teil Abschn. B V 1 a aus systematischen Gründen widersprochen worden; auf diese Ausführungen wird verwiesen.

Festzuhalten ist, dass die rechtliche Basis, auf der der Vorsteuerberichtigungsanspruch letztlich entsteht, vor Eröffnung des Insolvenzverfahrens von dem Unternehmer, dem Schuldner des Insolvenzverfahrens, geschaffen worden ist. Materiellrechtlich ist der Vorsteuerberichtigungsanspruch eine „Berichtigung" der Besteuerung vor Eröffnung des Insolvenzverfahrens, keine Besteuerung einer vom Insolvenzverwalter neu geschaffenen

---

65 *BFH*, 9. 4. 1987, BStBl. II 1987 S. 527, BB 1987 S. 1305; *BFH*, 6. 6. 1991, BStBl. II 1991 S. 817, BB 1991 S. 1622 mit Anm. *Frotscher*, EWiR § 58 KO-2/91, und *Weiss*, UR 1991 S. 298, 299; *FG Köln*, 3. 8. 1988, UR 1989 S. 218; *Nds. FG*, 31. 1. 1989, EFG 1989 S. 604; *FG Rheinland-Pfalz*, 22. 12. 1994, EFG 1995 S. 545; *Fischer*, BB-Beilage 12/1989 S. 8; *Weiß*, Insolvenz und Steuern, S. 113 f; *Bringewat/Waza,/Grawe*, Insolvenzen und Steuern, Rz. 961. Kritisch hierzu *Onusseit*, BB 1988 S. 674.

Schuldrechtsbeziehung[66]. Zu Masseverbindlichkeiten können aber immer nur durch den Insolvenzverwalter neu geschaffene Rechtsbeziehungen führen, nicht die Abwicklung von Rechtsbeziehungen, die durch den Schuldner vor Eröffnung des Insolvenzverfahrens geschaffen wurden. Damit ist der Anspruch vor Eröffnung des Insolvenzverfahrens „begründet" i. S. d. § 38 InsO, da eine vor Eröffnung des Insolvenzverfahrens eingetretene Bereicherung der Masse korrigiert wird.

Da der Anspruch im Zeitpunkt der Eröffnung des Insolvenzverfahrens noch nicht entstanden war, handelt es sich um eine befristete Forderung; zur Behandlung vgl. 2. Teil Abschn. A I 2 b.

4. Umsatzsteuerliche Probleme nicht vollständig erfüllter Verträge (insbesondere Werkverträge)

a) Zivilrechtliche und steuerrechtliche Grundlagen

aa) Rechtslage nach Insolvenzrecht

Ist ein gegenseitiger Vertrag im Zeitpunkt der Eröffnung des Insolvenzverfahrens von beiden Seiten noch nicht oder noch nicht vollständig erfüllt worden, so wird dieser Vertrag mit Eröffnung des Insolvenzverfahrens grundsätzlich zu einem nicht erfüllbaren Vertrag. Der Vertragspartner kann seinen Erfüllungsanspruch gegen den Schuldner nicht mehr durchsetzen; dieser jetzt undurchsetzbare Erfüllungsanspruch wird Insolvenzforderung[67]. Dann erfordert es der Schutz des Vertragspartners, dass auch er nicht mehr voll zur Leistung an die Insolvenzmasse verpflichtet sein soll, wenn sein Erfüllungsanspruch nur eine Insolvenzforderung ist. Andererseits kann aber die Erfüllung des Vertrages für den Insolvenzverwalter von Interesse sein; erfüllt er den Vertrag, bedarf der Vertragspartner keines besonderen Schutzes.

Hieraus ergibt sich die Regelung des § 103 InsO. Der Insolvenzverwalter erhält das Wahlrecht, den durch die Eröffnung des Insolvenzverfahrens unerfüllbar gewordenen Vertrag in einen zu erfüllenden Vertrag umzugestalten. Mit der Erklärung des Insolvenzverwalters entstehen die gegensei-

---

66 *Onusseit*, BB 1988 S. 674, 678; ebenso im Ergebnis *Endres*, UR 1988 S. 333. Vgl. auch *BFH*, 21. 9. 1993, BStBl. 1994 II S. 83, BB 1994 S. 415, wo der BFH (VII. Senat) im Ergebnis der hier vertretenen Ansicht folgt.

67 Vgl. *BGH*, 25. 4. 2002, ZIP 2002 S. 1093; *Berscheid*, in: Uhlenbruck, InsO, zu § 103 Rz. 4. Naturgemäß wird der Erfüllungsanspruch durch einen Geldanspruch ersetzt.

tigen Erfüllungsansprüche wieder[68]. Diese rechtsgestaltende Erklärung des Insolvenzverwalters hat zur Folge, dass der als vorinsolvenzrechtliches Rechtsverhältnis eingeordnete Vertrag in ein Rechtsverhältnis umgewandelt wird, das nach § 55 Abs. 1 Nr. 2 InsO wie ein vom Insolvenzverwalter nach § 55 Abs. 1 Nr. 1 InsO abgeschlossenes Rechtsgeschäft zu behandeln ist, also vom Insolvenzverwalter erfüllt werden muss. Die Ansprüche des Vertragspartners werden durch diese rechtsgestaltende Erklärung des Insolvenzverwalters von Insolvenzforderungen nach § 38 InsO in Masseverbindlichkeiten nach § 55 Abs. 1 Nr. 2 InsO umgewandelt; entsprechend wird die Stellung des Vertragspartners von der eines Insolvenzgläubigers in die eines Massegläubigers verändert.

Übt der Insolvenzverwalter die Option, Erfüllung zu verlangen, nicht aus, verbleibt es bei der durch die Eröffnung des Insolvenzverfahrens geschaffenen Rechtslage, der Vertrag bleibt unerfüllbar, der Erfüllungsanspruch entfällt[69]. Die „Ablehnung der Erfüllung" durch den Insolvenzverwalter ist daher keine Rechtshandlung. Sie bringt keine Rechtswirkungen hervor, sondern belässt es lediglich bei den Rechtswirkungen, die die Eröffnung des Insolvenzverfahrens hervorgebracht hat. Diese „Ablehnung" ist daher auch keine Handlung des Insolvenzverwalters i. S. d. § 55 Abs. 1 Nr. 1 InsO[70]. Die Wirkung der Ablehnung der Erfüllung besteht darin, dass der nicht erfüllte Vertrag bestehen bleibt, jedoch keiner der Vertragspartner mehr Erfüllung verlangen kann. Das Schuldverhältnis wandelt sich in ein Abwicklungsverhältnis um, der Vertragspartner erwirbt an Stelle des Erfüllungsanspruches einen Anspruch auf Schadensersatz. Der Vertragspartner erhält das Erfüllungsinteresse nach § 249 BGB, d. h. er ist so zu stellen, als ob der Vertrag erfüllt worden wäre. Dieses Abwicklungsverhältnis beim nicht vollständig erfüllten Vertrag bedeutet aber nicht, dass die bisherigen vertraglichen Leistungen rückgängig gemacht werden; vielmehr sind bisher ausgeführte Leistungen dem Empfänger zu belassen, der Ausgleich ist durch einen Schadensersatzanspruch in Geld vorzunehmen[71].

Hatte somit der Vertragspartner vor Eröffnung des Insolvenzverfahrens teilweise geleistet, erhält er eine Forderung gegen die Insolvenzmasse,

---

68 *BGH*, 20. 12. 1988, BB 1989 S. 374.

69 *BGH*, 11. 2. 1988, BGHZ 103 S. 249, BB 1988 S. 654; *BGH*, 20. 12. 1988, BB 1989 S. 374. Das gilt sowohl, wenn der Insolvenzverwalter Erfüllung nach § 103 InsO ablehnt, als auch, wenn er gar keine Erklärung abgibt; dieser letzte Fall bildet also keine eigenständige Fallgruppe; ebenso *Onusseit*, Umsatzsteuer im Konkurs, S. 176.

70 *Vgl. BGH*, 27. 2. 1997, NJW 1997 S. 2184*; Berscheid,* in: Uhlenbruck, InsO, zu § 103 Rz. 85.

71 „Eingeschränkte Differenztheorie"; vgl. hierzu *Berscheid*, in: Uhlenbruck, InsO, zu § 103 Rz. 87.

die in ihrer Höhe dem Vergütungsanspruch für die teilweise Leistung entspricht, zuzüglich eines etwaigen weitergehenden Schadensersatzanspruchs. Hatte der Schuldner vor Eröffnung des Insolvenzverfahrens teilweise geleistet, entsteht ein entsprechender Anspruch der Insolvenzmasse. Soweit der Vertragspartner danach Ansprüche erwirbt, beruhen sie auf dem vor Eröffnung des Insolvenzverfahrens abgeschlossenen Vertrag und der vor diesem Zeitpunkt ausgeführten teilweisen Erfüllung. Der Anspruch ist daher vor Eröffnung des Insolvenzverfahrens begründet i. S. d. § 38 InsO, er ist daher Insolvenzforderung.

bb) Umsatzsteuerliche Folgerungen

Die umsatzsteuerliche Behandlung folgt dieser zivilrechtlichen Rechtslage.

Soweit der Insolvenzverwalter nach § 103 InsO keine Erfüllung wählt, ist umsatzsteuerlich von Bedeutung, dass die bisherige teilweise Erfüllung nicht rückabgewickelt wird (vgl. § 103, S. 2 InsO). Hatte der Unternehmer daher teilweise geleistet, verbleibt diese Leistung dem Empfänger, und zwar sowohl dann, wenn der Unternehmer, als auch dann, wenn der Empfänger in Insolvenz gefallen ist. Umsatzsteuerlich erwirbt der Empfänger damit die Leistung, und zwar zum Zeitpunkt der Eröffnung des Insolvenzverfahrens. Die vertragliche Erfüllungsverpflichtung beschränkt sich kraft Gesetzes auf die bis zum Zeitpunkt der Eröffnung des Insolvenzverfahrens bereits erbrachten Leistungsteile[72]. Diese Leistungen gehen in die Rechtszuständigkeit des Empfängers über, er erwirbt insoweit Verfügungsmacht. Im Zeitpunkt der Eröffnung des Insolvenzverfahrens erbringt der Unternehmer daher hinsichtlich dieser teilweisen Erfüllung eine Leistung i. S. d. Umsatzsteuergesetzes.

Damit diese Leistung auch umsatzsteuerbar ist, muss hinzutreten, dass sie gegen Entgelt erbracht wird. Daran könnte es fehlen, soweit der Empfänger vor Eröffnung des Insolvenzverfahrens noch keine Zahlung geleistet hat. Mit Eröffnung des Insolvenzverfahrens erlischt nämlich der vertragliche Entgeltanspruch als Anspruch auf die Gegenleistung; an seine Stelle tritt der entsprechende Schadensersatzanspruch. Umsatzsteuerlich ist ein Schadensersatzanspruch aber kein Entgelt und führt daher nicht zur Steuerbarkeit.

72 Vgl. *BFH*, 2. 2. 1978, BStBl. II 1978 S. 483, BB 1978 S. 1249; *BFH*, 24. 4. 1980, BStBl. II 1980 S. 541, BB 1980 S. 1319; *Knobbe-Keuk*, BB 1977 S. 757.

Zivilrechtlich tritt an die Stelle des vertraglichen Erfüllungsanspruches auf das Entgelt nicht ein Schadensersatzanspruch schlechthin, sondern ein Schadensersatzanspruch in Höhe des entsprechenden Vergütungsanspruchs. Das Austauschverhältnis wird also nicht schlechthin durch einen einseitigen Schadensersatzanspruch ersetzt. Es bleibt vielmehr als Grundlage des Schadensersatzanspruchs bestehen. Das bedeutet aber, dass bei einer wertenden Betrachtung des Sachverhaltes der Empfänger die (Teil-) Leistung nicht unentgeltlich erhält, sondern dass er Geld in Höhe des anteiligen Vergütungsanspruches aufbringen muss. Die Verschaffung der Verfügungsmacht an der Leistung hat also unmittelbar zur Folge, dass der Empfänger seinerseits leisten muss. Wird die Verschaffung der Verfügungsmacht hinweggedacht, entfällt auch die (Schadensersatz-)Leistung. Verschaffung der Verfügungsmacht und insolvenzrechtlicher Schadensersatz stehen also insoweit in einem Gegenseitigkeitsverhältnis. Daraus folgt aber, dass umsatzsteuerlich der Schadensersatzanspruch in Höhe des anteiligen Vergütungsanspruches „unechter Schadensersatz" ist[73]. Umsatzsteuerrechtlich erfolgt damit die Verschaffung der Verfügungsmacht entgeltlich, sie ist daher bei Vorliegen der anderen Tatbestandsmerkmale umsatzsteuerbar.

Soweit der insolvenzrechtliche Schadensersatzanspruch der Höhe nach über den anteiligen Vergütungsanspruch hinausgeht, liegt nicht steuerbarer, „echter" Schadensersatz vor[74].

Gegen diese Einordnung des insolvenzrechtlichen Schadensersatzanspruches in Höhe des anteiligen Vergütungsanspruches kann nicht eingewandt werden, mit dieser „Umqualifizierung" werde gegen den Vorrang des Insolvenzrechts verstoßen. Es geht hier um die Frage, ob und in welcher Höhe der Übergang der Verfügungsmacht an der (teilweisen) Erfüllungsleistung einen Umsatzsteueranspruch hervorbringt, (noch) nicht um die Frage der Teilnahme dieses Anspruchs am Insolvenzverfahren. Beurteilung der Tatbestandsverwirklichung und Entstehung des Umsatzsteueranspruchs richten sich aber allein nach Umsatzsteuerrecht, nicht nach Insolvenzrecht[75]. Die Würdigung, ob und inwieweit der insolvenzrechtliche Schadensersatzanspruch als umsatzsteuerliche Gegenleistung anzusehen ist, hat daher allein nach umsatzsteuerlichen Grundsätzen zu erfolgen.

---

73 Zum Begriff des „unechten Schadensersatzes" vgl. z. B. *Bülow*, in: Vogel/Schwarz, UStG, zu § 1 Rz. 94; im Ergebnis ebenso *BFH*, 9. 5. 1985, BFH/NV 1985 S. 56.

74 Vgl. *BFH*, 2. 2. 1978, BStBl. II 1978 S. 483; BB 1978 S. 1249; *BFH* , 8. 5. 2003, BStBl. II 2003 S. 953, BB 2003 S. 2113.

75 Vgl. oben 1. Teil Abschn. I; im Ergebnis ebenso *BFH*, 24. 10. 1985, BFH/NV 1986 S. 60.

Diese Umsatzsteuerforderung beruht auf dem vor Eröffnung des Insolvenzverfahrens abgeschlossenen Vertrag. Der Insolvenzverwalter handelt nach Eröffnung des Insolvenzverfahrens nicht, sondern lässt nur die durch Eröffnung des Insolvenzverfahrens umgestaltete Rechtslage bestehen. Die Umsatzsteuerforderung bei Unternehmerinsolvenz ist daher, ebenso wie die entsprechende Schadensersatzforderung[76], vor Eröffnung des Insolvenzverfahrens begründet i. S. d. § 38 InsO und daher Insolvenzforderung[77].

Für die Entstehung der Umsatzsteuerforderung ist maßgebend (soweit die Umsatzsteuer nicht früher entstanden ist, weil es sich um eine abgegrenzte Teilleistung handelte), dass der Anspruch auf vollständige Erfüllung mit Eröffnung des Insolvenzverfahrens untergeht und daher zu diesem Zeitpunkt die Verfügungsmacht an der teilweisen Leistung übergeht. Maßgebender Zeitpunkt ist damit der der Eröffnung des Insolvenzverfahrens. Der Umsatzsteueranspruch entsteht somit nach § 13 Abs. 1 Nr. 1 UStG mit Ablauf des Voranmeldungszeitraums, in den die Eröffnung des Insolvenzverfahrens fällt. Im Zeitpunkt der Eröffnung des Insolvenzverfahrens ist der Umsatzsteueranspruch somit noch nicht entstanden, er ist als befristete Forderung und nach den im 2. Teil Abschn. A I 2 b dargestellten Grundsätzen zu behandeln.

Wählt der Insolvenzverwalter nach § 103 Abs. 1 InsO Erfüllung, ist Ausgangspunkt für die umsatzsteuerliche Beurteilung ebenfalls die zivilrechtliche Rechtslage. Das vor Eröffnung des Insolvenzverfahrens begründete Rechtsverhältnis wird durch das Erfüllungsverlangen umgewandelt in ein Rechtsverhältnis auf Grund des Handelns des Insolvenzverwalters, also in ein nach Eröffnung des Insolvenzverfahrens begründetes Rechtsverhältnis[78]. Die Verfügungsmacht über etwaige unselbstständige Teilleistungen vor Eröffnung des Insolvenzverfahrens ist nicht mit Eröffnung des Insolvenzverfahrens übergegangen; dies erfolgt erst mit vertraglicher vollständiger Leistung. Der Umsatzsteueranspruch aus der vollständigen Leistung

76 Vgl. oben aa.

77 Vgl. *BFH*, 2. 2. 1978, BStBl. II 1978 S. 483, BB 1978 S. 1249; *FG Rheinland-Pfalz*, 11. 1. 1978, EFG 1978 S. 248; *Hundt-Eßwein*, DB 1987 S. 763.

78 Vgl. oben aa. Abweichend *Onusseit*, Umsatzsteuer im Konkurs, S. 178, sowie *Bücheler*, DStR 1980 S. 70, die eine Teillieferung mit Eröffnung des Insolvenzverfahrens und eine Restlieferung durch den Insolvenzverwalter annehmen; die Umsatzsteuer wäre dann teilweise Insolvenzforderung, teilweise Masseverbindlichkeit. Ebenso *FG Baden-Württemberg* v. 24. 3. 1994, EFG 1994 S. 735. Damit wird jedoch die insolvenzrechtliche Rechtslage nicht richtig gewürdigt, die eine Transformation des ganzen Geschäfts in ein nach Eröffnung des Insolvenzverfahrens begründetes Geschäft bewirkt. Auch der Werklohnanspruch wird insolvenzrechtlich nicht aufgespalten; dem hat das Steuerrecht zu folgen.

ist somit, wie auch die aus der Insolvenzmasse voll zu erbringende Gegenleistung, auf Grund dieser Regelung erst nach Eröffnung des Insolvenzverfahrens begründet i. S. d. § 38 InsO. Es handelt sich insoweit um eine auf Grund des Erfüllungsverlangens des Insolvenzverwalters erfolgende Umqualifizierung. Der Umsatzsteueranspruch ist daher genauso zu behandeln wie der aus Neugeschäften des Insolvenzverwalters; er gehört zu den Masseverbindlichkeiten nach § 55 Abs. 1 Nr. 1 InsO[79]. Eine Einordnung als Masseverbindlichkeit nach § 55 Abs. 1 Nr. 2 InsO ist nicht möglich, da es an dem dafür erforderlichen Vertrauenstatbestand in das Handeln des Insolvenzverwalters fehlt[80]. § 55 Abs. 1 Nr. 2 InsO soll das Vertrauen des Rechtsverkehrs in das Handeln des Insolvenzverwalters schützen; dieser Tatbestand ist daher auf kraft Gesetzes entstehende Steueransprüche nicht anwendbar.

Für die Insolvenzmasse kann es günstiger sein, wenn der Insolvenzverwalter die Erfüllung nach § 103 InsO ablehnt und dann über die Leistung einen neuen Vertrag abschließt. Dadurch werden alle bisher begründeten Ansprüche Insolvenzforderung anstatt Masseforderung[81].

b) *Werkverträge über Bauleistungen*

Die Leistungsbeziehung eines Werkvertrages (einschließlich des Werklieferungsvertrages, § 651 BGB) kann sowohl durch Insolvenz des Unternehmers als auch des Bestellers gestört werden. Für die insolvenzrechtliche Behandlung der Umsatzsteuer muss weiter unterschieden werden, ob der Werkvertrag auf Errichtung bzw. Reparatur eines Gebäudes auf dem Grundstück des Bestellers gerichtet ist (mit der Folge, dass zivilrechtlich die Baumaterialien mit dem Einbau Eigentum des Bestellers werden, nicht erst mit Abnahme des ganzen Gebäudes, vgl. § 946 BGB), oder ob es sich um einen sonstigen Werkvertrag handelt, z. B. Herstellung oder Reparatur einer beweglichen Sache.

Im Vordergrund des Interesses von Literatur und Rechtsprechung stehen die Probleme der Bauwirtschaft, also der Fall, dass der Werkvertrag auf die Errichtung bzw. Reparatur eines Gebäudes auf einem Grundstück gerichtet ist, das dem Besteller gehört. Regelmäßig handelt es sich bei diesen

79 Ohne nähere Begründung nimmt *BFH*, 2. 2. 1978, BStBl. II 1978 S. 483, BB 1978 S. 1249 Masseforderungen nach § 59 Abs. 1 Nr. 2 KO (Masseverbindlichkeiten nach § 55 Abs. 1 Nr. 2 InsO) an; ebenso *Wilke*, UR 1989 S. 367; ähnlich *FG München*, 17. 10. 1984, EFG 1985 S. 204.

80 Vgl. hierzu 2. Teil Abschn. A II 2.

81 Zur Frage, ob hierin steuerlich ein Rechtsmissbrauch liegt, vgl. unten Fußnote 109.

Verträgen um Werklieferungsverträge, § 651 BGB, da der Bau mit Materialien ausgeführt wird, die von dem Unternehmer beschafft worden sind.

In der Mehrzahl der Fälle ist der Unternehmer die in Insolvenz fallende Vertragspartei; Insolvenz des Bestellers ist dagegen weniger häufig.

aa) Unternehmer-Insolvenz

Stellt ein Unternehmer auf dem Grundstück des Bestellers ein Werk mit von ihm, dem Unternehmer, selbst beschafften Materialien her (Neubau oder Reparatur), handelt es sich um einen Werklieferungsvertrag, § 651 BGB, der nach § 3 Abs. 4 UStG als Lieferung, nicht als sonstige Leistung, zu behandeln ist. Diese Lieferung ist ausgeführt, wenn dem Besteller die wirtschaftliche Verfügungsmacht über das Werk verschafft worden ist (§ 3 Abs. 1 UStG). Das ist, trotz des sofortigen Eigentumserwerbs des Bestellers mit Einbau der Materialien nach § 946 BGB, erst mit der Fertigstellung und Übergabe des Werks an den Besteller der Fall[82]. Erst zu diesem Zeitpunkt entlässt der Unternehmer das Werk aus seiner Verantwortung; vor diesem Zeitpunkt kann er z. B. noch Änderungen, Mängelbeseitigungen usw. vornehmen, um ein vertragsgemäßes Werk zu liefern. Bis dahin hat der Besteller regelmäßig nicht das Recht, selbst Änderungen und Fehlerbeseitigungen an dem Werk vorzunehmen. Nach diesem Zeitpunkt kann der Besteller mit dem Werk nach Belieben verfahren, etwaige Änderungen an dem Werk durch den Unternehmer sind keine Herstellung mehr, sondern Mängelbeseitigung (vgl. § 633 BGB).

Wird über das Vermögen des Unternehmers vor diesem Zeitpunkt der Abnahme des Werks das Insolvenzverfahren eröffnet, wandeln sich die Erfüllungsansprüche des Bestellers in Geldansprüche um. Lediglich der Insolvenzverwalter des Unternehmers kann jetzt nach § 103 InsO wählen, ob er das Werk entsprechend dem Werkvertrag fertigstellen will.

Wählt der Insolvenzverwalter nicht die Erfüllung nach § 103 InsO, steht fest, dass das Werk von dem Unternehmer nicht mehr fertiggestellt wird. Insolvenzverwalter und Unternehmer haben jetzt nicht mehr die Möglichkeit, auf das unfertige Werk einzuwirken, es verlässt damit die Rechtssphäre des Werkunternehmers.

Andererseits geht das unfertige Werk nunmehr in die freie wirtschaftliche Verfügungsgewalt des Bestellers über. Zivilrechtlich besaß er schon vorher Eigentum, nunmehr kommt, nach dem Erlöschen der Erfüllungsan-

82 Vgl. *BFH*, 26. 2. 1976, BStBl. II 1976 S. 309.

sprüche aus dem Werkvertrag, auch die wirtschaftliche Verfügungsmacht hinzu. Auf der anderen Seite hat er grundsätzlich den anteiligen Werklohn zu zahlen.

Umsatzsteuerrechtlich liegt somit eine Verschaffung der wirtschaftlichen Verfügungsmacht an dem unfertigen Werk vor, die gegen Entgelt erfolgt und somit umsatzsteuerbar ist[83].

Liegt somit eine umsatzsteuerbare und regelmäßig auch umsatzsteuerpflichtige Leistung des Unternehmers vor, stellt sich die Frage nach der Einordnung dieser Umsatzsteuerforderung gegen den in Insolvenz gefallenen Unternehmer. Entsprechend dem Grundsatz, dass der Insolvenzverwalter mit der Erfüllungsablehnung nach § 103 InsO keine neuen Ansprüche begründet[84], beruht die Umsatzsteuerforderung auf den vor Eröffnung des Insolvenzverfahrens erbrachten Leistungen und ist im Zeitpunkt der Eröffnung des Insolvenzverfahrens bereits begründet i. S. d. § 38 InsO.

Die Umsatzsteuerforderung kann daher nur als Insolvenzforderung geltend gemacht werden[85].

Entsprechendes gilt, wenn eine Arbeitsgemeinschaft durch Insolvenz eines ihrer Mitglieder aufgelöst wird und das zu erstellende Werk noch unfertig ist. Umsatzsteuerrechtlich ist die Arbeitsgemeinschaft Unternehmer. Endet ihre Tätigkeit, gehen ihre Werklieferungen und sonstigen Leistungen (spätestens) in diesem Zeitpunkt in die wirtschaftliche Verfügungsmacht des Bestellers über und werden der Umsatzsteuer in diesem Zeitpunkt unterworfen.

Wählt der Insolvenzverwalter Erfüllung des Werkvertrages nach § 103 InsO, so bilden alle (zivilrechtlichen) Ansprüche aus dem nunmehr zu erfüllenden Werkvertrag Masseverbindlichkeiten nach § 55 Abs. 1 Nr. 2 InsO. Die Umsatzsteuerschuld aus der Lieferung des Werks entsteht mit Ablieferung (Verschaffung der wirtschaftlichen Verfügungsmacht) des fertiggestellten Werks, und damit nach Eröffnung des Insolvenzverfahrens. Insolvenzrechtlich ist diese Umsatzsteuerforderung nicht vor Eröffnung des Insolvenzverfahrens i. S. d. § 38 InsO begründet; sie beruht nun-

---

83 Vgl. *Onusseit*, Umsatzsteuer im Konkurs, S. 166 ff.; es ist natürlich auch denkbar, dass die wirtschaftliche Verfügungsmacht nicht übergeht, der Besteller etwa das unfertige Werk als für ihn ohne Interesse nicht akzeptiert und Beseitigung verlangt. Dann liegt kein umsatzsteuerbarer Leistungsaustausch vor. In der Praxis dürfte dieser Fall aber kaum vorkommen.

84 Vgl. hierzu grundlegend 2. Teil Abschn. B V 4 a.

85 Jetzt h. M.; *BFH*, 2. 2. 1978, BStBl. II 1978 S. 483, BB 1978 S. 1249; *Dißars*, in: Schwarz, AO, zu § 251 Rz. 130; *Onusseit*, Umsatzsteuer im Konkurs, S. 175; *Bringewat/Waza/Grawe*, Insolvenzen und Steuern, Rz. 979; *Knobbe-Keuk*, BB 1977 S. 757.

mehr wesentlich auf dem Erfüllungsverlangen des Insolvenzverwalters nach § 103 InsO, auf der Fertigstellung des Werks und der Verschaffung der wirtschaftlichen Verfügungsmacht durch den Insolvenzverwalter. Die Umsatzsteuer ist daher nicht Insolvenzforderung, sondern vorweg aus der Masse zu befriedigen. Das gilt auch für die anteilige Umsatzsteuer auf die Teile des Werks, die vor Eröffnung des Insolvenzverfahrens hergestellt wurden. Da letztlich das ganze Werk vertragsgemäß hergestellt wurde, ist eine Aufteilung der Umsatzsteuer auf das einheitliche Werk entsprechend unselbstständiger Werkteile nicht möglich. Der maßgebende Akt für die „Begründung" der Umsatzsteuerforderung i. S. d. § 38 InsO ist das Erfüllungsverlangen und die Verschaffung der Verfügungsmacht durch den Insolvenzverwalter. Wertungsmäßig stimmt damit überein, dass nach § 55 Abs. 1 Nr. 2 InsO alle Ansprüche aus dem nach § 103 InsO zu erfüllenden Vertrag aus der Masse zu befriedigen sind, also keine Aufteilung in Entgelt für vor und nach der Eröffnung des Insolvenzverfahrens erstellte Teile erfolgt.

Die Umsatzsteuerforderung gehört zu den Masseverbindlichkeiten nach § 55 Abs. 1 Nr. 1 InsO[86].

Der Insolvenzverwalter kann die Folge, dass die gesamte Umsatzsteuer als Masseverbindlichkeit zu entrichten ist, dadurch vermeiden, dass er die Erfüllung des Werklieferungsvertrages nach § 103 InsO ablehnt, und dann mit dem Besteller einen neuen Vertrag über die Fertigstellung des Werks schließt[87]. Dann würde nur die auf die Fertigstellung des Werks entfallende Umsatzsteuer zu den Masseverbindlichkeiten gehören[88].

Die hiergegen vorgebrachten Argumente[89] sind m. E. nicht zwingend. Es handelt sich nicht um eine willkürlich vorgenommene Aufteilung einer einheitlichen Leistung. Wenn der Insolvenzverwalter die Erfüllung nach § 103 InsO ablehnt, kann der Besteller einen anderen Unternehmer mit der Fertigstellung beauftragen. Dann kann er aber, wenn er dies als in seinem Interesse liegend ansieht, anstelle der Beauftragung eines anderen Unternehmers auch einen neuen Vertrag mit dem Insolvenzverwalter abschließen[90]. Eine solche Maßnahme hat auch gegenüber der Wahl der

86 Vgl. hierzu grundlegend B V 4 a bb.

87 Die bis dahin begründete Umsatzsteuer wäre dann Insolvenzforderung.

88 Vgl. *Knobbe-Keuk*, BB 1977 S. 757, 760 m. w. N.

89 *Fischer*, BB-Beilage 12/1989 S. 10; *Nds. FG*, 5. 9. 2002, EFG 2003, 198.

90 Das Interesse des Bestellers kann z. B. darin liegen, dass nur der in Insolvenz gefallene Unternehmer über das erforderliche Spezialwissen, Personal, Maschinen usw. verfügt, oder darin, dass bei der Fertigstellung durch den Insolvenzverwalter größere Verzögerungen vermieden werden.

Erfüllung nach § 103 InsO durch den Insolvenzverwalter weitreichende zivilrechtliche Folgen, die von den Parteien gewollt bzw. akzeptiert werden. So sind z. B. Gewährleistungsansprüche für die vor Eröffnung des Insolvenzverfahrens hergestellten Teile des Werks Insolvenzforderungen, nicht Masseverbindlichkeiten nach § 55 Abs. 1 Nr. 2 InsO. Wegen dieser erheblichen zivilrechtlichen Rechtswirkungen (Vermeidung von die Masse belastenden Gewährleistungsansprüchen) dürfte in der Regel kein Missbrauch rechtlicher Gestaltungsmöglichkeiten vorliegen. Die Vermeidung von Masseverbindlichkeiten (auch steuerrechtlichen) ist regelmäßig Pflicht des Insolvenzverwalters und stellt daher keinen Rechtsmissbrauch nach § 42 AO dar[91].

Ist der Werkvertrag auf eine sonstige Bauleistung gerichtet, die keine Werklieferung ist (Herstellung des Werks mit von dem Besteller gelieferten Stoffen; Reparaturen, wenn der Unternehmer keine Hauptstoffe liefert), gilt grundsätzlich Entsprechendes. Wird die Leistung durch Eröffnung des Insolvenzverfahrens über das Vermögen des Unternehmers unterbrochen, kann der Besteller grundsätzlich nicht mehr Erfüllung verlangen. Die unfertige Leistung verlässt die Rechtszuständigkeit des Unternehmers und geht kraft des Eigentums an der Hauptsache (z. B. dem zu reparierenden Gebäude) in die Rechtszuständigkeit des Bestellers über. Der Leistungsanspruch des Werkvertrages hat sich damit durch die Eröffnung des Insolvenzverfahrens auf die unfertige Leistung beschränkt. Die hierauf zu zahlende Umsatzsteuer ist durch Handlungen des Schuldners vor Eröffnung des Insolvenzverfahrens i. S. d. § 38 InsO „begründet" und daher als Insolvenzforderung einzuordnen. Verlangt der Insolvenzverwalter nach § 103 InsO Erfüllung, ist die Umsatzsteuer für die ganze Leistung, ebenso wie bei der Werklieferung, aus der Masse zu zahlen. Es handelt sich um Masseverbindlichkeiten nach § 55 Abs. 1 Nr. 1 InsO.

bb) Besteller-Insolvenz

Wird im Rahmen eines Werkvertrages über Bauleistungen über das Vermögen des Bestellers das Insolvenzverfahren eröffnet, ergeben sich keine grundsätzlichen Unterschiede zum Fall der Unternehmer-Insolvenz. Die Erfüllungsansprüche aus dem Werkvertrag erlöschen grundsätzlich, das Erfüllungsverhältnis wird durch ein Abwicklungsverhältnis ersetzt. Verlangt der Insolvenzverwalter des Bestellers nicht Erfüllung nach § 103 InsO, geht das unfertige Werk kraft des Eigentums des in Insolvenz ge-

---

91 Vgl. *Maus*, DB 1988 S. 1241; im Ergebnis ebenso *FG Köln*, 9. 9. 1997, EFG 1998, S. 155.

fallenen Bestellers an dem Grundstück mit Zeitpunkt der Eröffnung des Insolvenzverfahrens in die Rechtszuständigkeit des Bestellers über. Die hierin liegende Verschaffung der wirtschaftlichen Verfügungsmacht erfolgt entgeltlich und ist daher eine steuerbare Leistung des Unternehmers. Zwar wandelt sich der Vergütungsanspruch des Unternehmers in einen Schadensersatzanspruch um; nach der zivilrechtlichen eingeschränkten Differenztheorie[92] bedeutet dies aber nicht, dass an Stelle der Gegenseitigkeitsbeziehung ein einseitiger Schadensersatzanspruch entsteht, sondern dass der Unternehmer seine Leistung dem Besteller belassen muss und seinen entsprechenden Vergütungsanspruch (und etwaige weitergehende Schadensersatzansprüche) als Insolvenzforderung anzumelden hat, soweit noch nicht erfüllt ist. Das Austauschverhältnis bleibt also als Grundlage für den Schadensersatzanspruch bestehen. Insoweit liegt ein umsatzsteuerbarer Leistungsaustausch vor, kein nicht umsatzsteuerbarer Schadensersatz. Schadensersatz im umsatzsteuerlichen Sinne ist nur ein etwaiger über den Vergütungsanspruch hinausgehender Schadensersatzanspruch[93].

Bei der Bemessungsgrundlage für die Umsatzsteuer ist zu berücksichtigen, welchen Betrag der Besteller tatsächlich aufwenden musste. Da der Unternehmer nur eine Insolvenzforderung hat, soweit seine Forderung nicht bereits vor Eröffnung des Insolvenzverfahrens befriedigt wurde, mindert der Ausfall der Forderung im Insolvenzverfahren die Bemessungsgrundlage. Das Entgelt, das der Unternehmer der Umsatzsteuer unterwerfen muss, besteht also aus den vor Eröffnung des Insolvenzverfahrens erhaltenen Anzahlungen zuzüglich der Insolvenzquote. Hieraus ist die Umsatzsteuer herauszurechnen[94].

c) Sonstige Werkverträge

Bei Werkverträgen, die nicht auf Bauleistungen gerichtet sind, ist zu unterscheiden zwischen Werklieferungen und Werkleistungen. Bei Werklieferungen liegt der wesentliche Unterschied gegenüber Werklieferungen von Bauleistungen darin, dass das Eigentum an den von dem Unternehmer zu beschaffenden Werkstoffen regelmäßig nicht nach §§ 946, 947 BGB auf den Besteller übergeht, da eine Verbindung mit einem dem Besteller gehörenden Gegenstand (z. B. Grundstück) nicht erfolgt[95].

---

92 Vgl. hierzu oben 2. Teil Abschn. B V 4. a aa.

93 Vgl. *BFH*, 24. 4. 1980, BStBl. II 1980 S. 541, BB 1980 S. 1311 (Leitsatz) mit Ausführungen zur zivilrechtlichen Rechtslage.

94 *Onusseit*, Umsatzsteuer im Konkurs, S. 181.

95 Beispiel für solche Werkverträge ist z. B. die Herstellung eines Maßanzuges.

Fällt der Unternehmer in Insolvenz, erwirbt damit der Besteller nicht die Rechtszuständigkeit an dem unfertigen Werk. Diese bleibt vielmehr bei dem Schuldner. Lehnt der Insolvenzverwalter die Erfüllung nach § 103 InsO ab, erwirbt der Besteller die wirtschaftliche Verfügungsmacht auch später nicht, das unfertige Werk bleibt in der Insolvenzmasse und kann von dem Insolvenzverwalter anderweitig verwertet werden. Die Erfüllungsablehnung nach § 103 InsO hat also umsatzsteuerrechtlich keinerlei Folgen. Erst die Verwertung des unfertigen Werks (d. h. Verschaffung der Verfügungsmacht, Abnahme durch den Besteller) durch den Insolvenzverwalter löst Umsatzsteuer aus, die nach allgemeinen Regeln[96] zu den Masseverbindlichkeiten nach § 55 Abs. 1 Nr. 1 InsO gehört.

Wählt der Insolvenzverwalter Erfüllung nach § 103 InsO, gelten keine Besonderheiten. Er hat dann die Werklieferung zu erfüllen und erbringt im Augenblick der Ablieferung eine Leistung, die umsatzsteuerbar ist; anfallende Umsatzsteuer gehört zu den Masseverbindlichkeiten nach § 55 Abs. 1 Nr. 1 InsO.

Handelt es sich um eine Werkleistung, also um einen Fall, in dem der Unternehmer allenfalls Nebensachen mit der dem Besteller gehörenden Hauptsache verbindet, geht die Rechtszuständigkeit an dem unfertigen Werk kraft des Eigentums des Bestellers im Augenblick der Eröffnung des Insolvenzverfahrens über das Vermögen des Unternehmers auf den Besteller über, wenn der Insolvenzverwalter die Erfüllung ablehnt. Es treten dann die gleichen Folgen wie beim Werkvertrag über Bauleistungen ein[97]. Wählt der Insolvenzverwalter Erfüllung nach § 103 InsO, gelten ebenfalls keine Unterschiede zum Fall des Werkvertrages über Bauleistungen[98].

Wird über das Vermögen des Bestellers das Insolvenzverfahren eröffnet, so liegt bei einer Werklieferung ebenso wie bei einer Unternehmerinsolvenz noch kein Umsatz vor, wenn der Insolvenzverwalter nach § 103 InsO die Erfüllung ablehnt. Das Werk verbleibt in der Rechtszuständigkeit des Unternehmers und kann von diesem anderweitig verwertet werden. Wählt der Insolvenzverwalter des Bestellers Erfüllung, liegt mit der Ablieferung des Werks durch den Unternehmer eine umsatzsteuerbare Lieferung vor.

Handelt es sich um eine Werkleistung, geht die Leistung auf Grund des Eigentums des Bestellers mit Eröffnung des Insolvenzverfahrens über das Vermögen des Bestellers in dessen Rechtszuständigkeit über, wenn der Insolvenzverwalter die Erfüllung nach § 103 InsO ablehnt. Der Umsatz ist

96 Vgl. 2. Teil Abschn. A II 1; vgl. *BFH*, 15. 10. 1992, BFH/NV 1993 S. 389.
97 Vgl. 2. Teil Abschn. B V 4 b.
98 Vgl. 2. Teil Abschn. B V 4 b.

dann in diesem Zeitpunkt von dem Unternehmer zu versteuern. Verlangt der Insolvenzverwalter des Bestellers Erfüllung nach § 103 InsO, wird mit Ablieferung der Leistung ein Umsatz des Unternehmers nach den allgemeinen Regeln erbracht.

5. Freigabe von Massegegenständen

a) Insolvenzrechtliche Grundlagen

Der Insolvenzverwalter ist im Rahmen seiner Verpflichtung zur ordnungsmäßigen Verwaltung der Masse grundsätzlich berechtigt, Vermögensgegenstände aus der Masse freizugeben. Diese Freigabe, im Sinne einer uneingeschränkten Freigabe, bedeutet, dass der Insolvenzverwalter das Verwaltungs- und Verfügungsrecht über einen zur Masse gehörenden Gegenstand wieder auf den Schuldner überträgt. I. d. R. erfolgt dies, weil der Gegenstand unverwertbar ist oder ein Überschuss des Erlöses über die Verwertungskosten nicht erwartet werden kann[99].

Rechtlich ist die Freigabe die einseitige empfangsbedürftige Willenserklärung des Insolvenzverwalters gegenüber dem Schuldner, dass die Massezugehörigkeit des Gegenstandes auf Dauer aufgegeben wird[100]. Der Gegenstand wird hierdurch aus der Insolvenzbeschlagnahme gelöst, verliert seine Eigenschaft als Massegegenstand nach § 35 InsO und wird insolvenzfreies Vermögen des Schuldners. Die freigegebene Sache fällt auch nicht über § 35 InsO als Neuerwerb wieder in die Insolvenzmasse. Eine uneingeschränkte Freigabe liegt vor, wenn der Insolvenzverwalter nicht nur auf die Substanz des Gegenstandes verzichtet, sondern auch auf den wirtschaftlichen Wert. Das bedeutet, dass ein etwaiger Erlös aus der Verwertung des freigegebenen Gegenstandes durch den Schuldner nicht zur Masse fließt.

Die „modifizierte Freigabe" ist eine Freigabe, bei der zwischen Insolvenzverwalter und Schuldner die Abrede getroffen wird, dass der Schuldner den Gegenstand verwerten soll, dass der Erlös aber zur Masse abzuführen ist. Der Insolvenzverwalter verzichtet bei dieser Abrede also zwar auf die Substanz des Gegenstandes, nicht aber auf den wirtschaftlichen Wert. Eine modifizierte Freigabe liegt, trotz einer möglicherweise anderslautenden

99 Nach der InsO wird die Freigabe von mit einem Absonderungsrecht belasteten Gegenständen kaum praktische Bedeutung haben. Das Problem der Verwertung von mit Absonderungsrechten belasteten Gegenständen hat die InsO in § 170 f InsO zufriedenstellend gelöst, so dass es einer Freigabe nicht mehr bedarf; vgl. 2. Teil Abschn. B V 6. Sie ist aber zulässig, *BGH*, 21. 4. 2005, DB 2005, 1682.

100 *Uhlenbruck*, InsO, zu § 35 Rz. 23. Die Möglichkeit der echten Freigabe wird in § 32 Abs. 3 S. 1 InsO vorausgesetzt.

Formulierung der Freigabeerklärung, immer dann vor, wenn der Verwertungserlös der Insolvenzmasse zugute kommen soll. In diesem Fall bleibt der wirtschaftliche Wert des Gegenstandes der Insolvenzmasse erhalten. Werden aus dem Verwertungserlös absonderungsberechtigte Gläubiger, die gleichzeitig Insolvenzgläubiger sind, befriedigt, kommt der Wert des Gegenstandes der Insolvenzmasse durch Verminderung der aus ihr zu begleichenden Forderungen zugute. Es liegt dann nur eine modifizierte Freigabe vor[101].

Insolvenzrechtlich hat die „modifizierte Freigabe" nicht die Rechtsfolgen einer Freigabe. Eine Freigabe muss einen endgültigen Verzicht des Insolvenzverwalters auf den Gegenstand zum Inhalt haben. Eine in den Wirkungen beschränkte „Freigabe" gibt dem Schuldner nicht die volle Verwaltungs- und Verfügungsbefugnis und damit nicht die Stellung zurück, die er ohne Eröffnung des Insolvenzverfahrens hätte[102]. Eine modifizierte Freigabe hat damit nicht die dinglichen Wirkungen der uneingeschränkten Freigabe. Der Vermögensgegenstand scheidet nicht aus der Masse aus. Die modifizierte Freigabe hat zivilrechtlich lediglich eine der Prozessstandschaft ähnliche Wirkung; sie ermächtigt den Schuldner, den Vermögensgegenstand in eigenem Namen (in eigener Verfügungsmacht), aber auf Rechnung der Insolvenzmasse zu verwerten.

Möglich ist auch, dass sich der Insolvenzverwalter bei Verwertung der Massegegenstände des Schuldners als Hilfsperson bedient. Dann handelt der Schuldner im Namen des Insolvenzverwalters; die Wirkungen seines Handelns treffen die Insolvenzmasse.

b) Umsatzsteuerliche Würdigung

Bei der *uneingeschränkten* Freigabe von Vermögensgegenständen, die zur Insolvenzmasse gehören, geht das Verwaltungs- und Verfügungsrecht an diesen Gegenständen von dem Insolvenzverwalter auf den Schuldner über. Die uneingeschränkte Freigabe stellt also eine Verschaffung der Verfügungsmacht dar. Trotzdem handelt es sich nicht um einen umsatzsteuerbaren Vorgang. Umsatzsteuerbarkeit liegt nur vor, wenn der Unternehmer einem anderen die Verfügungsmacht verschafft. Im Insolvenzverfahren

---

101 Im Ergebnis ebenso *BFH*, 16. 8. 2001, BStBl. II 2003 S. 208, BB 2002, S. 22; der BFH stellt nur noch darauf ab, ob der Wert des Gegenstandes der Masse zugute kommt, macht aber keinen Unterschied mehr zwischen uneingeschränkter und modifizeirter Freigabe. Kritisch hierzu *Büteröwe*, EWiR § 58 KO 1/02, 301. Zu Zweifeln hinsichtlich der Zulässigkeit der modifizierten Freigabe vgl. *Uhlenbruck*, InsO, zu § 35 Rz. 30.

102 *BGH*, 29. 5. 1961, BGHZ 35 S. 180; *BVerwG*, 20. 1. 1984, NJW 1984 S. 2427.

bleibt der Schuldner trotz Verlustes der Verfügungsbefugnis rechtlich Träger der Masse; das Handeln des Insolvenzverwalters ist ihm zivilrechtlich und steuerrechtlich zuzurechnen[103]. Somit ist der Schuldner auch umsatzsteuerrechtlich der Unternehmer der Masse; umsatzsteuerbare Handlungen des Insolvenzverwalters sind ihm als seine Tatbestandsverwirklichung zuzurechnen. Wenn somit durch die Freigabe von Massegegenständen die Verfügungsmacht auf ihn übergeht, tritt umsatzsteuerlich keine Übertragung der Verfügungsmacht auf einen *anderen* Rechtsträger ein. Die Verfügungsmacht wechselt lediglich von dem insolvenzrechtlich gebundenen Bereich zu dem insolvenzfreien Bereich desselben Rechtsträgers. Der Vorgang ist also keine umsatzsteuerbare Leistung, da er sich innerhalb desselben Unternehmens im umsatzsteuerlichen Sinn abspielt[104].

Die Unternehmereigenschaft des Schuldners wird durch die Eröffnung des Insolvenzverfahrens nicht berührt, er ist sowohl mit der Insolvenzmasse als auch mit dem insolvenzfreien Bereich Unternehmer. Da somit der Gegenstand durch die Freigabe den unternehmerischen Bereich des Schuldners nicht verlässt, ist die Freigabe auch nicht als Verwendung nach § 3 Abs. 9a UStG zu beurteilen[105].

Veräußert der Schuldner den freigegebenen Gegenstand, ist diese Veräußerung infolge der Unternehmereigenschaft des Schuldners auch für den insolvenzfreien Bereich umsatzsteuerbar. Entsprechendes gilt, wenn der Schuldner den Gegenstand in den nichtunternehmerischen Bereich überführt; dann liegt eine steuerbareVerwendung, § 3 Abs. 9a UStG, vor. Die hieraus resultierende Umsatzsteuer entsteht im insolvenzfreien Bereich; sie hat keine Verbindung zur Insolvenzmasse. Die Umsatzsteuer ist daher insolvenzfreie Forderung. Sie kann nicht gegen die Insolvenzmasse geltend gemacht werden, weder als Insolvenzforderung noch als Masseverbindlichkeit[106].

---

103 Vgl. oben 1. Teil Abschn. II 2 c; *BFH*, 12. 5. 1993, BFH/NV 1994 S. 274; *Fischer*, BB-Beilage 12/1989 S. 7.

104 Zu Unrecht sieht *FG Baden-Württemberg*, 3. 2. 1993, EFG 1993 S. 746 in der Freigabe an den Schuldner einen Umsatz der Masse an den verwertenden Gläubiger. Es könnte allenfalls ein Umsatz zwischen dem insolvenzfreien Vermögen des Schuldners und dem Gläubiger vorliegen. Ebenso im Ergebnis *FG Köln*, 30. 10. 1989, UR 1990 S. 381, wonach aus der Verfügung des Schuldners über den freigegebenen Gegenstand Masseverbindlichkeiten entstehen sollen; insolvenzrechtlich ist das jedoch unmöglich.

105 Vgl. *FG Düsseldorf*, 7. 8. 1986, ZIP 1986 S. 1480; *Pfefferle/Nähring*, ZIP 1985 S. 264; *Onusseit*, Umsatzsteuer im Konkurs, S. 209, jeweils zum Eigenverbrauch nach § 1 Abs. 1 Nr. 2 a.F. UStG.

106 Im Ergebnis ebenso *BFH*, 24. 9. 1987, BStBl. II 1987 S. 873, BB 1988 S. 253; *BFH*, 12. 5. 1993, BFH/NV 1994 S. 274; *Pfefferle/Nähring*, ZIP 1985, S. 264; *Wilke*, UR 1989 S. 367.

Eine uneingeschränkte Freigabe, die die Wirkung hat, dass die bei Verwertung des Gegenstandes durch den Schuldner entstehende Umsatzsteuer insolvenzfreie Forderung wird, kann weder als Scheingeschäft noch als Rechtsmissbrauch angesehen werden.

Ein Scheingeschäft, § 41 Abs. 2 AO, liegt vor, wenn die Parteien die Wirkungen des Geschäftes gar nicht eintreten lassen wollten, sondern dieses Geschäft nur vorspiegeln[107]. Die zivilrechtlichen Wirkungen der Freigabe sind aber nicht vorgespiegelt, sondern treten wirklich ein.

Rechtsmissbrauch nach § 42 AO liegt vor, wenn die Parteien aus steuerlichen Gründen eine unangemessene Gestaltung wählen[108]. Eine insolvenzrechtliche Freigabe hat aber nicht nur steuerliche, sondern auch zivilrechtliche Wirkungen, z. B. die Vermeidung von Gewährleistungsansprüchen gegen die Masse. Außerdem gehört es zu den insolvenzrechtlichen Verpflichtungen des Insolvenzverwalters, die Belastung der Masse nach Möglichkeit zu vermeiden. Wenn er daher einen Gegenstand freigibt, um gegen die Masse gerichtete Ansprüche, auch Steueransprüche, zu vermeiden, handelt er pflichtgemäß, nicht rechtsmissbräuchlich. Ein insolvenzrechtlich pflichtgemäßes Verhalten darf steuerrechtlich nicht als Rechtsmissbrauch eingestuft werden[109].

Auch zur Bestimmung der umsatzsteuerlichen Folgen der *modifizierten* Freigabe ist von der insolvenzrechtlichen Rechtslage auszugehen. Die modifizierte Freigabe löst den Vermögensgegenstand nicht aus der Insolvenzbeschlagnahme, sie lässt kein insolvenzfreies Vermögen des Schuldners entstehen. Die Verwertung erfolgt für Rechnung der Insolvenzmasse. Sie ist daher ebenso zu behandeln wie eine Verwertung durch den Insolvenzverwalter. Das bedeutet, dass die Umsatzsteuer nach Eröffnung des Insolvenzverfahrens durch eine dem Insolvenzverwalter zuzurechnende Handlung begründet wird[110]. Die Veräußerung knüpft an keinen vor Eröffnung des Insolvenzverfahrens begründeten Sachverhalt an, so dass eine Einordnung der Umsatzsteuer als Insolvenzforderung ausscheidet. Die Umsatzsteuer aus der Veräußerung von „modifiziert

107 Vgl. *Schwarz*, AO, zu § 41 Rz. 39.

108 Vgl. *Schwarz*, AO, zu § 42 Rz. 6.

109 *Frotscher*, Umsatzsteuer im Konkurs, in: Wörner, Umsatzsteuer in nationaler und europäischer Sicht, S. 235 ff.; im Ergebnis ebenso *Onusseit*, KTS 1994 S. 3, 17. Das Gesetz setzt in § 32 Abs. 3 S. 1 InsO eine echte Freigabe voraus; steuerrechtlich kann aber nicht etwas als Rechtsmissbrauch eingeordnet werden, was insolvenzrechtlich zulässig und u. U. sogar geboten ist.

110 Vgl. *BFH*, 24. 9. 1987, BStBl. II 1987 S. 873, BB 1988 S. 253; *BFH* v. 16. 8. 2001, BStBl. II 2003, 208, BB 2002, 22.

freigegebenen“ Massegegenständen ist daher Masseverbindlichkeit nach § 55 Abs. 1 Nr. 1 InsO.

Entsprechendes gilt, wenn der Insolvenzverwalter, ohne eine modifizierte Freigabe, sich des Schuldners als Hilfsperson bei der Verwertung bedient. Auch dann sind die Umsätze der Insolvenzmasse zuzurechnen, so dass die Umsatzsteuer zu den Masseverbindlichkeiten nach § 55 Abs. 1 Nr. 1 InsO gehört.

6. Umsatzsteuer bei abgesonderter Befriedigung (insbesondere Sicherungsübereignung)

a) Insolvenzrechtliche Grundlagen

Ein Recht zur abgesonderten Befriedigung gewähren, neben den Grundpfandrechten gemäß § 49 InsO, nach § 50 InsO rechtsgeschäftlich bestellte Pfandrechte, Pfändungspfandrechte und gesetzliche Pfandrechte. Nach § 51 Nr. 1 InsO gewähren auch die Sicherungsübereignung und die Sicherungsabtretung ein Absonderungsrecht. Der einfache Eigentumsvorbehalt wirkt dagegen nicht als Sicherungsrecht, sondern ist auch im Insolvenzverfahren als Eigentum zu behandeln und gewährt daher ein Aussonderungsrecht nach § 47 InsO[111]. Dagegen dienen verlängerter Eigentumsvorbehalt (Fortsetzung des Eigentumsvorbehalts bei Verarbeitung, Vermischung usw.), erweiterter Eigentumsvorbehalt (Eigentumsvorbehalt bis zur Begleichung auch anderer Verbindlichkeiten als des Kaufpreises) und Eigentumsvorbehalt mit Konzernklausel (Eigentumsvorbehalt bis zur Entrichtung aller Forderungen von Konzernunternehmen, nicht mehr zulässig) der Sicherung von Forderungen. Sie sind daher pfandrechtsähnlich und berechtigen nur zur abgesonderten Befriedigung, nicht zur Aussonderung[112].

Besteht ein Absonderungsrecht, hat der Gläubiger ein Recht, dass der Erlös aus der Verwertung des Gegenstandes zur Befriedigung seiner Forderung verwandt wird. Die abgesonderte Befriedigung erfolgt in der Weise, dass der Insolvenzverwalter die mit dem Absonderungsrecht belasteten Gegenstände nach § 170 Abs. 1 S. 2 InsO verwertet und aus dem Erlös den absonderungsberechtigten Gläubiger befriedigt. Daneben kann dem

111 Zu den umsatzsteuerlichen Problemen bei der Ausübung des Eigentumsvorbehalts vgl. 2. Teil Abschn. B V 3 b bb.

112 *Uhlenbruck*, InsO, zu § 47 Rz. 21 ff.

absonderungsberechtigten Gläubiger auch das Recht auf Selbstverwertung nach § 173 InsO zustehen[113].

Bei der Verwertung auf Grund des § 173 InsO wird in der Literatur häufig eine „Freigabe“ des Sicherungsgutes durch den Insolvenzverwalter an den Sicherungsnehmer angenommen[114]. Dieser Sprachgebrauch ist unrichtig und geeignet, Verwirrung zu stiften. Der Tatbestand des § 173 InsO ist keine „Freigabe“ im insolvenzrechtlichen Sinne. Der Begriff der Freigabe hat im Insolvenzrecht eine genau definierte Bedeutung. Freigabe bedeutet die rechtsgestaltende Erklärung des Insolvenzverwalters, dass er das Verwaltungs- und Verfügungsrecht an einem zur Masse gehörenden Vermögensgegenstand sowohl der Substanz als auch dem wirtschaftlichen Wert nach auf den Schuldner überträgt, um dadurch den Zustand herzustellen, wie er ohne Eröffnung des Insolvenzverfahrens bestünde. Von dieser Definition ausgehend, kann es eine Freigabe an andere Personen als den Schuldner nicht geben. § 173 InsO beschreibt auch keinen freigabeähnlichen Tatbestand. Dazu wäre nämlich erforderlich, dass der Insolvenzverwalter den Gegenstand der Substanz und dem wirtschaftlichen Wert nach aus der Insolvenzmasse ausscheidet. Das ist aber nicht der Fall, da bei § 173 InsO der Gegenstand der Masse verhaftet bleibt und ein Überschuss an Verwertungserlös der Masse zufließt. § 173 InsO beschreibt allenfalls einen Tatbestand, der der modifizierten Freigabe vergleichbar ist; das ist aber keine Freigabe i. S. d. Insolvenzrechts.

Bei beiden Formen der abgesonderten Befriedigung (Verwertung durch den Insolvenzverwalter und Verwertung durch den absonderungsberechtigten Gläubiger) fließt der Teil des Erlöses, der die Kosten der Verwertung und die absonderungsberechtigte Forderung übersteigt, zur Masse. Ist der Schuldner auch persönlicher Schuldner der absonderungsberechtigten Forderung, kann der Gläubiger die absonderungsberechtigte Forderung auch im Insolvenzverfahren geltend machen. Diese Forderung ist nach § 52 InsO Insolvenzforderung, allerdings mit der Maßgabe, dass die abgesonderte Befriedigung der Verteilung der Masse vorgeht.

Die absonderungsberechtigte Forderung ist demnach als Insolvenzforderung eine bedingte Ausfallforderung, d. h. sie nimmt nur mit dem Betrag am Insolvenzverfahren teil, mit dem der absonderungsberechtigte Gläubiger bei der abgesonderten Befriedigung ausgefallen ist oder für den er auf sein Absonderungsrecht verzichtet hat.

---

113 Bei der Eigenverwaltung steht das Recht zur Verwertung nach § 282 InsO nicht dem Insolvenzverwalter, sondern dem Schuldner zu.

114 Z. B. *Wilke*, UR 1989 S. 367; vgl. auch *BFH*, 20. 7. 1978, BStBl. II 1978 S. 684, BB 1979 S. 509; *BFH*, 24. 9. 1987, BStBl. II 1987 S. 873, BB 1988 S. 253.

Absonderung bedeutet somit nicht, dass absonderungsbelasteter Gegenstand und absonderungsberechtigte Forderung nicht am Insolvenzverfahren teilnehmen, sondern nur, dass der Vorgang der abgesonderten Befriedigung in einem gesonderten Verfahren erfolgt. Der absonderungsbelastete Gegenstand gehört nach § 35 InsO zur Insolvenzmasse, ein etwaiger Mehrerlös fließt daher zur Insolvenzmasse. Die absonderungsberechtigte Forderung ist, sofern sie sich gegen den Schuldner richtet, Insolvenzforderung; soweit sie nicht abgesondert befriedigt wird, nimmt sie am Insolvenzverfahren als Insolvenzforderung teil.

b) Umsatzsteuerliche Behandlung

Bestellt der Schuldner vor Eröffnung des Insolvenzverfahrens ein Recht, das im Insolvenzverfahren zur abgesonderten Befriedigung berechtigt, also insbesondere ein Pfandrecht oder Sicherungseigentum, liegt hierin noch kein steuerbarer Vorgang[115]. Nach § 3 Abs. 1 UStG setzt eine Lieferung, die nach § 1 Abs. 1 Nr. 1 UStG zur Umsatzsteuerbarkeit führt, eine Leistung voraus, durch die der Unternehmer dem Leistungsempfänger die Verfügungsmacht über den Gegenstand verschafft. Wird an dem Gegenstand ein Sicherungsrecht bestellt, hat der Rechtsinhaber jedoch, solange nicht der Sicherungsfall eintritt, nicht das Recht, über den Vermögensgegenstand zu verfügen. Die Bestellung des Sicherungsrechtes ist daher keine Verschaffung der Verfügungsmacht und daher auch kein umsatzsteuerbarer Umsatz. Das gilt auch für die Sicherungsübereignung. Obwohl hierdurch dem Sicherungsnehmer nach außen volles Eigentum verschafft wird, ist er doch im Innenverhältnis durch die Sicherungsabrede so gebunden, dass er über den Vermögensgegenstand bis zum Eintritt des Sicherungsfalles nicht verfügen darf. Das Sicherungseigentum verschafft dem Sicherungsnehmer vor Eintritt des Sicherungsfalles daher nicht die Rechtsmacht, in eigenem Namen über den Gegenstand verfügen zu dürfen. Es handelt sich also insoweit nicht um einen umsatzsteuerbaren Vorgang.

Tritt nun der Sicherungsfall ein, z. B. durch Eröffnung des Insolvenzverfahrens, hat der Sicherungsnehmer nach der Sicherungsabrede das Recht, aus dem Erlös befriedigt zu werden. Insolvenzrechtlich kann die Verwertung durch den Insolvenzverwalter oder durch den Sicherungsnehmer erfolgen, wobei die Verwertung auch freihändig erfolgen kann. Umsatzsteuerlich ist zwischen Sicherungsübereignung und Pfandrecht zu unterscheiden.

115 H. M.; vgl. *BFH*, 17. 7. 1980, BStBl. II 1980 S. 673; *Georgy*, in: Plückebaum/Malitzky, UStG, zu § 3 Rz. 202; *Bülow*, in: Vogel/Schwarz,UStG, zu § 3 Rz. 53.

Bei der *Sicherungsübereignung* hatte der Sicherungsnehmer durch den Sicherungsvertrag Eigentum erworben, dieses aber beschränkt durch die Sicherungsabrede und damit ohne Verfügungsmacht[116]. Tritt der Sicherungsgrund ein, überlässt der Insolvenzverwalter dem Sicherungsnehmer den Gegenstand zur Verwertung und führt dieser die Verwertung durch, erwirbt er im Zeitpunkt, in dem er von dem Verwertungsrecht Gebrauch macht, die Verfügungsmacht. In diesem Zeitpunkt liegt somit eine steuerbare Lieferung durch Verschaffung der Verfügungsmacht von der Insolvenzmasse an den Sicherungsnehmer vor. Dagegen liegt mit Eintritt des Sicherungsfalls und Übergabe des Vorbehaltsgutes an den Sicherungsnehmer zur Verwertung noch keine Verschaffung der Verfügungsmacht und damit noch kein Umsatz vor[117]. In der Verwertung durch den Sicherungsnehmer liegt ein zweiter steuerbarer Umsatz zum gleichen Zeitpunkt, diesmal zwischen Sicherungsnehmer und Abnehmer. Umsatzsteuerlich stellt sich also der ganze Vorgang als Lieferkette Insolvenzmasse – Sicherungsnehmer – Abnehmer dar, die im gleichen Zeitpunkt abläuft[118].

Gleiches gilt, wenn vor Eröffnung des Insolvenzverfahrens der vorläufige Insolvenzverwalter das Sicherungsgut dem Sicherungsnehmer zur Verwertung überlässt.

Die Verwertung durch den Sicherungsnehmer führt nicht zu der Steuerpflicht des Erwerbers nach § 13b Abs. 1 Nr. 2, Abs. 2 UStG. Dieser Wechsel der Umsatzsteuerpflicht erfolgt nur bei Verwertung außerhalb des Insolvenzverfahrens; sie erfasst damit nicht die Verwertung durch den Sicherungsnehmer, da das Sicherungsgut Teil der Insolvenzmasse ist und daher die Verwertung nicht „außerhalb" des Insolvenzverfahrens erfolgt[119].

Verwertet der Insolvenzverwalter den mit dem Absonderungsrecht belasteten Gegenstand, liegt nur ein Umsatz der Masse an den Abnehmer vor; der Sicherungsnehmer ist in die Umsatzkette nicht eingeschaltet. Zwar ist das bestehende Absonderungsrecht Motiv und Anlass der Verwertung; der Insolvenzverwalter führt die Verwertung aber nicht aus einem von dem Sicherungsnehmer abgeleiteten Recht durch, sondern aus eigenem Recht.

---

116 Vgl. Fußnoten 115.

117 *BFH*, 4. 6. 1987, BStBl. II 1987, S. 741, BB 1987 S. 2010; *BFH* v. 9. 12. 1993, BStBl. II 1994, S. 483, BB 1994 S. 1411; *BFH*, 29. 10. 1998, BFH/NV 1999, S. 680; vgl. *Weiß*, Insolvenz und Steuern, S. 120 ff. Vgl. zum Zeitpunkt der Verschaffung der Verfügungsmacht auch *Schwarz*, UR 1989 S. 339.

118 H. M.; vgl. *BFH*, 16. 4. 1975, BStBl. II 1975 S. 622, BB 1975 S. 958; *BFH*, 9. 12. 1993, BStBl. II 1994 S. 483, BB 1994 S. 1411; vgl. auch *FG Münster*, 23. 11. 1993, EFG 1994 S. 502.

119 *BFH*, 28. 11. 1997, BFH/NV 1998 S. 628.

In die konkrete zivilrechtliche Rechtsbeziehung ist der Sicherungsnehmer nicht eingeschaltet. Es liegt somit nur ein Umsatz Insolvenzmasse – Abnehmer vor[120].

Besteht ein *Pfandrecht* des Sicherungsnehmers an dem Sicherungsgut, stellt sich die umsatzsteuerliche Rechtslage folgendermaßen dar: Der Pfandgläubiger als Sicherungsnehmer kann zwar den Sicherungsgegenstand verwerten, er hat aber nicht das Recht, über ihn in eigenem Namen zu verfügen. Anders als bei der Sicherungsübereignung, wo der Sicherungsnehmer durch sein Eigentum die Verfügungsmacht zur Verfügung in eigenem Namen erwirbt, wird der Pfandgläubiger nicht Inhaber eines Vollrechts, sondern ist nur Inhaber eines Pfandrechts. Veräußert er den Gegenstand auf Grund seines Pfandrechts, tut er dies nicht auf Grund einer Verfügungsbefugnis in eigenem Namen. Die Veräußerung ist vielmehr der Insolvenzmasse zuzurechnen. Der Sicherungsnehmer steht somit außerhalb der Umsatzkette; es liegt nur ein Umsatz Insolvenzmasse – Abnehmer vor[121].

Der mit dem Absonderungsrecht belastete Vermögensgegenstand gehört insolvenzrechtlich zur Insolvenzmasse[122]. Daraus folgt, dass die Umsatzsteuer, die aus der Verwertung entsteht, auch aus der Masse zu entrichten ist. Die Veräußerung des Massegegenstandes auf Grund des Absonderungsrechts kommt in voller Höhe der Insolvenzmasse durch Verminderung der Schuldenmasse, nämlich der absonderungsberechtigten Forderung, zugute. Es ist also gerechtfertigt, dass sich die entsprechende Umsatzsteuer ebenfalls gegen die Masse richtet, und zwar in voller Höhe, nicht nur, soweit Erlös zur Masse gelangt ist.

Damit ist aber die Frage noch nicht beantwortet, ob diese Umsatzsteuer Masseverbindlichkeit nach § 55 Abs. 1 Nr. 1 InsO oder Insolvenzforderung nach § 38 InsO ist.

§ 171 Nr. 2 InsO ordnet die Umsatzsteuer als Kosten aus der Verwertung der Masse ein; sie ist daher Masseverbindlichkeit nach § 55 Abs. 1 Nr. 1 InsO. Es ist daher der herrschende Meinung zu folgen, die schon für die

---

120 Vgl. *BFH*, 20. 7. 1978, BStBl. II 1978 S. 684, BB 1979 S. 509; *BGH*, 12. 5. 1980, BB 1980 S. 1013.

121 Vgl. *BFH*, 19. 12. 1985, BStBl. II 1986 S. 500, BB 1986 S. 1349; *Weiß*, EWiR § 1 UStG, 1/86. Ist dem Pfandgläubiger die freihändige Verwertung im eigenen Namen gestattet, kann eine Lieferkette wie im Fall der Sicherungsübereignung anzunehmen sein. Dies ist aber für die hier diskutierte Frage der Einordnung im Insolvenzverfahren letztlich ohne Bedeutung. A. A. *Onusseit*, Umsatzsteuer im Konkurs, S. 146 ff., der den Umsatz im Ergebnis nicht der Masse zurechnet; ebenso *Weiß*, UR 1989 S. 201.

122 Vgl. oben a.

Konkursordnung die Ansicht vertreten hat, dass die Umsatzsteuer aus einer Handlung des Insolvenzverwalters nach Eröffnung des Insolvenzverfahrens entsteht und damit Masseverbindlichkeiten vorliegen[123, 124].

Wird die Umsatzsteuer aus der Verwertung des mit einem Absonderungsrecht belasteten Gegenstandes als Masseverbindlichkeiten nach § 55 Abs. 1 Nr. 1 InsO eingeordnet, besteht die Gefahr, dass der Absonderungsberechtigte befriedigt wird, die Masse aber die Umsatzsteuer aus der im Interesse des Absonderungsberechtigten vorgenommenen Verwertung zu tragen hat. Die Masse würde dann belastet, ohne dass ihr ein Vorteil aus der Verwertung zuflösse.

Die Insolvenzordnung löst diesen Konflikt dadurch, dass sie in § 171 Abs. 2 S. 3 InsO bestimmt, dass die Umsatzsteuer aus der Verwertung des Gegenstandes, soweit sie die Masse belastet, zu den Kosten der Verwertung des Gegenstandes gehört und daher aus dem Verwertungserlös, zusätzlich zu dem übrigen Kostenbeitrag, vorweg zu begleichen ist. Der Insolvenzverwalter hat daher die Umsatzsteuer, zusammen mit den sonstigen Kosten, nach § 170 Abs. 1 S. 1 InsO aus dem Verwertungserlös zu entnehmen und damit die Umsatzsteuer als Masseverbindlichkeit nach § 55 Abs. 1 Nr. 1 InsO zu begleichen. An den Absonderungsberechtigten wird nur der verbleibende Restbetrag ausgekehrt.

Erfolgt die Verwertung durch den Sicherungsnehmer, gilt eine entsprechende Regelung. Er hat den Umsatzsteuerbetrag nach § 170 Abs. 2 InsO vorweg aus dem Verwertungserlös an die Masse abzuführen[125].

Sowohl der Beitrag zu den Kosten der Verwertung nach § 171 Abs. 1 InsO als auch der Umsatzsteuerbeitrag nach § 171 Abs. 2 InsO sind Kostenbeiträge, keine Gegenleistung für eine sonstige Leistung der Masse (die Verwertung). Der Insolvenzverwalter führt mit der Verwertung eine Aufgabe

---

123 *BFH*, 31. 5. 1972, BStBl. II 1972 S. 809, BB 1972 S. 1263; *BFH*, 20. 7. 1978, BStBl. II 1978 S. 684, BB 1979 S. 509; vom *BVerfG*, 2. 2. 1979, UStR 1979 S. 64, als verfassungsrechtlich unbedenklich bezeichnet; *BFH*, 4. 6. 87, BStBl. II 1987 S. 741, BB 1987 S. 2010; *Mößlang*, DStR 1989 S. 194; *Weiß*, UR 1989 S. 201; *Welzel*, DStZ 1991 S. 233.

124 Nach § 170 Abs. 1 InsO ist die Umsatzsteuer als Kosten der Verwertung vorab aus dem Erlös zu entnehmen. Das Problem einer unangemessenen Belastung der Masse, das sich aus der h. M. unter der Konkursordnung ergab, wird dadurch gelöst. Vgl. *Geurts*, DB 1999, S. 818. Zu Bedenken gegen die Auffassung der h. M. unter der Konkursordnung, die durch die Neuregelung in der Insolvenzordnung gegenstandslos geworden sind, vgl. die 4. Auflage S. 240 ff.

125 Die Abführung des Kostenbeitrages unterliegt selbst nicht der Umsatzsteuer; es liegt kein Leistungsaustausch zwischen verwertendem Gläubiger und Insolvenzmasse vor. Vgl. *Breutigam/Blersch/Goetsch*, Insolvenzrecht, zu § 171 Rz. 20; *Geurts*, DB 1999, S. 818; *Weerth*, BB 1999, S. 827.

im Rahmen der ihm gesetzlich auferlegten originären Pflichten aus und erbringt keine Leistung „an“ den Gläubiger. Der Kostenbeitrag ist daher nicht umsatzsteuerpflichtig[126].

Offen ist aber, wie zu verfahren ist, wenn der Gläubiger die Sache nach § 173 InsO verwertet. Eine Verpflichtung, die Umsatzsteuer an die Masse zu erstatten, besteht dann nicht. § 13b Abs. 1 Nr. 2 UStG dürfte nicht anwendbar sein, da eine Verwertung nach § 173 InsO nicht „außerhalb des Insolvenzverfahrens“ erfolgt. In diesen Fällen bleibt die Masse daher mit der Umsatzsteuer belastet[127].

Ist der Schuldner als Eigentümer des mit dem Absonderungsrecht belasteten Gegenstandes nicht auch der persönliche Schuldner der absonderungsberechtigten Forderung, gilt Entsprechendes. Auch dann ist die Umsatzsteuer als Kosten der Verwertung vorab aus dem Verwertungserlös zu entnehmen.

Hat der Sicherungsnehmer Besitz des Sicherungsgutes, hat er aber diesen Besitz nicht von dem Insolvenzverwalter erhalten, trifft ihn nach § 170 Abs. 2, § 171 Abs. 2 InsO nicht die Verpflichtung, der Masse einen Betrag zur Zahlung der Umsatzsteuerverbindlichkeit herauszugeben. Dies ist auch unnötig. Wenn der Sicherungsnehmer den Besitz des Sicherungsgutes nicht von dem Insolvenzverwalter erhalten hat, wird er ihn vor Eröffnung des Insolvenzverfahrens von dem Schuldner erhalten haben. Damit ist die Verfügungsmacht schon in diesem Zeitpunkt auf den Sicherungsnehmer übergegangen. Es lag danach zu diesem Zeitpunkt ein steuerpflichtiger Umsatz vor. Da der Umsatz somit vor Eröffnung des Insolvenzverfahrens ausgeführt war, ist die Umsatzsteuer Insolvenzforderung; die Gefahr einer unsachgemäßen Belastung der Masse durch Masseverbindlichkeiten besteht nicht[128].

Auch *Hypothek, Grundschuld und Rentenschuld* berechtigen nach § 49 InsO zur abgesonderten Befriedigung. Diesem Absonderungsrecht unterliegen nach § 1120 BGB auch die Erzeugnisse, Bestandteile und Zubehör des Grundstücks; zu diesen Begriffen vgl. §§ 93, 94, 97, 98, 99 BGB. Umsatzsteuerlich ist dabei insbesondere die Verwertung des Zubehörs von Bedeutung.

---

126 Vgl. *de Weerth*, NZI 2001, 74; *Obermüller*, ZInsO 1999, 249, 254; a. A. *Onusseit*, ZIP 2000, 777, nach dem der Feststellungsbeitrag nach § 171 Abs. 1 InsO nicht umsatzsteuerbar, der Verwertungskostenbeitrag nach § 171 Abs. 2 InsO dagegen umsatzsteuerpflichtig ist. Ebenfalls a. A. *FG Brandenburg*, 16. 3. 2004, EFG 2004, 1003, für den Verwertungskostenbeitrag nach § 171 Abs. 2 InsO.

127 Vgl. *Onusseit*, ZInsO 2000 S. 586

128 Vgl. *de Weerth*, BB 1999, S. 821.

War vor Eröffnung des Insolvenzverfahrens bereits die Beschlagnahme des Grundstücks im Zwangsversteigerungsverfahren nach § 20 ZVG erfolgt, wirkt dies im Insolvenzverfahren als Absonderungsrecht[129]. Der Umfang dieses Absonderungsrechts ist nach § 21 ZVG der Gleiche wie bei einem Grundpfandrecht, umfasst also ebenfalls Erzeugnisse, Bestandteile und Zubehör des Grundstücks.

Zur Behandlung der auf die Veräußerung, insbesondere der Zubehörstücke, entstehenden Umsatzsteuer im Insolvenzverfahren kann auf die obige Darstellung der Behandlung der Sicherungsübereignung verwiesen werden[130].

Zu beachten ist aber, dass die Regelung des § 171 Abs. 2 S. 2 InsO über die Erstattung der durch die Verwertung entstehenden Umsatzsteuer als Kostenbeitrag an die Masse bei der Zwangsversteigerung von Grundstückszubehör direkt nicht anwendbar ist[131]. § 10 Abs. 1 Nr. 1a ZVG regelt zwar einen Kostenbeitrag für die Feststellung der beweglichen Gegenstände entsprechend § 171 Abs. 1 InsO; dieser Kostenbeitrag ist aber pauschaliert und enthält damit nicht die tatsächlich entstandene Umsatzsteuer. Es fehlt an einer dem § 171 Abs. 2 InsO entsprechenden Regelung. Damit wird bei einer Verwertung des Zubehörs vor der Beschlagnahme durch den Grundpfandgläubiger der Masse die Umsatzsteuer erstattet, bei einer Verwertung nach dem ZVG dagegen nicht[132].

Ist die Zwangsverwertung von Grundstücken auf Grund einer Option steuerpflichtig, geht die Umsatzsteuerpflicht für den Umsatz nach § 13b Abs. 1 Nr. 3, Abs. 2 UStG von der Insolvenzmasse auf den Leistungsempfänger (Ersteigerer) über. Damit wird verhindert, dass die Masse mit Umsatzsteuer belastet wird, während der um die Umsatzsteuer erhöhte Versteigerungserlös zur Deckung der dinglichen Belastungen des Grundstücks verwendet werden kann.

Für den Fall, dass der spätere (Insolvenz-)Schuldner nach vereinnahmten Entgelten versteuert und Forderungen aus umsatzsteuerpflichtigen Leistun-

---

129 Vgl. *Mößlang*, DStR 1989 S. 194.

130 Die Zwangsversteigerung eines Grundstücks ist als Lieferung des Eigentümers an den Erwerber zu beurteilen.

131 So auch *Geurts*, DB 1999, S. 818; *de Weerth*, BB 1999, S. 821.

132 Vgl. *Onusseit*, ZIP 2000, 777, 785; *Mitlehner*, NZI 2002, 534. Die Verwertung von Zubehör fällt weder unter § 13b Abs. 1 Nr. 2 (keine Sicherungsübereignung) noch unter Nr. 3 UStG (keine Erfassung durch das GrErwStG). Die Umsatzsteuerpflicht geht daher nicht auf den Erwerber über.

gen vor Eröffnung des Insolvenzverfahrens zur Sicherung abgetreten hat, gelten die gleichen Grundsätze wie bei der Sicherungsübereignung[133].

Nach § 13 Abs. 1 Nr. 1 b UStG ist für das Entstehen der Umsatzsteuerschuld das Vereinnahmen des Entgelts maßgebend. Vereinnahmung bedeutet, dass der leistende Unternehmer gerade die Gegenleistung erhält, nicht in Zusammenhang mit der erwarteten Gegenleistung einen Kreditbetrag. Daraus folgt, dass die Abtretung einer Forderung zur Sicherung eines Kredites die Umsatzsteuer noch nicht entstehen lässt, da dem Unternehmer nur der Darlehensbetrag, nicht die Gegenleistung zugeflossen ist.

Wird die zur Sicherung abgetretene Forderung nach Eröffnung des Insolvenzverfahrens eingezogen und damit der Kredit getilgt, fließt damit dem Schuldner der Geldeswert der Gegenleistung in Form der Befreiung von seiner Verbindlichkeit zu. Damit entsteht nach § 13 Abs. 1 UStG die Umsatzsteuerschuld[134]. Diese Umsatzsteuer ist Masseverbindlichkeit nach § 55 Abs. 1 Nr. 1 InsO. Zur weiteren insolvenzrechtlichen Behandlung dieser Umsatzsteuerforderung wird auf die obigen Ausführungen verwiesen.

Verwertet der Sicherungsnehmer das Sicherungsgut vor Eröffnung des Insolvenzverfahrens, liegt hierin ein „Doppelumsatz" von dem Sicherungsgeber an den Sicherungsnehmer und von diesem an den Erwerber. Hierfür gilt § 170 Abs. 2 InsO nicht. Stattdessen wird die Verpflichtung zur Zahlung der Umsatzsteuer für den Umsatz des Sicherungsgebers an den Sicherungsnehmer nach § 13b Abs. 1 Nr. 2, Abs. 2 UStG von dem Sicherungsgeber (späterer Insolvenzschuldner) auf den Sicherungsnehmer verlagert. Damit wird verhindert, dass der Sicherungsnehmer die Vorsteuer abziehen kann, das Finanzamt mit der Umsatzsteuerforderung gegen den Sicherungsnehmer wegen dessen späterer Insolvenz aber ausfällt.

7. Besonderheiten bei Organschaftsverhältnissen

Besteht zwischen zwei Gesellschaften eine umsatzsteuerliche Organschaft, endet dieses Verhältnis regelmäßig mit Eröffnung des Insolvenzverfahrens über eine der Gesellschaften[135].

---

133 Bei Versteuerung nach vereinbarten Entgelten erfolgt die Versteuerung mit Ausführung der Leistung, so dass die Sicherungsabtretung und das spätere Einziehen der Forderung keinen Einfluss auf die Besteuerung haben.

134 *BFH*, 28. 2. 1957, NJW 1957 S. 1535; *BFH*, 4. 7. 1957, BStBl. III 1957 S. 282, BB 1957 S. 850.

135 Vgl. hierzu *Maus*, Festschrift Uhlenbruck, S. 813 ff.; *Onusseit*, ZIP 2003 S. 743.

Wird über das Vermögen der Organgesellschaft das Insolvenzverfahren eröffnet, übt der Insolvenzverwalter das Verwaltungs- und Verfügungsrecht aus, die organisatorische Eingliederung zu dem Organträger kann also nicht mehr bestehen.

Wird über das Vermögen des Organträgers das Insolvenzverfahren eröffnet, ist zu unterscheiden:

Zielt das Insolvenzverfahren auf die Erhaltung des Unternehmens, bleibt der werbende Zweck des Unternehmens erhalten. Daher kann weiterhin eine wirtschaftliche Eingliederung der Organgesellschaften in den Organträger bestehen. Voraussetzung ist jedoch, dass über das Vermögen der Organgesellschaft kein Insolvenzverfahren eröffnet ist oder in beiden Insolvenzverfahren derselbe Insolvenzverwalter bestellt ist[136]. Dann besteht auch finanzielle und organisatorische Eingliederung. Ist in dem Insolvenzverfahren der Organgesellschaft jedoch eine andere Person als Insolvenzverwalter bestellt als in dem Verfahren des Organträgers, kann der Insolvenzverwalter des Organträgers seinen Willen in der Organgesellschaft wegen des Verwaltungs- und Verfügungsrechts des Insolvenzverwalters der Organgesellschaft nicht durchsetzen. Daher enden finanzielle und organisatorische Eingliederung.

Zielt das Insolvenzverfahren über das Vermögen des Organträgers auf die Abwicklung des Unternehmens, wandelt sich der werbende Zweck in einen Abwicklungszweck um. Die Organgesellschaft kann in den Organträger nicht mehr wirtschaftlich eingegliedert sein[137].

Vor Eröffnung des jeweiligen Insolvenzverfahrens gilt das Gleiche, wenn ein vorläufiger Insolvenzverwalter mit Verwaltungs- und Verfügungsrecht bestellt ist („starker" vorläufiger Insolvenzverwalter), allerdings mit der Einschränkung, dass bei Bestellung eines vorläufigen Insolvenzverwalters über das Vermögen des Organträgers der Unternehmenszweck noch nicht in einen Abwicklungszweck umgewandelt wird, die wirtschaftliche Eingliederung also weiterbestehen kann. Dagegen enden finanzielle und organisatorische Eingliederung noch nicht, wenn das Verwaltungs- und Verfügungsrecht nicht auf den vorläufigen Insolvenzverwalter übergegangen ist („schwacher" vorläufiger Insolvenzverwalter), und zwar selbst dann nicht, wenn Verfügungen des Schuldners der Genehmigung durch den vorläufigen Insolvenzverwalter bedürfen[138].

---

136 Anders bei der körperschaftsteuerlichen Organschaft, da dort der Ergebnisabführungsvertrag endet; vgl. Abschn. B II.

137 Vgl. hierzu 1. Teil Abschn. III 1; *Widmann*, Stbg. 1998, S. 537.

138 *BFH*, 1. 4. 2004, BStBl. II 2004, 905, BB 2004 S. 1261; vgl. auch *BFH*, 16. 8. 2001, BFH/NV 2002 S. 223; *FG Münster*, 1. 4. 2003, EFG 2004, 612.

Maßgebender Zeitpunkt für die Beendigung des Organschaftsverhältnisses ist grundsätzlich die Eröffnung des Insolvenzverfahrens bzw. die Bestellung eines „starken“ vorläufigen Insolvenzverwalters. Das Vorliegen der Insolvenzgründe allein (Überschuldung, Zahlungsunfähigkeit) hat diese Wirkung nicht.

Die Besteuerungsgrundlagen, die bis zu dem Zeitpunkt der Beendigung des Organschaftsverhältnisses verwirklicht worden sind, sind noch dem Organträger zuzurechnen. Umsatzsteuer aus vor Eröffnung des Insolvenzverfahrens durchgeführten Lieferungen und Leistungen der Organgesellschaft sind daher als Insolvenzforderungen gegen den Organträger geltend zu machen[139]. Die Organgesellschaft wird erst mit Auflösung der Organschaft ab Eröffnung des Insolvenzverfahrens umsatzsteuerliches Rechtssubjekt.

Die Organgesellschaft haftet nach § 73 AO für Umsatzsteuerforderungen gegen den Organträger, die auf Umsätzen der Organgesellschaft beruhen. Dieser Haftungsanspruch ist im Insolvenzverfahren der Organgesellschaft Insolvenzforderung.

8. Ermittlung der Umsatzsteuerschuld

Die Ermittlung der Umsatzsteuerschuld eines Kalenderjahres erfolgt nach den allgemeinen umsatzsteuerlichen Regeln, d. h. ist so durchzuführen, als wäre es nicht zu einer Eröffnung des Insolvenzverfahrens gekommen. Da es sich hierbei nur um Fragen des Entstehens und der Höhe der Steuerschuld handelt, nicht des Geltendmachens, haben insolvenzrechtliche Prinzipien insoweit keinen Einfluss[140]. Da ein Rechtsträger umsatzsteuerlich nur ein Unternehmen haben kann, bedeutet dies, dass im Besteuerungszeitraum der Eröffnung des Insolvenzverfahrens die Insolvenzmasse und die Tätigkeit des Schuldners vor Eröffnung des Insolvenzverfahrens umsatzsteuerlich ein einheitliches Unternehmen bilden[141].

---

139 Vgl. *FG Nürnberg*, 22. 2. 1990, EFG 1990 S. 543 m. Anm. *Onusseit* in EWiR § 2 UStG, 2/90; *FG Münster*, 10. 9. 1991, EFG 1992 S. 228.

140 Vgl. oben 1. Teil Abschn. I; *BFH*, 18. 6. 2000, BStBl. II 2000, S. 639, BB 2000 S. 2033.

141 Zum Prinzip des einheitlichen Unternehmens vgl. *BFH*, 15. 6. 1999, BStBl. II 2000 S. 46, BB 1999, S. 1966; *BFH*, 18. 7. 2002, BStBl. II 2002, S. 705, BB 2002 S. 2006. Dem Schuldner vor Eröffnung des Insolvenzverfahrens in Rechnung gestellte Vorsteuer ist daher zusammen mit anderen Besteuerungsgrundlagen in einem Bescheid an den Insolvenzverwalter zusammenzufassen; vgl. *BFH*, 14. 5. 1998, BStBl. II 1998, S. 634, BB 1998 S. 1833.

Aus diesem einheitlichen Unternehmen entsteht für jeden Besteuerungszeitraum eine einheitliche Umsatzsteuerschuld. Ein einheitliches Unternehmen besteht auch dann, wenn es verschiedenen Verwaltern unterliegt, z. B. dem Insolvenzverwalter und, soweit Grundstücke und Zubehör betroffen sind, dem Zwangsverwalter. Es bestehen dann unterschiedliche Verwaltungs- und Verfügungsrechte, die es erforderlich machen, gegen den Insolvenzverwalter, den Schuldner wegen einer etwaigen insolvenzfreien Tätigkeit und den Zwangsverwalter jeweils einen gesonderten Bescheid zu richten[142]. Das ändert aber nichts daran, dass es sich um ein einheitliches Unternehmen handelt, gegen das sich eine einheitliche Umsatzsteuerforderung richtet. Daher gilt für dieses einheitliche Unternehmen auch ein einheitlicher Voranmeldungszeitraum. Für die durch den Insolvenzverwalter ausgeführten Umsätze kann daher kein anderer Voranmeldungszeitraum gelten als für die durch den Schuldner oder den Zwangsverwalter ausgeführten Umsätze.

Für die Zwecke der Beteiligung am Insolvenzverfahren ist diese steuerlich einheitliche Forderung insolvenzrechtlich in Teilforderungen aufzuspalten, und zwar in so viele Teilforderungen, wie unterschiedliche Verwaltungs- und Verfügungsrechte bestehen. Für den Zeitraum der Eröffnung des Insolvenzverfahrens hat eine Aufteilung in die vor Eröffnung des Insolvenzverfahrens begründete Umsatzsteuerforderung und in die Masseansprüche aus der Tätigkeit des Insolvenzverwalters zu erfolgen. Da die Umsatzsteuer keine Progression kennt, ist die Aufteilung unproblematisch. Jedem der einzelnen Teilbereiche werden exakt diejenigen Umsätze und Vorsteuern zugerechnet, die sachlich zu diesem Bereich gehören.

Das Prinzip der einheitlichen Umsatzsteuerschuld bedeutet, dass in der Summe der gegen Insolvenzverwalter und Schuldner festgesetzten Umsatzsteuerbeträge nur die tatäschlich entstandene Umsatzsteuerschuld festgesetzt werden kann. Die Höhe der insgesamt festgesetzten Umsatzsteuer richtet sich nur nach Umsatzsteuerrecht. Davon unabhängig ist aber die Frage, aus welcher Masse die Steuerschuld zu befriedigen ist bzw. in welche Masse Erstattungen zu erfolgen haben. Dies richtet sich nur nach insolvenzrechtlichen Grundsätzen. Insolvenzrechtlich kann die Umsatzsteuerschuld nicht als einheitliche Schuld geltend gemacht werden, sondern nur als Insolvenzforderung, Masseverbindlichkeit oder (in Sonderfällen) als insolvenzfreie Forderung gegen den Schuldner. Soweit die Umsatzsteuerforderung als Insolvenzforderung einzuordnen ist, ist sie zur Tabelle

---

142 *BFH*, 23. 6. 1988, BStBl. II 1988, S. 820, BB 1988 S. 1880; *BFH*, 10. 4. 1997, BStBl. II 1997, S. 552, BB 1997 S. 2257; *BFH*, 15. 6. 1999, BStBl. II 2000 S. 46, BB 1999, S. 1966; *BFH*, 28. 6. 2000, BStBl. II 2000, S. 639, BB 2000 S. 2033.

anzumelden; ein Steuerbescheid darf nicht ergehen. Als Masseverbindlichkeit ist sie mit Steuerbescheid festzusetzen, der gegen den Insolvenzverwalter zu richten ist. Handelt es sich um eine insolvenzfreie Forderung, ist ein Steuerbescheid gegen den Schuldner persönlich zu erlassen. Der materiellrechtlichen einheitlichen Jahresumsatzsteuerforderung steht also die insolvenzrechtliche Aufspaltung gegenüber[143].

Für die Verrechnung der Vorauszahlungen mit der Jahressteuerschuld ist zu beachten, dass eine Verbindlichkeit, die sich gegen das Vermögen vor Eröffnung des Insolvenzverfahrens richtet, nicht aus einem Vermögensgegenstand der Masse (und damit vorzugsweise) befriedigt werden darf. Vielmehr sind (ebenso wie bei der Verrechnung von Einkommensteuervorauszahlung und Jahressteueranspruch, vgl. Abschn. B I 9 d) Aufrechnungsgrundsätze anzuwenden. Das bedeutet, dass ein Vorsteuererstattungsanspruch der Insolvenzmasse nicht mit einer Umsatzsteuerschuld verrechnet werden kann, die sich gegen das Vermögen vor Eröffnung des Insolvenzverfahrens richtet. Vielmehr ist der Teil der Umsatzsteuerforderung, der vor Eröffnung des Insolvenzverfahrens begründet war, als Insolvenzforderung geltend zu machen, während ein Vorsteuererstattungsanspruch, der nach Eröffnung des Insolvenzverfahrens begründet ist, zur Masse zu vergüten ist. Dies gilt entsprechend, wenn der Schuldner eine insolvenzfreie Tätigkeit ausübt und hieraus Umsatzsteuerverbindlichkeiten erwachsen.

Beispiel:	Gesamte Umsatzsteuer (vor Vorsteuer)	15 000 €
	Vorsteuer	12 000 €
	Umsatzsteuerzahllast	3 000 €

Es handelt sich um den Besteuerungszeitraum der Eröffnung des Insolvenzverfahrens. Aus der Verwertung von freigegebenen Massegegenständen übt der Schuldner eine insolvenzfreie Tätigkeit aus.

143 Zu der Möglichkeit einer solchen verfahrensrechtlichen Aufspaltung vgl. das zur Zwangsverwaltung ergangene Urteil des *BFH*, 23. 6. 1988, BStBl. II 1988 S. 920, BB 1988 S. 2092; *Mößlang*, DStR 1989 S. 194, 196.

Auf die einzelnen Teilbereiche entfallen:

	vor Insolvenz-eröffnung	Insolvenz-masse	insolvenzfreie Tätigkeit
Umsatzsteuer (vor Vorsteuer)	6 000	3 000	6 000
Vorsteuer	5 000	5 000	2 000
	1 000	./. 2 000	4 000

In diesem Fall hat an die Masse eine Vorsteuererstattung von 2 000 € zu erfolgen, während andererseits eine Insolvenzforderung von 1 000 € sowie eine Nachforderung gegen das insolvenzfreie Vermögen des Gemeinschuldners von 4 000 € geltend zu machen ist[144].

Soweit Umsatzsteuer-Vorauszahlungen auf die Jahres-Umsatzsteuerschuld geleistet sind (z. B. monatliche Voranmeldungen), sind diese Zahlungen auf die Jahres-Umsatzsteuerschuld anzurechnen. Da es sich bei den Vorauszahlungen um selbstständige Ansprüche handelt, erfolgt diese Anrechnung nach Aufrechnungsregeln[145].

Nach gleichen Grundsätzen hat die Anrechnung der Sondervorauszahlung nach § 47 UStDV zu erfolgen. Zusätzlich ist dabei die Regelung des § 48 IV UStDV zu berücksichtigen. Die Sondervorauszahlung ist danach mit der letzten Vorauszahlung des Veranlagungszeitraums (Kalenderjahres) zu verrechnen. Im Veranlagungszeitraum der Insolvenzeröffnung wird die Sondervorauszahlung daher regelmäßig mit der Vorauszahlung des Monats Dezember und damit mit einer Umsatzsteuerschuld verrechnet, die aus der Masse zu entrichten wäre, selbst wenn die Sondervorauszahlung vor Eröffnung des Insolvenzverfahrens geleistet worden ist.

In zweiter Stufe ist die Sondervorauszahlung dann mit der restlichen noch nicht beglichenen Jahressteuerschuld zu verrechnen. Soweit die Jahressteuerschuld aus Insolvenzforderungen und Masseverbindlichkeiten besteht, hat dabei eine Verrechnung zuerst mit den Insolvenzforderungen zu erfolgen, wenn die Sondervorauszahlung vor Eröffnung des Insol-

144 *BFH*, 28. 6. 2000, BStBl. II 2000 S. 639, BB 2000 S. 2033; *Onusseit*, EWiR § 16 UStG 1/2000, 1127; *Onusseit*, Umsatzsteuer im Konkurs, S. 247 f.; *K. Schmidt*, Festschrift Kruse, S. 671 ff.; a. A. *Schallehn*, ZIP 1998, 1993. Die an dieser Stelle in der 5. Auflage vertretene gegenteilige Ansicht wird hiermit aufgegeben.

145 Vgl. 2. Teil Abschn. A III.

venzverfahrens geleistet wurde, sodann mit den Masseverbindlichkeiten. Verbleibt danach ein Überschuss an Sondervorauszahlung, ist er zur Masse zu erstatten[146].

Eine vor Eröffnung des Insolvenzverfahrens geleistete Sondervorauszahlung kann dagegen nicht mit einer gegen das insolvenzfreie Vermögen des Insolvenzschuldners gerichtete Umsatzsteuerforderung verrechnet werden. Ebenso kann eine aus dem insolvenzfreien Vermögen des Insolvenzschuldners geleistete Sondervorauszahlung nicht mit einer gegen die Masse (als Insolvenzforderung oder als Masseverbindlichkeit) gerichtete Umsatzsteuerschuld verrechnet werden.

Die Fristverlängerung kann bei Eröffnung des Insolvenzverfahrens nach § 46 S. 2 UStDV widerufen werden. Die Sondervorauszahlung ist dann mit der Umsatzsteuerschuld des letzten Monats, für den noch die Fristverlängerung galt, anzurechnen. Dies kann ein Voranmeldungszeitraum sein, der vor Eröffnung des Insolvenzverfahrens liegt. Die Sondervorauszahlung wird dann mit einer Insolvenzforderung verrechnet[147].

---

146 Dazu *BFH*, 18. 7. 2002, BStBl. II 2002 S. 705, BB 2002 S. 2006; *BFH*, 6. 11. 2002, BStBl. II 2003 S. 39, BB 2003 S. 296.

147 *OFD Cottbus,* DStZ 2003 S. 321.

VI. Probleme der übrigen Steuerarten im Insolvenzverfahren

1. Billigkeitsmaßnahmen im Insolvenzverfahren

Der Ausschluss des Schuldners von der Verwaltung der Masse gilt auch, wenn sich die Handlung des Schuldners positiv für die Masse auswirken würde. Daher kann nicht er, sondern nur der Insolvenzverwalter eine abweichende Steuerfestsetzung nach § 163 AO bzw. den Erlass einer gegen die Masse gerichteten Steuerschuld nach § 227 AO beantragen[1]. Der Antrag auf abweichende Steuerfestsetzung bzw. Erlass gehört zum Bereich der Verwaltung und Verfügung. Betrifft der Antrag die Insolvenzmasse, kann daher nur der Insolvenzverwalter nach § 80 InsO diesen Antrag stellen.

Eine Billigkeitsmaßnahme durch abweichende Steuerfestsetzung bzw. Erlass nach §§ 163, 227 AO aus Gründen der persönlichen Unbilligkeit setzt voraus, dass die Billigkeitsmaßnahme auch dem Schuldner zugute kommt, da die Unbilligkeit sonst nicht beseitigt wird[2]. Ist über das Vermögen des Schuldners das Insolvenzverfahren eröffnet, würde die abweichende Steuerfestsetzung bzw. der Erlass der Steuerschuld nicht ihm, sondern durch die Erhöhung der Quote in erster Linie den anderen Gläubigern zugute kommen. Während des Insolvenzverfahrens ist eine abweichende Steuerfestsetzung bzw. ein Erlass daher nicht gerechtfertigt[3].

Ein Erlass ist dagegen möglich, wenn der Vorteil im Einzelfall dem Schuldner direkt zugute kommt.

Aus Gründen der sachlichen Unbilligkeit ist eine abweichende Steuerfestsetzung bzw. ein Erlass immer möglich. Die sachliche Unbilligkeit ist nicht in der Person des Steuerpflichtigen begründet, sondern darin, dass der Gesetzgeber bei Kenntnis der vorliegenden Konstellation eine andere gesetzliche Regelung geschaffen hätte, durch die die Steuer nicht entstanden wäre[4]. Da es sich insoweit um eine Steuer handelt, die dem Fiskus aus sachlichen Gesichtspunkten nicht gebührt, ist es ohne Bedeutung, wem die Billigkeitsmaßnahme letztlich zugute kommt. Eine abweichende Steu-

1 *FG Schleswig-Holstein*, EFG 1964 S. 241. Einen Erlassantrag mit dem Ziel, die Erwerbstätigkeit des Schuldners nach Insolvenzbeendigung nicht zu gefährden, kann dagegen nur der Schuldner selbst, nicht der Insolvenzverwalter stellen; vgl. *Hessisches FG*, 26. 6. 1980, EFG 1981 S. 218.

2 *BFH*, 11. 5. 1965, HFR 1965 S. 483.

3 *BFH*, 26. 11. 1964, HFR 1965 S. 494.

4 Vgl. *Frotscher*, in: Schwarz, AO, zu § 163 Rz. 16 ff.

erfestsetzung bzw. ein Erlass aus sachlichen Gründen ist daher auch während des Insolvenzverfahrens möglich[5].

Ein Fall der sachlichen Unbilligkeit ist gegeben, wenn die Säumniszuschläge ihren Zweck als Druckmittel nicht erfüllen können, weil der Steuerpflichtige zahlungsunfähig war. Dann sind sie aus sachlichen Billigkeitsgründen zu erlassen, weil sie ihren gesetzlichen Zweck nicht erfüllen können, allerdings nur zur Hälfte, da die andere Hälfte ein Zinselement darstellt[6]. Dass der Erlass u. U. den Gläubigern zugute kommt, steht nicht entgegen, da es sich um sachliche Unbilligkeit handelt.

Zu Billigkeitsmaßnahmen im Rahmen von Insolvenzplan, Restschuldbefreiung und Verbraucherinsolvenz vgl. 4. Teil.

2. Grunderwerbsteuer

Verlangt der Insolvenzverwalter Erfüllung des vom Schuldner vor Eröffnung des Insolvenzverfahrens abgeschlossenen Grundstückskauf- oder -verkaufsvertrages nach § 103 InsO, ist die hierauf entfallende Grunderwerbsteuer Insolvenzforderung, da ihre Begründung i. S. d. § 38 InsO in dem Vertragsschluss vor Eröffnung des Insolvenzverfahrens liegt[7]. Die Grunderwerbsteuer ist ein selbstständiger gesetzlicher Steueranspruch, kein abgeleiteter vertraglicher aus dem Grundstückskaufvertrag. Die Annahme von Masseverbindlichkeiten nach § 55 Abs. 1 Nr. 2 InsO scheidet daher aus[8].

Der Steuererstattungsanspruch wegen entrichteter Grunderwerbsteuer gehört dementsprechend zur Insolvenzmasse, wenn der Insolvenzverwalter die Erfüllung des vor Eröffnung des Insolvenzverfahrens abgeschlossenen Kaufvertrages über ein Grundstück nach § 103 InsO ablehnt, für das die Grunderwerbsteuer bereits entrichtet war. Der Erstattungsanspruch ist vor Eröffnung des Insolvenzverfahrens begründet, wenn auch noch nicht entstanden. Die Zahlung der Grunderwerbsteuer erfolgte aus dem Vermögen

5 Von den Billigkeitsmaßnahmen nach §§ 163, 227 AO zu unterscheiden sind Sanierungsmaßnahmen im Insolvenzverfahren. Siehe hierzu 4. Teil.

6 BFH, 9. 7. 2003, BStBl. II 2003, 901, BB 2003, 2442. Vgl. *Schwarz*, AO, zu § 240 Rz. 54 m. w. N.; *Buciek*, DB 1986 S. 1492.

7 Vgl. *FG Brandenburg*, 11.4.2000, EFG 2000, 1198. Das Finanzamt kann daher die Erteilung der Unbedenklichkeitsbescheinigung nicht von der Zahlung der Grunderwerbsteuer aus der Masse abhängig machen, da die Finanzbehörde nur Anspruch auf Befriedigung als Insolvenzforderung, nicht als Masseverbindlichkeit, hat.

8 Vgl. auch 2. Teil Abschn. A II 1.

des Schuldners vor Eröffnung des Insolvenzverfahrens, also der späteren Masse. Daher hat die Erstattung zur Masse zu erfolgen[9].

Hat der Schuldner vor Eröffnung des Insolvenzverfahrens einen steuerpflichtigen Tatbestand selbst voll erfüllt, ist die Grunderwerbsteuer bei Eröffnung des Insolvenzverfahrens entstanden (§ 38 AO) und somit auch begründet i. S. d. § 38 InsO. Die Forderung ist damit Insolvenzforderung. Die Fälligkeit der Steuer tritt nach § 16 GrErwStG jedoch erst einen Monat nach Bekanntgabe des Steuerbescheides ein. War vor Eröffnung des Insolvenzverfahrens noch kein Steuerbescheid erlassen worden, war die Forderung somit noch nicht fällig. Sie ist jedoch nach § 41 InsO als fällig zu behandeln und damit als fällige Forderung zur Insolvenztabelle anzumelden. Da die Forderung unverzinslich ist, ist sie mit einem abgezinsten Betrag anzumelden[10]. Da die Fälligkeit nicht zu einem festen Termin eintritt, sondern von der Bekanntgabe des Bescheides abhängt (der nach Eröffnung des Insolvenzverfahrens nicht mehr ergehen kann), ist der Abzinsungsbetrag zu schätzen. Maßgebend ist dabei, zu welchem Zeitpunkt nach dem gewöhnlichen Lauf der Dinge mit einer Festsetzung der Grunderwerbsteuer gerechnet werden konnte.

Veräußert der Insolvenzverwalter im Rahmen der Verwertung der Masse ein Grundstück, gehört die hierauf entfallende Grunderwerbsteuer zu den Masseverbindlichkeiten nach § 59 Abs. 1 Nr. 1 InsO.

3. Grundsteuer

Die Grundsteuer wird nach § 9 Abs. 1 GrStG nach den Verhältnissen zu Beginn des Kalenderjahres festgesetzt. Nach § 9 Abs. 2 GrStG entsteht sie mit Beginn dieses Kalenderjahres.

Hieraus folgt jedoch nicht, dass die Grundsteuer mit Beginn des Kalenderjahres, in das die Eröffnung des Insolvenzverfahrens fällt, bereits begründet i. S. d. § 38 InsO wäre[11]. Der Zeitpunkt des insolvenzrechtlichen Begründetseins ist nicht identisch mit dem des steuerrechtlichen Entstehens. Maßgeblich ist vielmehr, dass die Grundsteuer nach § 27 Abs. 1 GrStG eine Jahressteuer ist. Die zu Beginn des Kalenderjahres festgesetzte und entstandene Grundsteuer bezieht sich also auf das ganze Kalenderjahr.

9 Vgl. 1. Teil Abschn. VI 2; *BFH*, 22. 5. 1979, BStBl. II 1979 S. 639, BB 1979 S. 1422. Entsprechendes gilt bei erfolgreicher Anfechtung nach §§ 129 ff. InsO; vgl. *BFH*, 6. 2. 1980, BStBl. II 1980 S. 363, BB 1980 S. 877.

10 Grundlegend 2. Teil Abschn. A I 2.

11 So aber *Tipke/Kruse*, AO, zu § 251 Rz. 75.

Wird im Laufe dieses Kalenderjahres das Insolvenzverfahren eröffnet, ist die Grundsteuer daher nur insoweit bis zu diesem Zeitpunkt begründet i. S. d. § 38 InsO, als sie anteilig auf die Zeit vor Eröffnung des Insolvenzverfahrens entfällt; insoweit ist sie Insolvenzforderung. Soweit die Grundsteuer anteilig auf die Zeit ab Eröffnung des Insolvenzverfahrens entfällt, handelt es sich um eine Masseverbindlichkeit nach § 55 Abs. 1 Nr. 1 InsO[12].

Für das Kalenderjahr, in dessen Lauf die Eröffnung des Insolvenzverfahrens fällt, ist die Grundsteuerforderung also aufzuteilen. Die Aufteilung hat zeitanteilig zu erfolgen.

Die Grundsteuer für das Jahr, das dem Jahr der Insolvenzeröffnung vorausgeht, ist in vollem Umfang Insolvenzforderung, die Grundsteuer für das Jahr, das dem Jahr der Insolvenzeröffnung nachfolgt, ist in vollem Umfang Masseforderung nach § 55 Abs. 1 Nr. 1 InsO.

4. Kraftfahrzeugsteuer

Die Kraftfahrzeugsteuer entsteht nach § 6 KfzStG mit Beginn des jeweiligen Einrichtungszeitraums (regelmäßig ein Jahr, § 11 KfzStG). Die Kraftfahrzeugsteuerpflicht endet auch bei Eröffnung des Insolvenzverfahrens erst mit der Abmeldung des Fahrzeugs[13].

Soweit ein Kraftfahrzeug zur Masse gehört, bleibt der Schuldner Halter. Die Kraftfahrzeugsteuer für die Zeit nach der Eröffnung des Insolvenzverfahrens gehört zu den Masseverbindlichkeiten nach § 59 Abs. 1 Nr. 1 InsO[14], für die Zeit vorher zu den Insolvenzforderungen. Es hat also eine zeitanteilige Aufteilung zu erfolgen, wenn das Insolvenzverfahren im Laufe eines Entrichtungszeitraums eröffnet wird. Erforderlichenfalls ist die Kraftfahrzeugsteuer nach Tagen zu berechnen. Soweit demgegenüber die Ansicht vertreten wird, nur die für den nach Eröffnung des Insolvenzverfahrens beginnenden Entrichtungszeitraum zu zahlende Steuer gehöre zu den Masseverbindlichkeiten[15], wird übersehen, dass nach § 11 KfzStG die Steuer zwar in Jahresbeträgen zu zahlen ist, dass sie jedoch, wie § 5 Abs. 1 Nr. 1 KfzStG ergibt, letztlich nach Tagen berechnet wird. Die

12 A. A. *Bringewat/Waza/Grawe*, Insolvenzen und Steuern, Rz. 1070, die in vollem Umfang eine Insolvenzverbindlichkeit annehmen.

13 *FG München*, 21. 3. 2001 – 4 K 1954/00, EFG 2002, 53.

14 Ebenso *Beermann*, in: Hübschmann/Hepp/Spitaler, AO, zu § 251 Rz. 994.

15 *BFH*, 18. 12. 1953, BStBl. III 1954 S. 49, BB 1954 S. 187; *Bringewat/Waza/Grawe*, Insolvenzen und Steuern, Rz. 1088.

Kraftfahrzeugsteuer ist daher für diejenigen Tage, die vor der Eröffnung des Insolvenzverfahrens liegen, vor dieser Eröffnung begründet i. S. d. § 38 InsO[16].

Fälligkeit tritt nach § 14 Abs. 1 KfzStG jeweils zu Beginn des Entrichtungszeitraums ein; soweit die Steuerschuld Insolvenzforderung ist, ist sie daher immer auch fällig und als fällige Forderung zur Tabelle anzumelden.

5. Investitionszulage

Ist eine Investitionszulage gewährt worden, ist diese zurückzufordern, wenn das begünstigte Wirtschaftsgut nicht mindestens 5 Jahre im Betriebsvermögen verbleibt[17]. Wird über das Vermögen des Steuerpflichtigen das Insolvenzverfahren eröffnet, kann es vorkommen, dass das begünstigte Wirtschaftsgut im Rahmen der Verwertung des Vermögens durch den Insolvenzverwalter vor dem Ablauf der genannten Frist veräußert wird. Die Investitionszulage wird dann zurückgefordert.

Der Rückforderungsanspruch ist Insolvenzforderung nach § 38 InsO, obwohl er auf Grund der Verwertungshandlung des Insolvenzverwalters nach Eröffnung des Insolvenzverfahrens entsteht. Der Anspruch war jedoch schon vor Eröffnung des Insolvenzverfahrens begründet. Begründet ist ein Anspruch in dem Zeitpunkt, in dem das schuldrechtliche Verhältnis besteht, aus dem später der Anspruch fließt. Vor Eröffnung des Insolvenzverfahrens begründet ist danach ein Anspruch, wenn der Schuldner vor Eröffnung des Insolvenzverfahrens die schuldrechtliche Beziehung geschaffen hat, aus der der Anspruch später entsteht. Nach Eröffnung des Insolvenzverfahrens begründet ist der Anspruch, wenn der Insolvenzverwalter dieses schuldrechtliche Verhältnis geschaffen hat[18].

Die begünstigte Investition ist von dem Schuldner vor Eröffnung des Insolvenzverfahrens vorgenommen worden. Die Investitionszulage ist in die Vermögensmasse vor Eröffnung des Insolvenzverfahrens ausgezahlt worden. Die Rückforderung der Investitionszulage beruht auf diesem Verhältnis und stellt nur die Rückabwicklung des von dem Schuldner vor Eröffnung des Insolvenzverfahrens geschaffenen öffentlich-rechtlichen Verhältnisses zu der Finanzbehörde dar. Der Insolvenzverwalter hat also nicht eine neue Beziehung geschaffen, aus der Masseansprüche fließen

16 *BFH*, 16. 11. 2004, BStBl. II 2005, 309, BB 2005, 306.

17 Vgl. § 2 Abs. 2 InvZulG. Vgl. auch *Haunhorst*, DB 1999, S. 1424.

18 Einzelheiten vgl. Abschn. A I.

könnten, sondern hat nur die von dem Schuldner vor Eröffnung des Insolvenzverfahrens geschaffene Beziehung abgewickelt. Der Rückforderungsanspruch ist daher vor Eröffnung des Insolvenzverfahrens begründet i. S. d. § 38 InsO und ist daher Insolvenzforderung[19].

Die Nichteinhaltung der Verbleibensfrist ist ein rückwirkendes Ereignis (vgl. § 8 InvZulG), das den Investitionszulagenanspruch rückwirkend zum Erlöschen bringt[20]. Der Rückforderungsanspruch ist daher bei Eröffnung des Insolvenzverfahrens schon entstanden. Er ist nicht aufschiebend bedingt, sondern ein entstandener, aber noch nicht fälliger Anspruch nach § 41 InsO. Der Rückforderungsanspruch gilt daher als im Zeitpunkt der Verfahrenseröffnung als fällig.

Der Rückforderungsanspruch ist nicht ab Eröffnung des Insolvenzverfahrens, sondern erst ab Nichteinhaltung der Verbleibensfrist (rückwirkendes Ereignis) zu verzinsen (vgl. § 7 InvZulG). Bei Anmeldung zur Insolvenztabelle hat daher für den Zeitraum zwischen Eröffnung des Insolvenzverfahrens und Beginn des Zinslaufes eine Abzinsung zu erfolgen.

6. Zölle und andere Grenzabgaben

Nach Art. 201 der VO (EWG) Nr. 2913/92 v. 12. 10. 1992 (VSF Z 0200) – Zollkodex – unterliegt dem Einfuhrzoll die Überführung einer einfuhrabgabenpflichtigen Ware in den freien Verkehr oder in das Verfahren der vorübergehenden Verwendung. Insolvenzrechtlich ist die Zollschuld daher mit diesem Zeitpunkt begründet i. S. d. § 38 InsO[21]. Liegt dieser Zeitpunkt vor Eröffnung des Insolvenzverfahrens, ist die Zollschuld Insolvenzforderung und daher zur Tabelle anzumelden. Zu berücksichtigen ist dabei allerdings, dass für die Zollschuld nach § 76 AO ein Absonderungsrecht nach § 51 Nr. 4 InsO an den eingeführten Waren besteht[22], Insolvenzforderung ist daher die Zollschuld nur insoweit, als keine abgesonderte Befriedigung erlangt werden kann (bedingte Ausfallforderung).

Die Zollschuld entsteht nach Art. 201 Abs. 2 Zollkodex mit dem Zeitpunkt, in dem die Zollanmeldung angenommen wird. Als Ersatztatbe-

---

19 Vgl. *BFH*, 14. 10. 1977, BStBl. II 1978 S. 204, BB 1978 S. 186, wodurch die gegenteilige Ansicht des *BFH*, 26. 3. 1971, BStBl. II 1971 S. 582, BB 1971 S. 999 aufgegeben wurde; *Tipke/Kruse*, AO, zu § 251 Rz. 76; *Dißars*, in: Schwarz, AO zu, § 251 Rz. 147; *FG München*, 25. 4. 1995, EFG 1995 S. 1089.

20 Vgl. hierzu *Frotscher*, in: Schwarz, AO, zu § 175 Rz. 62.

21 A. A. *Beermann*, in: Hübschmann/Hepp/Spitaler, AO, zu § 251 Rz. 181, der das Begründetsein mit dem Entstehen gleichsetzt.

22 Vgl. oben 2. Teil Abschn. A II 2.

stände bestimmen Art. 202–205 Zollkodex die Zeitpunkte des Entstehens, wenn eine Zollanmeldung nicht abgegeben wird; Entstehenszeitpunkt ist regelmäßig derjenige Zeitpunkt, zu dem der Zollschuldner die maßgebende Handlung vornimmt (vorschriftswidriges Vorbringen in das Zollgebiet, Entziehung der zollamtlichen Überwachung usw.)

Besteht eine Zeitspanne zwischen dem Begründetsein und dem Entstehen, und wird in dieser Zeitspanne das Insolvenzverfahren über das Vermögen des Zollschuldners eröffnet, ist die Zollschuld im Zeitpunkt der Eröffnung des Insolvenzverfahrens noch nicht entstanden und damit als aufschiebend bedingte Ausfallforderung nach § 52 InsO zur Tabelle anzumelden[23].

Ist die Zollschuld erst nach der Eröffnung des Insolvenzverfahrens begründet i. S. d. § 38 InsO, gehört sie zu den Masseverbindlichkeiten nach § 55 Abs. 1 Nr. 1 InsO.

Ist die vor Eröffnung des Insolvenzverfahrens bereits begründete Zollschuld im Zeitpunkt der Eröffnung des Insolvenzverfahrens auch fällig, ist sie als fällige Insolvenzforderung zur Tabelle anzumelden. Zur Fälligkeit vgl. Art. 222 Zollkodex.

Ist die Fälligkeit der bereits entstandenen Zollschuld im Zeitpunkt der Eröffnung des Insolvenzverfahrens noch nicht eingetreten, gilt die Zollforderung nach § 41 InsO als fällig; sie ist mit einem abgezinsten Betrag zur Tabelle anzumelden[24].

Für die *Einfuhrumsatzsteuer* gelten die Ausführungen zur Zollschuld entsprechend. Der Einfuhrumsatzsteuer unterliegt nach § 1 Abs. 1 Nr. 4 UStG die Einfuhr von Gegenständen in das Zollgebiet. Die Einfuhrumsatzsteuer ist damit mit dem Zeitpunkt dieser Einfuhr „begründet" i. S. d. § 38 InsO. Im Übrigen gelten die Vorschriften über Zölle über Entstehung und Fälligkeit für die Einfuhrumsatzsteuer entsprechend (§ 21 Abs. 2 UStG).

7. Verbrauchsteuern

Der Zeitpunkt des Begündetseins i. S. d. § 38 InsO hängt bei den Verbrauchsteuern davon ab, welcher Lebenssachverhalt der jeweiligen Verbrauchsteuer unterliegt.

Der *Kaffeesteuer* unterliegt nach § 1 KaffeeStG die Einfuhr; die Steuer ist daher im Zeitpunkt der Einfuhr begründet i. S. d. § 38 InsO. Es gelten die Ausführungen zur Zollschuld entsprechend.

---

23 Hierzu vgl. oben 2. Teil Abschn. A I 2 b.

24 Zur Abzinsung vgl. oben 2. Teil Abschn. A I 2 a.

Der *Mineralölsteuer* unterliegt die Entfernung aus einem Herstellungsbetrieb oder der Verbrauch in einem Herstellungsbetrieb zu einem nicht befreiten Zweck. Begründet nach § 38 InsO ist die Mineralölsteuer damit im Zeitpunkt der Entfernung bzw. des Verbrauchs. Nach § 3 MineralölStG entsteht die Steuer zum gleichen Zeitpunkt. Begründung und Entstehung fallen daher regelmäßig zusammen, die Mineralölsteuer kann daher keine aufschiebend bedingte Steuer sein. Fällig wird die Steuer nach § 6 MineralölStG regelmäßig am 10. Tag des zweiten Monats nach dem Monat der Entstehung. Bei Eröffnung des Insolvenzverfahrens vor Fälligkeit ist die Mineralölsteuer als nicht fällige Forderung nach § 41 InsO mit einem abgezinsten Betrag zur Tabelle anzumelden[25].

Liegt der Zeitpunkt der Begründung der Verbrauchsteuerschuld nach dem der Eröffnung des Insolvenzverfahrens, gehört die Verbrauchsteuer zu den Masseverbindlichkeiten nach § 55 Abs. 1 Nr. 1 InsO.

Weiterhin ist bei der Anmeldung der Verbrauchsteuern als Insolvenzforderungen zu berücksichtigen, dass den Verbrauchsteuern nach § 76 AO ein Absonderungsrecht an den verbrauchsteuerpflichtigen Waren zusteht. Als Insolvenzforderung ist daher die Verbrauchsteuer als bedingte Ausfallforderung nach § 52 InsO nur insoweit geltend zu machen, als die abgesonderte Befriedigung nicht ausreicht.

25 Zur Abzinsung vgl. oben Abschn. A I 2 a.

3. Teil: Formelles Insolvenzsteuerrecht (Verfahrensrecht)

I. Insolvenzantrag

Nach § 13 InsO wird das Insolvenzverfahren bei Vorliegen von Insolvenzgründen (§§ 16–19 InsO) nur auf Antrag eröffnet. Antragsberechtigt sind neben dem Schuldner alle Insolvenzgläubiger. Das Antragsrecht steht auch der Finanzbehörde als Gläubiger einer Insolvenzforderung (§ 38 InsO) zu.

Insolvenzrechtlich gelten für den Insolvenzantrag einer Finanzbehörde keine Besonderheiten[1]. Nach der Neufassung der Vollstreckungsanweisung[2] bedarf es für den Antrag der Finanzbehörde auf Eröffnung des Insolvenzverfahrens nicht mehr der Zustimmung der vorgesetzten Oberfinanzdirektion. Zuständig für den Antrag auf Eröffnung ist gemäß Abschnitt 58 Abs. 3 S. 1 VollstrA die Vollstreckungsbehörde, die die Vollstreckung betreibt. Bei der Vollstreckungsanweisung handelt es sich um eine verwaltungsinterne Weisung ohne direkte Außenwirkung; es gelten jedoch über den allgemeinen Gleichheitssatz des Art. 3 Abs. 1 GG die Grundsätze über die Selbstbindung der Verwaltung. Die Finanzbehörde hat daher bei jeder Prüfung, ob ein Eröffnungsantrag gestellt werden soll oder nicht, grundsätzlich ihr Ermessen auf Grund ihrer Verwaltungsvorschriften gleich anzuwenden und darf nicht aus sachfremden Erwägungen im Einzelfall davon abweichen.

Für die Frage des Rechtsschutzes gegen den Antrag ist die Rechtsnatur des Antrags der Finanzbehörde auf Eröffnung des Insolvenzverfahrens wesentlich. Ursprünglich sind Rechtsprechung[3] und steuerrechtliches Schrifttum[4], ohne weitere Erörterungen, als selbstverständlich davon ausgegangen, dass der Antrag der Finanzbehörde ein Verwaltungsakt ist, damit der Anfechtung durch den Schuldner unterliegt, und dass vorläufiger Rechtschutz durch Aussetzung der Vollziehung, § 361 AO, gewährt wird.

1 Einzelheiten zur Form des Insolvenzantrags vgl. *App*, ZfZ 1998, 398.

2 Vom 23. 10. 2003, BStBl. I 2003, S. 542.

3 *Hess. FG*, 26. 2. 1979, EFG 1970 S. 350; vgl. auch *Hess. FG*, 4. 9. 1975, EFG 1975 S. 579, offen gelassen, da nicht entscheidungserheblich, von *BFH*, 26. 4. 1988, BFH/NV 1988, S. 762.

4 *Sangmeister*, DStR 1979 S. 26; *Rössler*, BB 1979 S. 1031; *Lippross*, DB 1985 S. 2482; schwankend *App*, DStZ 1983 S. 235.

Im Anschluss an eine Entscheidung des Bundessozialgerichts[5] hat jedoch die Auffassung an Boden gewonnen, dass der Insolvenzantrag kein Verwaltungsakt sei[6].

Der Ansicht des Bundessozialgerichts ist zu folgen. Ein Verwaltungsakt ist eine hoheitliche Maßnahme einer Behörde, die zur Regelung eines Einzelfalles auf unmittelbare Rechtswirkungen nach außen gerichtet ist (vgl. § 118 AO). Ein Insolvenzantrag, auch wenn er von einer Finanzbehörde gestellt wird, ist jedoch keine Regelung mit unmittelbarer Rechtswirkung. Er ist ein Antrag, d. h. die Bitte an das Insolvenzgericht, bestimmte Regelungen vorzunehmen, nicht aber selbst Regelung. Alle Regelungen, die im Rahmen eines Insolvenzverfahrens vorgenommen werden, sind Maßnahmen des Insolvenzgerichts. Der Antrag selbst hat nur zur Folge, dass das Gericht nach § 11 InsO über die Zulässigkeit des Antrags, nach § 21 InsO über Sicherungsmaßnahmen, nach § 26 InsO über die Abweisung des Antrags und nach § 27 InsO über die Eröffnung des Insolvenzverfahrens entscheiden muss. Rechtswirkungen bringen somit nur die Maßnahmen des Gerichts, nicht der Antrag hervor[7]. Zwar kann der Antrag rein tatsächliche Nachteile für den Schuldner mit sich bringen, etwa eine Rufschädigung, wenn bekannt wird, dass die Finanzbehörde einen Insolvenzantrag gestellt hat. Hierbei handelt es sich aber um rein tatsächliche Folgen, die den Antrag nicht zum Verwaltungsakt machen.

Das Ergebnis, dass der Antrag auf Eröffnung des Insolvenzverfahrens kein Verwaltungsakt ist, erweist sich auch als richtig, wenn man die Funktion des Begriffs des Verwaltungsakts in Betracht zieht. Die Möglichkeit, einen Verwaltungsakt zu erlassen, gewährt der Behörde eine Rechtsmacht, nämlich Regelungen mit bindender Wirkung gegenüber dem Betroffenen selbst zu treffen, die ein anderer Rechtsteilnehmer, der nicht Träger öffentlicher Gewalt ist, nicht hat. Korrelat dieser Rechtsmacht der Behörde ist die Anfechtungsmöglichkeit als Rechtsschutz durch den Betroffenen. Stellt eine Behörde einen Insolvenzantrag, nimmt sie nur Rechte wahr, die

---

5 V. 9. 11. 1977, NJW 1978 S. 318.

6 *Hess. FG,* 22. 1. 1982, EFG 1982 S. 419; *FG Baden-Württemberg,* 17. 1. 1985, EFG 1985 S. 357; *FG Rheinland-Pfalz,* 3. 9. 1985, EFG 1987 S. 103; *BFH,* 19. 12. 1989, BFH/NV 1990 S. 710 mit Anm. *App,* EWiR § 103 KO 1/91; *Kalmes,* DStZ 1983 S. 188; *App,* DStZ 1984 S. 323; *Braun,* DStZ 1986 S. 277; *App,* DB 1986 S. 990; *App,* ZfZ 1998, S. 398; *Loose,* StuW 1999, S. 20; *Dißars,* in: Schwarz, AO, zu § 251 Rz. 31; *Tipke/Kruse,* AO, zu § 251 Rz. 18; *Kramer,* Konkurs- und Steuerverfahren, S. 32; *Bringewat/Waza/Grawe,* Insolvenzen und Steuern, Rz.12.

7 Dementsprechend bleibt unklar, worin denn die Möglichkeit der „Vollziehung" eines Insolvenzantrags liegen soll, wenn der vorläufige Rechtschutz durch Aussetzung der Vollziehung gewährt werden soll.

auch ein Dritter, der nicht Träger öffentlicher Gewalt ist, ausüben kann. Die Behörde wird damit, wie jeder andere auch, als Teilnehmer am gewöhnlichen Rechtsverkehr tätig, nicht als Träger öffentlicher Gewalt. Damit kann ihr Handeln nicht als Verwaltungsakt qualifiziert werden.

Der Insolvenzantrag ist auch nicht deshalb Verwaltungsakt, weil die Finanzbehörde damit feststellt, dass seine Voraussetzungen vorliegen, insbesondere dass eine Insolvenzforderung besteht. Der Insolvenzantrag der Finanzbehörde hat keine andere Rechtswirkung als der eines Privatgläubigers. Das Bestehen der Insolvenzforderung wird durch den Insolvenzantrag nicht festgestellt; deren Prüfung erfolgt vielmehr erst im normalen insolvenzrechtlichen Verfahren.

Stellt die Finanzbehörde einen Insolvenzantrag, liegt somit schlichtes Verwaltungshandeln auf dem Gebiet des öffentlichen Rechts vor[8]. Rechtsschutz hiergegen wird ebenfalls im Finanzrechtsweg, § 33 Abs. 1 S. 1 FGO, gewährt, und zwar durch Leistungsklage nach § 40 Abs. 1 FGO (Klage auf Unterlassen des Stellens des Antrags bzw. auf Rücknahme des Antrags)[9]. Mittel des vorläufigen Rechtsschutzes ist die einstweilige Anordnung, § 114 FGO[10]. Eine Klage auf Rücknahme des Insolvenzan-

8 A. A. *App*, ZfZ 1999, S. 8, der privatrechtliches Handeln annimmt. Es kann jedoch nicht übersehen werden, dass die Stellung eines Insolvenzantrages eine Maßnahme der Beitreibung der öffentlich-rechtlichen Forderung gegen den Steuerschuldner ist. Dieses Verhältnis ist öffentlich-rechtlich und kann nicht für Einzelmaßnahmen zu einem privatrechtlichen Verhältnis werden. Die Situation ist nicht vergleichbar mit der, in der die Finanzbehörde auf Grund einer Forderungspfändung gegen den Drittschuldner vorgeht (ein Vergleich, den *App*, zieht). Das Verhältnis zum Drittschuldner war nie öffentlich-rechtlich, kann also auf Grund der gepfändeten Forderung nur privatrechtlich sein; das Verhältnis zum Schuldner selbst bleibt aber auch in diesem Fall öffentlich-rechtlich.

9 *FG Saarland*, 21. 1. 2004, EFG 2004 S. 759; *FG Köln*, 9. 11. 2004, EFG 2005, 372; *FG Berlin*, 21. 9. 2004, EFG 2005, 11; *Tipke/Kruse*, AO, zu § 251 Rz. 22; vgl. auch *BGH*, 15. 2. 1990, DB 1990 S. 2519. Zu Unrecht a. A. *Kalmes*, DStZ 1983 S. 188, der daraus, dass der Insolvenzantrag kein Verwaltungsakt ist, folgert, es liege überhaupt kein Verwaltungshandeln und keine Abgabenangelegenheit vor; er hält den Zivilrechtsweg für gegeben. Zur Kritik dieser Ansicht auch *Braun*, DStZ 1986 S. 277, 278. Der Ansicht von *Kalmes* folgt *Urban*, DStZ 1988 S. 147, wobei er einen finanzgerichtlichen Rechtsschutz für überflüssig hält; das hätte aber zur Folge, dass die Ermessensentscheidung der Finanzbehörde überhaupt nicht gerichtlich nachprüfbar wäre; ebenso *Kalmes*, BB 1989 S. 818. Offengelassen in *BFH*, 5. 7. 1988, BFH/NV 1988 S. 236. Zu strafrechtlichen Fragen bei unberechtigtem Insolvenzantrag der Finanzbehörde vgl. *App*, BB 1989 S. 1171; *Kalmes*, BB 1989 S. 1665.

10 *BFH*, 26. 4. 1988, BFH/NV 1988 S. 762; *FG Bremen*, 13. 9. 1999, EFG 1999 S. 1245; *FG Münster*, 15. 3. 2000, EFG 2000 S. 634. Eine einstweilige Anordnung mit dem Ziel, die Zustimmung des Finanzamts zur Verfahrenseinstellung zu erreichen, ist nicht zulässig, da sie das Ergebnis des Hauptverfahrens vorwegnehmen würde; vgl. *BFH*, 25. 4. 1989, BFH/NV 1990 S. 76; *Weiß*, Insolvenz und Steuern, S. 43; vgl. auch *Kramer*, Konkurs- und Steuerverfahren, S. 46, der das Rechtsschutzbedürfnis verneint.

trags ist nur bis zum Wirksamwerden des Eröffnungsbeschlusses möglich, weil die Finanzbehörde nach § 13 Abs. 2 InsO nur bis zu diesem Zeitpunkt in der Lage ist, den Antrag zurückzunehmen[11]. Nach Beendigung des Insolvenzverfahrens ist nur eine Feststellungsklage auf Feststellung der Rechtswidrigkeit des Handelns der Finanzbehörde zulässig. Für diese Feststellungsklage muss ein Feststellungsinteresse (Wiederholungsgefahr, Folgenbeseitigung, Rehabilitierung, beabsichtigter Amtshaftungsprozess) bestehen, das zu konkretisieren ist[12].

Entsprechend kann vorläufiger Rechtsschutz durch einstweilige Anordnung, § 114 FGO, nur bis zu diesem Zeitpunkt gewährt werden. Da die Verfahrensherrschaft mit Wirksamwerden des Eröffnungsbeschlusses auf das Insolvenzgericht übergegangen ist, fehlt einem Antrag des Insolvenzschuldners nach diesem Zeitpunkt das Rechtsschutzinteresse. Der Antrag ist daher unzulässig. Darüber hinaus sind die mit Eröffnung des Insolvenzverfahrens von dem Steuerpflichtigen befürchteten Rechtsnachteile bereits eingetreten, können also durch eine einstweilige Anordnung nicht mehr verhindert werden[13].

Die Rechtsmeinung, die den Insolvenzantrag als Verwaltungsakt ansieht[14], gewährt demgegenüber Rechtsschutz durch Einspruch und Anfechtungsklage sowie vorläufigen Rechtsschutz durch Aussetzung der Vollziehung nach § 69 FGO.

Die Finanzbehörde ist in der Entscheidung darüber, ob ein Insolvenzantrag gestellt werden soll, nicht völlig frei. Wie jedes Verwaltungshandeln außerhalb der gebundenen Verwaltung steht auch diese Entscheidung im pflichtgemäßen Ermessen (§ 5 AO) der Behörde. Bei der Ermessensausübung muss die Behörde die Grenzen des Ermessens berücksichtigen und, entsprechend ihrem öffentlichen Auftrag, auch die Interessen des Schuldners gebührend in Rechnung stellen[15]. Dagegen dürfen wirtschaftspolitische Erwägungen (z. B. Erhalt der Arbeitsplätze) bei der Ermessensentscheidung nicht berücksichtigt werden, weil diese Erwägungen außerhalb der Kompetenz der Finanzbehörde liegen[16]. Solche Erwägungen verlassen

---

11 Vgl. *Uhlenbruck*, InsO, zu § 13 Rz. 79; *BFH*, 1. 3. 1978, BStBl. II 1978 S. 313, BB 1978 S. 597; *BFH*, 26. 4. 1988, BFH/NV 1988 S. 762; *Hess. FG*, 14. 4. 1988, EFG 1988 S. 525.

12 *BFH*, 19. 12. 1989, BFH/NV 1990 S. 710 m. Anm. *App*, in: EWiR § 103 KO – 1/91.

13 *BFH*, 25. 4. 1989, BFH/NV 1990 S. 76.

14 Vgl. Fußnoten 3 und 4.

15 *Tipke/Kruse*, AO, § 251 Rz. 15; *Uhlenbruck*, BB 1972 S. 1266; *ders.*, DStZ 1986 S. 39.

16 Vgl. hierzu *Neumann*, in: Beermann, Steuerliches Verfahrensrecht, zu § 251 AO, Rz. 16.2; a.A. *Bringewat/Waza/Grawe*, Insolvenzen und Steuern, Rz. 14.

nämlich das öffentlich-rechtliche Steuerschuldverhältnis, das zwischen dem Insolvenzschuldner und der Finanzbehörde besteht.

Die Finanzbehörde hat bei der Ermessensausübung daher umfassend nur die Umstände zu berücksichtigen, die sich unmittelbar aus dem Steuerschuldverhältnis ergeben[17]. Ihr ist deshalb ein Verhalten, das bei einem privatrechtlichen Gläubiger rechtmäßig wäre, nicht schlechthin gestattet. Sie darf sich nicht auf einen reinen Gläubigerstandpunkt stellen und nur das Ziel verfolgen, unter Ausnutzung aller gesetzlichen Möglichkeiten ihren Anspruch durchzusetzen. Zum Ausdruck kommt diese Bindung der Behörde in der Anwendung des Übermaßverbotes. Die Eröffnung des Insolvenzverfahrens bedeutet in aller Regel die Vernichtung der wirtschaftlichen Existenz des Schuldners. Die Behörde darf diese Folge daher nur in besonders gravierenden Fällen und bei Bestehen hoher Rückstände in Kauf nehmen. Besonders zu berücksichtigen ist, wenn die Eröffnung des Insolvenzverfahrens berufsrechtliche Folgen für den Schuldner nach sich zieht (z.B. bei Rechtsanwälten)[18]. Die von der insolvenzrechtlichen Literatur[19] vertretene Ansicht, der Insolvenzantrag sei auch bei Kleinforderungen zulässig, ist daher auf die Finanzbehörde nicht anwendbar[20]. Ermessensfehlerhaft ist ein Insolvenzantrag in jedem Fall dann, wenn eine realistische Möglichkeit besteht, dass der Schuldner ohne Insolvenzverfahren seine Verbindlichkeit, wenn auch erst nach längerer Zeit, noch abträgt. Der damit verbundene verspätete Eingang der Steueransprüche ist kein so großer Nachteil, dass die Vernichtung der wirtschaftlichen Existenz des Schuldners durch eine Behörde in Kauf genommen werden könnte. Erfolgversprechenden Einzelvollstreckungsmaßnahmen kommt daher der Vorrang zu[21]. Ermessensfehlerhaft wäre ein Insolvenzantrag auch, wenn er nicht in erster Linie auf den Einzug der offenen Forderungen der Finanzbehörde gerichtet ist, sondern das Ausscheiden des Schuldners aus dem Wirtschaftsleben erzwingen[22] oder in sonstiger Weise Druck auf den

---

17 Wie hier *FG Münster*, 15. 3. 2000, EFG 2000 S. 634. Zu Ermessenserwägungen vgl. *Trossen*, DStZ 2001 S. 877.

18 Etwaige berufsrechtliche Folgen sind im Rahmen der Ermessensentscheidung zu berücksichtigen, sie machen die Stellung des Insolvenzantrags aber nicht schlechthin ermessensfehlerhaft, *FG Saarland*, 17. 3. 2004, EFG 2004, 1021.

19 *Uhlenbruck*, InsO, zu § 14 Rz. 7 m.w.N.; vgl. auch *LG Würzburg*, 8. 12. 1983, BB 1984 S. 95 für eine Forderung von 450 DM; im Ergebnis ebenso, aber unter einschränkenden Voraussetzungen *Bringewat/Waza/Grawe*, Insolvenzen und Steuern, Rz. 14.

20 A. A. *App*, ZfZ 1998, S. 398.; *FG Saarland*, 17. 3. 2004, EFG 2004, 1021; einschränkend auch *Uhlenbruck*, InsO, zu § 14, Rz. 101.

21 *Tipke/Kruse*, AO, zu § 251 Rz. 19; *FG Düsseldorf*, 1. 2. 1993, EFG 1993 S. 592; *FG Berlin*, 21. 9. 2004, EFG 2005, 11.

22 Vgl. *Tipke/Kruse*, AO, zu § 251 Rz. 19; *BFH*, 1. 2. 2005, BFH/NV 22005, 1002.

Schuldner, z. B. zur Abgabe der Steuererklärungen oder zur Vereinbarung und Zahlung von Raten, ausüben soll[23]. Ein solcher Antrag ist von vornherein auf sachfremde Erwägungen gestützt.

Die Tatsache allein, dass durch ein Insolvenzverfahren eine bessere Befriedigung des Finanzamts nicht zu erwarten ist, weil der Antrag etwa mangels einer die Kosten deckenden Masse abgelehnt werden wird, begründet keinen Ermessensfehler; sie beweist im Gegenteil, dass der Schuldner zahlungsunfähig bzw. überschuldet und damit insolvenzreif ist. Allerdings ist ein Antrag auf Eröffnung des Insolvenzverfahrens dann ermessensfehlerhaft, wenn dem Finanzamt bekannt ist, dass keine die Kosten deckende Masse vorhanden ist. Dann würde der Antrag nicht mehr auf die Befriedigung des Finanzamts gerichtet sein, sondern auf die Vernichtung der wirtschaftlichen Existenz des Schuldners[24].

Ermessensfehlerfrei ist die Stellung des Insolvenzantrags z. B. dann, wenn mit einer wirtschaftlichen Gesundung des Schuldners in absehbarer Zeit nicht gerechnet werden kann, wenn die Rückstände weiterhin steigen, wenn die Finanzbehörde alle erfolgsversprechenden Mittel der Einzelvollstreckung ausgenutzt hat[25] oder Anlass zu der Befürchtung besteht, dass der Schuldner bei seinen Zahlungen die Finanzbehörde zugunsten anderer Gläubiger benachteiligt[26].

Im Rahmen der Ermessensentscheidung ist auch zu berücksichtigen, dass die Steuerforderung regelmäßig nicht in einem Streitverfahren von einem ordentlichen Gericht festgestellt wird, sondern dass die Behörde als Gläubigerin das Recht hat, die Steuern einseitig, auch gegen die Einwendungen des Schuldners, festzusetzen sowie anschließend im Verwaltungsvollstreckungsverfahren (§§ 249 ff. AO) selbst durchzusetzen. Infolge dieses Zusammenfallens von Gläubiger- und Festsetzungsfunktion sowie Vollstreckungsfunktion können durch Steuerbescheid festgesetzte Steuern einen geringeren Grad an Richtigkeit beanspruchen als gerichtlich festgestellte Forderungen. Es ist daher ermessensfehlerhaft, einen Insolvenzantrag we-

23 Vgl. *FG Münster,* 14. 4. 1987, EFG 1987 S. 516; *BFH,* 23. 7. 1985, BFH/NV 1986 S. 41; *BFH,* 1. 3. 1990, BFH/NV 1990 S. 787; *BFH,* 1. 2. 2005, BFH/NV 2005, 1002; *Uhlenbruck,* DStZ 1986 S. 39.

24 *BFH,* 12. 12. 2003, BFH/NV 2004, 464.

25 Oder wenn Einzelvollstreckungsmaßnahmen offensichtlich erfolglos sein werden, FG Saarland, 17. 3. 2004, EFG 2004, 1021; *FG Köln,* 9. 11. 2004, EFG 2005, 372.

26 *BFH,* 23. 7. 1985, BFH/NV 1986 S. 41; *FG Saarland,* 21. 1. 2004, EFG 2004 S. 759; *App,* ZfZ 1998, S. 398.

gen Steueransprüchen zu stellen, wenn ernstliche Zweifel an der Rechtmäßigkeit der Steuerbescheide bestehen[27].

Für zivilrechtliche Ansprüche wird diskutiert, ob Glaubhaftmachung des Anspruchs genügt, wenn der Insolvenzgrund der Überschuldung (§ 19 InsO) bzw. der Zahlungsunfähigkeit (§ 17 InsO) gerade auf dieser Forderung beruht. Für diese Fälle wird die Ansicht vertreten, dass der Insolvenzgrund, und damit das Bestehen der Forderung, zur vollen Überzeugung des Insolvenzgerichts feststehen müsse[28]. Diese Ansicht ist bisher auf Steueransprüche nicht ausgedehnt worden. Hinsichtlich der Glaubhaftmachung des Bestehens der Steuerforderung wird die Ansicht vertreten, dass angesichts der Verpflichtung der Finanzbehörde zur objektiven Beurteilung der Behauptung, die Forderung bestehe, ausreicht, wenn hieran keine ernstlichen Zweifel bestehen[29]. Nach der Gegenansicht sollen sich ernstliche Zweifel aus allen Einwendungen des Schuldners gegen die Forderung ergeben, da jede Einwendung erheblich sei[30]. Dieser Ansicht ist nicht zu folgen, da die Tatbestandswirkung bestehender Verwaltungsakte völlig ausgeblendet wird. Nach anderer, zutreffender Ansicht können sich ernstliche Zweifel daraus ergeben, dass der Steuerpflichtige die Bescheide angefochten hat und substantiierte Einwendungen vorbringt[31] oder, bei bestandskräftigen Bescheiden, dass der Steuerpflichtige substantiiert Tatsachen oder Umstände vorträgt, die eine Änderung der Steuerbescheide rechtfertigen[32]. Unsubstantiiertes Bestreiten der Richtigkeit der Steuerforderung genügt jedoch nicht. Beruht die Steuerfestsetzung auf einer Schätzung, muss der Schuldner zum Bestreiten die Steuererklärung einreichen[33]. Der Schuldner hat die Obliegenheit, die Steuerfestsetzung mit den zulässigen Rechtsbehelfen anzugreifen und Aussetzung der Vollziehung zu beantragen[34]. Tut er dies nicht oder wird bestandskräftig gegen ihn entschieden, ist er im

---

27 Vgl. *FG Baden-Württemberg,* 17. 5. 1978, EFG 1979 S. 4; *Tipke/Kruse,* AO, zu § 251 Rz. 19. Hiervon abgesehen ist ein Insolvenzantrag aufgrund vollstreckbarer, aber nicht bestandskräftiger Steuerfestsetzungen nicht ermessensfehlerhaft, vgl. *BFH,* 11. 12. 1980, BFH/NV 1991 S. 787; *BFH,* 1. 2. 2005, BFH/NV 2005, 1002.

28 Zum Streitstand *Pape,* NJW 1993 S. 297, mit umfangreichen weiteren Nachweisen; *Uhlenbruck,* InsO, zu § 14 Rz. 92.

29 *BFH,* 11. 12. 1990, BFH/NV 1991 S. 787; *BFH,* 12. 12. 2003, BFH/NV 2004, 464; *Uhlenbruck,* InsO, zu § 14 Rz. 95.

30 *Schmahl* in: MüKo InsO, zu § 14 Rz. 80.

31 So *AG Stendal,* ZInsO 2000, 172.; *Uhlenbruck,* InsO, zu § 14 Rz. 95.

32 Wie hier *Uhlenbruck,* InsO, zu § 14 Rz. 95.

33 *Hess. FG,* 26. 2. 1979, EFG 1979 S. 350.

34 Vgl. *Hess. FG,* 22. 1. 1982, EFG 1982 S. 419; *BFH,* 11. 12. 1990, BFH/NV 1991 S. 787; *Uhlenbruck,* InsO, zu § 14 Rz. 95.

Verfahren über die Rechtmäßigkeit des Insolvenzverfahrens daran gebunden, dass die Steuerfestsetzung rechtmäßig ist.

Ist die Steuer zwar bestandskräftig, aber unter dem Vorbehalt der Nachprüfung nach § 164 AO festgesetzt, ist für den Insolvenzantrag zu unterscheiden. Wird, wie es die Regel ist, die Steuer auf Grund der eigenen Steuererklärung des Schuldners unter dem Vorbehalt der Nachprüfung festgesetzt und liegen keine substantiierten Einwendungen des Steuerpflichtigen gegen diese Steuerfestsetzung vor, kann der Insolvenzantrag gestellt werden. Es ist dann unwahrscheinlich, dass die Nachprüfung eine Steuer ergeben würde, die niedriger ist als die Steuer auf Grund der eigenen Erklärung des Steuerpflichtigen[35]. Hat der Steuerpflichtige dagegen einen substantiierten Änderungsantrag nach § 164 Abs. 2 AO gestellt, muss die Finanzbehörde den Einwendungen des Steuerpflichtigen nachgehen, bevor sie Insolvenzantrag stellt, wenn nicht die nach dem Änderungsantrag unbestrittenen Steuerforderungen für die Stellung des Insolvenzantrags ausreichen.

Soweit eine Steuer nach § 165 AO vorläufig festgesetzt ist, darf so weit, wie die Vorläufigkeit reicht, noch kein Insolvenzantrag gestellt werden. Eine nur vorläufig festgesetzte Forderung ist noch mit einer so großen Unsicherheit belastet, dass die Stellung des Insolvenzantrags ermessensfehlerhaft wäre.

Ein Insolvenzantrag kann auch ermessensfehlerhaft sein, wenn ein substantiierter und nicht aussichtsloser Erlassantrag gestellt worden ist. Keine Ermessensfehler liegen aber vor, wenn erhebliche Gründe gegen die Erlasswürdigkeit sprechen[36].

Liegt ein Ermessensfehlgebrauch bei der Stellung des Insolvenzantrags vor, kann eine nach § 839 BGB haftungsbegründende Amtspflichtverletzung vorliegen[37].

Für den Inhalt des Insolvenzantrags gilt § 14 Abs. 1 InsO[38]. Es müssen das Bestehen der Steuerforderungen und der Insolvenzgrund glaubhaft gemacht werden. Hierfür genügt nicht die bloße Stellung des Eröffnungsantrages[39], ausreichend ist i. d. R. aber die Bestätigung der den Antrag

---

35 Ebenso *BFH*, 11. 12. 1990, BFH/NV 1991 S. 787. A. A. *Uhlenbruck*, DStZ 1986 S. 39; *App*, DStZ 1986 S. 487.

36 *BFH*, 11. 12. 1990, BFH/NV 1991 S. 787.

37 *BGH*, 15. 2. 1990, DB 1990 S. 2519; *App*, ZfZ 1999, S. 8.

38 Zum Inhalt des Insolvenzantrags einer Finanzbehörde vgl. *App*, ZfZ 1998, S. 398.

39 *Schmahl* in: MüKo InsO, zu § 14 Rz. 80.

stellenden Behörde, dass die Steuerforderung besteht[40]. Zur Glaubhaftmachung der Steuerforderungen ist Spezifizierung der einzelnen Steueransprüche nach Art und Zeitraum sowie Beifügung der Festsetzungsbescheide erforderlich, aber auch genügend. Für den Insolvenzgrund ist die Darstellung des finanzbehördlichen Ermittlungsergebnisses ausreichend[41]. Dies kann auch auf dem Ergebnis einer Aussenprüfung (§§ 193–207 AO) beruhen, die den Insolvenzgrund erst zutage fördert. Der Insolvenzgrund der Zahlungsunfähigkeit ist glaubhaft gemacht, wenn zeitnah ein erfolgloser Vollstreckungsversuch durchgeführt wurde.

Die Mitteilung dieser Daten an das Insolvenzgericht dient der Durchführung der Besteuerung. Sie stellt daher nach § 30 Abs. 4 Nr. 1 AO eine zulässige Durchbrechung des Steuergeheimnisses dar[42].

---

40 A. A. *AG Potsdam* vom 2. 8. 2001, NZI 2001, 604, demzufolge es für die Glaubhaftmachung eines Insolvenzgrundes nicht ausreicht, dass das Finanzamt das Bestehen einer Verpflichtung des Schuldners gegenüber dem Finanzamt nachweist.

41 Vgl. eingehend *Uhlenbruck*, DStZ 1986 S. 39.

42 Vgl. *Schwarz*, AO, zu § 30 Rz. 34; *Tipke/Kruse*, AO, zu § 251 Rz. 20; *Loose*, StuW 1999, S. 20; näher dazu auch *Uhlenbruck*, InsO, zu § 14, Rz. 101.

II. Steuerforderungen als Insolvenzforderungen im Insolvenzverfahren

1. Unterbrechung der Steuerverfahren

Nach § 87 InsO können Insolvenzforderungen nur nach den Vorschriften der Insolvenzordnung durchgesetzt werden[1]. Soweit die Steuerforderung Insolvenzforderung ist, kann sie daher nur entsprechend den §§ 174–186 InsO durch Anmeldung zur Insolvenztabelle und Feststellung geltend gemacht werden[2]. Dies gilt auch, wenn es sich um einen steuerlichen Haftungsanspruch handelt. Eine Befriedigung, die der Steuergläubiger vor Eröffnung des Insolvenzverfahrens erlangt hat, kann wie die Befriedigung privatrechtlicher Forderungen nach §§ 129 ff. InsO anfechtbar sein[3].

Nach § 89 InsO tritt an Stelle des Individualvollstreckungsverfahrens das Kollektivverfahren der Insolvenzordnung. Das damit verbundene Verbot der Einzelvollstreckungsmaßnahmen gilt auch für die Vollstreckung von Steuerforderungen[4].

Somit dürfen alle Steuerverfahren nicht fortgesetzt werden, die auf individuelle Befriedigung des Steuergläubigers gerichtet sind. Das ist in erster Linie das Steuerfestsetzungsverfahren nach den §§ 155–178 AO[5]. Ein Steuerbescheid ist nach § 157 AO auf die Festsetzung einer Steuer gerichtet und dient damit der im Insolvenzverfahren unzulässigen individuellen Befriedigung des Steuergläubigers. Entsprechend § 240 S. 2 ZPO tritt eine Unterbrechung des Steuerfestsetzungsverfahrens auch ein, wenn ein vorläufiger Insolvenzverwalter mit Verfügungs- und Verwaltungsrecht bestellt ist („starker“ vorläufiger Insolvenzverwalter)[5a].

Das Steuerermittlungsverfahren (§§ 88, 90–92, 93 ff. AO) andererseits ist nicht unmittelbar auf die Befriedigung des Steuergläubigers gerichtet, sondern nur auf Ermittlung bestimmter Sachverhalte. Es kann daher auch nach Eröffnung des Insolvenzverfahrens fortgesetzt werden. Daher ändert die Eröffnung des Insolvenzverfahrens nichts an der Pflicht des Steuerpflichtigen bzw. des Insolvenzverwalters, Steuererklärungen einzu-

---

1 *BFH*, 10. 12. 1975, BStBl. II 1976 S. 506. Allgemein zur Teilnahme von Steuerforderungen am Insolvenzverfahren *BMF*, 17. 12. 1998, BStBl. I 1998, 1500; *BMF*, Vollstreckungsanweisung, 18. 9. 2001, BStBl. I 2001 S. 605, Abschn. 60.

2 *BFH*, 10. 12. 1975, BStBl. II 1976 S. 506; *Welzel*, DStZ 1994 S. 331 m. w. N.

3 *BGH*, 18. 12. 2001, BB 2002 S. 270

4 *Beermann* in Hübschmann/Hepp/Spitaler, AO, zu § 251 Rz. 403.

5 *BFH*, 18. 12. 2002, BStBl. II 2003 S. 630, BB 2003 S. 1105.

5a *BFH*, 22. 1. 2003, BFH/NV 2003, 645; *BFH*, 30. 9. 2004, BFH/NV 2005, 365.

reichen[6]. Auch das Außenprüfungsverfahren (§§ 193–207 AO) dient lediglich der Ermittlung der Besteuerungsgrundlagen und wird daher nicht unterbrochen[7].

Bei Feststellungsbescheiden (§ 179–183 AO) ist zu unterscheiden. Zwar sind Feststellungsbescheide nicht unmittelbar auf eine Befriedigung des Steuergläubigers gerichtet, doch können sie für das Insolvenzverfahren präjudiziell sein, soweit Besteuerungsgrundlagen für eine Steuer festgesetzt werden, die Insolvenzforderung ist. Insoweit wird das Feststellungsverfahren ebenfalls unterbrochen, um eine bestandskräftige Feststellung über Insolvenzforderungen nach Eröffnung des Insolvenzverfahrens zu vermeiden[8]. Dabei kommt es nicht darauf an, ob die Feststellung tatsächlich eine Auswirkung auf die Insolvenzforderungen hat. Es genügt, dass der Bescheid abstrakt geeignet ist, sich auf die als Insolvenzforderung anzumeldenden Steueransprüche auszuwirken.

Betrifft die Feststellung dagegen Steueransprüche, die keine Insolvenzforderungen sind, kann das Feststellungsverfahren fortgesetzt werden[9]. Das ist z. B. bei einer Gewinnfeststellung einer in Insolvenz gefallenen Personengesellschaft der Fall, die steuerliche Bedeutung nur für die Besteuerung der Gesellschafter hat; Wirkungen für die Insolvenzmasse entstehen durch sie nicht[10].

Ist über das Vermögen eines der an der Feststellung Beteiligten das Insolvenzverfahren eröffnet worden (z. B. über das Vermögen eines von mehreren an der in Insolvenz gefallenen Personengesellschaft beteiligten Gesellschaftern ist das Insolvenzverfahren eröffnet worden), ist das Feststellungsverfahren nur gegenüber den nicht in Insolvenz gefallenen Beteiligten fortzusetzen. Eine Feststellung gegen den in Insolvenz gefallenen

---

6 Vgl. oben 1. Teil Abschn. II 3, III 2 c.

7 Vgl. *App*, StBp 1985 S. 149; *Tipke/Kruse*, AO, zu § 251 Rz. 34.

8 *BFH*, 2. 2. 1997, BStBl. 1998, 428, BB 1997 S. 2573 unter Aufgabe seiner gegenteiligen Rechtsprechung; ebenso *BFH*, 1. 4. 2003, BStBl. II, 2003 S. 779, BB 2003 S. 1828; *BFH*, 18. 12. 2002, BStBl. II 2003 S. 630, BB 2003 S. 1105.; *BFH*, 24. 8. 2004, BStBl. II 2005, 246, BB 2004, 2731; A. A. *Beermann* in Hübschmann/Hepp/Spitaler, AO, zu § 251 Rz. 406.; wie hier *Uhlenbruck*, InsO, zu § 85 Rz. 31, zu § 87 Rz. 15; *BFH*, 18. 12. 2002, BStBl. II 2003 S. 630, BB 2003 S. 1105 vertritt in einem obiter dictum die Auffassung, dass Feststellungen von Besteuerungsgrundlagen zulässig sein könnten, wenn sie sich für den Insolvenzschuldner nur vorteilhaft auswirken könnten (z.B. Feststellung des Verlustes, um einen Verlustrücktrag zu ermöglichen).

9 Ebenso *BFH*, 1. 4. 2003, BStBl. II, 2003, 779, BB 2003 S. 1828; *BFH*, 24. 8. 2004, BStBl. II 2005, 246, BB 2004, 2731.

10 Vgl. unten; *BFH*, 21. 6. 1979, BStBl. 1979 II S. 780, BB 1979 S. 1756; *BFH*, 8. 8. 1986, BFH/NV 1987 S. 182; *BFH*, 7. 10. 1987, BStBl. II 1988 S. 23, BB 1988 S. 751 zu einem Sonderfall.

Beteiligten hat erst zu erfolgen, wenn dies nach § 251 Abs. 3 AO erforderlich ist, d. h. wenn die angemeldete Insolvenzforderung bestritten wird.

Feststellungsbescheide bleiben also zulässig[11],

- wenn über das Vermögen einer Personengesellschaft das Insolvenzverfahren eröffnet worden ist, zum Zweck der Besteuerung der Gesellschafter;
- wenn über das Vermögen eines Gesellschafters das Insolvenzverfahren eröffnet worden ist, zum Zweck der Besteuerung der anderen Gesellschafter und der Personengesellschaft.

Nicht zulässig sind Feststellungsbescheide zum Zweck der Besteuerung des Schuldners, über dessen Vermögen das Insolvenzverfahren eröffnet worden ist (natürliche Person, Personengesellschaft).

Wird danach das Feststellungsverfahren fortgesetzt, stellt sich die Frage, wem die Feststellungsbescheide bekannt zu geben sind. Ist über das Vermögen der Personengesellschaft das Insolvenzverfahren eröffnet worden, vertritt die h. M.[12] die Ansicht, dass die für die Besteuerung der Gesellschafter bestimmten Bescheide weiterhin der Personengesellschaft nach § 183 AO bekannt gegeben werden dürften, allerdings nicht zu Händen des Insolvenzverwalters, da es sich insoweit um eine Tätigkeit außerhalb des Insolvenzverfahrens handele, sondern an den Geschäftsführer oder Liquidator der in Insolvenz gefallenen Personengesellschaft. M. E. ist § 183 AO aber nicht mehr anwendbar, weil die Eröffnung des Insolvenzverfahrens über das Vermögen der Personengesellschaft das Vertrauensverhältnis zerstört, das Regelungsgrund des § 183 AO ist[13]. Besser ist es m. E., die Bescheide durch Einzelbekanntgabe an alle betroffenen Gesellschafter bekannt zu geben[14].

Da die Insolvenzmasse nicht betroffen ist, hat der Insolvenzverwalter kein Anfechtungsrecht; er ist im Einspruchs- oder Klageverfahren auch nicht beizuladen.

Ist über das Vermögen nur eines Gesellschafters der Personengesellschaft das Insolvenzverfahren eröffnet worden, können Feststellungsbescheide

---

11 Wie hier *Welzel*, DStZ 1999, S. 559; *Bringewat/Waza/Grawe*, Insolvenzen und Steuern, Rz. 191 ff.

12 *BFH*, 21. 6. 1979, BStBl. II 1979 S. 780, BB 1979 S. 1756; *BFH*, 30. 9. 1987, BFH/NV 1989 S. 441; *BFH*, 30. 4. 2003, BStBl. II 2003 S. 890, BB 2003 S. 1774. Vgl. jedoch *BFH*, 12. 12. 1985, BStBl. II 1986 S. 408, BB 1986 S. 723.

13 Vgl. *Frotscher*, in: Schwarz, AO, zu § 183 Rz. 3; *Tipke/Kruse*, AO, zu § 251 Rz. 47.

14 Dementsprechend sind alle Gesellschafter, ohne die Einschränkungen des § 352 AO, klagebefugt; *Tipke/Kruse*, AO, zu § 251 Rz. 47.

gemäß § 183 AO an die Personengesellschaft hinsichtlich der nicht in Insolvenz gefallenen Gesellschafter bekannt gegeben werden. Für den in Insolvenz gefallenen Gesellschafter kann die Personengesellschaft nicht mehr als nach § 183 AO bevollmächtigt gelten. Das ist auch nicht erforderlich, da das Feststellungsverfahren gegen den Schuldner mit bindender Wirkung nicht fortgesetzt werden kann, die Frage der Bekanntgabe eines Feststellungsbescheides sich also nicht stellt.

Auch das Verfahren über Steuermessbescheide (§ 184 AO) darf gegen einen in Insolvenz gefallenen Steuerpflichtigen nicht fortgesetzt werden[15]. Messbescheide enthalten bindende Feststellungen über Besteuerungsgrundlagen; diese dürfen nach Eröffnung des Insolvenzverfahrens nur in dem Verfahren nach §§ 174–186 InsO ergehen. Ein Steuermessbescheid kann nach Eröffnung des Insolvenzverfahrens nur ergehen, wenn die Anmeldung der Gewerbe- oder Grundsteuer bestritten worden ist. Die Gemeinde hat ihre Steuerforderung zur Tabelle anzumelden, u. U. nachdem ihr die sonst in den Gewerbesteuermessbescheid aufzunehmenden Besteuerungsgrundlagen von dem Finanzamt (formlos) mitgeteilt worden sind. Wird die Anmeldung zur Tabelle bestritten, hat eine Feststellung zu erfolgen, d. h. das Finanzamt hat den Steuermessbescheid und auf dieser Grundlage die Gemeinde den Feststellungsbescheid nach § 251 Abs. 3 AO zu erlassen[16]. Rechtsschutz wird den Beteiligten nach den allgemeinen Vorschriften gewährt, wenn nach Bestreiten der Anmeldung vom Finanzamt der Messbescheid über die Gemeindesteuern erlassen wird.

Im gleichen Umfang, in dem das Steuerfestsetzungs- bzw. Feststellungsverfahren unterbrochen wird, wird auch ein zum Zeitpunkt der Eröffnung des Insolvenzverfahrens anhängiges Rechtsbehelfsverfahren unterbrochen[17]. Die Abgabenordnung enthält insoweit zwar keine ausdrückliche Regelung, jedoch ist auf das außergerichtliche Rechtsbehelfsverfahren § 240 ZPO entsprechend anzuwenden.

---

15 *FG Düsseldorf*, 11. 10. 2000, EFG 2001 S. 61; a. A. *Beermann*, in: Hübschmann/Hepp/Spitaler, AO, zu § 251 Rz. 406.

16 Wie hier *Uhlenbruck*, InsO zu § 87 Rz. 16; *FG Köln*, 20. 9. 1996, EFG 1997, S. 362; *BFH*, 2. 7. 1997, BStBl. II 1998, S. 428, BB 1997 S. 2573, wodurch die gegenteilige Ansicht *BFH*, 12. 7. 1985, BStBl. II 1985 S. 650, BB 1985 S. 2222 mit Anm. *Onusseit*, EWiR § 240 ZPO, 2/98, aufgegeben wurde.

17 *BFH*, 21. 11. 2001, BFH/NV 2002, 315; BFH, 23. 5. 2000, BFH/NV 2000, 1134.; *BFH*, 3. 5. 1978, BStBl. II 1978 S. 472; *BFH*, 2. 7. 1997, BStBl. II 1998, S. 428, BB 1997 S. 2573; vgl. auch *BFH*, 10. 12. 1975, BStBl. II 1976 S. 506.

Gleiches gilt für ein gerichtliches Verfahren (vgl. § 155 FGO, § 240 ZPO)[18]. Ab Eröffnung des Insolvenzverfahrens dürfen auch keine Einsprüche mehr eingelegt und Klagen erhoben werden[19]. Die Unterbrechung der Verfahren gilt auch für Nebenverfahren wie das Beschwerdeverfahren[20].

Ebenfalls unterbrochen wird ein Vollstreckungsverfahren, da ein solches Verfahren die Kollektivbefriedigung stören würde[21]. Ausgeschlossen sind dadurch alle Einzelvollstreckungsmaßnahmen, und zwar sowohl gegen die Masse als auch gegen den Schuldner. Eine Befriedigung, die die Finanzbehörde trotz bestehenden Vollstreckungsverbots erlangt, ist an die Masse herauszugeben. Angesichts des Vollstreckungsverbots stellt ein Steuerbescheid keinen Rechtsgrund für das Behaltendürfen dar[22].

Die Eröffnung des Insolvenzverfahrens hat auch Auswirkungen auf die vor diesem Zeitpunkt vorgenommenen Vollstreckungshandlungen. Nach § 88 InsO werden Sicherheiten, die durch Vollstreckungsmaßnahmen im letzten Monat vor dem Antrag auf Eröffnung des Insolvenzverfahrens oder nach dem Antrag auf Eröffnung des Insolvenzverfahrens an zur Insolvenzmasse gehörenden Vermögensgegenständen des Schuldners erlangt worden sind, unwirksam (sog. Rückschlagsperre). Das gilt auch für Sicherheiten, die durch Verwaltungsvollstreckungsmaßnahmen erlangt worden sind[23].

---

18 *BFH*, 23. 5. 2000, BFH/NV 2000, 1134.; nach *BFH*, 17. 11. 1977, BStBl. II 1978 S. 165, BB 1978 S. 292, wird das Verfahren auch unterbrochen, wenn das Insolvenzverfahren nach Verkündung, aber vor Zustellung des Urteils eröffnet worden ist. Vgl. auch *BFH*, 29. 6. 1965, BStBl. III 1965 S. 491, BB 1965 S. 937; *BFH*, 10. 6. 1970, BStBl. II 1970 S. 665, BB 1970 S. 116.

19 *Weis*, in: Hess/Weis/Wienberg, InsO, zu § 55 Rz. 295.

20 *BFH*, 27. 2. 2003, BStBl II 2003 S. 667, BB 2003 S. 1271.

21 Vgl. *BFH*, 27. 11. 1974, BStBl. II 1975 S. 208, BB 1975 S. 260; *Beermann*, in: Hübschmann/Hepp/Spitaler, AO, zu § 251 Rz. 403; *App*, DStR 1995, S. 1678. Der Steuerbescheid verliert mit Eröffnung des Insolvenzverfahrens kraft Gesetzes seine Vollziehbarkeit; damit fehlt einem Antrag auf Aussetzung der Vollziehung, § 361 AO, § 69 FGO, ab diesem Zeitpunkt das Rechtsschutzbedürfnis. Rechtsschutz gegen trotz der Unzulässigkeit durchgeführte Vollstreckungsmaßnahmen wird durch Anfechtung der in den Vollstreckungsmaßnahmen liegenden Verwaltungsakte gewährt; *BFH*, 23. 7. 1996, BStBl. II 1996 S. 511, BB 1996 S. 2027; *FG Münster*, 6. 11. 2002, EFG 2003, 477. Gleiches gilt, wenn vor der Eröffnung des Insolvenzverfahrens die Zwangsvollstreckung nach § 21 Abs. 2 Nr. 3 InsO untersagt oder eingestellt worden ist.

22 *BFH*, 11. 4. 2001, BStBl. II 2001 S. 525, BB 2001 S. 1518.

23 Vgl. *BFH*, 12. 4. 2005, BB 2005, 1488, insbes. zu der Frage, wann eine Sicherung i. S. des § 88 InsO – hier ein Pfändungspfandrecht – erlangt ist.

Ebenfalls unterbrochen werden Verfahren über den vorläufigen Rechtsschutz gegen Steuerforderungen, die Insolvenzforderungen sind[24].

Zu Verfahren über Erstattungen an die Insolvenzmasse vgl. unten Abschn. IV.

Mit Eröffnung des Insolvenzverfahrens endet auch der einem Bevollmächtigten erteilte Auftrag nach § 115 InsO sowie eine Vollmacht einschließlich der Zustellungsvollmacht nach § 117 InsO[25]. Alle Verwaltungsakte, die die Zeit vor Eröffnung des Insolvenzverfahrens oder die Insolvenzmasse betreffen, sind an den Insolvenzverwalter zu adressieren und ihm bekannt zu geben[26]. In der Adressierung ist klarzustellen, dass der Verwaltungsakt sich gegen den Insolvenzverwalter in dieser Eigenschaft für einen bestimmten Schuldner richtet.

Wird ein Verfahren, das nach den geschilderten Grundsätzen unterbrochen ist, trotzdem fortgesetzt, sind alle Maßnahmen und Entscheidungen in diesem Verfahren unwirksam (d. h. nichtig)[27].

Die Unterbrechung der Verfahren tritt auch ein, wenn die Verwaltungs- und Verfügungsbefugnis vor Eröffnung eines Insolvenzverfahrens auf einen vorläufigen Insolvenzverwalter übergeht („starker" vorläufiger Insolvenzverwalter). Wird dagegen ein vorläufiger Insolvenzverwalter bestellt, der nicht unter Ausschluss des Schuldners verwaltungs- und verfügungsberechtigt ist („schwacher" vorläufiger Insolvenzverwalter), sondern dem nur ein Zustimmungsvorbehalt gegenüber Handlungen des Schuldners zusteht, tritt keine Unterbrechung der Verfahren ein[28].

2. Anmeldung der Steuerforderung

Nach Eröffnung des Insolvenzverfahrens können Steuerforderungen, die Insolvenzforderungen sind, nur im insolvenzrechtlichen Anmeldungsverfahren, §§ 174–186 InsO, geltend gemacht werden. In der Anmeldung sind

---

24 A. A. *FG Baden-Württemberg*, 12. 3. 1994. EFG 1994 S. 712, das aus der fehlenden Vollstreckbarkeit von Insolvenzforderungen schließt, ein vor Eröffnung des Insolvenzverfahrens begonnenes Verfahren auf Aussetzung der Vollziehung sei wegen Unzulässigkeit durch Abweisung des Antrags abzuschließen.

25 Vgl. *Urban*, DStZ 1984 S. 165.

26 *Schlücking*, BB 1982 S. 917; *Frotscher,* in: Schwarz, AO, zu § 122 Rz. 90.

27 Vgl. *BFH*, 17. 11. 1977, BStBl. II 1978 S. 165, BB 1978 S. 292; *BFH*, 29. 3. 94, BStBl. II 1995 S. 225; *BFH*, 18. 12. 2002, BStBl. II 2003 S. 630, BB 2003 S. 1105; *Loose*, StuW 1999, S. 20, 25.

28 *BFH*, 22. 1. 2003, BFH/NV 2003 S. 645.

nach § 174 Abs. 2 InsO die Angabe des Grundes und des Betrages der Forderung anzugeben. Diese Angaben verstoßen nicht gegen das Steuergeheimnis, da sie im Rahmen der Verfahren zur Durchsetzung der Steuerforderung erfolgen (§ 30 Abs. 4 Nr. 1 AO)[29].

Zur Angabe des Grundes ist erforderlich, diejenigen Tatumstände anzugeben, die der Forderung zugrunde liegen und somit für die Begründung des Anspruchs maßgebend sind. Die Anmeldung muss daher z. B. bei der Einkommensteuer die Einkünfte, die Errechnung des Einkommens und des zu versteuernden Einkommens, bei der Umsatzsteuer die Höhe der Umsätze, die Steuersätze und die Vorsteuern als Grundlage der angemeldeten Steuerforderung enthalten. Die Anmeldung muss die angemeldeten Steueransprüche so individualisieren und konkretisieren, dass feststeht, welche Forderung angemeldet worden ist[30]. Der Individualisierungspflicht ist in der Regel genügt, wenn bei laufend veranlagten Steuern die Steuerart, Betrag und Zeitraum angegeben werden. Für die Anmeldung können die Regeln über die inhaltliche Bestimmtheit der Steuerfestsetzung, § 157 AO, entsprechend herangezogen werden. Sie hat somit den Inhalt eines Steuerbescheides[31], abgesehen davon, dass sie nicht mit einem Leistungsgebot verbunden und nicht mit einer Rechtsbehelfsbelehrung versehen ist. Eine Änderung der Anmeldung ist nicht möglich; es hat erforderlichenfalls eine Neuanmeldung zu erfolgen[32]. War der Betrag der angemeldeten Forderung zu niedrig oder ergeben sich weitere Forderungen, hat eine weitere Anmeldung zu erfolgen; im umgekehrten Fall ist die Anmeldung ganz oder teilweise zurückzunehmen.

Die Forderung muss mit einem bestimmten Betrag in Euro angegeben werden, ermittelt eventuell nach den §§ 41 ff. InsO. Auch insoweit gelten bei der Anmeldung von Steuerforderungen gegenüber privatrechtlichen Ansprüchen keine Besonderheiten.

Die Rechtsnatur der Anmeldung der Steuerforderungen ergibt sich aus einem Vergleich mit der Anmeldung privatrechtlicher Forderungen. Die Anmeldung einer privatrechtlichen Forderung hat nach § 176 InsO nur

---

29 *OFD Frankfurt*, 15. 3. 2001, DStZ 2001 S. 561.

30 *BFH*, 26. 11. 1987, BStBl. II 1988 S. 124, BB 1988 S. 549. Insbesondere muss zwischen Steuer- und Haftungsforderung unterschieden werden, *BFH*, 11. 10. 1989, BFH/NV 1991 S. 497.

31 *Beermann*, in: Hübschmann/Hepp/Spitaler, AO, zu § 251 Rz. 412.

32 Nach *Uhlenbruck*, InsO zu § 174 Rz. 23 ist die Änderung eine Neuanmeldung. A. A. *FG Baden-Württemberg*, 2. 4. 1993, EFG 1993 S. 763, das die Anmeldung und die Eintragung in die Insolvenztabelle für einen Verwaltungsakt hält, der nach §§ 130, 131 AO änderbar sei.

ihre Prüfung zur Folge, wirkt aber nicht unmittelbar auf die Rechtslage ein. Eine rechtliche Wirkung tritt erst mit der Feststellung der Forderung nach § 178 InsO ein. Die Anmeldung selbst führt also nur dazu, dass die Forderung weiter am Verfahren teilnimmt; sie ist daher nur eine Erklärung des Gläubigers ohne Gestaltungswirkung.

Dementsprechend stellt auch die Anmeldung einer Steuerforderung nur die Erklärung des Gläubigers dar, er wolle sich am Insolvenzverfahren beteiligen[33]. Sie enthält aber keine Regelung eines Einzelfalles und entfaltet keine Rechtswirkung nach außen. Sie ist daher kein Verwaltungsakt und damit auch kein Steuerbescheid[34].

Soweit Insolvenzverwalter oder Insolvenzgläubiger die Anmeldungserklärung einer privatrechtlichen Forderung, unabhängig von ihrem Inhalt, für unberechtigt halten, können sie den Streit hierüber nicht den Gerichten zur Nachprüfung übergeben. Da die Anmeldung allein keine sachlich-rechtlichen Wirkungen hat, haben sie kein rechtlich geschütztes Interesse daran, die Tatsache der Anmeldung selbst in einem Gerichtsverfahren anzugreifen. Ihren Interessen genügt es, wenn sie den *Inhalt* der Anmeldung nachprüfen lassen können und damit gegebenenfalls den Eintritt von Rechtswirkungen (Feststellung der Forderung zur Tabelle) verhindern.

Dementsprechend können sich Insolvenzverwalter und Insolvenzgläubiger gegen die Anmeldung einer Steuerforderung nicht wehren[35]. Da die Anmeldung als solche keine materielle Regelung enthält, haben sie kein rechtliches Interesse daran, die Tatsache der Anmeldung selbst mit einem förmlichen Rechtsbehelf anzugreifen. Ihre Interessen sind ausreichend geschützt, wenn sie den Inhalt der Anmeldung nachprüfen können. Die Tatsache der Anmeldung selbst ist also nicht angreifbar, insbesondere nicht anfechtbar[36].

---

33 *BFH*, 29. 6. 1965, BStBl. III 1965 S. 491, BB 1965 S. 937.

34 *RFH*, 25. 10. 1926, RFHE 19 S. 355; *Bringewat/Waza/Grawe*, Insolvenzen und Steuern, Rz. 257; a. A. *FG Baden-Württemberg* v. 2. 4. 1993, EFG 1993 S. 763.

35 Zu Unrecht a. A. *Beermann* in Hübschmann/Hepp/Spitaler, AO, zu § 251 Rz. 417 hinsichtlich solcher Forderungen, die nicht geeignet sind, eine Teilnahme an der Verteilung zu bewirken. Ob dies der Fall ist, kann nur die inhaltliche Prüfung der angemeldeten Forderung ergeben.

36 *BFH*, 29. 6. 1965, BStBl. III 1965 S. 491, BB 1965 S. 937. Aus diesem Grund ist auch eine einstweilige Anordnung, § 114 FGO, gegen die Anmeldung wegen ihrer (behaupteten) sachlichen oder persönlichen Unbilligkeit nicht möglich; vgl. *Weiss*, Anm. zu BFH, 12. 3. 1990, in: UR 1990 S. 377; wie hier *Bringewat/Waza/Grawe*, Insolvenzen und Steuern, Rz. 257; dagegen hält *BFH*, 12. 3. 1990, UR 1990 S. 377 die einstweilige Anordnung grundsätzlich für zulässig. Selbstverständlich stehen dem Insolvenzverwalter und den Gläubigern die nichtförmlichen Rechtsbehelfe, Gegenvorstellung und Dienstaufsichtsbeschwerde, offen.

Widersprechen weder der Insolvenzverwalter noch Insolvenzgläubiger der Anmeldung der Steuerforderung, wird sie in die Tabelle eingetragen und damit festgestellt (§ 178 Abs. 1 S. 1 InsO); das insolvenzrechtliche Verfahren der Feststellung der Steuerforderung ist damit beendet. Widerspricht auch der Schuldner der Anmeldung nicht (§ 178 Abs. 1 S. 2 InsO), werden die bei Eröffnung des Insolvenzverfahrens schwebenden Steuerfestsetzungs-, Rechtsbehelfs- und Gerichtsverfahren endgültig eingestellt. Grundlage der Geltendmachung der Steuerforderung ist jetzt nicht mehr die Steuerfestsetzung, sondern der Tabelleneintrag (§ 178 Abs. 3 InsO i. V. m. § 201 Abs. 2 S. 1 InsO). Alle die Steuerfestsetzung betreffenden Verfahren sind gegenstandslos geworden und können daher nicht mehr fortgesetzt werden.

3. Das Widerspruchsverfahren

Halten der Insolvenzverwalter oder die Insolvenzgläubiger den Inhalt der Anmeldung für sachlich unrichtig, so können sie die angemeldete Forderung gemäß § 179 InsO bestreiten. Danach muss der anmeldende Gläubiger die Feststellung seiner bestrittenen Forderung betreiben. Bei privatrechtlichen Forderungen hat er dazu nach § 180 Abs. 1 S. 1 InsO Feststellungsklage vor den ordentlichen Gerichten (ausschließliche Zuständigkeit des Amtsgerichts) zu erheben. Eine Leistungsklage würde § 87 InsO widersprechen.

Für Steuerforderungen bestimmt § 185 S. 1 InsO, dass die Feststellung der bestrittenen Forderung von der zuständigen Behörde, also der Finanzbehörde, vorzunehmen ist. Dabei sind die für privatrechtliche Forderungen geltenden Vorschriften der §§ 180 Abs. 2, 181, 183 und 184 InsO entsprechend anzuwenden.

Das bedeutet, dass die Feststellung außerhalb des Insolvenzverfahrens im Verwaltungsverfahren zu erfolgen hat. Zu diesem Zweck werden die bei Eröffnung des Insolvenzverfahrens unterbrochenen Verfahren fortgeführt.

a) Feststellung durch Erlass eines Verwaltungsaktes

War vor Eröffnung des Insolvenzverfahrens noch kein Steuerbescheid über die Insolvenzforderung erlassen worden, ist jetzt das Bestehen der Steuerforderung und ihre Fälligkeit durch einen Bescheid nach § 251 Abs. 3 AO festzustellen. Der Erlass des Feststellungsbescheids steht nicht im Ermessen der Verwaltung; erfolgt ein Widerspruch, ist das Feststellungsverfahren nach § 251 Abs. 3 AO durchzuführen. Das gilt auch dann, wenn es ungewiss oder unwahrscheinlich ist, dass auf die Steuerforderung eine Quote entfällt[37]. Im Rahmen dieses Feststellungsverfahrens sind die erforderlichen präjudiziellen Entscheidungen durch gesonderte Feststellungsbescheide zu treffen (Feststellung von Besteuerungsgrundlagen)[37a].

Der Feststellungsbescheid kann nach § 181 InsO nur über eine Forderung ergehen, die nach § 174 InsO angemeldet wurde. Angemeldete und festgestellte Forderung müssen daher hinsichtlich Steuerschuldner, Steuerart und steuerbaren Tatbeständen (d. h. Besteuerungszeitraum bei laufend veranlagten Steuern) identisch sein[38]. Es ist deshalb nicht zulässig, im Feststellungsverfahren eine angemeldete Forderung durch eine nicht angemeldete Forderung zu ersetzen mit der Begründung, es sei eine Steuer jedenfalls in dieser Höhe entstanden[39]. Für den Feststellungsbescheid bilden daher auf unterschiedlichen Entstehungsgründen beruhende Steuerforderungen nicht unselbstständige Besteuerungsgrundlagen, sondern jeweils selbstständig zu beurteilende Feststellungsakte[40].

Wird die Anmeldung nicht bestritten, kann es nicht zu einer Steuerfestsetzung kommen, da die Eintragung in die Tabelle jetzt die Funktion der Steuerfestsetzung übernimmt (vgl. § 178 InsO)[41]. Die Finanzbehörde kann auf die Rechte aus dem Tabelleneintrag in entsprechender Anwendung des § 227 AO verzichten[42].

Der Feststellungsbescheid ist zwar Verwaltungsakt, aber kein Steuerbescheid nach § 155 AO[43], da er keine Steuerfestsetzung enthält. Mangels einer entsprechenden Vorschrift sind auch die §§ 155–178 AO nicht entsprechend anwendbar. Das bedeutet, dass der Feststellungsbescheid nach

37 *FG Brandenburg*, 25. 2. 1999, *EFG* 1999, 593.

37a *BFH*, 24. 8. 2004, BStBl. II 2005, 246, BB 2004, 2731.

38 *BFH*, 17. 5. 1984, BStBl. II 1984 S. 545, BB 1984 S. 1477.

39 *BFH*, 26. 2. 1987, BStBl. II 1987 S. 471, BB 1987 S. 471 für Auswechslung einer Umsatzsteuerforderung aus Vorsteuerrückforderung gegen eine Umsatzsteuerforderung wegen Erbringens einer Leistung; ebenso *BFH*, 7. 10. 1987, BFH/NV 1988 S. 287.

40 *BFH*, 26. 11. 1987, BStBl. II 1988 S. 199, BB 1988 S. 692; bei der Umsatzsteuer ist das der einzelne Steuertatbestand (die einzelne Lieferung oder sonstige Leistung).

41 Es ist nicht ersichtlich, welchen Sinn eine solche Steuerfestsetzung noch haben soll, wenn die Eintragung in die Tabelle wie ein rechtskräftiges Urteil wirkt. Andererseits übernimmt der Tabelleneintrag die Funktion der Steuerfestsetzung; eine Änderung, soweit diese angesichts der Rechtskraftwirkung des Tabelleneintrags überhaupt möglich ist, erfolgt daher nach §§ 172 ff. AO, nicht in Analogie zu § 251 Abs. 3 AO nach § 130 AO; a. A. *FG-Baden-Württemberg*, 2. 4. 1993, EFG 1993 S. 763.

42 *BFH*, 15. 7. 1992, BFH/NV 1993 S. 400. Gegen die Ablehnung des Erlasses ist der Finanzrechtsweg gegeben.

43 Vgl. *Tipke/Kruse*, AO, zu § 251 Rz. 68.

Eintritt der Bestandskraft nur nach den §§ 130, 131 AO geändert werden kann, nicht nach den §§ 172–177 AO[44]. Die Feststellung ist gegen den (oder die) Widersprechenden (Insolvenzverwalter, Insolvenzgläubiger) zu betreiben. Er ist daher Adressat des Feststellungsbescheides nach § 251 Abs. 3 AO; ihm ist der Bescheid bekannt zu geben. Gemäß § 183 Abs. 1 InsO wirkt der Feststellungsbescheid ebenso wie das Feststellungsurteil für und gegen alle Insolvenzgläubiger. Die Beteiligung der nicht Widersprechenden ist durch ihr Anwesenheitsrecht im Prüfungstermin gewährleistet.

Fraglich ist, ob dieses Feststellungsverfahren auch für die Grund- und Gewerbesteuerforderung der Gemeinde gilt. M. E. ist das zu bejahen[45]. Zwar nimmt § 1 Abs. 2 AO für die Realsteuern den § 251 AO nicht in Bezug; die damit entstehende Lücke, die das insolvenzsteuerliche Verfahren für Realsteuern ungeregelt lässt, ist aber durch analoge Anwendung des § 251 AO auszufüllen. Die §§ 249 ff. AO sollen für Realsteuern nicht gelten, weil insoweit die Vollstreckungsgesetze der Länder Anwendung finden. § 251 AO ist aber, trotz der Stellung im Gesetz, keine Vollstreckungsvorschrift, sondern ersetzt die Steuerfestsetzung. Insoweit gelten nach § 1 Abs. 1 AO aber die Vorschriften der AO. § 251 AO ist also als Verfahrensvorschrift entsprechend § 1 Abs. 2 Nr. 4 AO auch auf Realsteuern anwendbar. Das Verfahren nach § 251 AO ist insoweit zu modifizieren, als die steuerliche Verfahrensordnung nicht ausgehebelt werden darf. Das Verhältnis von Steuermessbescheid zu Steuerbescheid darf also nicht geändert werden. Das bedeutet, dass das Finanzamt bei Bestreiten der Realsteueranmeldung den Messbescheid als Feststellungsbescheid zu erlassen hat (soweit das nicht bereits vor Eröffnung des Insolvenzverfahrens geschehen ist), auf dessen Grundlage dann die Gemeinde die Realsteuer nach § 251 AO feststellt[46].

---

44 Diese Regelung ergibt sich aus der Systematik der AO, erscheint aber so unsachgemäß, dass ein Versehen im Gesetzgebungsverfahren angenommen werden muss. So ist nach der gegenwärtigen Regelung etwa der Feststellungsbescheid nicht nach § 175 Abs. 1 Nr. 1 AO, sondern nach § 130 AO zu ändern, wenn ein präjudizieller Feststellungsbescheid über Besteuerungsgrundlagen geändert wird. De lege ferenda sollte, wie etwa bei § 181 AO, die Anwendung der Vorschriften über die Steuerfestsetzung angeordnet werden. *Kramer*, Konkurs- und Steuerverfahren, S. 269, vertritt bereits de lege lata die Anwendung der §§ 172 ff. AO. Vgl. auch *Bringewat/Waza/Grawe*, Insolvenzen und Steuern, Rz. 279.

45 A. A. *VGH Kassel*, 2. 9. 1985, NJW 1987 S. 971; vgl. *Bringewat/Waza/Grawe*, Insolvenzen und Steuern, Rz. 276, die diese Frage für praktisch kaum bedeutend halten, da in den meisten Kommunalabgaben- und Verwaltungsvollstreckungsgesetzen § 251 Abs. 3 AO für entsprechend anwendbar erklärt worden seien.

46 Vgl. *BFH*, 2. 7. 1997, BStBl. II 1998, 428, BB 1997 S. 2573.

Der Feststellungsbescheid nach § 251 AO kann als Verwaltungsakt im gewöhnlichen Rechtsbehelfsverfahren nach der Abgabenordnung durch Einspruch angefochten werden. Anschließend kann Klage im Finanzrechtsweg erfolgen. Rechtsbehelfsbefugt ist der Adressat, d. h. der oder die Widersprechenden.

Der Feststellungsbescheid ist nicht vollziehbar; er ist nicht auf Vollziehungshandlungen der Finanzbehörde gerichtet, seine Wirkungen treten erst mit Bestands- bzw. Rechtskraft ein. Da somit nicht die Gefahr eines Rechtsverlustes für den Adressaten bis zur endgültigen Entscheidung besteht, ist ein vorläufiger Rechtschutz (Aussetzung der Vollziehung, einstweilige Anordnung) unnötig und damit unzulässig[47].

Mit der bestandskräftigen bzw. rechtskräftigen Entscheidung des Feststellungsstreites steht nach § 183 InsO endgültig gegenüber dem Insolvenzverwalter und den anderen Insolvenzgläubigern fest, dass die Forderung besteht bzw. nicht besteht. Soweit das Nichtbestehen der bestrittenen Forderung festgestellt wurde, ist der Gläubiger von dem weiteren Insolvenzverfahren, insbesondere der Verteilung der Insolvenzmasse, ausgeschlossen. Soweit der anmeldende Gläubiger im Feststellungsstreit gesiegt hat, steht seine Teilnahme mit der festgestellten Forderung am Insolvenzverfahren und an der Schlussverteilung rechtskräftig fest. Seine Forderung ist nach § 183 Abs. 2 InsO in die Tabelle einzutragen.

Der Feststellungsbescheid ist auf Feststellung zur Tabelle gerichtet. Er wird daher gegenstandslos, wenn es zu einer Eintragung in die Tabelle nicht mehr kommen kann (z. B. wegen Aufhebung des Insolvenzverfahrens). Eine Fortsetzung des Feststellungsverfahrens oder ein Rechtsstreit hierüber ist unzulässig, da ein solches Verfahren kein mögliches Ziel mehr hätte[48]. Mit Insolvenzbeendigung ist vielmehr das gewöhnliche steuerrechtliche Verfahren gegen den Schuldner zu betreiben (Erlass eines Steuerbescheides).

b) Feststellung durch Aufnahme der unterbrochenen Verfahren

War vor Eröffnung des Insolvenzverfahrens bereits ein Verwaltungsakt über die Insolvenzforderung erlassen worden, ändert sich an dem Verfahren der Anmeldung der Insolvenzforderung nichts. Auch diese Forderung

47 Vgl. *FG Rheinland-Pfalz*, 12. 2. 1982, ZIP 1983 S. 96.

48 A. A. *FG Saarland*, 30. 7. 1982, EFG 1983 S. 218, das meint, mit Beendigung des Insolvenzverfahrens ginge das Prozessführungsrecht für den Feststellungsstreit auf den Schuldner über.

ist, unabhängig davon, dass bereits ein Verwaltungsakt über sie ergangen ist, zur Tabelle anzumelden. Erfolgt gegen die Anmeldung ein Widerspruch, ist die Berechtigung der Anmeldung außerhalb des Insolvenzverfahrens zu klären.

Für zivilrechtliche Forderungen bestimmt § 179 Abs. 2 InsO, dass bei einer titulierten Forderung nicht der Anmeldende die Feststellung, sondern der Widersprechende seinen Widerspruch zu betreiben hat. Die Vorschrift enthält daher bei titulierten Forderungen einen Wechsel der Betreibungslast.

Es wird die Ansicht vertreten, dass auch Steueransprüche „tituliert" in diesem Sinne sein können. Der Titel würde dann in dem vor Eröffnung des Insolvenzverfahrens ergangenen Steuerbescheid liegen[49].

M.E. ist § 179 Abs. 2 InsO auf verwaltungsrechtliche und damit auch auf steuerrechtliche Ansprüche nicht übertragbar, da es keinen Bedarf für eine solche Regelung gibt[50]. Im Verwaltungsverfahren gibt es keine Betreibungslast, demgemäß auch keinen Wechsel der Betreibungslast. Die Behörde hat die Festsetzung der Steuer im Verwaltungswege vorzunehmen, der Adressat des Steuerbescheides kann hiergegen Rechtsschutz im Rechtsbehelfsverfahren beantragen. Festsetzung und Feststellung der Steuerforderung ist immer Sache der Behörde, während im daran anschließenden Rechtsschutzverfahren immer der Steuerpflichtige als der Rechtsschutzsuchende der Betreibende ist. Ist die Forderung vor Eröffnung des Insolvenzverfahrens noch nicht festgesetzt, muss daher die Behörde erforderlichenfalls die Initiative ergreifen und die Forderung feststellen. War eine Steuerfestsetzung bei Eröffnung des Insolvenzverfahrens bereits ergangen, muss der Steuerpflichtige zur Erlangung von Rechtsschutz die Initiative ergreifen und ein Rechtsschutzverfahren betreiben. Zu einem Wechsel dieser Betreibungslast gegenüber einem Verfahren außerhalb des Insolvenzverfahrens kann es nicht kommen, weil dies gegen die Grundstruktur des geschilderten Verfahrens verstoßen würde. Das gilt auch für die Feststellung im Insolvenzverfahren[51].

Nach § 180 Abs. 2 InsO ist die Feststellung durch Aufnahme des Rechtsstreits zu betreiben, wenn zur Zeit der Eröffnung des Insolvenzverfahrens

---

49 *BFH*, 10. 8. 1993, BFH/NV 1994, S. 293; *BMF*, 17. 12. 1998, Tz. 6.2, BStBl. I 1998, 1500; *Beermann*, in: Hübschmann/Hepp/Spitaler, AO, zu § 251 Rz. 427; *Bringewat/Waza/Grawe*, Insolvenzen und Steuern, Rz. 273.

50 Darauf deutet auch hin, dass § 185 S. 2 InsO den § 179 Abs. 2 InsO nicht für entsprechend anwendbar erklärt.

51 Vgl. hierzu *Tipke/Kruse*, AO, zu § 251 Rz. 65; *Beermann*, in: Hübschmann/Hepp/Spitaler, AO, zu § 251 Rz. 426; *Uhlenbruck*, InsO, zu § 179 Rz. 22.

ein Rechtsstreit über die Forderung anhängig war. Diese Regelung gilt nach 185 InsO für die Feststellung von Steuerforderungen entsprechend. „Entsprechende" Geltung bedeutet dabei, dass die Regelung sowohl für Gerichtsverfahren („Rechtsstreit") als auch für streitige Verwaltungsverfahren (Einspruchsverfahren) gilt.

Bei Bestreiten der Anmeldung ist die Berechtigung der Forderung im Verwaltungsverfahren außerhalb des Insolvenzverfahrens nachzuprüfen. Dazu ist das durch die Eröffnung des Insolvenzverfahrens unterbrochene Verfahren fortzusetzen. Der Widersprechende muss also das Verfahren in dem Stand übernehmen, den es bei Eröffnung des Insolvenzverfahrens hatte. Die Feststellung der Insolvenzforderung erfolgt also nicht durch ein neues Verfahren, das mit einem Feststellungsbescheid nach § 251 Abs. 3 AO beginnt, sondern durch Fortsetzung des bei Eröffnung des Insolvenzverfahrens unterbrochenen Verfahrens[52]. Da bereits ein Steuerbescheid vorliegt, hätte der Erlass eines weiteren Bescheides (Feststellungsbescheides) keine zusätzlichen Rechtswirkungen. Ein Feststellungsbescheid nach § 251 Abs. 3 AO kann in diesen Fällen nur dann ergehen, wenn eine Frage streitig wird, die in dem steuerlichen Verwaltungsakt noch nicht entschieden ist. Das ist der Fall, wenn die Nachrangigkeit nach § 39 InsO in Frage steht[53].

Beteiligter des Widerspruchsverfahrens ist der Widersprechende, nicht der Schuldner. Der Schuldner ist nicht befugt, Anträge zum Verfahren oder zur Sache zu stellen[54].

---

52 Vgl. BFH, 23. 2. 2005, BB 2005 S. 1552; *Gundlach/Frenzel/Schmidt*, DStR 2002 S. 406. *BMF*, 17. 12. 1998, Tz. 6.2, BStBl. I 1998, S. 1500 sowie *BMF*, Vollstreckungsanweisung, 18. 9. 2001, BStBl. I 2001 S. 605, Abschn. 60 hält den Erlass eines Feststellungsbescheides jedenfalls für zulässig. Wenn aber ein Steuerbescheid schon erlassen ist, hat ein Feststellungsbescheid nach § 251 Abs. 3 AO keinen eigenständigen Regelungsbereich mehr. Es handelt sich auch nicht um die Frage, ob die Steuerforderung „tituliert" ist, wie *Weis*, a. a. O. (Fußnote 19) Rz. 321, meint, sondern darum, dass ein unterbrochenes Verfahren fortzusetzen, nicht ein neues zu beginnen ist. Wie hier *FG Münster*, 15. 1. 1997, EFG 1997, S. 565 für Rückforderung von Investitionszulage. Erfolgt die Eintragung in die Tabelle, ist dies wirksam unabhängig davon, ob der Widerspruch durch Aufnahme des unterbrochenen Verfahrens oder (nach der hier vertretenen Ansicht unrichtig) im Feststellungsverfahren nach § 251 Abs. 3 AO erfolgt ist. Maßgebend ist der (vom Insolvenzschuldner unbestrittene) Tabelleneintrag, nicht das Verfahren, in dem es zu dem Eintrag gekommen ist; vgl. *FG Nürnberg*, 29. 5. 2002, EFG 2002 S. 1274.

53 *BFH*, 9. 7. 2003, BStBl. II 2003 S. 901, BB 2003 S. 2442; *BFH*, 1. 4. 2003, BStBl. II 2003 S. 779 BB 2003 S. 1828 für den Erlass eines Feststellungsbescheides über das verwendbare Eigenkapital, nachdem in dem wiederaufgenommenen Verfahren über den Körperschaftsteuerbescheid die Körperschaftsteuerschuld geändert worden war.

54 Der Schuldner kann nicht Beteiligter des Rechtsstreits sein; er kann daher als Zeuge vernommen werden; vgl. *BFH*, 22. 1. 1997, BStBl. II 1997, 464, BB 1997 S. 1298.

Das Aufnahmeverfahren gilt jedoch nur für solche Verfahren, in denen die Forderung festgestellt werden kann. Andere Verfahren, z. B. über Stundung, können nicht aufgenommen werden[55].

Die Aufnahme des Verfahrens kann durch den Widersprechenden, aber auch durch den Gläubiger erfolgen[56].

War daher vor Eröffnung des Insolvenzverfahrens bereits ein Steuerbescheid über die Insolvenzforderung ergangen, braucht keine Feststellung nach § 251 Abs. 3 AO mehr zu erfolgen[56a]. Die Berechtigung der Anmeldung ist im Falle des Widerspruchs durch ein Rechtschutzverfahren gegen diese Steuerfestsetzung zu überprüfen. Der Widersprechende hat daher das Verfahren in dem Stand, in dem es sich bei Eröffnung des Insolvenzverfahrens befand, aufzunehmen.

War der Steuerbescheid vor Eröffnung des Insolvenzverfahrens noch nicht bestandskräftig geworden, aber auch noch kein Rechtsbehelf eingelegt, ist der Lauf der Rechtsbehelfsfrist durch Eröffnung des Insolvenzverfahrens unterbrochen worden. Der Widersprechende kann jetzt den Rechtsbehelf einlegen[57]. Das Rechtsbehelfsverfahren bzw. das anschließende Gerichtsverfahren richtet sich nach den allgemeinen Vorschriften, §§ 347 ff. AO bzw. der FGO. Eine Frist für das Einlegen des Rechtsbehelfs besteht nicht. M. E. kann die unterbrochene Rechtsbehelfsfrist nicht weiterlaufen, da nicht klar bestimmt werden kann, zu welchem Zeitpunkt die Frist wieder zu laufen beginnt. Eine Frist müsste durch eine Gesetzesänderung eingeführt werden[58].

War vor Eröffnung des Insolvenzverfahrens von dem Schuldner ein Rechtsbehelf eingelegt worden, ist das Rechtsbehelfsverfahren durch Eröffnung des Insolvenzverfahrens unterbrochen worden. Nunmehr ist das Rechtsbehelfsverfahren durch den Widersprechenden aufzunehmen und

---

55 Vgl. *FG Rheinland-Pfalz*, 17. 5. 1979, EFG 1979 S. 562.

56 *BVerwG*, 29. 4. 1988, NJW 1989 S. 314. Unklar insoweit *Weiß*, Insolvenz und Steuern, S. 62 ff., der von dem Grundsatz ausgeht, dass dem Widersprechenden (nur) die Einwendungen zustehen wie dem Schuldner (S. 63), daraus aber folgert, dass der Widersprechende nicht das Verfahren aufzunehmen habe, sondern ein neues Feststellungsverfahren beginne. Dem Widersprechenden werden dann aber weitere Möglichkeiten eröffnet als dem Schuldner.

56a *BFH*, 23. 2. 2005, BB 2005, 1552, wonach ein Feststellungsbescheid unzulässig ist; *Farr*, DStZ 2003, 345.

57 *BFH*, 22. 1. 1997, BStBl. II 1997, 464, BB 1997 S. 2205.

58 *Tipke/Kruse*, AO, zu § 251 Rz. 65, nehmen an, dass die Frist mit der Erklärung des Widersprechenden gegenüber Finanzbehörde oder Gericht, er nehme den Rechtsstreit auf, zu laufen beginne; im Ergebnis ebenso *RFH*, 22. 1. 1926, RFHE 18 S. 141; *Bringewat/Waza/Grawe*, Insolvenzen und Steuern, Rz. 282.

fortzuführen (vgl. § 85 InsO)[59]. Schwebte bei Eröffnung des Insolvenzverfahrens bereits ein gerichtliches Verfahren, ist auch dieses Verfahren durch die Eröffnung des Insolvenzverfahrens unterbrochen worden. Der Widersprechende hat es aufzunehmen und in dem Stand fortzuführen, in dem es sich bei Eröffnung des Insolvenzverfahrens befand. Dabei werden auch Nebenverfahren (wie z.B. ein Verfahren über eine Richterablehnung) aufgenommen[60].

Bei Aufnahme eines finanzgerichtlichen Verfahrens ist eine Umstellung des Klagantrags nicht erforderlich. Der das Leistungsgebot enthaltende Bescheid ist schon vor Eröffnung des Insolvenzverfahrens ergangen. Das Finanzgericht soll also nicht mehr, wie beim Zivilprozess, ein Leistungsgebot erlassen (was nicht mehr möglich wäre), sondern nur im Rechtsbehelfsverfahren das bestehende, vor Eröffnung des Insolvenzverfahrens erlassene Leistungsgebot nachprüfen. Daher sind die unveränderte Weiterführung des Rechtsstreits und sein Abschluss durch ein Anfechtungsurteil auch nach Eröffnung des Insolvenzverfahrens möglich.

Soweit das gerichtliche oder außergerichtliche Verfahren nicht aufgenommen wird, etwa weil die Anmeldung nicht bestritten wird, ist es in der Hauptsache erledigt[61].

Ist ein Verwaltungsverfahren oder ein Rechtsstreit über einen Duldungsbescheid, § 191 AO, über einen Anfechtungsanspruch nach dem Anfechtungsgesetz durch die Eröffnung des Insolvenzverfahrens unterbrochen worden, gelten abweichende Grundsätze. Der Anfechtungsanspruch nach dem Anfechtungsgesetz kann nach der ausdrücklichen Regelung des § 16 Abs. 1 S. 1 AnfG nur durch den Insolvenzverwalter geltend gemacht werden. Das bedeutet, dass die Finanzbehörde das Duldungsverfahren oder den Rechtsstreit über den Anfechtungsanspruch vor Beendigung des Insolvenzverfahrens auch dann nicht aufnehmen kann, wenn der Anfechtungsgegner den Anfechtungsanspruch bestreitet[62].

59 Vgl. *BFH*, 3. 5. 1978, BStBl. II 1978 S. 472; hier auch Ausführungen zu dem Antrag des Widersprechenden. Danach kann der Widersprechende in dem Rechtsbehelfsverfahren weiterhin beantragen, den angefochtenen Bescheid aufzuheben. Für eine Aufnahme des Rechtsstreits durch die Finanzbehörde wird i. d. R. kein Rechtsschutzbedürfnis bestehen, da sie ihre Forderung durch Anmeldung zur Tabelle verfolgen kann; *FG Rheinland-Pfalz*, 17. 5. 1979, EFG 1979 S. 562.

60 *BFH*, 13. 11. 2003, BFH/NV 2004 S. 642

61 Vgl. *BFH*, 10. 12. 1975, BStBl. II 1976 S. 506.

62 *BFH*, 29. 3. 1994, BStBl. II 1995, S. 225, BB 1995 S. 343; a. A. *Nds. FG*, 25. 8. 1992, EFG 1993 S. 125. Nach § 17 Abs. 3 AnfG kann der Rechtsstreit, wenn der Insolvenzverwalter die Aufnahme ablehnt, nur hinsichtlich der Kosten von den bisherigen Parteien (Finanzbehörde) aufgenommen werden, also nicht hinsichtlich der Hauptsache.

Aber auch der Insolvenzverwalter kann den Rechtsstreit über den Duldungsbescheid hinsichtlich des Anfechtungsanspruchs nicht aufnehmen[63]. Der Anfechtungsanspruch gehört zur Masse und ist daher im zivilrechtlichen Verfahren geltend zu machen. Würde der Insolvenzverwalter an die Stelle der Finanzbehörde in das Verfahren eintreten, würde er die Stelle eines öffentlich-rechtlichen Gläubigers übernehmen und in Rechtsformen tätig werden, die nur einem Träger öffentlicher Gewalt, und damit nicht einem Insolvenzverwalter, offen stehen. Auch würde der zur Masse gehörende Anspruch nicht im zivilrechtlichen Verfahren, sondern im Besteuerungsverfahren und finanzgerichtlichen Rechtschutzverfahren geltend gemacht. Das ist nicht möglich. Der Insolvenzverwalter muss vielmehr den Anfechtungsanspruch in dem von dem Anfechtungsgesetz vorgesehenen Verfahren (Klage vor den Zivilgerichten) geltend machen. Das steuerliche Duldungsverfahren und das finanzgerichtliche Rechtschutzverfahren ruhen bis zur Beendigung des Insolvenzverfahrens und sind danach erforderlichenfalls von der Finanzbehörde fortzusetzen. Hat der Insolvenzverwalter die Anfechtung im zivilgerichtlichen Verfahren durchgesetzt, ist das steuerliche Verfahren in der Hauptsache erledigt.

c) *Bestandskräftige Verwaltungsakte in der Insolvenz*

Ist ein Verwaltungsakt vor Eröffnung des Insolvenzverfahrens bereits bestandskräftig geworden, ändert sich an der Art der Durchsetzung der Steuerforderung nichts. Die durch den Bescheid angeforderte Geldleistung ist zur Tabelle anzumelden. Wird Widerspruch erhoben, so ist dessen Berechtigung in dem bereits geschilderten Verfahren zu klären. Das bedeutet jedoch nicht, dass der Widersprechende ohne Rücksicht auf die Bestandskraft des Verwaltungsaktes bzw. die Rechtskraft des klageabweisenden Anfechtungsurteils die ganze Sache neu aufrollen kann. Die Insolvenzordnung trifft zwar für die Durchsetzung von Insolvenzforderungen eine eigenständige Regelung, geht aber von der Lage aus, die bei Eröffnung des Insolvenzverfahrens bestand. Der Widersprechende muss also bei der Verfolgung seines Widerspruchs das Verfahren in der Lage übernehmen, in der es sich bei Eröffnung des Insolvenzverfahrens befand. Der Widersprechende kann daher nur die Rechtsbehelfe ergreifen, die auch dem Schuldner ohne Eröffnung des Insolvenzverfahrens zuständen[64]. Ist vor Eröffnung des Insolvenzverfahrens die Rechtsbehelfsfrist bereits abgelaufen oder der Anfechtungsprozess rechtskräftig abgeschlossen, kann

63 *Nds. FG*, 20. 9. 1994, EFG 1994 S. 1066.
64 Im Ergebnis wie hier *Uhlenbruck*, InsO, zu § 185 Rz. 5.

der Widersprechende nur noch einen Antrag auf Wiedereinsetzung in den vorigen Stand, § 110 AO oder auf Änderung des bestandskräftigen Bescheides, §§ 129, 172–177 AO, stellen. Einer Klage auf Feststellung, dass der Anspruch aus dem Steuerschuldverhältnis wirksam als Insolvenzforderung festgestellt sei, fehlt das Feststellungsinteresse[65].

Auch die Finanzbehörde ist im Insolvenzverfahren an die Bestandskraft des Bescheides gebunden. Will sie eine andere (höhere oder niedrigere) Steuer im Insolvenzverfahren geltend machen als bestandskräftig festgesetzt, ist dies nur möglich, wenn die Voraussetzungen einer Änderungsvorschrift, §§ 164, 165, 172–177 AO, vorliegen[66].

Aus insolvenzrechtlichen Grundsätzen kann nach Eröffnung des Insolvenzverfahrens allerdings kein Leistungsbescheid mit Wirkung gegen die Masse ergehen, also auch kein Änderungsbescheid, soweit er ein Leistungsgebot enthält. Die Insolvenzordnung verbietet den Erlass von Bescheiden jedoch nicht, soweit diese Einschränkungen berücksichtigt werden.

Daraus folgt, dass ein Änderungsbescheid ohne Leistungsgebot, also als Änderungs-Feststellungsbescheid ergehen kann.

Durch den Änderungsbescheid ändert sich an der Einordnung der Ansprüche als Insolvenzforderungen nichts. Die Steuerforderung ist bereits vor Eröffnung des Insolvenzverfahrens begründet, nicht erst im Zeitpunkt der Änderung. Aufgrund des Änderungsbescheides ist die Anmeldung zur Insolvenztabelle nach den insolvenzrechtlichen Vorschriften zu ändern.

Das Gleiche gilt für die Änderung noch nicht bestandskräftiger Feststellungs- und Leistungsbescheide.

Außerdem ist es möglich, dass ein Abrechnungsbescheid, § 218 Abs. 2 AO, ergeht, wenn abrechnungstechnische Fragen zu einem Streit führen.

---

65 *BFH*, 23. 2. 2005, BB 2005, 1552.

66 Vgl. *Tipke/Kruse*, AO, zu § 251 Rz. 44, 66; *Welzel*, DStZ 1994 S. 331.

III. Steuerforderungen als Masseverbindlichkeiten im Insolvenzverfahren

Sind Steuerforderungen als Masseverbindlichkeiten nach § 55 Abs. 1 Nr. 1 InsO an dem Insolvenzverfahren beteiligt, ergeben sich grundsätzlich keine insolvenzrechtlichen Einschränkungen des abgabenrechtlichen Steuerfestsetzungs- und Vollstreckungsverfahrens.

Die Steuern sind gegen den Insolvenzverwalter als Adressaten durch Leistungsbescheide festzusetzen[1]. Masseverbindlichkeiten können nicht durch Anmeldung zur Insolvenztabelle und durch Feststellungsbescheid nach § 251 Abs. 3 AO geltend gemacht werden[2].

Nach § 55 Abs. 1 Nr. 1 InsO können Masseverbindlichkeiten durch Handlungen des Insolvenzverwalters oder in anderer Weise durch die Verwaltung, Verwertung oder Verteilung der Masse begründet werden.

Steuerforderungen beruhen nicht unmittelbar auf Rechtshandlungen des Insolvenzverwalters; sie entstehen nicht durch rechtsgeschäftliches Handeln. Vielmehr handelt es sich um gesetzliche Folgen, die an die Verwaltung der Masse anknüpfen. Sie fallen daher im Rahmen des § 55 Abs. 1 Nr. 1 InsO nicht unter die erste Alternative („Handlungen des Insolvenzverwalters"), sondern unter die zweite Alternative. Damit handelt es sich bei den Steuerforderungen um Masseverbindlichkeiten, die nicht durch eine Rechtshandlung des Insolvenzverwalters begründet worden sind, sondern auf sonstige Weise (auf Grund des Gesetzes)[3]. Die Festsetzung durch Steuerbescheid gegenüber dem Insolvenzverwalter wird dadurch aber nicht berührt.

Soweit erforderlich, sind Masseverbindlichkeiten im Verwaltungsvollstreckungsverfahren nach den §§ 249–346 AO zu vollstrecken. Jedoch ist § 90 Abs. 1 InsO zu beachten. Danach besteht für die Dauer von sechs Monaten ein Vollstreckungsverbot für Masseverbindlichkeiten, wenn diese nicht durch eine Rechtshandlung des Insolvenzverwalters begründet worden sind. Daher gilt für Steuerforderungen das Vollstreckungsverbot des § 90 Abs. 1 InsO[4].

1 Vgl. Tz. 2.9 AEAO; *Gundlach/Frenzel/Schirrmeister*, DStR 2004, 1008. A. A. *Benne*, BB 2001, 1977, 1983, wonach bei Einkommensteuerbescheiden der Insolvenzschuldner Adressat bleibt, der Insolvenzverwalter dagegen nur Bekanntgabeempfänger sei.

2 *BFH*, 23. 8. 1978, BStBl. II 1979 S. 198, BB 1979 S. 509.

3 Wie hier *Bringewat/Waza/Grawe*, Insolvenzen und Steuern, Rz. 244.

4 *Breutigam/Blersch/Götsch*, Insolvenzrecht, zu § 90 Rz. 4, zu § 55 Rz. 18.

Werden Masseverbindlichkeiten nicht rechtzeitig gezahlt, entstehen Säumniszuschläge. Das gilt auch dann, wenn die Zahlung der Steuerforderungen als Masseverbindlichkeiten deshalb unterblieb, weil noch nicht feststand, ob vorrangige Massenansprüche zu begleichen waren, oder weil erst zu einem späteren Zeitpunkt die notwendigen Geldmittel durch Veräußerung von Anlagevermögen zur Verfügung standen[5].

Stellt sich die Unzulänglichkeit der Masse nach § 208 InsO heraus („Insolvenz des Insolvenzverfahrens"), unterliegen die Masseverbindlichkeiten, die unter das Verteilungsverfahren nach § 209 InsO fallen, insolvenzrechtlichen Beschränkungen, die denen für Insolvenzforderungen entsprechen[6]. Es ist gemäß § 209 Abs. 1 InsO zwischen den Kosten des Insolvenzverfahrens nach § 209 Abs. 1 Nr. 1 InsO, „Neumasseverbindlichkeiten" nach § 209 Abs. 1 Nr. 2 InsO und „Altmasseverbindlichkeiten" im Sinne des § 209 Abs. 1 Nr. 3 InsO zu unterscheiden. Neumasseverbindlichkeiten nehmen weiterhin bevorrechtigt am Verfahren teil. Wegen Altmasseverbindlichkeiten ist die Vollstreckung während des laufenden Insolvenzverfahrens nach § 210 InsO unzulässig[7], anhängige Verfahren werden unterbrochen, Leistungsklagen werden in Feststellungsklagen umgestellt. Es greifen die insolvenzrechtlichen Aufrechnungsbeschränkungen ein. Das bedeutet, dass eine Forderung, die „Altmasseverbindlichkeit" ist, nicht gegen einen Anspruch, der nach Erklärung der Massearmut begründet ist, aufgerechnet werden kann[8].

Diese Grundsätze gelten auch für Steuerforderungen als Masseverbindlichkeiten. Neumasseverbindlichkeiten i. S. d. § 209 Abs. 1 Nr. 2 InsO können deshalb weiterhin nach den allgemeinen Grundsätzen der AO festgesetzt, erhoben und vollstreckt werden. Ein Feststellungsverfahren entsprechend § 251 Abs. 3 AO kommt nur in Betracht, wenn ihr Befriedigungsrang nach § 209 Abs. 1 Nr. 2 InsO bestritten ist. Altmasseverbindlichkeiten nach § 209 Abs. 1 Nr. 3 InsO können ab dem Zeitpunkt, zu dem sich herausstellt, dass Masseunzulänglichkeit besteht, nicht mehr durch Steuerbescheid geltend gemacht werden, sondern sind zur Befriedigung nach § 209 Abs. 1 Nr. 3 InsO anzumelden und, falls bestritten, entspre-

5 *BFH*, 18. 4. 1996, BStBl. II 1996 S. 561, BB 1996 S. 2609.

6 Zur Behandlung der massearmen Insolvenz vgl. *Uhlenbruck*, InsO, zu § 209 Rz. 1 ff.; *Bringewat/Waza/Grawe*, Insolvenzen und Steuern, Rz. 114 ff., 316 ff.; zur Schadensersatzpflicht des Insolvenzverwalters nach § 61 S. 1 InsO bei Masseunzulänglichkeit *OLG Hamm*, ZinsO 2003, 714.

7 *BFH*, 23. 7. 1996, BStBl. II 1996, S. 511, BB 1996 S. 2027; *BFH*, 11. 4. 2001, BStBl. II 2001, 525, BB 2001 S. 1518.

8 *FG Düsseldorf*, 31. 7. 1998, EFG 1998, S. 1500.

chend § 251 Abs. 3 AO mit dem Befriedigungsrang nach § 209 Abs. 1 Nr. 3 InsO festzustellen.

Da bei Unzulänglichkeit der Masse keine Vollziehung von Bescheiden über Altmasseverbindlichkeiten mehr möglich ist, ist ab diesem Zeitpunkt eine Aussetzung der Vollziehung unzulässig[9].

9 *FG Münster*, 12. 1. 1988, EFG 1988 S. 427; *FG Düsseldorf*, 1. 8. 1988, ZIP 1988 S. 1073.

IV. Erstattung von Steueransprüchen

Gehört ein Steuererstattungsanspruch zur Insolvenzmasse[1], gelten die Grundsätze für Steuerforderungen entsprechend. Das bedeutet, dass über die Zeit vor Eröffnung des Insolvenzverfahrens keine Leistungsbescheide ergehen können, also auch keine Steuerbescheide, die eine Steuer bindend festsetzen. Ist die Steuer vor Eröffnung des Insolvenzverfahrens überzahlt worden, erfordert die Erstattung, wenn von der Eröffnung des Insolvenzverfahrens abgesehen wird, die Festsetzung der Steuer, auf deren Grundlage dann im Abrechnungsteil die Höhe des Erstattungsanspruchs errechnet und die Erstattung durchgeführt wird. Mit Eröffnung des Insolvenzverfahrens kann aber eine solche Steuerfestsetzung nicht mehr ergehen. Der Steuerbescheid ist in erster Linie ein Leistungsbescheid, durch den eine Steuerschuld festgestellt wird. Er fällt damit unter das Verbot, bindende, die Insolvenzmasse belastende Entscheidungen durch Steuerbescheid zu treffen, auch wenn dieser Steuerbescheid im Einzelfall infolge der Erstattung günstig wirken würde[2].

Der Einfluss des Insolvenzverfahrens auf das steuerrechtliche Erstattungsverfahren ist gesetzlich nicht geregelt. Das Steuerverfahren ist daher entsprechend den insolvenzrechtlichen Gegebenheiten umzugestalten. War vor Eröffnung des Insolvenzverfahrens noch kein Steuerbescheid ergangen, kann dieser, wie ausgeführt, nicht mehr erlassen werden. An die Stelle des Steuerbescheides tritt die formlose Errechnung der Steuerschuld, die kein Steuerbescheid ist, aber den Inhalt einer Steuerfestsetzung hat[3]. Auf dieser Grundlage kann ein Abrechnungsbescheid nach § 218 Abs. 2 S. 2 AO ergehen, in dem der Erstattungsanspruch durch Gegenüberstellen des Steueranspruchs und der Zahlungen ermittelt wird. Dieser Abrechnungsbescheid ist ein der Bestandskraft fähiger Verwaltungsakt. Da er keine im Insolvenzverfahren geltend zu machende Forderung festsetzt, sondern allenfalls eine Forderung der Insolvenzmasse ablehnt, ist sein Erlass nicht durch § 87 InsO ausgeschlossen. Der Abrechnungsbescheid kann durch den Insolvenzverwalter angefochten werden. In diesem Rechtsbehelfs- bzw. Gerichtsverfahren kann incidenter auch die Höhe der Steuerberechnung überprüft werden.

---

1 Vgl. oben 1. Teil Abschn. IV 2.

2 A. A. *Welzel*, DStZ 1994 S. 333; *BMF*, 17. 12. 1998, Tz. 3, BStBl. I 1998, S. 1500; wie hier *Bringewat/Waza/Grawe*, Insolvenzen und Steuern, Rz. 144, 181, 186. Leistungsbescheide sind im Insolvenzverfahren schlechthin unzulässig, ohne Rücksicht darauf, ob sie im Einzelfall günstig oder ungünstig für die Masse wirken.

3 Vgl. 3. Teil Abschn. II.

Ist eine Steuerfestsetzung nicht Voraussetzung für die Erstattung, wie bei Doppelzahlungen, gilt Entsprechendes. Es ist erforderlichenfalls ein Abrechnungsbescheid zu erteilen.

War vor Eröffnung des Insolvenzverfahrens bereits ein Steuerbescheid ergangen und angefochten worden, weil die Steuer zu hoch festgesetzt war, kann der Insolvenzverwalter das durch die Eröffnung des Insolvenzverfahrens unterbrochene Rechtsbehelfs- oder Gerichtsverfahren entsprechend § 85 InsO aufnehmen. Auf der Grundlage der Entscheidung in diesem Verfahren erfolgt dann die Erstattung.

Gehörte die überzahlte Steuer zu den Masseverbindlichkeiten nach § 55 Abs. 1 Nr. 1 InsO, kann das Erstattungsverfahren ohne insolvenzrechtliche Einschränkungen durchgeführt werden.

V. Steuerverfahren bei vorläufiger Insolvenzverwaltung

Wird ein vorläufiger Insolvenzverwalter bestellt, auf den nach § 22 Abs. 1 InsO das Verwaltungs- und Verfügungsrecht übergeht, treten die gleichen Wirkungen ein wie bei der Eröffnung des Insolvenzverfahrens. Wie sich aus § 24 Abs. 2 InsO sowie § 240 S. 2 ZPO ergibt, werden die anhängigen Verfahren unterbrochen. Das gilt auch für die Besteuerungsverfahren. Steuerfestsetzungs- und Rechtsschutzverfahren werden also in dem gleichen Umfang unterbrochen, in dem sie unterbrochen würden, wenn das Insolvenzverfahren eröffnet worden wäre[1].

Soweit die Steuerforderungen Insolvenzforderungen sind, also nicht durch den vorläufigen Insolvenzverwalter begründet werden, können die unterbrochenen Verfahren weder von dem vorläufigen Insolvenzverwalter noch von der Finanzbehörde aufgenommen werden. Insolvenzforderungen können nach § 87 InsO nur durch Anmeldung zur Insolvenztabelle geltend gemacht werden. Da dies die Eröffnung des Insolvenzverfahrens voraussetzt, gibt es während der Zeit der vorläufigen Insolvenzverwaltung keine Möglichkeit, die Insolvenzforderungen zu verfolgen[2].

Soweit es sich um Steuerforderungen handelt, die durch den vorläufigen Insolvenzverwalter begründet werden, handelt es sich nach § 55 Abs. 2 S. 1 InsO um sonstige Masseverbindlichkeiten. Diese können ohne Einschränkungen geltend gemacht werden. Die Steuerbescheide sind an den vorläufigen Insolvenzverwalter zu adressieren und ihm bekannt zu geben. Die Rechtsbehelfsbefugnis steht ebenfalls dem vorläufigen Insolvenzverwalter zu, da sie Teil des Verwaltungsrechts an der Masse ist.

Ist das Verfügungs- und Verwaltungsrecht über die Massegegenstände nicht auf den vorläufigen Insolvenzverwalter übergegangen („schwacher" vorläufiger Insolvenzverwalter), bleibt der Schuldner verfügungs- und verwaltungsberechtigt. In diesem Fall tritt die Unterbrechung der Verfahren nach § 24 Abs. 2 InsO bzw. § 240 S. 2 ZPO nicht ein. Das Besteuerungsverfahren über Insolvenzforderungen kann daher ohne Einschränkungen gegen den Schuldner fortgeführt werden. Die Steuerforderungen sind nach Verfahrenseröffnung durch Anmeldung zur Insolvenztabelle geltend zu machen[3].

---

1 Vgl. 3. Teil Abschn. II 1.

2 *Uhlenbruck*, InsO, zu § 24 Rz. 10 für Passivprozesse; die Rechtslage bei Passivprozessen entspricht der für Steuerforderungen..

3 Vgl. *FG Saarland*, 4. 2. 2003, EFG 2003, 594 zu einem vorläufigen Insolvenzverwalter, der vom Insolvenzgericht nur in bestimmter Hinsicht mit rechtlicher Wirkung für den Schuldner zu handeln ermächtigt war.

VI. Durchsetzung von Steuerforderungen gegenüber dem Schuldner

1. Beitreibung von Insolvenzforderungen

a) Fortsetzung des Verfahrens bei Bestreiten

Nach § 87 InsO können Insolvenzgläubiger ihre Forderungen nur nach den Vorschriften der Insolvenzordnung geltend machen. Das gilt auch für das Geltendmachen gegenüber dem Schuldner persönlich; auch insoweit greifen die insolvenzrechtlichen Beschränkungen ein[1]. Ein Nebeneinander von Insolvenzbeteiligung und Vorgehen außerhalb des Insolvenzverfahrens gegen den Schuldner persönlich ist nur zulässig, wenn der Schuldner der Anmeldung der Steuerforderung widerspricht. Bleibt die Anmeldung zur Tabelle von ihm dagegen unbestritten, kann kein Bescheid gegen ihn ergehen. Für einen Feststellungsbescheid fehlt das Feststellungsinteresse, ein Leistungsbescheid darf während des Insolvenzverfahrens nicht erlassen werden. Für die Zeit nach Beendigung des Insolvenzverfahrens bedarf es keines Bescheides, da sich der Gläubiger auf den Tabellenauszug stützen kann[2]. Der Tabelleneintrag wirkt nach § 201 Abs. 2 S. 1 InsO hinsichtlich der festgestellten, aber noch nicht bezahlten Forderungen wie ein rechtskräftiges Urteil[3]. Entsprechendes gilt nach § 257 InsO für Vollstreckungen aus dem Insolvenzplan bzw. nach § 308 Abs. 1 InsO für die Vollstreckung aus dem bestätigten Schuldenbereinigungsplan.

Soweit der Schuldner die zur Tabelle angemeldete Forderung bestreitet, hat dies lediglich die Wirkung, dass der Tabelleneintrag nach Insolvenzbeendigung nicht gegen den Schuldner wirkt. Der Gläubiger kann daher noch während des Insolvenzverfahrens die Feststellung seiner Forderung gegen den Schuldner betreiben[4]. Es ist daher ein Feststellungsbescheid nach § 251 Abs. 3 AO zu erlassen[5] bzw. ein unterbrochenes Verfahren gegen

1 *Breutigam/Blersch/Goetsch*, Insolvenzrecht, zu § 87 Rz. 1.
2 Das ergibt sich mittelbar aus § 251 Abs. 2 S. 2 AO; *Uhlenbruck*, InsO, zu § 201 Rz. 10.
3 Nach Insolvenzbeendigung kann daher die festgestellte Steuerforderung nur geändert (erhöht oder vermindert) werden, soweit dies auch bei einer durch finanzgerichtliches Urteil rechtskräftig bestätigten Steuerforderung noch möglich wäre; vgl. hierzu *Frotscher*, in: Schwarz, AO, zu § 132 Rz. 5 ff.
4 *RG*, RGZ 24 S. 405. Dies gilt auch, wenn der Gläubiger darauf verzichtet, mit seiner Forderung am Insolvenzverfahren teilzunehmen; vgl. *BGH*, 24. 10. 1978, BB 1978 S. 1689. Das Vollstreckungsverbot des § 89 InsO gilt jedoch auch in einem solchen Fall.
5 Ein Leistungsbescheid ist weiterhin unzulässig, vgl. *Bringewat/Waza/Grawe*, Insolvenzen und Steuern, Rz. 271.

den Schuldner persönlich fortzusetzen. Hiergegen stehen dem Schuldner die gewöhnlichen verwaltungsrechtlichen Rechtsbehelfe zu.

War bereits ein Rechtsstreit anhängig, so ist dieser aufzunehmen[6].

Schwebte bei Eröffnung des Insolvenzverfahrens ein Rechtsbehelfsverfahren oder ein gerichtliches Verfahren über einen Steuerbescheid, kann auch der Schuldner das Verfahren aufnehmen, wenn er der Anmeldung zur Tabelle widersprochen hat[7]. Zwar kann dann nach Beendigung des Insolvenzverfahrens nicht aus der Tabelle gegen ihn vollstreckt werden; trotzdem fehlt das Rechtschutzbedürfnis nicht. Einem Rechtsstreit im Steuerrecht liegt immer ein Verwaltungsakt (Steuerbescheid) zugrunde, der grundsätzlich vollstreckbar ist. Nimmt der Schuldner den Rechtsstreit nicht auf, ist er zwar während des Insolvenzverfahrens vor dem Geltendmachen der Steuerforderung geschützt, nicht aber nach Beendigung des Insolvenzverfahrens. Die Finanzbehörde benötigt die Wirkung des Tabelleneintrags nicht, sondern kann die Steuerforderung aus dem Steuerbescheid geltend machen. Anders als bei zivilrechtlichen Forderungen genügt zum Schutz des Schuldners der Widerspruch gegen die Anmeldung nicht. Der Aufnahme des Rechtsbehelfs- oder Gerichtsverfahrens schon während des Insolvenzverfahrens stehen insolvenzrechtliche Gründe nicht entgegen. Dann bestehen aber keine Gründe, dem Schuldner die Aufnahme des Verfahrens zu versagen. Das Verfahren kann daher auch von dem Schuldner aufgenommen werden[8].

Haben der Insolvenzverwalter bzw. die widersprechenden Gläubiger die Aufnahme des Rechtsstreits abgelehnt, kann der Schuldner den Rechtsbehelf oder das Rechtsmittel zurücknehmen.

b) Fortsetzung des Steuerfestsetzungsverfahrens aus sonstigen Gründen

Weitergehend vertritt die Rechtsprechung die Ansicht, das Steuerfestsetzungsverfahren könne auch gegen den nicht widersprechenden Schuldner

6 Zu Unrecht hält *Hessisches FG*, 24. 4. 1981, EFG 1982 S. 6, die Fortsetzung eines Einspruchsverfahrens gegen den Schuldner auch dann für unzulässig, wenn der Schuldner die angemeldete Forderung bestritten hat. Hierzu vgl. § 180 Abs. 2 InsO. Wegen § 185 S. 1 InsO ist der Finanzrechtsweg eröffnet.

7 A. A. *BFH*, 17. 11. 1977, BStBl. II 1978 S. 165, BB 1978 S. 292, wonach das Rechtsschutzbedürfnis fehlen soll. Wie hier *Bringewat/Waza/Grawe*, Insolvenzen und Steuern, Rz. 271.

8 Vgl. *BFH*, 11. 3. 1988, BFH/NV 1988 S. 586.

fortgesetzt werden[9]. Hieran bestehe ein besonderes Interesse, da die Anmeldung der Steuerforderung geringere Wirkungen habe als die Festsetzung durch Bescheid.

Die Insolvenzordnung kennt eine solche Fortsetzung des Verfahrens nicht, da sie auf zivilrechtliche Forderungen zugeschnitten ist. Bei öffentlichrechtlichen Forderungen besteht aber im Vergleich zu zivilrechtlichen Forderungen ein Unterschied in der Rechtskraftwirkung. Hat der Gläubiger einer zivilrechtlichen Forderung vor Eröffnung des Insolvenzverfahrens gegen den späteren Schuldner Zahlungsklage erhoben, so beschränkt sich die Rechtskraft des Urteils, wenn der Schuldner bereits einen Teil der Forderung beglichen hat, auf den noch zu zahlenden Betrag. Das Urteil enthält also keine rechtskräftige Feststellung darüber, dass auch die Zahlung des bereits entrichteten Betrages nach Grund und Höhe zu Recht erfolgte. Der Gläubiger wäre also durch die Rechtskraft des Urteils nicht vor einer Rückforderung geschützt. Wird über das Vermögen des Schuldners das Insolvenzverfahren eröffnet, kann der Gläubiger nur den überschießenden Teil der Forderung zur Tabelle anmelden. Dieser Teil wird durch die Tabelle rechtskräftig festgestellt; Umfang der Feststellungswirkung des Urteils und der Tabelle decken sich also. Daher hat der Gläubiger einer zivilrechtlichen Forderung kein Rechtschutzbedürfnis für eine weitergehende Fortsetzung des Verfahrens, da er bei Insolvenz nur das nicht erhält, was er auch im Urteil außerhalb des Insolvenzverfahrens nicht erhalten hätte.

Wird eine Steuerforderung durch Bescheid geltend gemacht, so beschränkt sich die Bestandskraft dieses Bescheides nicht auf den noch zu zahlenden Teil der Steuerforderung. Vielmehr wird die gesamte Jahressteuerschuld bestandskräftig festgesetzt, ohne Rücksicht darauf, ob ein Teil der Schuld bereits entrichtet ist. Anders als bei einem zivilrechtlichen Urteil erwächst also der Anspruch über die gesamte Steuerschuld, nicht nur über den noch zu zahlenden Teil, in Bestandskraft. Die Ermittlung des noch zu entrichtenden Teils stellt demgegenüber nur die kassenmäßige Abrechnung dar. Zur Tabelle angemeldet und damit durch die Tabelle rechtskräftig festgestellt werden kann aber nur der Zahlungsanspruch. Insoweit bleibt die Wirkung des Tabelleneintrags hinter der eines bestandskräftigen Bescheides zurück. Aus insolvenzrechtlichen Gründen ist es dem Gläubiger nicht verwehrt, sich diese überschießende Wirkung zu verschaffen, sofern er dadurch das Insolvenzverfahren nicht stört. Ausgeschlossen ist daher zwar

9 *RFH*, 23. 3. 1927, RFHE 21 S. 9; *BFH*, 12. 9. 1951, BStBl. III 1951 S. 192, BB 1951 S. 775; *BFH*, 22. 5. 1963, BStBl. III 1963 S. 382, BB 1963 S. 1008.

ein Leistungsgebot, nicht aber ein Feststellungsbescheid. Daher kann ein Feststellungsverfahren gegen den nicht widersprechenden Schuldner durchgeführt werden, wenn der Steuergläubiger ein Interesse daran hat, sich die Bestandskraftwirkung auch insoweit zu verschaffen, als der Steueranspruch bereits durch Zahlung usw. erloschen ist[10].

2. Beitreibung von Masseverbindlichkeiten

Der Schuldner ist auch Schuldner der Masseverbindlichkeiten nach § 55 InsO, da er Träger der Masse ist und der Insolvenzverwalter für ihn gehandelt hat. Die Rechtsmacht des Insolvenzverwalters, mit Wirkung für den Schuldner zu handeln, ist gegenständlich auf die Insolvenzmasse beschränkt; nur mit dieser Insolvenzmasse haftet der Schuldner für die Masseverbindlichkeiten. Die Vollstreckung wegen Masseverbindlichkeiten erfolgt daher grundsätzlich in die Insolvenzmasse. Die Vollstreckungsverbote der §§ 87, 89 InsO gelten nur für Insolvenzforderungen, so dass Masseverbindlichkeiten auch während des laufenden Insolvenzverfahrens beigetrieben werden dürfen. Für Steuerforderungen ist jedoch § 90 Abs. 1 InsO zu beachten (vgl. Abschn. III).

Eine Vollstreckung wegen Masseverbindlichkeiten in etwaiges insolvenzfreies Vermögen ist nur insoweit möglich, als dem Schuldner Teile der Masse ausgeantwortet worden sind.

3. Beitreibung von Steuerforderungen nach Insolvenzbeendigung

Nach Beendigung des Insolvenzverfahrens entfallen die insolvenzrechtlichen Beschränkungen. Die Finanzbehörde kann ihre im Insolvenzverfahren nicht befriedigten Forderungen unbeschränkt geltend machen und beitreiben (vgl. § 201 Abs. 1 InsO), wenn nicht eine Nachtragsverteilung nach § 203 InsO angeordnet wird[11].

Nach § 201 Abs. 2 S. 1 InsO können die Gläubiger der festgestellten Insolvenzforderungen, die der Schuldner nicht bestritten hat, nach Beendigung des Insolvenzverfahrens die Zwangsvollstreckung aus der Tabelle betreiben. Der Tabelleneintrag dient als Vollstreckungstitel. Diese für zivilrechtliche Forderungen geltende Regel hat zur Folge, dass ein früherer, vorinsolvenzlicher Vollstreckungstitel des Gläubigers unwirksam wird,

10 A. A. *FG Rheinland-Pfalz*, 20. 4. 1978, EFG 1978 S. 471; *Uhlenbruck*, InsO, zu § 87 Rz. 16.
11 Vgl. *BFH*, 12. 3. 1998, BFH/NV 1998, S. 1188.

soweit der Tabelleneintrag reicht, und keine geeignete Grundlage für die Vollstreckung mehr bildet[12]. Der frühere Vollstreckungstitel wird also ersetzt durch den Tabelleneintrag. Hat der Schuldner die Forderung jedoch bestritten, entfaltet die Tabelle nach Abschluss des Insolvenzverfahrens keine Wirkung mehr.

Diese Regelung ist auf Steuerforderungen entsprechend anwendbar[13].

Daher ist für das Verfahren nach Insolvenzbeendigung zu unterscheiden, ob vor Eröffnung des Insolvenzverfahrens bereits ein Steuerbescheid ergangen war und ob der Schuldner der Anmeldung der Steuerforderung widersprochen hatte.

War vor Eröffnung des Insolvenzverfahrens bereits ein Steuerbescheid ergangen, so führt die Anmeldung der Steuerforderung im Insolvenzverfahren nach § 231 Abs. 1 AO zur Unterbrechung der Zahlungsverjährung, die nach § 231 Abs. 2 S. 1 AO bis zur Beendigung des Insolvenzverfahrens fortdauert.

Hatte der Schuldner der Anmeldung der Insolvenzforderung zur Tabelle nicht widersprochen, erfolgt nach Insolvenzbeendigung die Vollstreckung in entsprechender Anwendung des § 201 Abs. 2 S. 1 InsO aus der Eintragung in die Insolvenztabelle, die wie ein rechtskräftiges Urteil wirkt[14]. Das bedeutet, dass die festgestellte Steuer ebenso wenig geändert werden kann wie eine Steuerfestsetzung, die durch ein rechtskräftiges finanzgerichtliches Urteil bestätigt ist. Eine Änderung auf Grund neuer Tatsachen, § 173 AO, und anderer Änderungsvorschriften kommt also nicht in Betracht[15].

Die Beitreibung erfolgt im Verwaltungsvollstreckungsverfahren, also nach den §§ 249 ff. AO, wie § 251 Abs. 2 S. 2 AO ausdrücklich bestimmt[16]. Hatte der Schuldner der Anmeldung widersprochen, ist das unterbrochene Steuerverfahren, entweder noch während des Insolvenzverfahrens oder nach der Beendigung, wieder aufzunehmen, je nach dem Stand, in dem

---

12 *Uhlenbruck*, InsO, zu § 201 Rz. 10. Das hat zur Folge, dass ein Rechtsbehelfsverfahren gegen den Steuerbescheid nach Beendigung des Insolvenzverfahrens nicht mehr aufgenommen werden kann, wenn der Schuldner den Tabelleneintrag nicht bestritten hat. Der Tabelleneintrag wirkt als rechtskräftige Entscheidung, das Rechtsbehelfsverfahren ist daher erledigt. Vgl. *FG Nürnberg*, 29. 5. 2002, EFG 2002 S. 1274.

13 *Beermann*, in: Hübschmann/Hepp/Spitaler, AO, zu § 251 Rz. 127.

14 *BFH*, 26. 4. 1988, BStBl. II 1988 S. 865, BB 1988 S. 1741; *BFH*, 20. 7. 2000, BFH/NV 2001, 144

15 A. A. *Fett/Geißdorf*, DStZ 2001 S. 659, und *Welzel*, DStZ 1999 S. 559, die dem Tabelleneintrag nur die Wirkung eines bestandskräftigen Steuerbescheids zuerkennen.

16 Der Ausdruck „berechtigt“ in § 251 Abs. 2 S. 2 AO begründet kein Wahlrecht der Behörde; *Bringewat/Waza/Grawe*, Insolvenzen und Steuern, Rz. 268.

sich das Verfahren befindet[17]. Grundlage der Vollstreckung nach Insolvenzbeendigung ist dann der vor Eröffnung des Insolvenzverfahrens erlassene Steuerbescheid. Die Insolvenztabelle hat wegen des Widerspruchs des Schuldners keine Wirkung mehr.

Ein bei Beendigung des Insolvenzverfahrens noch schwebender Rechtsstreit mit dem Insolvenzverwalter als Partei wird unterbrochen; der (frühere) Schuldner kann an Stelle des Insolvenzverwalters in den Rechtsstreit eintreten[18].

War vor Eröffnung des Insolvenzverfahrens noch kein Steuerbescheid ergangen und hatte der Schuldner der Anmeldung zur Tabelle nicht widersprochen, gilt wiederum § 201 Abs. 2 S. 1 InsO; die Vollstreckung erfolgt aus dem Tabelleneintrag im Verwaltungswege, die Sache gilt als rechtskräftig entschieden. Eine Änderung des unbestrittenen Tabelleneintrags ist nur unter den gleichen Voraussetzungen wie die Änderung einer Steuerfestsetzung bei einem rechtskräftigen finanzgerichtlichen Urteil möglich[19]. Der Erlass eines Steuerbescheides ist überflüssig. Hatte der Schuldner dagegen der Anmeldung widersprochen, ist das durch die Eröffnung des Insolvenzverfahrens unterbrochene Steuerfestsetzungsverfahren nach Insolvenzbeendigung durch Erlass des Steuerbescheides abzuschließen. Für diese Fälle führt § 171 Abs. 13 AO zu einer Hemmung der Festsetzungsfrist bis zu drei Monaten nach Beendigung des Insolvenzverfahrens.

War der Steueranspruch zur Insolvenztabelle festgestellt, beträgt die Zahlungsverjährung nach § 228 AO 5 Jahre, nicht 30 Jahre nach § 197 Abs. 1 Nr. 5 BGB[20]. Der Tabelleneintrag ersetzt zwar den Steuerbescheid, die festgestellte Forderung bleibt aber eine (rechtskräftig festgestellte) Abgabenforderung, für die die Vorschriften der AO gelten, nicht die der ZPO oder des BGB.

Der Tabelleneintrag als rechtskräftige Festsetzung der Steuer entfaltet auch die Wirkungen des § 166 AO[21], wirkt also gegen den Rechtsnachfolger und u. U. gegen den Vertreter. Zwar setzt § 166 AO für die Drittwirkung gegen den Vertreter voraus, dass dieser „den Bescheid anfechten“ konnte, der

17 Vgl. *FG Saarland*, 26. 11. 1986, EFG 1987 S. 197, wonach es als Klagerücknahme gilt, wenn der Steuerschuldner das Verfahren nicht wieder aufnimmt. Vgl. auch *BFH*, 23. 11. 1994, BFH/NV 1995 S. 663.

18 *Uhlenbruck*, InsO, zu § 80 Rz. 70.

19 Im Grundsatz so auch *Uhlenbruck*, InsO, zu § 178 Rz. 12 ff., der jedoch eine Änderung nach §§ 172 ff. AO für möglich hält; *Welzel*, DStZ 1994 S. 331.

20 *BFH*, 26. 4. 1988, BStBl. II 1988 S. 865, BB 1988 S. 1741; *FG Hamburg*, 29. 4. 1987, EFG 1987 S. 540.

21 A. A. *FG Düsseldorf*, 23. 2. 1982, EFG 1982 S. 550.

Tabelleneintrag ist aber kein Bescheid. Beide Fälle sind aber ähnlich, so dass eine entsprechende Anwendung gerechtfertigt ist. Der Vertreter muss also entsprechend § 166 AO in der Lage gewesen sein, Widerspruch zu erheben und damit die Rechtskraftwirkung des Tabelleneintrags zu verhindern.

Ist die Steuerforderung nicht in die Tabelle eingetragen worden, etwa weil vor Erstellung der Tabelle das Insolvenzverfahren aufgehoben worden ist, ist das gewöhnliche Steuerfestsetzungsverfahren fortzusetzen. Es ist also ein Steuerbescheid zu erlassen oder, wenn dies schon vor Eröffnung des Insolvenzverfahrens geschehen war, Rechtsbehelf- und Rechtsmittelverfahren fortzusetzen. Das gilt auch, wenn während des Insolvenzverfahrens ein Feststellungsbescheid nach § 251 Abs. 3 AO ergangen ist, die Steuerforderung aber nicht in die Tabelle eingetragen wurde[22]. Als rechtskräftige Entscheidung über die Steuerforderung gilt während des Insolvenzverfahrens nur der Tabelleneintrag, nicht der Feststellungsbescheid. Dieser ist nur auf Feststellung zur Tabelle gerichtet und daher gegenstandslos, wenn es nicht mehr zu einem Tabelleneintrag kommen kann. Das gilt auch dann, wenn der Feststellungsbescheid bestandskräftig geworden war.

Ist im Feststellungsverfahren bestandskräftig festgestellt worden, dass die geltend gemachte Steuerforderung nicht besteht (und ist sie deshalb nicht in die Insolvenztabelle eingetragen worden), wirkt dies auch nach Beendigung des Insolvenzverfahrens zugunsten des Steuerpflichtigen, und zwar auch dann, wenn er nicht widersprochen hatte. Es steht dann bestandskräftig fest, dass die Steuerforderung nicht besteht[23]. Der Steuergläubiger nimmt weder an der insolvenzrechtlichen Verteilung teil noch kann er die Forderung zu einem späteren Zeitpunkt realisieren.

22 *Nds. FG*, 3. 3. 1980, EFG 1980 S. 317.
23 Vgl. *Uhlenbruck*, InsO, zu § 185 Rz. 4.

4. Teil: Befreiung des Schuldners von seinen Verbindlichkeiten

I. Insolvenzplan

Die §§ 217–269 InsO sehen vor, dass die Folgen der Insolvenz in einem Insolvenzplan abweichend von den gesetzlichen Vorschriften geregelt werden können[1]. Durch das mit der Insolvenzordnung eingeführte Instrument des Insolvenzplans haben die Gläubiger und der Schuldner erweiterte Möglichkeiten zur Verfahrensgestaltung. Das Ziel des Insolvenzplans kann gemäß § 217 InsO gerichtet sein

(1.) auf die von den §§ 38, 49 ff, 53 ff. InsO abweichende Befriedigung der Insolvenzgläubiger, der absonderungsberechtigten Gläubiger und der Massegläubiger,

(2.) auf die Art der Verwertung der Insolvenzmasse (z. B. Übertragung des Unternehmens auf einen Dritten),

(3.) die Art der Verteilung des Erlöses sowie

(4.) die Haftung des Schuldners nach Beendigung des Insolvenzverfahrens.

Zur Umsetzung dieser Ziele kann der Insolvenzplan gerichtet sein auf eine Sanierung, Entschuldung oder Übertragung des Unternehmens mit der Absicht, die Fortführung in unveränderter bzw. veränderter Form durch den Schuldner bzw. einen Dritten oder die Befriedigung der Gläubiger aus dem Veräußerungserlös zu ermöglichen. Er kann aber auch eine geordnete Liquidation des Unternehmens zum Ziel haben, die den Unternehmer von den nicht gedeckten Verbindlichkeiten ganz oder teilweise befreit.

Der Insolvenzplan, der an die Stelle des Vergleichsverfahrens nach der Vergleichsordnung und der GesO sowie des Zwangsvergleichs nach §§ 173 ff. KO tritt, ist seinem rechtlichen Charakter nach eine Vereinbarung zwischen Schuldner und Gläubigern, die vom Insolvenzgericht bestätigt werden muss[2]. Er ist ein Teil des Insolvenzverfahrens und unter-

1 Allgemein zum Insolvenzplan *BMF*, Vollstreckungsanweisung, 18. 9. 2001, BStBl. I 2001, 605, Abschn. 61

2 Vgl. *Loose*, StuW 1999, S. 20, 27.

liegt der Leitung durch den Insolvenzverwalter und der Aufsicht durch das Insolvenzgericht (vgl. § 261 Abs. 1 InsO). Die Stellung des Insolvenzverwalters im Insolvenzplanverfahren ist daher unverändert[3].

Am Insolvenzplanverfahren nehmen alle Masse- und Insolvenzgläubiger teil, also auch die Finanzbehörde mit ihren Steuerforderungen[4].

Der Insolvenzplan enthält in seinem gestaltenden Teil nach § 221 InsO die Änderung der Rechtsstellung der Betroffenen, also des Schuldners und der Gläubiger. Diese Änderung kann bestehen in einer Kürzung der Forderungen, in ihrer Stundung oder in sonstigen Beschränkungen (z. B. Vollstreckungsbeschränkungen). Forderungen der nach § 39 InsO nachrangigen Insolvenzgläubiger gelten nach § 225 Abs. 1 InsO als erlassen, wenn in dem Insolvenzplan nichts anderes bestimmt ist. Absonderungsrechte bleiben nach § 223 Abs. 1 S. 1 InsO grundsätzlich unberührt, doch können sie nach § 223 Abs. 2 InsO im gestaltenden Teil des Insolvenzplanes auch verändert (z. B. gekürzt, gestundet) werden.

Sofern der Insolvenzplan vom Gericht nicht von Amts wegen nach § 231 InsO zurückzuweisen ist, werden für die Abstimmung über den Plan die Gläubiger nach § 222 Abs. 1 InsO in drei Gruppen geteilt, nämlich die absonderungsberechtigten Gläubiger, in deren Rechte nach dem Insolvenzplan eingegriffen werden soll, die nicht nachrangigen Insolvenzgläubiger und die nachrangigen Insolvenzgläubiger nach den einzelnen Rangklassen. Nach § 243 InsO stimmt jede Gruppe gesondert ab. Für die Annahme des Insolvenzplanes ist nach § 244 Abs. 1 InsO erforderlich, dass in jeder Gruppe die Mehrheit („Kopfmehrheit") sowie die Mehrheit der Summe der Ansprüche („Summenmehrheit") zustimmt[5]. Eine fehlende Zustimmung kann nach § 245 InsO unbeachtlich sein, so dass der Insolvenzplan trotzdem zustande kommt.

Der Insolvenzplan wird nach §§ 248, 254 InsO wirksam mit der Rechtskraft der Bestätigung des Insolvenzgerichts. Mit diesem Zeitpunkt treten die Wirkungen des gestaltenden Teils des Insolvenzplanes ein. Insbesondere treten die Wirkungen von Stundung und Erlass ein, soweit diese im gestaltenden Teil vorgesehen sind.

Erlass und Stundung von Steuerforderungen im Insolvenzplan richten sich nicht nach §§ 222, 227 AO. Es handelt sich bei dem Insolvenzplan um

3 Zur Stellung des Insolvenzverwalters vgl. 1. Teil Abschn. III.
4 Vgl. hierzu *BMF* v. 17. 12. 1998, Tz. 9.1, BStBl. I 1998, S. 1500. Abschnitt 61.VollstrA, BStBl. I 2001, 605.
5 Vgl. *Loose*, StuW 1999, S. 20, 27.

ein eigenständiges Verfahren mit eigenständigen Rechtswirkungen. Diese Rechtswirkungen beruhen auf § 254 InsO, und zwar für alle Forderungen, die in den Insolvenzplan eingeschlossen sind. Für Steuerforderungen kann dabei nicht auf §§ 222, 227 AO zurückgegriffen werden.

Das bedeutet, dass weder die Voraussetzungen der §§ 222, 227 AO vorliegen müssen[6], noch dass die internen Zustimmungsgrenzen der Finanzverwaltung[7] unmittelbar gelten. Die Finanzverwaltung kann aber ihr internes Verfahren für die Teilnahme an dem Insolvenzplan regeln und kann daher entsprechende interne Zustimmungserfordernisse schaffen[8].

Die Zustimmungserklärung der Finanzbehörde oder ihre Ablehnung im Rahmen der Abstimmung über den Insolvenzplan nach § 244 InsO ist kein Verwaltungsakt, sondern schlichtes Verwaltungshandeln[9]. Die Finanzbehörde handelt nach ihrem pflichtgemäßen Ermessen, das sich allein an insolvenzrechtlichen Gesichtspunkten zu orientieren hat. Dabei muss sie neben dem Interesse des Steuergläubigers an der Beitreibung der Steuerforderungen auch das öffentliche Interesse an der Sanierung und Fortführung des Betriebs berücksichtigen. Gegen die Verweigerung der Zustimmung ist schlichte Leistungsklage gegeben, durch die der Ermessensgebrauch nachgeprüft werden kann[10]. Vorläufiger Rechtsschutz wird durch § 114 FGO gewährt.

Die Wirkung des Insolvenzplans auf die Steuerforderungen besteht, je nach den Festsetzungen des gestaltenden Teils, in dem (teilweisen) sofortigen oder späteren Erlass oder der (teilweisen) Stundung der Steuerforderungen. Diese Wirkungen treten mit dem Wirksamwerden des Insolvenzplanes ein, d. h. mit diesem Zeitpunkt sind die Steuerforderungen erlassen oder gestundet[11, 12]. Ob die Stundung der Steuerforderungen gegen Zinsen erfolgt, richtet sich ebenfalls nach den Festsetzungen des Insolvenzplanes; §§ 233–239 AO sind nicht unmittelbar anwendbar.

---

6 Vgl. *Tipke/Kruse*, AO, zu § 251 Rz. 110; *Loose*, StuW 1999, S. 20, 27; *Fett/Barten*, DStZ 1998, S. 885; *BMF* v. 17. 12. 1998, Tz. 9.3, BStBl. I 1998, S. 1500; a. A. *Bringewat/Waza/Grawe*, Isolvenzen und Steuern, Rz. 455.

7 Hierzu *Frotscher*, in: Schwarz, AO, zu § 163 Rz. 80.

8 Vgl. dazu Abschnitt 61 Abs. 4 VollstrA.

9 Vgl. *Loose*, StuW 1999, S. 20, 27.

10 Ebenso wie gegen den Insolvenzantrag der Finanzbehörde; vgl. 3. Teil Abschn. I; *Tipke/Kruse*, AO, zu § 251 Rz. 111.

11 A. A. *Loose*, StuW 1999, S. 20, 27, sowie *Tipke/Kruse*, AO, zu § 251 Rz. 116; *Fett/Barten*, DStZ 1998, S. 885; *Bringewat/Waza/Grawe*, Insolvenzen und Steuern, Rz. 460; *BMF*, 17. 12. 1998, Tz. 9.3, BStBl. I 1998, S. 1500; *BMF*, Vollstreckungsanweisung, 18. 9. 2001, BStBl. I 2001, 605, Abschn. 61, wonach die Wirkung lediglich in einem Vollstreckungs- und Aufrechnungsverbot bestehen soll. Diese abweichende Meinung beruht auf der

Sind bei Eröffnung des Insolvenzverfahrens Vorsteuern aus Insolvenzforderungen wegen Uneinbringlichkeit berichtigt worden (vgl. 2. Teil Abschn. B V 3 b), führt der Insolvenzplan allein noch nicht dazu, dass die Forderungen, soweit sie im Insolvenzplan aufrecht erhalten werden, als einbringlich gelten. Es hat also nicht sofort eine nochmalige Vorsteuerberichtigung zu erfolgen. Die Realisierbarkeit der Forderungen, und damit die Berichtigung der Vorsteuer, hängen von den Umständen des Einzelfalls ab, insbesondere davon, ob der Schuldner die Forderungen erfüllen wird. Die abermalige Berichtigung des Vorsteuerabzugs hat also erst zu erfolgen, wenn die Erfüllung durch den Schuldner wahrscheinlich wird, letztlich mit Zahlung der Forderung.

Enthält der Insolvenzplan den Erlass von Forderungen, entsteht bei einem gewerblich tätigen Schuldner ein Gewinn. Dieser Sanierungsgewinn ist grundsätzlich steuerpflichtig. Die Besteuerung kann jedoch nach § 163 AO sachlich unbillig sein, wenn die Voraussetzungen eines Sanierungsgewinns vorliegen[13]. Voraussetzung ist, dass der Schuldenerlass aus betrieblichen Gründen erfolgt, um die Fortführung des Unternehmens oder einen Sozialplan zu ermöglichen. Es müssen Sanierungsbedürftigkeit des Unternehmens, Sanierungsfähigkeit, Sanierungseignung der ergriffenen Maßnahmen und Sanierungsabsicht vorliegen. Diese Merkmale werden bei einem Sanierungsplan immer gegeben sein. Der Sanierungsgewinn ist in erster Linie mit einem vorhandenen Verlustvortrag zu verrechnen. Ein Erlass oder eine Stundung der Steuer kommt nur für einen darüber hinausgehenden Sanierungsgewinn in Betracht. Soweit diese Voraussetzungen einer Steuerbegünstigung des Sanierungsgewinns vorliegen, besteht ein Rechtsanspruch auf die Billigkeitsmaßnahme; sie steht daher nicht im Ermessen der Verwaltung.

Ansicht, dass eine Steuerforderung nur nach §§ 222, 227 AO gestundet oder erlassen werden könne. Da diese Tatbestände beim Insolvenzplan nicht verwirklicht seien, könne auch die Wirkung von Stundung und Erlass nicht eintreten. M. E. enthält jedoch § 254 InsO eigenständige Tatbestände mit materieller Rechtswirkung, so dass Stundung und Erlass außerhalb der Vorschriften der AO eintreten. Dafür spricht der Wortlaut des § 255 Abs. 1 S. 1 bzw. Abs. 2 InsO, wonach ein Erlass, also ein Vorgang mit materieller Wirkung, vorliegt.

12 Erlöschen die Forderungen nach Einstellung des Gewerbebetriebs, handelt es sich steuerlich um nachträgliche Betriebseinnahmen; vgl. hierzu *Kauffmann*, in: Frotscher, EStG, zu § 16 Rz. 191; *Kroschel/Wellisch*, DStR 1998, 1661.

13 Im Einzelnen zu dem Sanierungsgewinn vgl. *BMF*, 27. 3. 2003, BStBl. I 2003 S. 240; *Frotscher*, in: Schwarz, AO, zu § 163 Rz. 50a ff.; zur Problematik vgl. auch *Maus*, NZI 2000 S. 449; *Maus*, ZIP 2002 S. 589

Hält der Schuldner die Bestimmungen des Insolvenzplanes nicht ein, gerät er insbesondere mit der Erfüllung des Planes erheblich in Rückstand, werden Stundung und Erlass nach § 255 Abs. 1 InsO hinfällig; Gleiches gilt nach Abs. 2, wenn vor vollständiger Erfüllung des Planes über das Vermögen des Schuldners ein neues Insolvenzverfahren eröffnet wird. Erlass und Stundung der Steuerforderung sind demnach nicht endgültig, sondern auflösend bedingt (vgl. § 158 Abs. 2 BGB). Ihre Wirkungen entfallen bei Bedingungseintritt (Nichterfüllung des Plans durch den Schuldner oder Eröffnung eines neuen Insolvenzverfahrens) mit der Folge, dass die gestundeten Forderungen wieder fällig werden und die erlassenen Forderungen wieder aufleben.

Der bestätigte Insolvenzplan in Verbindung mit den Eintragungen in der Insolvenztabelle wirkt hinsichtlich der vom Schuldner nicht bestrittenen Forderungen nach § 257 Abs. 1 S. 1 InsO wie ein vollstreckbares Urteil. Er bildet die Grundlage der späteren Zwangsvollstreckung, und zwar bei Steuerforderungen gemäß § 251 Abs. 2 S. 2 AO im Verwaltungswege nach §§ 249 ff. AO. Es besteht daher die gleiche Rechtslage wie bei der Eintragung in die Insolvenztabelle[14].

14 Vgl. daher 3. Teil Abschn. VI 3.

II. Restschuldbefreiung

Eine natürliche Person kann nach §§ 286–303 InsO beantragen, von den im Insolvenzverfahren nicht erfüllten Verbindlichkeiten gegenüber den Insolvenzgläubigern befreit zu werden[15]. Restschuldbefreiung kann auf der Basis jedes Insolvenzverfahrens erfolgen, also des Regelinsolvenzverfahrens und des Verbraucherinsolvenzverfahrens. Dazu hat der Schuldner nach § 287 Abs. 2 S. 1 InsO für die Zeit von sechs Jahren nach der Eröffnung des Insolvenzverfahrens seine pfändbaren Forderungen auf Bezüge aus einem Dienstverhältnis oder an deren Stelle tretende laufende Bezüge an einen Treuhänder abzutreten. Steuern, die auf den Bruttobezügen beruhen, insbesondere Lohn-/Einkommensteuer, sind vorab aus diesen Bezügen zu entrichten. Als mit abgetreten gelten aber etwaige Steuererstattungsansprüche (z. B. bei zu hoher Lohnsteuer), soweit sie auf die abgetretenenen Bezüge aus dem Dienstverhältnis zurückzuführen sind[16].

Über den Antrag auf Restschuldbefreiung entscheidet nach § 289 Abs. 1 S. 2 InsO das Insolvenzgericht. Die Restschuldbefreiung kann versagt werden, wenn ein Insolvenzgläubiger dies beantragt und einer der in § 290 Abs. 1 Nr. 1–6 InsO abschließend aufgezählten Versagungsgründe glaubhaft gemacht wird. Sie ist nach § 290 Abs. 1 Nr. 2 InsO u. a. zu versagen, wenn der Schuldner in den letzten drei Jahren vor dem Antrag auf Eröffnung des Insolvenzverfahrens oder danach vorsätzlich oder grob fahrlässig unrichtige oder unvollständige Angaben gemacht hat, um Leistungen an öffentliche Kassen zu vermeiden. Damit werden auch Fälle der vorsätzlich oder grob fahrlässig unvollständigen oder unrichtigen Steuererklärung, unrichtige Angaben des Arbeitgebers im Lohnsteuerverfahren sowie unrichtige oder unvollständige Angaben in Anträgen auf Stundung, Erlass oder Vollstreckungsaufschub erfasst[17]. Nicht hierunter fällt es jedoch, wenn der Schuldner überhaupt keine Steuererklärung abgegeben hat; § 290 Abs. 1 Nr. 2 InsO behandelt nur die pflichtwidrig falsche oder

---

15 Allgemein hierzu *BMF*, Vollstreckungsanweisung, 18. 9. 2001, BStBl. I 2001, 605, mit Änderung v. 23. 10. 2003, BStBl. I 2003 S. 542, Abschn. 64

16 Str.; vgl. *FG Münster*, 12. 11. 2004, EFG 2005, 251; *FG Hessen*, 29. 11. 2004, EFG 2005, 331; *Uhlenbruck*, InsO, zu § 287 Rz. 31 m.w.N. Wird die Ansicht vertreten, dass die Abtretung die Steuererstattungsansprüche nicht umfasst, kann die Finanzbehörde insoweit mit der Restschuldbefreiung unterliegenden Steuerforderungen die Aufrechnung erklären. § 294 Abs. 1 InsO schließt nur die Zwangsvollstreckung aus; das Aufrechnungsverbot des § 287 Abs. 3 InsO ist nicht einschlägig. Vgl. *Grote*, ZInsO 2001, 452; *FG Düsseldorf*, 10. 11. 2004, EFG 2005, 845; *FG Schlesw.-Holst.*, 18. 11. 2004, EFG 2005, 333.

17 *BGH*, 11. 9. 2003, NJW 2003, 3558. Vgl. *BMF*, 17. 12. 1998, Tz. 11, BStBl. I 1998, S. 1500.

unvollständige schriftliche Erklärung, nicht die Nichtabgabe einer erforderlichen schriftlichen Erklärung[18].

Die Entscheidung über die Restschuldbefreiung erfolgt nach § 300 InsO nach Ablauf der Laufzeit der Abtretungserklärung durch das Insolvenzgericht. Gläubiger können beantragen, die Restschuldbefreiung zu versagen. Sie haben aber kein eigentliches Stimmrecht.

Richten sich gegen den Schuldner Steueransprüche, nehmen diese wie privatrechtliche Forderungen an dem Verfahren der Restschuldbefreiung teil[19]. Mit der Anordnung des Verfahrens über die Restschuldbefreiung nach 289 InsO bleiben die Steuerforderungen zwar bestehen, sie sind aber nur entsprechend den Bestimmungen des Restschuldbefreiungs-Plans durchsetzbar. Dies beruht auf den §§ 286–303 InsO; steuerrechtliche Vorschriften (§§ 222, 258 AO) sind nicht anwendbar.

Mit der Gewährung der Restschuldbefreiung nach § 300 InsO erlöschen die Steueransprüche, soweit sie nicht befriedigt sind. Auch dies erfolgt auf der Grundlage der §§ 286–303 InsO; § 227 AO ist nicht anwendbar. Deshalb ist für einen Antrag auf Versagung der Restsschuldbefreiung die Erlass- bzw. Stundungsunwürdigkeit im Sinne der §§ 222, 227 AO weder erforderlich noch ausreichend; maßgebend sind vielmehr nur die insolvenzrechtlichen Versagungsgründe[20].

Steueransprüche können aber bereits vor Gewährung der Restschuldbefreiung durch Verjährung erlöschen. Die Verjährungsfrist beträgt nach § 228 AO für Steueransprüche 5 Jahre. Nach Ablauf dieser Verjährungsfrist nehmen Steueransprüche an der Verteilung im Restschuldbefreiungsverfahren nicht mehr teil[21].

Bestellte Sicherheiten bleiben trotz der Durchführung der Restschuldbefreiung wegen der besonderen Regelung des § 301 Abs. 2 S. 1 InsO bestehen.

Stellt die Finanzbehörde in dem Verfahren nach § 289 InsO oder nach § 300 InsO den Antrag, die Restschuldbefreiung zu versagen, handelt es sich insoweit nicht um einen Verwaltungsakt, sondern um schlichtes Verwaltungshandeln. Rechtsmittel sind hiergegen nicht gegeben, da es sich

---

18 Ebenso *OLG Köln*, 14. 2. 2001 ZIP 2001 S. 466.

19 Vgl. hierzu *BMF*, 11. 2. 2002 BStBl. I 2002, 132; *Farr*, BB 2003 S. 2324

20 *OLG Köln*, 14. 2. 2001, ZIP 2001 S. 466; *Farr*, BB 2003, 2324; a. A. *BMF*, 11. 1. 2002, BStBl I 2002, 132.

21 *Eckert*, UVR 1999, 265, 276.

der Sache nach lediglich um eine Anhörung der Finanzbehörde in dem Verfahren über die Restschuldbefreiung handelt. Eine Zustimmung der Finanzbehörde zu der Restschuldbefreiung ist nicht erforderlich; das Gericht kann auch gegen den Willen der Finanzbehörde die Restschuldbefreiung beschließen. Gegen die Entscheidung des Gerichts stehen dem Schuldner und den Gläubigern, und damit auch der Finanzbehörde, nach § 289 Abs. 1, § 300 Abs. 3 S. 2 InsO das Rechtsmittel der sofortigen Beschwerde zu. Dies verdrängt etwaige Rechtsbehelfe und Rechtsmittel nach der AO bzw. FGO.

III. Verbraucherinsolvenzverfahren

Nach § 304 Abs. 1 S. 1 InsO findet über das Vermögen natürlicher Personen, die keine selbstständige wirtschaftliche Tätigkeit ausüben oder ausgeübt haben, ein besonderes, vereinfachtes Insolvenzverfahren statt (Verbraucherinsolvenz)[22]. Gleiches gilt gemäß § 304 Abs. 1 S. 2 InsO für selbstständig wirtschaftlich Tätige, deren Vermögensverhältnisse überschaubar sind und gegen die keine Forderungen aus Arbeitsverhältnissen bestehen (sonstige Kleinverfahren). Die Überschaubarkeit wird in § 304 Abs. 2 InsO dahingehend konkretisiert, dass der Schuldner zum Zeitpunkt des Antrags auf Eröffnung des Insolvenzverfahrens weniger als 20 Gläubiger haben muss.

Das Verbraucherinsolvenzverfahren gliedert sich in 3 Phasen. In der ersten Phase hat der Schuldner in einem außergerichtlichen Schuldenbereinigungsverfahren (vgl. § 305 Abs. 1 Nr. 1, § 305 a InsO) noch vor Antrag auf Eröffnung beim Insolvenzgericht die Einigung mit seinen Gläubigern zu versuchen. Erst wenn dieser Versuch gescheitert ist, ist der Antrag zulässig und es beginnt das gerichtliche Schuldenbereinigungsverfahren mittels eines Schuldenbereinigungsplans (§§ 305–310 InsO). Nachdem auch dieser Einigungsversuch gescheitert ist, wird in Phase 3 das vereinfachte Insolvenzverfahren (§§ 311–314 InsO) durchgeführt.

Ziel des Verbraucherinsolvenzverfahrens ist in erster Linie eine (außergerichtliche oder gerichtliche) Schuldenbereinigung nach §§ 305–310 InsO und erst in zweiter Linie, wenn dies scheitert, ein (vereinfachtes) Insolvenzverfahren nach §§ 311–314 InsO.

Gehört eine Finanzbehörde zu den Gläubigern, hat sie an dem Versuch der außergerichtlichen Schuldenbereinigung teilzunehmen. Rechtlich handelt es sich hierbei um Maßnahmen der Finanzbehörde außerhalb eines Insolvenzverfahrens und damit um Stundung, § 222 AO, oder Erlass, § 227 AO, bzw. bei Ablehnung dieser Maßnahmen um einen Verwaltungsakt, der mit dem Einspruch anfechtbar ist[23]. Es handelt sich also um Billigkeitsmaß-

22 Allgemein zu Steuerforderungen im Verbraucherinsolvenzverfahren *BMF*, 10. 12. 1998, BStBl. I 1998, S. 1497; *BMF*, 17. 12. 1998, Tz. 10, BStBl. I 1998, S. 1500; *BMF*, Vollstreckungsanweisung, 18. 9. 2001, BStBl. I 2001, 605, Abschn. 63 mit Änderung 23. 10. 2003, BStBl. I 2003 S. 542.

23 *FG Berlin*, EFG 2003, 1062; so auch *Fett/Barten*, DStZ 1998, S. 885; a. A. *Tipke/Kruse*, AO, zu § 251 Rz. 126 sowie *Loose*, StuW 1999, S. 20, 29; das vorgeschaltete Einigungsverfahren ist aber kein Verfahren nach der InsO, sondern ein Verfahren nach den anzuwendenden zivil- oder verwaltungsrechtlichen Rechtsregeln, auf das die InsO lediglich verweist. Das vorgeschaltete Einigungsverfahren unterliegt also, soweit Steuerforderungen betroffen sind, den Vorschriften der AO. Im Ergebnis wie hier *BMF*, 10. 12. 1998, BStBl. I 1998, 1497.

nahmen i. S. d. §§ 163, 222, 227 AO, so dass Würdigkeit und Bedürftigkeit Voraussetzung sind[24]. Die Entscheidung über die außergerichtliche Schuldenbereinigung steht im Ermessen der Finanzbehörde. Die Finanzbehörde hat ihre Entscheidung nach dem Zweck des Verbraucherinsolvenzverfahrens auszurichten, dem redlichen Schuldner unter Einbeziehung sämtlicher Gläubiger einen wirtschaftlichen Neuanfang zu ermöglichen. Sie hat bei ihrer Ermessensentscheidung ferner zu berücksichtigen, ob und inwieweit Sicherungen für die Steuerforderungen bestehen, mit welchem Zahlungsvolumen während der Planlaufzeit gerechnet werden kann, ob sich Zinsvorteile bei angebotenen Einmalzahlungen ergeben und ob eine Arbeits- und Kostenersparnis bei Zustimmung zu erwarten ist. Eine angemessene Schuldenbereinigung ist nicht allein deshalb ausgeschlossen, weil der Schuldenbereinigungsplan keine Zahlungen des Schuldners („Null-Plan") oder nur eine Einmalzahlung vorsieht. Gegen die Verweigerung der Zustimmung ist schlichte Leistungsklage gegeben, durch die der Ermessensgebrauch nachgeprüft werden kann. Vorläufiger Rechtsschutz wird durch § 114 FGO gewährt.

Scheitert der aussergerichtliche Einigungsversuch (vgl. § 305 a InsO), beginnt das gerichtliche Schuldenbereinigungsverfahren. Zusammen mit dem Antrag auf Eröffnung des vereinfachten Insolvenzverfahrens hat der Schuldner einen Schuldenbereinigungsplan vorzulegen (§ 305 Abs. 1 Nr. 4 InsO). Bis zur Entscheidung über den (gerichtlichen) Schuldenbereinigungsplan ruht gemäß § 306 Abs. 1 S. 1 InsO der Eröffnungsantrag. Wird der Schuldenbereinigungsplan von den Gläubigern angenommen, hat dieser wegen § 308 Abs. 1 S. 2 InsO die Wirkungen eines Vergleichs nach § 794 Abs. 1 Nr. 1 ZPO. Soweit in dem Plan vorgesehen, werden die Forderungen gegen den Schuldner gestundet, oder sie erlöschen. Das gilt auch für Forderungen des Steuergläubigers. Darüber hinaus erlöschen Forderungen nach § 308 Abs. 3 S. 2 InsO, die nicht in das Schuldnerverzeichnis aufgenommen worden sind. In allen Fällen beruhen diese Wirkungen, anders als in der außergerichtlichen Schuldenbereinigung, auf dem insolvenzrechtlichen Schuldenbereinigungsverfahren, nicht auf §§ 222, 227 AO; die Voraussetzungen dieser Vorschriften brauchen also nicht vorzuliegen[25]. Die Zustimmung der Finanzbehörde zu dem Plan

24 Zur Erlasswürdigkeit vgl. *Frotscher*, in: Schwarz, AO, zu § 163 Rz. 55–58.; zur Erlassbedürftigkeit vgl. *Frotscher*, in: Schwarz, AO, zu § 163 Rz. 52–54. Zusätzlich fehlt es an der Erlasswürdigkeit, wenn ein dem § 290 InsO entsprechender Sachverhalt vorliegt; vgl. *BMF*, 10. 12. 1998, BStBl. I 1998, S. 1497. Vgl. auch *Fett/Barten*, DStZ 1998, 885.

25 Vgl. oben Abschn. I; *Tipke/Kruse*, AO, zu § 251 Rz. 130.

oder die Verweigerung der Zustimmung sind schlichtes Verwaltungshandeln, kein Verwaltungsakt. Die Entscheidung über die Zustimmung hat nach pflichtgemäßem Ermessen der Finanzbehörde zu erfolgen. Gegen die Verweigerung der Zustimmung ist schlichte Leistungsklage gegeben, durch die der Ermessensgebrauch nachgeprüft werden kann[26]. Vorläufiger Rechtsschutz wird durch § 114 FGO gewährt.

Nach § 309 InsO kann die fehlende Zustimmung des Gläubigers in bestimmten Fällen durch Beschluss des Insolvenzgerichts ersetzt werden[27]. Rechtsbehelf hiergegen ist gemäß § 309 Abs. 2 S. 3 InsO die sofortige Beschwerde. Auch diese Ersetzung beruht auf der spezifisch insolvenzrechtlichen Vorschrift des § 309 InsO; §§ 222, 227 AO sind nicht anwendbar.

Der Schuldenbereinigungsplan ist nach § 308 Abs. 1 S. 2 InsO ein Vollstreckungstitel mit der Wirkung des § 794 Abs. 1 Nr. 1 ZPO. Das gilt auch für Steuerforderungen. Diese sind also auf Grund des Schuldenbereinigungsplanes vollstreckbar, unabhängig davon, ob bereits ein Steuerbescheid ergangen ist oder nicht. Nach § 251 Abs. 2 S. 2 AO erfolgt die Vollstreckung im Verwaltungsvollstreckungsverfahren nach §§ 249 ff. AO.

Kommt der Schuldenbereinigungsplan nicht zustande, wird das Verfahren in das vereinfachte Insolvenzverfahren nach §§ 311–314 InsO überführt. An die Stelle des Insolvenzverwalters tritt nach § 313 Abs. 1 S. 1 InsO ein Treuhänder; zu dessen Stellung vgl. 1. Teil Abschn. III 5. Im Übrigen gelten die Regeln über das Insolvenzverfahren entsprechend, soweit die §§ 311–314 InsO keine Abweichungen bestimmen.

26 Vgl. hierzu S. 286.
27 Vgl. etwa *OLG Köln*, 28. 8. 2000, ZIP 2000 S. 2263.

Literaturverzeichnis

Es sind nur Literaturhinweise zum Insolvenzsteuerrecht aufgenommen worden

App	Zum Konkursantrag des Finanzamts, DStZ 1983 S. 235
ders.	Nochmals: Zum Konkursantrag des Finanzamts, DStZ 1984 S. 323
ders.	Außenprüfung bei Konkurs und Liquidation von Unternehmen, StBp 1985 S. 149
ders.	Konkursantrag vor bestandskräftiger Festsetzung der Steuerforderung? DStZ 1986 S. 487
ders.	Sind Konkursanträge der Finanzbehörden (auch) Verwaltungsakte? DB 1986 S. 990
ders.	Straftaten im Zusammenhang mit Konkursanträgen der Finanzämter, BB 1989 S. 1171
ders.	Steuerforderungen bei der Verteilung im Konkursverfahren, DStZ 1992 S. 565
ders.	Probleme bei Konkursanträgen aufgrund von Steueransprüchen, ZIP 1992 S. 460
ders.	Einschränkungen bei der Vollstreckung von Steuerforderungen durch die Insolvenzordnung, DStR 1995, S. 1678
ders.	Der Insolvenzantrag des Hauptzollamts, ZfZ 1998, S. 398, 1999 S. 8
ders.	Akteneinsichtsrecht des Finanzamt im Insolvenzverfahren – Kurzüberblick, DStZ 2001 S. 83
ders.	Kommunale Steuern als Masseforderungen im Insolvenzverfahren und ihre Behandlung, Gemeindehaushalt 2000 S. 233
Benne	Einkommensteuerliche und steuerverfahrensrechtliche Probleme bei Insolvenzen im Zusammenhang mit Personengesellschaften, BB 2001 S. 1977

Boochs/ Dauernheim	Steuerrecht in der Insolvenz, 2. Aufl., Neuwied/ Kriftel 2001
Braun	Allgemeine verfahrensrechtliche Überlegungen zur Rechtsnatur des Konkursantrags des Finanzamts, DStZ 1986 S. 277
ders.	Steuerrechtliche Aspekte der Konkurseröffnung, Köln 1987
Bringewat/Waza/ Grawe	Insolvenzen und Steuern, 6. Aufl. Herne/Berlin 2004
Bücheler	Umsatzsteuer in Sequestration und Konkurs, DStR 1980 S. 70
Buciek	Erlaß von Säumniszuschlägen in Konkursfällen, DB 1986 S. 1492
Bunke	Keine Durchsetzungssperre nach § 93 InsO für konkurrierende Steueransprüche aus §§ 69, 34 AO, NZI 2002, 591
Classen	Konkurs und Umsatzsteuer, BB 1985 S. 50
Depping/Nikolaus	Haftungsschulden im Konkurs, DStZ 1996 S. 176
Dewein	Die Mehrwertsteuer bei Zahlungsschwierigkeiten, DB 1970 S. 1708
Eckert	Umsatzsteuer im Insolvenzverfahren, UVR 1999 S. 265, 305
ders.	Die Anwendung des § 17 Abs. 1 Satz 1 Nr. 1 UStG im Insolvenzverfahren, UVR 2001 S. 273
Endres	Zur Vorsteuer auf Kreditoren im Konkurs, BB 1986 S. 855
ders.	Zur Umsatzsteuer im Konkurs, UR 1988 S. 333
Farr	Der Steuererlass als Beitrag zur Entschuldung privater Haushalte, BB 2002 S. 1989
ders.	Der Fiskus als Steuer- und Insolvenzgläubiger im Restschuldbefreiungsverfahren, BB 2003 S. 2324
ders.	Die Reichweite rechtsfehlerhafter Feststellungsbescheide, DStZ 2003, S. 345

Fett/Barten	Verzicht auf Steuer- und Abgabenansprüche nach In-Kraft-Treten der Insolvenzordnung am 1.1.1999, DStZ 1998, S. 885
Fett/Geißdorf	Die Bearbeitung von Widersprüchen und die Aufnahmen unterbrochener Rechtsbehelfs- und Rechtsmittelverfahren im Insolvenzverfahren, DStZ 2001 S. 659
Fichtelmann	Beendigung der Betriebsaufspaltung durch Konkurs der Betriebskapitalgesellschaft? DStZ 1991 S. 257
ders.	Die pauschale Lohnsteuer im Konkurs des Arbeitgebers, DStZ 1993 S. 332
Fischer	Steuerforderungen im Konkurs, BB-Beilage 12/1989
Fischer-Böhnlein/ Körner	Rechnungslegung von Kapitalgesellschaften im Insolvenzverfahren, BB 2001, S. 191
Flies	Die Mehrwertsteuer bei Zahlungsschwierigkeiten, DB 1970 S. 559
Frotscher	Zur umsatzsteuerlichen Stellung des Konkursverwalters, ZIP 1983 S. 1307
ders.	Umsatzsteuer im Konkurs, in: Woerner, Umsatzsteuer in nationaler und europäischer Sicht, 1990
Geurts	Umsatzsteuerliche Aspekte bei Insolvenzverfahren nach dem 1.1.1999, DB 1999, S. 818
Giloy	Konkursausfallgeld und Lohnsteuer, BB 1986 S. 1482
Gosch	Wird § 226 Abs. 4 AO im Konkurs des Steuerpflichtigen durch die Regelungen in § 55 Nr. 2 und 3 KO verdrängt? DStZ 1992 S. 173
Gottwald (Hrsg.)	Insolvenzrechtshandbuch, 3. Aufl. München (im Erscheinen)
Grote	Aufrechnung des Finanzamts mit Einkommensteuererstattungsansprüchen des Schuldners im Insolvenz- und Restschuldbefreiungsverfahren, ZInsO 2001 S. 452
Großmann	Konkursrechtliche Stellung von Umsatzsteuerforderungen am Beispiel der Verwertung von Sicherungsgut, DStR 1989 S. 22

Gundlach/Frenzel/ Schirrmeister	Der Insolvenzvcerwalter als Adressat eines Abgabenbescheids, DStR 2004 S. 1008
dies.	Der Erlass eines Abgabenbescheids im Insolvenzverfahren, DStR 2004 S. 318
Gundlach/Frenzel/ Schmidt	Die Bedeutung des § 93 InsO für die Finanzbehörde, DStR 2002 S. 1095
dies.	Die Grenzen des abgabenrechtlichen Feststellungsbescheids in der Insolvenz, DStR 2002 S. 406
Guticke/Thierhoff/ Westrick	Allgemeines Insolvenzsteuerrecht nach neuem Insolvenzrecht, Wpg 2001 S. 762
Heilmann	Der Lohnsteueranspruch des Finanzamts im Konkurs, NJW 1982 S. 420
Hess/Mitlehner	Steurrecht, Rechnungslegung, Insolvenz, Heidelberg 2001
Hundt-Eßwein	Die Behandlung von Steueransprüchen im Konkurs, BB 1987 S. 1718
Kalmes	Vorläufiger Rechtsschutz gegen Konkursanträge des Finanzamts durch die Finanzgerichtsbarkeit, DStZ 1983 S. 188
ders.	Konkursantrag des Finanzamts und einstweilige Anordnung als vorläufiger Rechtsschutz, BB 1989 S. 818
ders.	Nochmals: Straftaten im Zusammenhang mit Konkursanträgen der Finanzämter, BB 1989 S. 1665
ders.	Konkursantrag und Steuergeheimnis, BB 1991 S. 742
Keller	Zu den Auswirkungen eines Konkurses auf die Organschaft bei der Körperschaftsteuer, Gewerbesteuer und Umsatzsteuer, BB-Beilage 4/1983
Keuk	Die Lohnsteuer im Konkurs des Arbeitgebers, DB 1973 S. 2029
dies.	Einkommensteuer und Zahlungsunfähigkeit, StBer Jb 1973/74 S. 349
Kling	Steuerrechtliche Auswirkungen der neuen Insolvenzordnung, DStR 1998, S. 1813
ders.	Die Sperrwirkung des § 93 InsO bei insolvenzsteuerlicher Betrachtung, ZIP 2002 S. 881

Kramer — Konkurs- und Steuerverfahren, Bergisch-Gladbach/Köln, 1993

Kroschel/Wellisch — Die steuerliche Behandlung der Restschuldbefreiung nach den §§ 286 ff. der neuen Insolvenzordnung, DStR 1998, S. 1661

Krüger — Die Festgeldzinseinnahme des Konkursverwalters und das Zinsabschlaggesetz, BB 1995 S. 960

Kunz/Mundt — Rechnungslegungspflichten in der Insolvenz, DStR 1997, S. 620, 664

Lippross — Rechtsschutz gegen Konkursanträge der Finanzbehörden, DB 1985 S. 2482

Lohkemper — Zur Konkursfreiheit der einheitlichen Gewinnfeststellung einer Personengesellschaft, BB 1998, S. 2030

Loose — Die Rolle der Finanzverwaltung im Insolvenzverfahren nach der Insolvenzordnung, StuW 1999, S. 20

Maus — Ist der Neuerwerb von Vorbehaltsware durch den Konkursverwalter ein Mißbrauch rechtlicher Gestaltungsmöglichkeiten i. S. von § 42 AO? DB 1988 S. 1241

ders. — Quellensteuer im Konkurs, BB 1989 S. 672

ders. — Auswirkungen des Zinsabschlaggesetzes auf die Insolvenzverfahren, ZIP 1993 S. 743

ders. — Die steuerrechtliche Stellung des Insolvenzverwalters und des Treuhänders, ZInsO 1999, S. 683

ders. — Die Besteuerung von Sanierungsgewinnen als Problem der Unternehmensinsolvenz, NZI 2000, 449

ders. — Umsatzsteuerrechtliche Folgen der Sicherheitenverwertung in der Insolvenz, ZIP 2000, 339

ders. — Die steuerliche Organschaft in der Insolvenz, in: Insolvenzrecht in Wissenschaft und Praxis 2000 (Festschrift für Wilhelm Uhlenbruck), S. 813

ders. — Die Steuerzahlungspflicht des Insolvenzverwalters bei Neuerwerb des Schuldners, ZInsO 2001, 493

ders.	Die Besteuerung des Sanierungsgewinns – ein Problem für die Sanierungspraxis, die Insolvenzgerichte und die Insolvenzverwalter, ZIP 2002 S. 589
ders.	Steuern im Insolvenzverfahren, Recklinghausen 2004
Maus/Uhlenbruck	Konkurs des Konkurses durch Umsatzsteuerbelastungen? DB 1988 S. 793
Mitlehner	Umsatzsteuer bei Immobiliarverwertung in der Insolvenz, NZI 2002, 534
Mösbauer	Die Haftung des Insolvenzverwalters im Steuerrecht, DStZ 2000, S. 443
Mößlang	Umsatzsteuerrechtliche Probleme bei der Immobiliarzwangsvollstreckung und beim Zusammentreffen von Maßnahmen der Immobiliarzwangsvollstreckung mit dem Konkurs des Vollstreckungsschuldners, DStR 1989 S. 194
Müller	Vorsteueranspruch des Gemeinschuldners aus der Sequestervergütung, DB 1986 S. 2459
Obermair	Die Aufrechnung mit Steuerforderungen in der Insolvenz, BB 2004, 2610.
Obermüller	Umsatzsteuer bei der Verwertung sicherungsübereigneter Gegenstände vor dem Hintergrund eines Insolvenzverfahrens, ZInsO 1999, 249
Onusseit	Umsatzsteuer im Konkurs, Köln 1988
ders.	Zur Realisierung stiller Reserven im Konkurs, ZIP 1986 S. 77
ders.	Vorsteuerrückforderungsansprüche im Konkurs, BB 1988 S. 674
ders.	Neue Tendenzen im Umsatzsteuer – Konkursrecht, ZIP 1990 S. 345
ders.	Die Umsatzsteuer – ein Dauerthema in der Insolvenz, KTS 1994 S. 3
ders.	Die insolvenzrechtlichen Kostenbeiträge unter Berücksichtigung ihrer steuerrechtlichen Konsequenzen sowie Massebelastungen durch Grundstückseigentum, ZIP 2000 S. 777

ders., Die steuerrechtlichen Rechte und Pflichten des Insolvenzverwalters in den verschiedenen Verfahrensarten nach der InsO, ZInsO 2000 S. 363

ders. Zur notwendigen Reform umsatzsteuerrechtlicher Fragen im Rahmen einer Reform des Insolvenzrechts, ZInsO 2000 S. 586

ders. Umsatzsteuerrechtliche Aufrechnungslagen und Vorsteuer in der Insolvenz, ZIP 2002 S. 22

ders. Die umsatzsteuerliche Organschaft in der Insolvenz, ZIP 2003, 743

Pape Unzulässige Konkursanträge aufgrund vorläufig vollstreckbarer Schuldtitel? NJW 1993 S. 297

Pfefferle/Nährig Ist die Freigabe von Sicherungsgut durch den Konkursverwalter eine umsatzsteuerpflichtige Leistung, die zu den Massekosten gehört? ZIP 1985 S. 264

Pohl Insolvenz und Steuern, in: Steuerrecht in der anwaltlichen Praxis, 2002 S. 987

Probst Konkurs und Berichtigung nach § 17 Abs. 2 UStG, BB 1986 S. 1751

ders. Vorrecht, Vorsteuerberichtigung und Voranmeldungszeitraum im Konkurs, UR 1988 S. 39

Richter Zur Frage des Vorsteuerrückforderungsanspruchs des Finanzamtes im Konkurs, DStZ 1988 S. 275

Rondorf Umsatzsteuer in der Unternehmerinsolvenz, NWB Fach 7 S. 5391

ders. Auswirkungen der Insolvenz auf die umsatzsteuerliche Organschaft, Inf 2003 S. 463

Rössler Rechtsmittel im finanzgerichtlichen Verfahren zur Abwendung der steuerlichen Folgen strafprozessualer Maßnahmen und der Konkurseröffnung, BB 1979 S. 1031

Sangmeister (Vorläufiger) Rechtsschutz gegen einen Konkursantrag des Finanzamts, DStR 1979 S. 26

Schallehn Umsatzsteuer in der Insolvenz – Gestaltungsmöglichkeiten für den Verwalter, ZIP 1998, S. 1993

K. Schmidt	§ 34 Abs. 3 AO und die Umsatzsteuer: Separatinsolvenz der Unternehmen eines Einzelunternehmers? In: Drenseck/Seer, Festschrift für Heinrich Wilhelm Kruse, Köln 2001, S. 671
Schöne/Ley	Die Auswirkungen des Zinsabschlaggesetzes im Konkurs von Personenhandelsgesellschaften, DB 1993 S. 1405
Schwarz, B.	Erwerb der Verfügungsmacht durch den Sicherungsnehmer vor Verwertung des Sicherungsgutes, UR 1989 S. 339
Seibel	Konkursanträge der Finanzbehörde und das Steuergeheimnis, BB 1990 S. 2314
Struck	Konkursantrag und Steuergeheimnis, BB 1990 S. 1530
Trossen	Vorläufiger Rechtsschutz gegen Insolvenzanträge der Finanzbehörde, DStZ 2001 S. 877
Uhlenbruck	Der Konkursantrag der Finanzbehörde, BB 1972 S. 1266
ders.	Der ordnungsmäßige Konkursantrag des Finanzamts gegen den Steuerschuldner, DStZ 1986 S. 39
Urban	Verwaltungsakte der Steuerbehörde im Konkurs des Steuerpflichtigen, DStZ 1984 S. 165
ders.	Kein Vorsteuererstattungsanspruch der Masse wegen der auf die Konkursverwaltervergütung entfallenden Umsatzsteuer? DB 1985 S. 2362
ders.	Finanzgerichtliche Kontrolle von Anträgen des Finanzamts auf Konkurseröffnung, Haft und Vollstreckung in das unbewegliche Vermögen? DStZ 1988 S. 147
ders.	Die Besteuerung des Arbeitslohns bei gesetzlichem Forderungsübergang auf Sozialleistungsträger, DB 1989 S. 1438
ders.	Konkursausfallgeld, Insolvenzgeld und Lohnsteuer, DB 1998, S. 2087
Valentin	Konkursverwalterhaftung wegen Umsatzsteueroption? DStR 1997, S. 1794

de Weerth	Die Verwertung sicherungsübereigneter Gegenstände nach Inkrafttreten der Insolvenzrechtsreform im Blickwinkel des Umsatzsteuerrechts, BB 1999, S. 821
ders.	Zur zivil- und umsatzsteuerlichen Beurteilung der Verwertung sicherungsübereigneter Gegenstände durch den Insolvenzverwalter, NZI 2001, 74
Weisang	Zur Rechnungslegung nach der neuen Insolvenzordnung, BB 1998, S. 1149
Weiß	Insolvenz und Steuern, Köln 1989
ders.	Zwangsversteigerung im Konkurs, UR 1989 S. 201
ders.	Zur Durchsetzung von Einkommensteueransprüchen im Konkurs, FR 1990 S. 539, FR 1992, S. 255
Welzel	Die Umsatzsteuer aus der zwangsweisen Verwertung mobilen und immobilen Vermögens im Konkurs als Masseanspruch? DStZ 1991 S. 233
ders.	Der Erlaß und die Änderung von Steuerbescheiden in und nach dem Konkurs, DStZ 1994 S. 331
ders.	Das Zinsabschlaggesetz als Problem im Konkursfall, DStZ 1993 S. 197
ders.	Steuerverfahrensrechtliche Besonderheiten während der Insolvenz des Steuerpflichtigen, DStZ 1999 S. 559
Widmann	Insolvenz und Umsatzsteuer, Stbg 1998, S. 537
Wilke	Umsatzsteuer im Konkurs nach der Rechtsprechung des Bundesfinanzhofs, UR 1989 S. 367

Sachregister